添富书库
CUAM COLLECTION

汇添富基金·世界资本经典译丛

影响力投资

维罗妮卡·韦基
(Veronica Vecchi) 等 编

黑黡 译

上海财经大学出版社

图书在版编目(CIP)数据

影响力投资/(意)维罗妮卡·韦基(Veronica Vecchi)等编;黑黟译. 一上海:上海财经大学出版社,2023.8
(汇添富基金·世界资本经典译丛)
书名原文:Principles and Practice of Impact Investing:A Catalytic Revolution
ISBN 978-7-5642-4182-7/F·4182

Ⅰ.①影… Ⅱ.①维…②黑 Ⅲ.①金融投资 Ⅳ.①F830.59

中国国家版本馆 CIP 数据核字(2023)第 086114 号

□ 责任编辑 黄 荟
□ 封面设计 南房间

影响力投资

维罗妮卡·韦基
(Veronica Vecchi) 等 编

黑 黟 译

上海财经大学出版社出版发行
(上海市中山北一路 369 号 邮编 200083)
网　　址:http://www.sufep.com
电子邮箱:webmaster@sufep.com
全国新华书店经销
上海叶大印务发展有限公司印刷装订
2023 年 8 月第 1 版 2023 年 8 月第 1 次印刷

787mm×1092mm 1/16 25 印张(插页:2) 408 千字
定价:126.00 元

图字:09－2023－0575 号

Principles and Practice of Impact Investing
A Catalytic Revolution
Veronica Vecchi, Luciano Balbo, Manuela Brusoni, Stefano Caselli
ISBN: 9781783534043

© 2016 Taylor & Francis

All rights reserved. Authorised translation from the English language edition published by **Routledge, a member of the Taylor & Francis Group**. 本书原版由 Taylor & Francis 出版集团旗下 Routledge 出版公司出版，并经其授权翻译出版。

Shanghai University of Finance & Economics Press is authorized to publish and distribute exclusively the Chinese (Simplified Characters) language edition. This edition is authorized for sale throughout Mainland of China. No part of the publication may be reproduced or distributed by any means, or stored in a database or retrieval system, without the prior written permission of the publisher. 本书中文简体翻译版授权由上海财经大学出版社独家出版并限在中国大陆地区销售。未经出版者书面许可，不得以任何方式复制或发行本书的任何部分。

Copies of this book sold without a Taylor & Francis sticker on the cover are unauthorized and illegal. 本书封面贴有 Taylor & Francis 公司防伪标签，无标签者不得销售。

2023 年中文版专有出版权属上海财经大学出版社
版权所有　翻版必究

总 序

书犹药也,善读之可以医愚。投资行业从不乏聪敏之人,但是增智开慧乃至明心见性才是成长为优秀投资人的不二法门,读书无疑是学习提升的最佳方式。

常有人说投资是终身职业,但我认为投资更需要终身学习。很多人投资入门多年,依然不得其道;终日逡巡于"牛拉车不动,是打车还是打牛"的困境,不得要领。从业多年,我接触过太多这样的投资人士,个中缘由不尽相同,但有一点却非常普遍:或是长期疏于学习,或是踏入"学而不思则罔"的陷阱。

我认为,学习大致有三个层次,亦是三重境界:

第一重是增加知识,拓展基础的能力圈。着眼点是扩大个人对于客观世界的认知积累,这是大多数人的学习常态,这一重固然重要却不是学习的本质。

第二重是提高逻辑,改进个人的认知框架。达到这一境界,已经可以将刻板知识灵活运用,但仍然仅可解释过去却无法指向未来。

第三重是强化洞见,思考从个人出发,无视繁复的信息噪声干扰,穿透过去、现在和未来,最终开始正确地指导现实世界。在这一境界,学习已不只是追求知识,更是追求"知识的知识"。这是无数积累之后的茅塞顿开,更是质量互变之际的醍醐灌顶,不断思考感悟尤为重要。

书籍浩如烟海,书中智慧灿若繁星,而若能由自己抽丝剥茧得到"知识的知识",将会终身受益。二十多年前,我还是一名上海财经大学的普通学生,对投资有着浓厚的兴趣,可惜国内的投资业刚刚起步,相关资料远没有今天互联网时代这样发达，此时财大的图书馆像是一个巨大的宝库，收藏着大量有关投资的英文原版书籍。我一头扎进了书丛，如饥似渴地阅读了许多经典，通过这一扇扇大门，我对西方资本市场发展窥斑见豹，其中提炼出的有关投资理念、流程、方法的内容潜移默化地影响并塑造了日后的我。时至今日，常有关心汇添富的朋友问起，为什么根植于国内市场的汇添富，投资原则和方法与外资机构如此类似？我想多少应该与我当年的这段经历有关。

今天，我依然非常感恩这段时光，也深深地明白：那些看过的书、走过的路对一个人的人生轨迹会产生多大的影响，特别是在以人才为核心的基金投资行业。今年恰逢中国基金行业二十周年，二十年斗转星移，正是各路英杰风雨兼程、夙兴夜寐才有了今天的局面，汇添富基金是见证者，也有幸参与其中。这些年，我总试图在汇添富重现当年我学生时的氛围，鼓励同事们有空多读书、读好书、好读书。在此，奉上"汇添富基金·世界资本经典译丛"以飨读者，希望大家能够如当年懵懂的我一般幸运：无论外界如何变化，我们都可以不断提升进化自己。

是以为序。

张　晖

汇添富基金管理股份有限公司总经理

2018 年 12 月

前　言

我很荣幸能够为本书撰写前言。编者卢西亚诺·巴尔博(Luciano Balbo)和我的友谊始于1988年,我们与社会影响力投资(social impact investment,SII)领域的其他先驱者一道,共同创建了欧洲公益风险投资协会(European Venture Philanthropy Association,EVPA)。长期以来,作为一位思想领袖,卢西亚诺既是思想家又是实干家。近日,他协助意大利博科尼管理学院(SDA Bocconi)启动"影响力投资实验室"(Impact Investing Lab),该项目旨在通过调查研究与高管教育,生成及共享操作型知识。另外,鉴于公共预算缩减,成熟经济体中也在不断涌现社会新需求,因此,关于对其进行影响力投资的具体问题,也在该项目中有所涉及。

本书由博科尼管理学院影响力投资实验室团队所构思,团队成员群策群力、集思广益且各有所长:卢西亚诺身为投资者与影响力投资佼佼者,观点鲜明且经验丰富;维罗妮卡和曼努埃拉·布鲁索尼(Manuela Brusoni)同为博科尼管理学院教授,提出了全新的研究维度,包括公共政策、政府与社会资本合作(public-private partnership,PPP)以及社会创新;斯特凡诺·卡塞利(Stefano Caselli)作为意大利博科尼大学正教授,对金融市场和风险投资(venture capital,VC)相关观点也进行了补充。

尽管"影响力投资"这一术语尚未被准确定义,但其概念内涵已然相当流行——这一点必须归功于该领域先驱者们的努力。正是由于他们孜孜不倦,将理论付诸实践,全力推进这项新举措,才有了如今广为人知的局面。因此,我很荣幸能够同时担任欧洲公益风险投资协会和亚洲公益创投网络(Asian Venture

Philanthropy Network,AVPN)的创始人兼主席。该组织与全球影响力投资网络(Global Impact Investing Network,GIIN)一道,在影响力投资这一新兴投资方式的发展过程中发挥着重要作用。

每一个国家,无论是发达国家还是发展中国家,都存在大量社会问题,且其中一些主要问题已成为全球性挑战,包括贫穷、健康、教育、环境、经济机会以及社会正义等。鉴于现有解决方案的执行效率尚待提升、新的解决方案亟待确定,以及各类行动者之间的合作也需要以非结构化或结构化的方式继续进行,因此实际情况仍不容乐观。

要想解决这些问题,影响力投资势必成为需要优先考虑的投资工具之一,但其投资结构及方式需要受到社会部门与司法管辖区的制约。在适当情况下,其极有可能同时吸引慈善资本和商业资本,从而引入更多资源、带来更多回报——这是影响力投资的主要优势之一。然而,仅有财务资源是远远不够的,我们需要进一步挖掘人力资源以及掌握相关知识的跨界应用。

就我个人而言,我总是看到人们周而复始地浪费大量时间去做重复性工作,因此往往导致成本更高且解决方案欠佳。要想解决这一问题,关键是采取混合型解决方案,即将慈善行为与影响力投资紧密结合,前者主要承担早期阶段及初创企业的投资风险,后者则紧随其后,进一步扩大投资规模、复制成功案例。当然,单从理论上说,这一切看似容易,但若在实践中做,却要难上许多。无论是理论维度还是实践层面,只要是本领域的先驱者,都值得称赞肯定。但迄今为止,市场规模仍然很小,尚未显示出其制定与实施有效解决方案的能力。

需要注意的是,虽然大好的影响力投资机会确实存在,但也有可能因为对其投资理念理解错误,从而导致投资方法使用欠妥。例如,揠苗助长,以比实际情况更快的速度推动项目进展;厚此薄彼,无法平衡社会回报与财务回报(这显然是主观判断);或是自食其言,向支持者做出承诺,实则难以兑现。

本书通过分享知识、传授经验及树立意识,可视作影响力投资领域的一座重要里程碑。谨希望本书能够为读者提供参考借鉴,以便对影响力投资行业开展富有成效的讨论,最终促进行业发展壮大。

道格·米勒(Doug Miller)
阿根廷可持续性奢侈研究中心

缩略语表

ADOA	额外性与发展成果评估
AED	企业家促进发展协会
AFD	法国开发署
AfDB	非洲开发银行
ANDE	阿斯彭发展企业家网络
ARCA	中部地区采购机构
ASFOR	意大利管理发展协会
AuM	可管理资产
AVPN	亚洲公益创投网络
BITC	社区商业协会
BoP	经济金字塔底层
BPO	业务流程外包
CA	剑桥联合研究顾问公司
CAFEF	受冲突影响和脆弱的经济体计划
CBE	社区型企业
CCD	强制性可转债
CCPS	强制性可转换优先股
CDFI	社区发展金融机构
CFA	特许金融分析师

CGTMSE	小微企业信用担保基金信托
CIFF	儿童投资基金会
CIIE	创新创业孵化中心
CIO	首席投资办公室、首席投资官
CPI	消费者物价指数
CRM	客户关系管理
CSR	企业社会责任
DFI	开发性金融机构
DfID	国际发展部
DIB	发展影响力债券
EDI	创业发展机构
EFC	欧洲基金会中心
EIB	欧洲投资银行
EIF	欧洲投资基金
EMPEA	新兴市场私募股权协会
ESG	环境、社会和公司治理
EU	欧洲联盟
EVCA	欧洲私募股权及风险投资协会
EVPA	欧洲公益风险投资协会
FB	英格兰未来建设者基金
FDI	外商直接投资
FV	财务估值
FY	财年
GAIC	古吉拉特邦农用工业公司
GDP	国内生产总值
GIIN	全球影响力投资网络
GIIRS	全球影响力投资评级系统
HCT	哈克尼社区交通集团
HNWI	高净值人士
HIS	高持续性投资项目

IDB	美洲开发银行
IFC	国际金融公司
IFE	影响力融资信封项目
II	影响力投资
IIC	影响力投资者委员会
IIIF	印度包容创新基金
IIL	Injaro投资有限公司
IIM	印度管理学院
IIT	印度理工学院
IIX	影响力投资交易所
ILO	国际劳工组织
INR	印度卢比
IPO	首次公开募股
IRIS	《影响力报告和投资标准》
IRR	内部回报率
IT	信息技术
KPI	关键绩效指标
LLC	有限责任公司
LIBOR	伦敦银行同业拆借利率
LOHAS	乐活（一种新兴的健康可持续生活方式）
LP	有限合伙人
MAYA	为替代和提高青年认识的运动
MDGs	联合国千年发展目标
MFI	小额信贷机构
MIS	管理信息系统
MOU	谅解备忘录
MRI	使命相关投资
MSDF	迈克尔和苏珊·戴尔基金会
MSME	中小微企业
MUDRA	微型单位发展与融资机构

NABARD		印度国家农业与农村发展银行
NASE		印度国家社会企业协会
NBFC		非银行金融机构
NCIF		国家社区投资基金
NEET		啃老族(指不升学、不就业、不进修,终日无所事事的人)
NInC		国家创新委员会
NITI		全国改革印度协会
NGO		非政府组织
NPO		非营利性组织
NSDC		国家技能发展协会
ODA		政府开发援助
OTCEI		印度场外交易所
PE		私募股权
PPC		公私合作
PPP		政府与社会资本合作
PRI		项目相关投资
PSI		主动型社会投资
R&D		研发(研究与开发)
ReM		结果评估
ReM+		增强型结果评估
RMK		全国妇女信贷基金
ROI		投资回报率
RTBI		农村科技企业孵化器
SAC		美国希悦尔公司
SBA		美国小企业管理局
SBIC		小企业投资公司
SDGs		联合国可持续发展目标
SEA		社会企业联盟
SEBI		印度证券交易委员会

SETU	自主创业与人才使用
SIA	社会影响力加速器
SIB	社会影响力债券
SIDBI	印度小型工业发展银行
SIFI	社会投资金融中介机构
SII	社会影响力投资
SITR	社会投资税收减免
SME	中小企业
SPI	社会进步指数
SPO	社会目的组织
SRI	社会责任投资
SROI	社会投资回报
SVX	加拿大 SVX 社会证券交易所
TA	技术援助
TEEP	托尼·伊卢梅鲁基金会创业方案
TP	传统公益
TSO	第三部门组织
UNCTAD	联合国贸易和发展会议
UNEP	联合国环境规划署
UNICEF	联合国儿童基金会
USAID	美国国际开发署
VC	风险投资
VP	公益创投
VPO	公益创投机构
WEF	世界经济论坛
WIR	瑞士经济圈协作组织
WISE	工作整合型社会企业
WM	财富管理

目 录

一、影响力投资:或成投资领域新方向/1
  哈里·胡梅尔斯(Harry Hummels)

二、影响力投资的起步阶段:市场规模、投资类型与投资回报/28
  詹姆斯·坦西(James Tansey)、亚娜·斯韦多娃(Jana Svedova)、阿方索·库耶肯(Alfonso Cuyegkeng)

三、影响力投资评估的早期尝试/49
  亚历山德罗·兰泰里(Alessandro Lanteri)

四、成熟经济体视角下的影响力投资:风险投资的社会新定位/68
  维罗妮卡·韦基、弗朗西丝卡·卡萨利尼(Francesca Casalini)、斯特凡诺·卡塞利

五、影响力评估:利润与价值的概念之争/89
  乌利·格拉本瓦特尔(Uli Grabenwarter)

六、影响力投资的未来/112
  卢西亚诺·巴尔博

七、社会企业/128
  费德丽卡·班迪尼(Federica Bandini)

八、从传统公益到公益创投/140
  莉萨·赫亨伯格(Lisa Hehenberger)、普丽西拉·博亚尔迪(Priscilla Boiar-

di)、阿莱西娅·贾诺切利(Alessia Gianoncelli)

九、公私合作创造社会影响力/164
尼科洛·库苏马诺(Niccolò Cusumano)、维罗妮卡·韦基、曼努埃拉·布鲁索尼

十、论共同价值观：整合企业分析与社会分析/181
保罗·麦克米伦(Paul Macmillan)、艾莉森·斯普罗特(Alison Sproat)

十一、影响力投资的创新：金融机构及其他/192
海伦·S. 陶克斯欧波伊斯(Helen S. Toxopeus)、凯伦·E. H. 马斯(Karen E. H. Maas)、凯莉·C. 里克特(Kellie C. Liket)

十二、影响力驱动型投资组合的发展/205
埃米莉·古道尔(Emilie Goodall)

十三、社会影响力：从捐赠到投资/226
安娜—玛丽·哈林(Anna-Marie Harling)、克里斯托夫·库尔茨(Christoph Courth)、洛伦佐·皮奥瓦内洛(Lorenzo Piovanello)、西尔维娅·巴斯坦特·德翁弗豪(Silvia Bastante de Unverhau)

十四、打造影响力投资生态系统/249
阿底提·什里瓦斯塔瓦(Aditi Shrivastava)、乌莎·加内什(Usha Ganesh)

十五、利用生态系统实现企业成长：印度企业个案研究/286
阿底提·什里瓦斯塔瓦

十六、跻身主流的先驱者：印度影响力投资生态系统中的经验教训/314
乌莎·加内什

十七、影响力投资在中美洲：分析研判新兴市场现行投资战略的成长速度、多元化程度以及市场潜力/336
阿尔瓦罗·A. 萨拉斯(Alvaro A. Salas)、路易斯·哈维尔·卡斯特罗(Luis Javier Castro)、威廉·尼尔森(William Nielsen)

十八、影响力投资在非洲/358
埃马努埃莱·桑蒂(Emanuele Santi)、劳拉·森尼特(Laura Sennett)

作者简介/376

一、影响力投资:或成投资领域新方向

哈里·胡梅尔斯(Harry Hummels)[1]

新术语问世

行合趋同,千里相从

想象一下,在2007年夏天,一座豪华别墅坐落在意大利科莫湖畔(Lake Como)。天气好坏对此地风景并无影响:无论是艳阳高照还是乌云密布,是绵绵细雨抑或是疾风骤雨,湖畔别墅的景色始终引人入胜。这座别墅便是赛尔贝罗尼别墅(Villa Serbelloni),位于科莫湖岸边风景如画的贝拉吉奥小镇(village of Bellagio)。该别墅曾为德拉·托雷·塔索公主(Princess Della Torre e Tasso)所有,现如今作为洛克菲勒基金会(Rockefeller Foundation)的贝拉吉奥中心,主要

【作者简介】 哈里·胡梅尔斯,马斯特里赫特大学(Maastricht University)伦理、组织和社会学教授,兼任乌得勒支大学(Utrecht University)社会创业学教授。
〔1〕 本篇文章为马斯特里赫特大学PROOF Impact项目的部分成果,该项目由诺伯基金会(Noaber Foundation)赞助。本文内容部分源自作者采访,受访人次约为70次,均为养老基金、主权财富基金、保险公司和资产管理公司经理。社会创新与影响力投资领域的顶尖战略家罗斯玛丽·艾迪斯教授(Rosemary Addis)对本篇文章提出了宝贵的修改意见,作者对此表示感谢。

负责举办国际会议以及为学者、艺术家提供驻地。在2007年的一次活动中,与会者首次提出"影响力投资"这一新术语。[1]

术语虽然是全新的,但其所指代的实践活动却并不鲜见。几十年来,多家投资者一直致力于为社会或环境带来积极影响,同时获得财务回报,但由于其仅在金融体系的边缘地带进行操作,因此多多少少被人忽视。十余年来,Accion非营利性组织、Triodos银行、聪明人基金会(Acumen)、卡尔弗特基金会(Calvert Foundation)、社会筹资组织、社会影响力投资者及全球合作社Oiko-credit、Microvest资产管理公司、DOEN基金会以及多家开发性金融机构(development finance institutions,DFI),作为先驱者另辟蹊径,致力于推进所投资社区的社会或环境效益。2007年,它们在可再生能源、小额信贷和经济适用房等领域积累了一定经验,以期获得财务及财务之外的回报。然而,摩立特研究院(Monitor Institute)认为,当务之急乃是确认影响力投资"在未来几年甚至几十年里,是否仍然是一个小型的、无组织的、财务政策保守的利基市场"(Freireich & Fulton,2009,p.5),抑或是确认领先者们是否会团结起来,"履行行业承诺,使这一新领域成为提供资金、人才和创造力的中坚力量,与其他领域优势互补,形成合力以应对紧迫的社会和环境挑战"(Freireich & Fulton,2009,p.5)。

重大进展

几年之后,领先者们确实千里相从,力图营造适宜的投资环境,以确保这一股推动社会和环境产生积极变化的力量能够取得切实成效。[2]之所以能够取得如此进展,2009年启动的全球影响力投资网络及其推出的系列活动功不可没。然而,关于此行业是否真正取得了长足进步这一问题,看待视角不同,结论也有所区别。如果只看供给方,结论毫无疑问是肯定的:影响力投资的资金分配逐年递增(J.P.Morgan & GIIN,2010,2011,2013,2014,2015;GIIN,2016),意向

---

[1] 参见Harji & Jackson,2012。2007年,"影响力投资"这一术语的名称及概念在会议上被首次提出。2008年,洛克菲勒基金会受托人委员会批准了3 800万美元用于其影响力投资最新方案,该方案力图通过赠款、项目相关投资以及非赠款活动,将贝拉吉奥会议上制订的一系列行业建设计划加以落实。

[2] 例如,2013年,时任英国首相戴维·卡梅伦(David Cameron)主持七国集团峰会(G7 summit),重点讨论了影响力投资问题并成立特别工作组;2015年,在亚的斯亚贝巴(Addis Ababa)举行的联合国第三次发展筹资会议上,混合型融资方式和影响力投资等概念也成为重要议题。

投资人所获资金支持数额更高[1],越来越多的网络组织开始积极参与影响力投资[2],相关文章及报道的发表数目在不断上升,以此为主题的课程安排也在持续增加等。然而,如果以联合国可持续发展目标(Sustainable Development Goals, SDGs)为基准,唯一合理的结论便是,影响力投资仍然处于起步阶段,需要各方倾注大量心血。可持续发展目标包括消除贫困和饥饿、改善健康和教育、实现性别平等、享有清洁用水和卫生设施以及应对气候变化。未来几年,上述议题可能会成为国际发展相关讨论的主要内容。联合国贸易和发展会议(United Nations Conference on Trade and Development, UNCTAD)《2014年世界投资报告》显示,要实现可持续发展目标,每年还需额外筹资1.6万亿-2.8万亿美元。[3] 然而,该笔估算忽略了经济合作与发展组织(Organization for Economic Cooperation and Development, OECD)国家对影响力投资资金的需求——实际上,目前相当大一部分投资正是在这些国家中进行的。联合国、各国政府、国际组织、非政府组织(non-governmental organization, NGO)和跨国公司认为,私营企业可以为满足筹资需求做出重要贡献。从理论上讲,养老基金、保险公司和资产管理公司的管理资产总额大约为100万亿美元,财力足以支撑投资必要的发展项目。八国集团社会影响力投资特别工作组(2014, p.1)曾就此发表评论:

> 鉴于主流投资基金的资金数额为45万亿美元,且这些基金已公开承诺将环境、社会和公司治理因素纳入其投资决策[4],因此,仅需要一小部分资金即可进入影响力投资领域,继而迅速扩张为主流基金,正如之前风险投资和私募股权(private equity, PE)所运作的那样。[5]

---

[1] 全球影响力投资网络所建的ImpactBase网站(www.impactbase.org)处于业内领先位置,对当前市场所有在售的影响力投资基金进行汇总后发现:2015年9月,市场上共计有364只影响力投资基金——这一数字在2010年仅为44,之后在2011年和2012年急剧上升。数据显示,平均每年约有65只基金进入市场。

[2] 除了全球影响力投资网络之外,还有Toniic、新兴市场私募股权协会、欧洲公益风险投资协会、阿斯彭发展企业家网络、SOCAP网络、Pymwymic和Society Impact等多家网络组织。

[3] 考虑到发展中国家仅基础设施投资便需要1万亿-1.5万亿美元,因此这笔额外筹资的数额估算可谓相当保守。参见United Nations, 2015, p.6。

[4] 特别工作组之所以得出这一结论,是因为各机构投资者均已签署加入了联合国责任投资原则组织(United Nations Principles for Responsible Investment)。

[5] 参见OECD, 2014。实际上,考虑到受托责任问题,它们是否有足够的资产来弥补这一差距,取决于有哪些投资解决方案可供选择。

本文结构

本小节主要描述了影响力投资的发展过程。作为一个不断发展和成熟的投资领域,无论采用何种投资工具、不管属于哪种资产类别,其都适用于各类投资者。第二节将影响力投资比作不同方案的结晶点——从社会责任投资(socially responsible investing, SRI)到使命相关投资(mission-related investing, MRI),再到开发性金融。影响力投资领域对所有方案兼容并包,并诚邀资产持有人、资产管理公司和服务供应商开诚布公、各抒己见。第三节论证了影响力投资是一个丰富多彩的多元领域,尽管目标、需求、资源和期待值各有不同,但诸多投资者在该领域作出了卓越贡献。随着市场的快速增长,描述这一领域发展现状的指标将不再与投资金额的多少有关,而是与推动市场增长的力量息息相关,当然,这些力量偶尔也会导致市场增速再次放缓。因此,第四节在展望未来的同时,对这些推动力量以及影响力投资者所面临的障碍也进行了阐释说明。笔者坚信,影响力投资领域将不再是单打独斗、孤军作战的局面,其有潜力发展成为群策群力、通力合作的全球市场,为各类私人及公众投资者提供大量投资机会。

影响力投资——不同方案的结晶点

铢积寸累,绝非一蹴而就

摩立特研究院是最早认识到投资机会能够推动社会和环境进步的机构之一。该机构在其《社会和环境影响力投资》(Freireich & Fulton, 2009)报告中指出,为共同利益投资的理念"正在从行动派投资者的外围转向主流金融机构的核心"。这份报告在当时尽管有些言过其实[1],但其所描述的趋势却是有目共睹,即除了慈善家和富有的个人或家庭之外,仍有人在为共同利益投资(Rodin & Brandenburg, 2014, p.6)。在21世纪第一个10年里,越来越多的群体有意进行社会投资,不仅包括各类基金会和高净值人士(high-net-worth individuals,

---

[1] 英国社会责任投资领域权威人士斯巴克斯(Sparkes, 2006, p.54)早在近10年前就注意到,金融体系在"适当结合社会责任投资与社会行动主义"方面仍有很长的路要走。在描述影响力投资和社会行动主义在主流投资者中的结合时,我同样会重复上述言论。

HNWI),还有家族办公室以及私人银行。国际和开发性金融机构、开发组织以及资产管理公司等机构也逐渐顺应该趋势。然而,在这一领域,养老基金和保险公司等机构投资者却望尘莫及,只有少数"明显例外"(World Economic Forum, 2013a, p.13)。[1]让我们从基金会在这一领域所做的工作开始进行梳理。

美国税法规定,隶属于501c3组织的基金会可以进行投资,但前提是这些投资必须支持其公益目的(IRS,2015)。通常情况下,这些投资被称为项目相关投资(programme-related investments, PRIs)。然而,杰西·史密斯—诺伊斯基金会(Jesse Smith-Noyes Foundation)对投资金额却不甚满意,认为其捐赠及投资的资金与自身使命息息相关,但数额却占比过少。因此,早在20世纪90年代,该基金会就已经思考过如何管理捐赠基金的问题,最终其决定"减少"捐赠基金管理与机构公益使命之间的"不和谐因素"(Hummels, 2009)。或者换句话说,该基金会决定填补社会资本与金融资本之间的"投资缺口"(Emerson, 2003, p. 40)——且决定这样做的机构绝不止该基金会一家。[2]这一方案在美国和全球其他基金会中反响良好。使命相关投资[3]很快成为众多基金会的一项重要投资活动。之后提出的其他方案或多或少都有着相同的目标——只不过名称有所区别,比如"使命关联投资"[4]、"使命投资"[5]、"主动型社会投资(proactive social investments, PSIs)"[6]、"项目相关投资"和"公益创投(venture philanthropy, VP)"[7]。

对影响力投资问世起到重要作用的第二个趋势是社会责任投资的兴起和发

---

[1] 这些居于该领域领先地位的机构包括PGGM基金管理公司、荷兰养老基金管理公司APG、澳大利亚养老基金Christian Super、美国教师退休基金会TIAA CREF、瑞士首家跨国保险公司苏黎世金融服务集团(Zürich Insurance Group)以及荷兰全球保险集团(Aegon)。

[2] 大约在同一时期,约翰·D.(John D.)和凯瑟琳·T.麦克阿瑟(Catherine T. MacArthur)开始探索私人投资运作,将部分本金用于达成使命。项目相关投资被认为是一种能够灵活部署资金以期达成使命的投资方式。参见Tasch & Dunn, 2001。

[3] 关于使命相关投资最恰当的描述当数"是一项除了提供财务回报,还致力于产生社会或环境积极影响的投资活动"。参见Godeke & Bauer, 2008, p. 11。

[4] 关于使命关联投资,新经济基金会(New Economics Foundation, NEF)将之定义为"来自基金会捐赠基金的投资,以推动达成其使命,并提供市场水平的财务回报"。Cf. NEF, 2008。

[5] 库奇和克莱默(cf. Cooch & Kramer, 2007, p. 10)认为命名为"使命投资"更为准确——他们将之定义为"一项运用金融工具以实现基金会使命的实践活动",而被广泛应用的"使命相关投资"这一名称之所以略有不当,是因为其通常指代的是具有市场回报率的投资。

[6] "主动型社会投资提供直接融资,以创建企业或扩大企业规模,促进社会或环境效益,帮助投资者实现规划目标。"参见Kramer & Cooch, 2007。

[7] 参见本书第七篇。

展。影响力投资者们踌躇满志,以期大展宏图,超越传统的"社会责任投资"。他们志在积极主动地向企业、项目、商品、合作社或金融机构投放资金,以推进实现环境或社会目标。投资者们多来自家族办公室、慈善基金会或教会团体,但并不仅限于上述群体。开发性金融机构、资产管理公司和部分机构投资者也已进入这一领域。这显然表明,投资者对能够整合社会和环境目标、创造长期财务回报且将风险降至最低的商业案例拥有足够信心(Margolis & Walsh, 2001; Gompers et al., 2003; Orlitzky et al., 2003; Statman, 2000, 2006; Derwall et al., 2005; Garz & Volk, 2007; Hill et al., 2007; UNEP FI, 2006, 2010, 2011; Bauer & Hummels, 2010)。引起机构投资者特别注意的一个典型案例便是2007年墨西哥小额信贷机构Banco Compartamos首次公开募股(initial public offering, IPO)。这表明向穷人提供金融服务可能会带来极具市场竞争力的财务回报,至少在短期内确实如此。正是因为这样,流向小额信贷市场的私人投资大幅度增加——从2005年的10亿美元增加到2013年所报道的80亿美元(Microrate, 2013)。资产管理公司和私人银行通过对基金会、高净值人士和散户投资基金,也在某种意义上变身为小额信贷机构(microfinance institution, MFI)。还有一些机构所针对的目标是机构投资市场,诸如瑞士基金管理公司responsAbility和ACTIAM资产管理公司,为小额信贷投资和中小企业(small and medium-sized enterprise, SME)融资筹集了数亿美元。小额信贷及中小企业融资领域所实施的方案已经逐渐引起了机构投资者的兴趣——尽管只有个别机构投资者能够顺应这一发展趋势,大部分投资者仍面临诸多困难。

第三股推动力来自开发性金融机构和多边开发银行。几十年来,它们一直致力于投资国际发展,并将获得市场水平的财务回报与社会、经济或环境目标有机结合在一起——尤其是要促进发展中国家的经济增长。国际金融公司(International Finance Corporation, IFC)2011年的一项研究表明,开发性金融机构的社会和经济发展前景总是会给私人部门的发展带来积极影响。世界银行(World Bank)私人部门透露,国际金融机构(international financial institution, IFI)每年在发展中国家私人部门发展和基础设施建设方面的投资高达400亿美元,数额之巨令人印象深刻(IFC, 2011, p.21)。

影响力投资的定义

当洛克菲勒基金会在2007年和2008年组织科莫湖峰会时,使命相关投资、社会责任投资以及开发性金融等实践活动已然相当成熟,从中衍生出影响力投资这一概念可谓水到渠成(Bugg-Levine & Emerson,2011,p.8)。基于此,影响力投资试图将现有运作方式提升至更高层次,即促成一个规模不断扩大的、极具潜力的全球市场,以期增进公共利益。其力求同时实现财务及财务之外的目标,稳扎稳打,始终如一。这一点与波特和克莱默(Porter & Kramer,2011)的理念相一致,即创造共同价值观,且韦基等人也提过同样概念(参见本书第四篇文章)。根据上述概念,我们可以得出以下结论:**所有旨在创造共同价值观的投资活动都属于影响力投资范围**。按照定义,这一概念包括经济、社会或环境的产出及效益。摩立特研究院(Freireich & Fulton,2009)对影响力投资的定义也体现出同样理念:"积极向能产生社会和/或环境效益的企业和基金投入资本,并至少向投资者返还名义本金作为回报。"

随后又有多家机构对其概念进行了界定(Bugg-Levine & Emerson,2011;Grabenwarter & Liechtenstein,2011;Harji & Jackson,2012;World Economic Forum,2013;Addis et al.,2013;Social Impact Investment Task force,2014;Rodin & Brandenburg,2014)。其中,最重要的定义之一来自全球影响力投资网络,其将影响力投资描述为:"**对公司、组织和基金进行投资,目的是产生可以评估的社会及环境影响力,同时获得财务回报。**"[1]

这一定义意味着影响力投资者们至少需要满足以下三个标准:

1. 在进行实际投资前,必须有意向打造自身在财务之外的影响力。

2. 必须设置财务回报期望值,其范围可从与市场水平持平到低于市场水平;最低要求是保本,不赚不亏。[2]

3. 必须主动创造、管理及评估在社会、经济和环境领域中产生的影响力。[3]

在对影响力投资的诸多界定中,有一个定义值得注意。勒温(Lewin,2013,p.10)从机构投资者的角度评论道:"其所产生的效益需更具针对性、更直接,且可以根据数据进行评估,但并不能以牺牲财务上的成功为代价——这就是我们

---

[1] 参见网址:https://thegiin.org/impact-investing/need-to-know/#s1。
[2] 如果投资资金为赠款,则没有保本或周转的硬性要求。
[3] 不揣冒昧,我认为应当重视管理财务之外的成果。评估确实很重要,但其本身并非我们需要实现的目标。比评估更重要的(原文如此)是投资管理中的信息价值,以便实现财务与财务之外的最优回报,同时管理所涉及的种种风险。

对影响力投资的定义。"

这一定义表明，机构投资者必须具备两个重要特征。第一，只有当投资能够带来（风险调整后的）回报，且至少与该资产类别的平均表现相持平时，投资才有意义。第二，勒温强调，所产生的效益需具备针对性，且（财务之外的）效益要能够根据量化指标进行评估。除此之外，其定义还强调了管理相关过程的重要性，以确保实现预期目标。因此，影响力管理对于投资者来说也是非常重要的，包括监测既定目标的进展情况，以及提供预期和非预期产出与效益的信息——影响力评估同样与此息息相关。勒温的观点表明，一般而言，不同的投资者进入影响力投资领域，其所持动机各不相同，且根据各自投资的不同性质，要求也是千差万别。

深入解读影响力投资

后起之秀

Ecovative Design 有限责任公司是一家来自纽约绿岛（Green Island）的新兴生物材料公司，主要利用蘑菇菌丝体制造新材料，借助大自然的力量来取代和消除基于石油的塑料供应链所产生的污染物，比如高污染物聚苯乙烯泡沫塑料。2010 年，DOEN 基金会率先为其发展扩张提供了成长阶段所需资金，随后又继续追加投资，总额约为 250 万美元，为吸引私人及企业投资者的追加资本提供了坚实基础。其中即有两家公司，分别为 3M 公司和美国希悦尔公司（Sealed Air Corporation, SAC）（Hummels & Röntgen, 2013）。通过投资，DOEN 基金会为 Ecovative Design 公司打开了新世界的大门，助其发展企业并减少对地球和海洋的污染。赌注如此之高，足见其野心之大。以石油为原材料的塑料制品是"塑料汤"这一污染现象的主要成因，因此，提供完全可生物降解的包装替代品将是一项具有革命性的举措。诚然，Ecovative Design 公司确实有潜力借此成为一个伟大的企业——3M 公司和美国希悦尔公司采纳其解决方案已经证明了这一点。现在的问题是，是否有更多的主流投资者能够加入并抓住这一机会？答案是否定的。要理解这一点，就必须了解投资者在对社会产生积极影响时所具有的六个明显区别。这些区别将在下一节具体讨论。

区分维度

在目标、实践及资本配置方面,影响力投资者彼此间差异很大。这些差异可从以下三个维度进行区分:

1. 投资者及投资地区
    —影响力投资群体的差异
    —跨地域的资本配置
2. 投资市场
    —市场规模与投资规模
    —跨资产类别的投资活动
3. 回报
    —财务回报期望值的差异
    —对产出及效益的评估与管理

如后文所示,上述维度将当前的影响力投资行业描绘为贡献各异、丰富多彩的新兴领域。

投资者及投资地区

DOEN 基金会(Hummels & Röntgen, 2013)决定投资 Ecovative Design 公司时,显然是冒了一定的风险。这一投资行为虽然符合其企业职责——"证明该公司有能力同时获得社会及财务回报",但与此同时,DOEN 基金会也通过投资活动,为 Ecovative Design 公司提供了一个进一步发展其商业主题、产品组合及市场占有率的机会,并为企业成长资本的注入奠定了基础。显然,并非每个投资者都愿意投资 Ecovative Design 公司这样的初创企业。对一些投资者来说,此类投资规模太小;其他投资者则担心风险过高,或者认为企业管理层经验不足。有些投资者特别喜欢投资在经济合作与发展组织国家经营的公司;然而对另一些投资者来说则恰恰相反,绝不会优先考虑此类公司。

为了发展影响力投资领域,并使得类似 Ecovative Design 公司的企业能够蓬勃发展,投资者的投资理念、预期目标或实践活动并不需要千篇一律。认为投资者均属于同一个大型影响力投资群体是极其错误的想法[1],尽管他们可能确

---

[1] 我与罗丹和勃兰登堡(Rodin & Brandenburg, 2014, p.15)所持观点略有不同。

实同属志同道合、志趣相投的次级群体。类似的影响力投资理念、预期目标及实践活动可能只存在于相同的投资群体之中,例如机构投资者与其他机构投资者、基金会与其他基金会、家族办公室与其他家族办公室、开发性金融机构与其他开发性金融机构等。尽管在次级群体中,投资者之间可能会存在诸多相似之处,但在不同投资地区,差异依旧显著,主要体现在投资者类型、投资理念、机构使命、主要职责以及工作方式上。这意味着**多元化**是影响力投资领域行动者的基本特征。

显然,在项目相关投资、全球影响力投资网络、欧洲公益风险投资协会或Toniic等相关网络组织的总体层面上,投资者们目标一致,互相学习,彼此合作。如果是为了某些共同目标而进行合作,自然需要分担成本、共享知识或网络,由此可见,多元化也有其共通之处。因此,为了使该领域不断壮大,投资者之间务必要加强合作。[1]一个投资者的退出恰恰能为另一个投资者提供投资机会。[2]但这充其量只能成立(暂时的)**结盟**,且成立结盟并不仅限于投资者之间。为了使影响力投资领域蓬勃发展,需要努力将投资者、政府、公益组织和公民社会团结在一起,需要在公共事业单位与私营企业之间形成良性循环,以期创造新机会、分担成本,最大限度地发挥影响力,并确保包容性增长。公众在享受基本商品和服务时往往会遇到一些困难,例如(可持续)能源、清洁用水、食物供应、医疗保健、教育培训、金融服务或经济适用房等,如果投资者愿意尽其所能解决或减轻这些困难,就必须与社会和环境利益相关者通力合作——包括公共事业单位和私营企业。正如迪希特(Dichter,2014)所说:

> 影响力投资的未来走向取决于我们是否能够接受曾经在经济史课程中学到的内容:解决社会问题需要集私人资本和公共资本两者之力……对于医院、公园、教育系统、公共卫生基础设施、保障性住房等领域存在的问题,风险爱好型投资者可以在全球范围内与公共部门展开合作,以提供问题解决方案。公共部门既是投资者,也是重要客户,不仅能够灵活调整激励措施,还可以在必要时提供补贴。

---

[1] 此外,投资者与其他利益相关者之间也需要加强合作,以期劳有所获。这些利益相关者包括企业、政府、非政府组织以及学术界。

[2] 欧洲公益风险投资协会、世界银行扶贫协商小组(CGAP)、Accion以及全球影响力投资网络曾就此采取过相关措施。参见 Boiardi & Hehenberger,2014;Rozas et al.,2014。

▶ 跨地域的资本配置

除了投资小额信贷、中小企业融资或可再生能源,机构投资者明显倾向于在发达国家投资。与之相对,开发性金融机构、国际金融机构和一些发展合作部门明确将发展中国家列为投资目标。由于彼此使命不同且投资理念有别,因此,富有的个人和家族办公室在影响力投资方法上可谓千差万别。有些投资者倾向于投资国内市场,比如英国的大社会资本(Big Society Capital)和艾斯米·费尔贝恩(Esmée Fairbairn)基金会,或者美国的非营利金融基金(Nonprofit Finance Fund)和国家社区投资基金(National Community Investment Fund, NCIF)。有些投资者倾向于投资区域市场,例如美洲开发银行(Inter-American Development Bank, IDB)、非洲开发银行(African Development Bank, AfDB)或亚洲开发银行(Asian Development Bank)。有些投资者则具有广阔的国际视野,对投资地区并无偏好,例如比尔及梅琳达·盖茨基金会(Bill & Melinda Gates Foundation)、Anthos资产管理公司、ACTIAM资产管理公司和LGT公益创投基金会。还有一些影响力投资者,甚至完全不清楚自己所投资的区域都有哪些,比如诺伯基金会、卡尔弗特基金会、洛克菲勒基金会或福特基金会(Ford Foundation)。它们可以兼顾国内与国际投资市场。摩根大通(J. P. Morgan)和全球影响力投资网络最近的研究(2010,2011,2013,2014,2015;GIIN,2016)提供了发展中地区影响力投资数额的指标。[1] 这些研究为评估影响力投资在发展中国家及特定资产类别中的长期发展提供了相关基准,其中资产类别包括私募股权投资、私人债务和实物资产。[2]

投资市场

联合国贸易和发展会议研究报告对有助于社会和环境变化的投资需要进行了评估,然而,这一评估结果与影响力投资的实际情况之间却有着巨大差距。此外,对影响力投资市场规模大小的各项衡量指标也是大相径庭。表1.1引自开普勒盛富集团(Kepler Cheuvreux,2013,p.29)的市场调研报告,以金额做指标,对市面上各家账目进行了汇总梳理,一部分是对未来市场的展望,另一部分则是

---

[1] 这些研究尚不包括影响力投资的近期发展潜力信息——侨民融资。生活在异乡的侨民往往具有非常强烈的意愿,希望为祖国发展作出贡献。

[2] 本文将进一步探讨机构投资者最终是否准备以及在何种程度上准备向发展中国家分配投资资金,其同样与上述基准相关。

对现有市场的回顾。

表 1.1　　　　　　　　影响力投资现有市场及未来市场评估

来源	金额	投资地区倾向	评估结果公布时间（年份）	详情
现有市场评估				
世界经济论坛（World Economic Forum, WEF），德勤（Deloitte）	少于400亿美元	全球	2013	积累资本已兑现
世界经济论坛，德勤	250亿美元	全球	2012	根据世界银行扶贫协商小组、摩根大通以及全球影响力投资网络对小额信贷和金融服务的评估，市场规模趋于保守
全球影响力投资网络，摩根大通	90亿美元	全球	2013	已制订2013年承诺投资计划
全球影响力投资网络，摩根大通	80亿美元	全球	2013	2012年投入资本已兑现
欧洲社会投资论坛	87.5亿欧元	欧洲	2012	已投入资产（不包括承诺投资部分）
未来市场预测				
卡尔弗特基金会	6 500亿美元	全球	2012	具备市场潜力
摩根大通，洛克菲勒基金会	4 000亿美元至1万亿美元	全球	2010	根据五个部门对经济金字塔底层（Base of the Economic Pyramid, BoP）市场潜力的评估，直到2020年之前都具备市场潜力
摩立特研究院	5 000亿美元	全球	2009	根据对管理资产总额的评估，直到2020年之前都具备市场潜力

资料来源：Kepler Cheuvreux，2013，p. 26。

尽管近期发生了金融危机，但金融市场仍然在以惊人的速度不断增长，且机构投资者在此增长过程中发挥了重要作用。目前对整个全球资产市场的评估金额在64万亿美元至200万亿美元之间（cf. PwC，2014；Baghai et al.，2015），养老基金和保险公司是其中非常重要的参与者（Towers Watson，2015；PwC，2014；TheCityUK，2012），其可管理资产（assets under management, AuM）金额分别高达近37万亿美元和22万亿美元。然而，这些巨头却对影响力投资环境的变化适应缓慢（Social Finance，2012；Harji & Jackson，2012；World Economic Forum，2013a，p. 21）。机构投资者有相当多的理由，不愿为影响力投资解决方案分配资金。专栏1.1列出了不愿投资的十大常见原因——或称之为借口。[1]

专栏1.1　不愿进行影响力投资的10个理由

1. **该领域生态系统仍处于起步阶段。**通过对美国86%的养老基金进行调研,这一市场尚处于起步阶段且远未成熟,因此似乎是一个利基市场。

2. **平均交易规模太小。**一些养老基金和保险公司的龙头企业要求每项投资的最低投资规模为5 000万美元至1亿美元,有些企业甚至要求更高,且它们的投资通常不会超过该项目建议投资总额的25%。因此,平均算下来,每个项目的投资总额规模均轻易超过3亿美元,然而,仅有少数影响力基金的交易规模能够符合这一要求。

3. **偿付能力监管标准Ⅱ(Solvency Ⅱ)、另类投资基金经理指令(AIFMD)和巴塞尔协议Ⅲ(Basel Ⅲ)要求机构投资者增加资本公积。**可见,影响力投资被监管机构视为另类、高风险以及非流动性投资。由于出台了新的规章制度,因此,非流动性及高风险投资的资本费用也对机构投资者提出了新规定,要求其增加自身资金储备。

4. **需要机构投资者投资的产品,必须是投资级别的产品,且具有经实践证明的业绩记录。**然而,仅有少部分投资建议具有良好的业绩记录,以证明其属于投资级别的产品。

5. **被认为风险过高。**影响力投资被认为是有风险的,且在财务、运营、管理或信誉等方面均存在风险。尽管这种看法不一定正确,却是机构投资者之间所达成的共识。如果在非经合组织国家进行投资(可能会面临国家风险、货币风险、政治风险以及贪腐风险),风险认知将明显增加。正如某家基金公司所言:"在非洲投资几乎是不可能的。"

6. **影响力投资可能导致与投资者受托责任之间的冲突。**投资者,尤其是美国投资者,将自己的受托责任作为不向影响力投资分配资金的理由。通常情况下,"受托责任"即意味着追求最大回报,然而,影响力投资却被认为会使回报大

---

[1] 作为本文研究的一部分,约70家机构投资者接受了作者采访,并列出了这些原因。此外,许多论点在社会筹资组织(Social Finance, 2012)、史密斯研究所(The Smith Institute, 2012)、哈伊和杰克逊(Harji & Jackson, 2012)、世界经济论坛(World Economic Forum, 2013a)以及艾迪斯等(Addis et al., 2013)文献中也均有提及。

打折扣。

7. 产品尚未统一标准。机构投资者需要投资的是按照公认既定的资产类别进行标准化的产品。然而，影响力投资往往不具备明确的私人债务、私募股权、房地产或基础设施等资产类别，更不用说公共股权或公共债务类别了。

8. 无法断定待投资项目的规模大小、适当与否及质量高低，对其尚存疑虑。保险公司倾向于投资大规模的私人债务，养老基金则更青睐私募股权、基础设施和房地产等投资项目。这些领域的投资机会本身就相对较少，而那些可供投资的项目又往往不够完备。因此，当项目开发商为项目的设计、开发或建设寻找早期资本时，投资者往往更关注能够再投资的机会，因为他们需要长期稳定的收入流来应对长期债务。

9. 管理费用较高。投资者希望能够及时获得大量有关（社会与环境）投资进展情况的信息。然而，开发及处理这些信息均需要花费时间和金钱，因此，项目费用也是水涨船高。目前，机构投资者关注的焦点是降低项目管理费用。

10. 与其他投资机会相比，回报不具竞争力。如果其他投资机会带来的回报更高，投资者很可能会放弃投资回报率较低的项目。例如，在一个平均回报率为8%的市场中，如果同期其他投资项目的回报率为10%，则投资者极有可能不再考虑影响力投资项目。

人类社会正在面临一些严重的社会及环境问题，众多机构为解决难题、满足需求作出了大量贡献，其重要性不容小觑。每年需要数万亿美元用于投资基础设施建设——更不用说其他领域同样需要投入大量追加资本。这意味着机构投资者放弃影响力投资这一新兴领域的理由，能够为现有参与者凝聚自身力量提供重要指导，这些参与者包括基金会、私人银行、多边捐赠机构和政府。只有扫清这些潜在障碍，市场才能以一定速度及规模稳定增长，才能着手解决一些领域内最紧迫的问题，这些领域包括能源生产与分配、固体废物管理、水处理、弹性基础设施、减少碳排放、可持续农业，甚至包括医疗保健和教育行业。[1]

---

[1] 然而，尽管影响力投资者的类别有了更明确的分类标准，他们在分配资金方面仍然会遇到问题。巴克莱财富和投资管理公司(Barclays Wealth and Investment Management)(2015)最近的一项研究表明，富有的个人投资者所面临的一个主要障碍是缺乏整体投资组合视角，以及对影响力投资复杂性的认知。他们在常规投资中尽可能多赚钱，然后将部分收入捐给慈善机构——这一方式与影响力投资一样，都是为社会公益做贡献，然而相较之下，却无疑更为简单。

好消息是，情况正在发生变化。艾迪斯等(Addis et al.,2013)见证了影响力投资这一新兴领域的非线性发展，并将其描述为"麻雀虽小，五脏俱全，富于创新，引领潮流"——因此其市场机会必将不断增加，同时发展及整合现有体系与活动。在一些大型养老基金和保险公司的活动中，可以窥见新浪潮产生伊始的种种迹象，例如荷兰 ABP 养老基金、荷兰 PFZW 养老基金、美国教师退休基金会(TIAA-CREF)、安大略教师养老基金(Ontario Teachers)、丹麦最大的养老金公司 ATP、英国 BT 养老金计划(BT Pension Scheme,BTPS)、壳牌养老基金(Shell Pension Fund)、联合利华养老基金(Unilever Pension Fund)以及部分瑞典公共部门养老基金(Swedish AP-funds)。2014 年，其中一些投资者签署了《蒙特利尔议定书》(Montreal Carbon Pledge)(2014)，承诺"每年测量并公开其投资组合的碳足迹"。[1] 这一政策在其投资组合中同样有所体现——在可再生能源及绿色债券领域进行的绿色投资呈指数级增长。由此，投资者减少了投资组合的碳足迹，但实际上，他们做的远不止这些。

基于其在决策过程中所整合的环境、社会和公司治理(Environmental,Social and Governance,ESG)信息，越来越多的机构投资者将影响力投资机会纳入考虑范围。由于目前投资选择极为匮乏(Harji & Jackson,2012;World Economic Forum,2013a;World Economic Forum,2013b)，因此，机构投资者剑走偏锋，采取了一种较为特殊的投资方式。[2] 以荷兰养老基金管理公司 APG[3]为例，2014 年，其对"高持续性投资项目"(high sustainability investments,HSIs)的投资翻了一番，从 150 亿欧元增至近 310 亿欧元(占其投资总额的 7.5%)。高持续性投资项目指的是有助于解决气候变化、水资源短缺、污染、生物多样性或小额信贷等问题的投资项目。其中，投资组合的增长主要归因于对"绿色之星"房地产投资数额的提高，金额由 50 亿美元增至 150 亿美元，相较之下，对绿色债券的投资数额增长幅度则要小许多。PGGM[4]是一家为医疗保健部门提供服务的

---

[1] 参见网址:http://montrealpledge.org。
[2] 除去个别情况，绝大多数养老基金和保险公司不会投资全球影响力投资网络 ImpactBase 网站上提供的诸多基金选择，原因在于大部分投资机会或是规模太小、管理层缺乏经验，或是倾向于投资非经合组织国家，且风险—回报状况不够理想。
[3] 2015 年 6 月，APG 基金管理公司为荷兰最大的养老基金 ABP、建筑及建造行业的养老基金以及其他一些小型养老基金提供服务，管理着 4 120 亿欧元的资产。
[4] PGGM 是一家基金管理公司，为荷兰医疗保健及福利部门的养老基金、荷兰全科医生的养老基金以及其他一些小型养老基金提供服务，到 2014 年底，管理着 1 820 亿欧元的资产。

基金管理公司,主要投资各类"解决方案",以应对气候变化、水资源短缺、粮食生产及医疗保健等领域的问题。PGGM公司为这些解决方案分配了47亿欧元的投资资金,占全部资产的2.5%。以中国某净水厂为例,经其投资,每年可节约2.1亿吨清洁用水。另外,该基金管理公司还投资了位于新加坡的一家购物中心,通过利用雨水和节水龙头,节约了30%的水资源;同时投资了多达253 493公顷的可持续经营森林。除此之外,PGGM公司还要求资产管理公司报告社会与环境的产出及效益,为此其专门开发了一个系统,以标准化的方式向客户报告影响力投资情况,而其他养老基金也采取了类似做法。德勤对美国养老基金进行的一项影响力投资调查发现,2013年,有6%的受访者正在进行影响力投资。[1]该报告进一步指出,在不久的将来,"养老基金将更倾向于投资那些在追求财务回报的同时还寻求实现社会或环境目标的组织或基金"(World Economic Forum,2013a,p.22)。

▶ 跨资产类别的影响力投资

DOEN基金会投资的Ecovative Design公司是一家初创企业。而向(社会)企业投资这一理念正被越来越多的影响力投资者所接受。社会影响力投资特别工作组(2014,p.16)甚至谈到了"创业革命"。特别工作组进一步指出:"现在投资重点正在转变,拟结合创业、创新及资本三者力量,改善人民生活。"虽然致力于推进社会创业是投资领域的重要组成部分,但影响力投资所提供的一系列投资机会,其范围却更加广泛。用迪希特(2014)的话来说:"在影响力投资的大伞下,有着无数的行业类型、资产类别和投资产品,其中大部分仍有待研究开发及理解领会。"

其中,许多投资项目与紧迫的社会及环境问题有关——包括环境污染、气候变化、医疗保健条件、受教育机会以及贷款渠道,且通常情况下,会使用私募股权、私人债务或风险投资等投资工具,有时还会结合适当的风险缓释措施。然而,"影响力投资"这一术语不能也不应该局限于这些特定的投资项目。例如,分配资金投资绿色房地产或基础设施,就属于影响力投资范围,此举通过建造和维护(经济适用)住房、可持续农业、道路、私立医院、私立学校、(垃圾焚烧)发电厂

---

[1] 很难提供一个精确的数字来指明这一投资类别的确切规模,因为德勤的调查报告并未指出养老基金对影响力投资定义的界定。以全球养老金投资市场情况作为参照,6%这一数字似乎表明该领域正处于行业顶端。

和水处理设备等,能够明显增加社会、社会经济或环境价值。[1] 实际上,根据世界经济论坛(2013b,p.6)所下定义,影响力投资是一种跨资产类别的投资方法,或是投资决策制定过程中的一枚透镜,并非一项独立的资产类别(另请参见 Social Impact Investing Task force G8,2014)。影响力投资领域涵盖不同资产类别中的各类投资机会,从现金[2]与固定收益到私募股权、房地产以及其他另类资产,包括对冲基金和基础设施(cf. World Economic Forum,2013,p.19)。因此,影响力投资可以视作针对不同资产类别的常规投资,但其与常规投资有两处明显区别:第一,影响力投资试图创造或维持社会、环境和社会经济价值。在这方面,其投资理念与波特和克莱默(Porter & Kramer,2011)提出的"创造共同价值观"概念相类似。第二,影响力投资不同于主流投资,其致力于管理和评估自身财务之外的产出及效益(参见专栏1.2)。

专栏1.2 影响力投资资金跨资产类别分布情况(参见全球影响力投资网络2016年调查报告)

全球影响力投资网络2016年调查报告显示,影响力投资资金总额共计770亿美元,其中24%用于社会福利住房,14%用于小额信贷,10%用于中小企业及公司理财。能源投资占投资总额的14%,约为100亿美元,而医疗保健项目则吸引了大约45亿美元的私人资本投资。鉴于仅有2%的投资用于基础设施建设,可见影响力投资市场尚未做好满足未来需求的准备,因为据联合国贸易和发展会议报告所示,每年资本投资额需要达到1.6万亿—2.8万亿美元。

上述结果均以调查报告为基础,该调查报告包括全球影响力投资网络成员及组织,且这些成员及组织均属于其投资者数据库的一部分。2016年,共有156名受访者参与调查,但全球影响力投资网络也承认,由于其调查报告属自陈式报告,因此调查结果仅供参考,对不同资产类别的投资规模及资金分配并不能提供完全有效可靠的数据。

---

[1] 近期发展新动向是影响力"债券"的出现。实际上,这些并不是真正的债券,而是"按绩效付酬"合同,可用于解决青年就业、刑满释放人员再就业(SIBs)、医疗保健(HIBs)和国际发展(DIBs)等领域出现的问题。该类别投资总额尚不足2亿美元,较之我们所面临的诸多全球挑战,规模实属微乎其微,重要性也可忽略不计。

[2] 实例可参见网址:https://www.triodos.com/en/about-triodos-bank/what-we-do。

稍后我们会看到，实际上，分配给基础设施建设的投资总额要比全球影响力投资网络调查报告中显示得多。

回报

自2007年开始，影响力投资者就在讨论经济和社会回报的重要性，然而，他们对这两大要素相对价值的看法却有着明显不同。鉴于两者均事关风险与回报，因此也导致了"财务回报优先"与"影响力优先"两类投资者之间的区别（Freireich & Fulton, 2009）。这表明，一部分投资者最关心的是财务回报，认为利益高于一切；而对于其他投资者而言，就算他们认为影响力并非重中之重，至少也是非常重要、不可或缺的。虽然上述区别并非有意为之，但其中选项非此即彼，明显涉及虚假二分这一逻辑谬误。因此，以此区别作为划分投资者类型的标准并不准确，因为慈善投资者可能对财务回报不感兴趣，机构投资者则可能对社会或环境回报不感兴趣（Hummels, 2013）——而这一观点是极其错误的。实际上，经济和社会回报对所有类型的投资者来说都很重要，只是优先级排序有所不同，以及"在风险—回报连续体中所处位置"的倾向有所区别而已（Hummels, 2013）。正如勒温（Lewin, 2013, p.29）所观察到的那样：

> 部分投资者很可能愿意，或者确实需要在回报与影响力之间进行权衡取舍，而其他投资者则会寻找一切机会，力求回报能够完全弥补风险可能带来的损失。两类投资者都发挥着重要作用：前者可以提供高风险资本，用于资助社会企业起步阶段、小规模企业家等；而后者可以提供更大规模的资本，为可持续增长提供资金。

目前，投资者对影响力投资的风险与回报知之甚少。宾夕法尼亚大学沃顿商学院（Wharton School of the University of Pennsylvania）与新兴市场私募股权协会（Emerging Market Private Equity Association, EMPEA）合作，分析了300多只投资基金。[1] 这项研究的目的是验证"一项被广泛接受的假设，即在投资过程中，投资目标不同，投资者接受财务回报的程度也有所区别：如果投资旨在达成社会目标，面对相对较低的财务回报，投资者仍然能够接受；然而，如果投资者在选择投资项目时，以回报潜力作为唯一选择标准，仅以获利为目标，那么当财务回报较低时，投资者则难以接受"（Gray et al., 2015）。该项研究初步结果

---

[1] 感谢Anthos资产管理公司的资金支持，使得本项研究得以顺利进行。

表明,私募股权影响力投资的回报与私募股权常规投资的回报不相上下。另举一例,全球影响力投资网络与剑桥联合研究顾问公司(Cambridge Associates,CA)合作,分析了 51 只私募股权影响力投资基金的财务回报。结果表明,在研究期间(1998－2010 年),影响力投资基金的财务回报落后于非影响力投资基金 1.2％。然而,影响力投资部分细分市场的表现却优于同行:一些影响力投资基金投资额不足 1 亿美元,却能给投资者带来 9.5％的净内部回报率(internal rate of return,IRR);投资非洲市场的基金回报率甚至更高(9.7％)。其他细分市场则表现欠佳:一些影响力投资基金投资额超过 1 亿美元,带给投资者的回报率却仅有 6.2％,低于整体市场回报率(8.3％)超过 2％。虽然基金会、家族办公室及富有的个人等一些影响力投资者可能会对此回报率感到满意,但其他类型的投资者,例如机构投资者,则可能会对此感到不满。

▶ 回报与风险

沃顿商学院的研究不仅关注财务回报,也关注潜在风险,从而为绩效问题探讨补充了重要内容。如果影响力投资想要拓宽投资者范围,不再局限于慈善基金会以及富有的个人,就必须兼顾风险与回报,两者缺一不可。尽管缺少证据支持,但影响力投资通常被认为是高风险投资,因此,机构投资者和开发性金融机构需要对每一项影响力投资项目的潜在风险进行更深入的了解,主要方式是借助"大量标准化的政策方法信息,进一步理解不同投资类型的风险与回报"(Addis et al.,2013,p. 22)。与此同时,由于影响力投资与更为主流的资产类别之间相关性较低,因此恰好可以为投资者提供新的投资机会。正如澳大利亚养老基金 Christian Super 首席投资官(Chief Investment Officer,CIO)蒂姆・麦克里迪(Tim Macready)所观察到的那样(Addis et al.,2013,p. 9):"与其他投资市场相比,影响力投资所带来的回报预计会在很大程度上有所不同。"

多元化所带来的附加价值绝不仅仅是投资者的期待。在最近的金融危机期间,对小额信贷机构的投资已经表明,其与发达国家日趋疲软的金融市场之间相关性极低。因此,除了分散风险这一附加价值外,影响力投资在风险缓释方面还有额外优势。首先,正如美国教师退休基金会经理艾米・奥布莱恩(Amy O'Brien)所说,影响力投资是参与者和受益人的共同要求,因为该投资能够"满足参与者对经济和社会效益的需求"(World Economic Forum,2013a,p. 5)。她还在其他场合进一步补充道:"另一个原因在于,我们付出的努力是具有前瞻性的,有助于建立与州级保险监管机构的良好关系,而其中部分机构会优先考虑富有意义的、自发性强的社区投资项目"(World Economic Forum,2013b,p. 23)。第三个原因是,影响力投资能够为涉足新兴市场和新兴行业提供机会。

▶ 深入解读投资者

投资者们对风险与回报的期望值千差万别,这就要求潜在投资对象一定要熟知各类投资者现行政策及实践情况,尤其是当投资方为机构投资者时更要注意(cf. Hummels,2013)。目前,发达国家投资者更倾向于投资经合组织国家的项目。然而,如果僧多粥少,即投资资金过多、投资机会有限,从而哄抬价格使其虚高——这一情况在基础设施投资市场上即将发生,那么,他们的投资观念极有可能会随着时间的推移而改变。尽管就目前来看,极少有投资者愿意在发展中国家投资基础设施项目[1],但同时也有利好消息传来,即荷兰[2]、英国或瑞典政府等开发性金融机构或公众投资者正在考虑专门把非经合组织国家作为投资市场。

▶ 对产出及效益的评估与管理

因为影响力投资侧重于评估产出、效益及潜在影响力,从而使其有别于社会责任投资、项目相关投资、使命相关投资以及传统的开发性金融。关于进行影响力评估的原因,文献中均有所阐述(Scriven,1967,1991;Briedenhann & Butts,2005;White,2010;Patton,2012;Contandriopoulos & Brousselle,2012)。影响力评估旨在收集和评估财务及财务之外的信息,主要包括:

- 是否使投资者能够**改进其投资**流程
- 是否允许投资者对受益人**负有说明义务**
- 是否**授权投资对象**积极参与对己方远景的评估
- 是否反映投资项目的**社区价值**
- 是否阐明该社区的**发展规划**

在全球影响力投资网络对影响力投资的定义中,评估是其中极为重要的一环。对于每一个影响力投资项目来说,用以创造、管理和评估社会、经济及环境

---

[1] 在与主流投资者的交谈中,他们指出,除了少数例外,大部分机构投资者不会考虑在非洲、拉丁美洲和中东的大部分地区,或南亚及东南亚投资实物资产,但是可以在中国、巴西、印度、南非以及一些政府稳定、治理体系完善的新兴市场进行投资。

[2] 以荷兰良好成长基金(Dutch Good Growth Fund)为例,这是一个7.5亿欧元的大型投资基金项目,主要投资对象为非经合组织国家。

影响力的各项方案,均是其不可或缺的组成部分。希鲁尔和索恩利(Sirull & Thornley,2013)在此基础上又提出两个新要求:第一,任何基金或企业,只要认为自身属于影响力投资领域,就必须向投资者提供**影响力计划**以及年度**影响力报告**,内容为该基金或企业的非财务绩效。第二,实施干预措施时,需要阐释该措施的受益人是谁,以及这一措施究竟能够带来哪些变化。然而,说起来容易做起来难,由于对"影响力"内涵的解读各不相同,因此给投资者也带来了一定挑战。

正如韦氏大词典和牛津词典所指出的那样,影响力指的是"与另一个物体相接触的状态",所以这个词经常被用来指汽车相撞,或者在军事战斗中,导弹对平民社区产生"影响力"的情况。但实际上,这一术语更常用作泛指概念,用于表示实施干预措施可能产生的效果(采取措施之前)或已经产生的效果(采取措施之后)。在这一语境下,影响力是指干预措施对接受者产生的影响或效果。也就是说,评估影响力的核心是能够识别投资行为与结果之间的**因果关系**,结果包括投资带来的效益与产生的影响力,不管高低,无论好坏(Patton,2002,2012;White,2010;Gertler et al.,2011;Bamberger et al.,2012)。

建立因果关系本身就已相当困难,而试图将投资结果合理归因于投资行为更是难上加难。许多投资者倾向于罔顾投资过程中的困难因素,更愿意对投资行为产生的影响力做出各种假设。正如班伯格和怀特(Bamberger & White,2007,p.64)所观察到的那样:"在没有任何对照组的情况下,许多机构将影响力定义为对目标群体基准评估值与项目后评估值之间的简单比较,其中隐含的假设为所有变化均可归因于项目干预措施。"

在学术话语中,这种假设毫无疑问是错误的。通过探究其他解释,我们可以更深入地了解社会或环境干预措施,并且能够认识到变化背后的原因千差万别。此外,对于政策制定者和政府来说,关键是阐明干预措施与干预结果两者之间的因果关系。

然而,由于投资者的目标、使命及理念各不相同,因此,并非一定要建立这种因果关系。鉴于投资者对信息的需求可能有所不同,因而他们的评估方式理应彼此有别。例如,当政府使用公共资金时,会希望或需要阐明其投资行为所产生的积极(和消极)影响。另外,政府的投资行为还必须在**问责制**下进行,这就需要对此作出总结性或判断性评价。总结性评价旨在评估项目投资效果,其核心问题是投资目标是否实现,以及投资本身是否有助于实现这些目标。这些评价通常是**在投资期结束时进行**,因此往往属于马后炮,多用来决定干预措施是继续还是终止。

另一方面,私人投资者,特别是机构投资者,通常对(潜在的)产出及效益评估更感兴趣,以期更有可能**在投资期间**获得积极的财务、社会或环境回报。他们的举措大多具有前瞻性,侧重于**监测和管理干预措施**。这就需要对此进行**形成性评价**[1],重点分析投资行为以及收集信息,以使投资者和投资管理人能够引导投资项目按照预期的经济、社会和/或环境方向发展。由于评估有助于改善投资管理,因此其重要性不可小觑。一方面是对收集财务与非财务信息的需求,另一方面是对实现目标的需求,即为投资者决策制定、决策本身以及决策影响提供事后解释,两者相较之下,明显对前者的需求更高。

丰富多彩的多元领域

DOEN基金会的投资使得Ecovative Design公司能够抢占先机。在那时,哪怕是更大的投资者或银行都无法做到这一点。随着公司的发展以及向主流资本的靠拢,自然而然,DOEN基金会的投资势必会逐渐减少,代之以银行或其他债权资本提供者的强势介入,而在股权方面,则需要更为主流的私募股权资本参与以支持公司成长。第三节描绘了一幅丰富多彩而又高度多元化的影响力投资前景。投资者群体之间的差异是投资领域发展壮大的重要先决条件,并不能在事后才进行分析确认。在影响力投资方案的起步阶段,(公益)创投与使命相关投资者的作用相当重要,而随着方案的推进,养老基金、保险公司和资产管理公司的作用则会进一步加强。政府同样发挥着重要的推动作用,正如那些大型基金会一样,专注于建立具有深远影响力的行业。比尔及梅琳达·盖茨基金会、洛克菲勒基金会、福特基金会、麦克阿瑟基金会(MacArthur Foundation)以及Anthos资产管理公司在这方面均起到了表率作用——它们不仅投资项目,还提供催化性首先损失资本(catalytic first loss capital)担保或为非流动性资金注入流动资金。这些基金会通过降低金融交易风险以及扩大旨在实现社会或环境目标的资金池,为打造**财务价值链**、促进主流投资者参与作出了一定贡献。麦克阿瑟

---

[1] 形成性评价与总结性评价之间的区别是由迈克尔·斯克里文(Michael Scriven)于1967年提出的,并自此成为一门重要的评价类型学。

基金会主席茱莉亚·斯塔施(Julia Stasch)在解释基金会发展新方向时表示:"我们希望这项新的举措能够利用我们的资金以及较高的风险承担能力,包括企业联合组织造市,最终目的是为投资者提供更大的交易便利、更高的流动性、更强的信心和更多的选择"(Daniels,2015)。

由此可见,不同的投资者在投资发展的不同阶段扮演着不同的角色。DOEN基金会慧眼识珠,认为Ecovative Design公司的可生物降解菌丝体项目可以进一步扩大与复制,其投资为公司、投资者和自然环境打开了新世界的大门。正是由于先驱者们认识到革命性解决方案的潜力,社会和环境变化才得以实现。与此同时,正是由于下一位投资者接过了接力棒,才将最初的投资者变成了影响力解决方案的奠基人。如果没有这样的传承,先驱者便只是梦想家而已,而投资也不过是一个机会罢了,仍需等待其社会或环境潜力被发现、被挖掘。

结 论

当贝拉吉奥峰会的参与者创造了"影响力投资"这一术语时,他们不可能预见到该领域在未来几年的发展是如此迅速,也不可能估算到其发展潜力是如此之大。摩根大通与全球影响力投资网络在2010年发表的第一份研究报告中指出,未来10年,影响力投资市场潜力巨大,预计可供4 000亿美元至1万亿美元投资资金注入。这一估算数据有可能偏低,而且在某种程度上证明了摩立特研究院(Freireich & Fulton,2009)的担忧是多余的,即影响力投资可能"在未来几年甚至几十年里,仍然是一个小型的、无组织的、财务政策保守的利基市场"。随着开发性金融机构、国际金融机构与机构投资者的投资兴趣日益浓厚,以及绿色债券等高流动性金融工具的发展,影响力投资领域未来势必更加多元,绝非"牛之一毛、太仓一粟"。该领域可能会从更为"传统"的影响力投资,即倾向于与那些能够为社区或自然环境带来积极影响的企业进行合作,转向更为主流的投资,使得机构投资者能够参与并促成解决一些世界上最紧迫的问题,包括气候变化、能源获取、清洁用水、食物供应、住房保障、医疗保健条件以及受教育机会等。

如今,我们正处于中间阶段或发展阶段,在此阶段中,尽管彼此过去交集不多,现今却亟待各方群策群力、通力合作。公共机构需要学会与私人投资者及公司企业进行合作,而传统的赞助者也应该学会与私人投资者展开合作。用钟和爱默生(Chung & Emerson, n. d.)的话来说就是：

> 赞助者和影响力投资机构彼此均不愿与对方展开合作，且两者之间的历史文化差异根深蒂固……亟待进一步消弭融合。这些差异包括对资金利用最优解的意见不同（资金要么用来满足最高需求，要么用于投资那些有潜力扩大的解决方案，但仅可满足部分需求）、对投资机会评估流程及衡量指标的设置不同，以及对借款人与受让人关系的处理不同。

只有投资者之间以及投资者与其他利益相关者之间开展新的合作形式，我们才能同时实现经济、社会和环境目标。也就是说，投资者、政府、企业和公民社会必须以前所未见的新方式进行合作。政府必须超越立法者的角色，与各大基金会或其他机构开展合作，通过制定合理的财务政策，创造适宜的投资环境来吸引私人投资。其中，荷兰、瑞典和英国政府正在探索合作新模式，同样处在摸索阶段的还有麦克阿瑟基金会、福特基金会和洛克菲勒基金会。利益相关者们尽管彼此有别，且常常是出于开明的利己主义才采取相应行动[1]，但通过加强合作，能够形成合力以促进良性循环，并且对社区、环境、投资者及其受益人均产生积极影响。因此，资金并非症结所在，组织变革与合作共赢才是联合国可持续发展目标对国际社会发出的最大挑战。仅有良好的愿望是远远不够的，我们必须有所作为，才能最终决定历史将如何评价我们所付出的努力。

参考文献

Addis, R., McLeod, J., & Raine, A. (2013). *IMPACT Australia: Investment for Social and Economic Benefit*. Australian Department of Education, Employment and Workplace Relations, November.

Bamberger, M., Rugh, J., Mabry, L. (2012). *Real World Evaluation* (2nd ed.). Thousand Oaks, CA: Sage.

Bamberger, M., & White, H. (2007). Using strong evaluation designs in developing countries: experience and challenges. *Journal of MultiDisciplinary Evaluation*, 4(8), 58–73.

Barclays Wealth and Investment Management (2015). *The Value of Being Human: A Behavioural Framework for Impact Investing and Philanthropy*, London, September.

---

[1] 影响力投资的定义侧重于在做好事的同时获得一定的财务回报，已透露出其所预设的开明利己主义理念。影响力投资并未拘泥于在短期内将财务回报最大化，而是要求定期计算投资的正、负产出及效益。遗憾的是，正如2010年安得拉邦(Andhra Pradesh)小额信贷危机所证明的那样，理论与实践并不总是保持一致。短期利益有时候确实占据上风。

Bauer, R., & Hummels, H. (2010). Pension funds and sustainable investment: return and risks? In A. Tourani-Rad & C. Ingley, *Handbook on Emerging Issues in Corporate Governance* (chapter 10). London: World Scientific Publishing.

Boiardi, P., & Hehenberger, L. (2014). *A Practical Guide to Planning and Executing an Impactful Exit*. Brussels: EVPA, October.

Briedenhann, J., & Butts, S. (2005). Utilization-focused evaluation. *Review of Policy Research*, 22, 221–243.

Bugg-Levine, A & Emerson, J. (2011). *Impact Investing: Transforming How We Make Money While Making a Difference*. Jossey-Bass: Wiley, September.

Cambridge Associates & GIIN (2015). *Introducing the Impact Investing* Benchmark, New York: The GIIN.

Chung A., & Emerson, J. (n.d.). *From Grants to Groundbreaking: Unlocking Impact Investments*. Retrieved from www.impactassets.com

Cohen, R., & Sahlman, W.A. (2013, January 17). Social impact investing will be the new venture capital. *Harvard Business Review*,. Retrieved from https://hbr.org/2013/01/social-impact-investing-will-b

Columbia University (2014, December). *Impact Investing and Institutional Investors*, New York, NY: Columbia University.

Contandriopoulos, D., & Brousselle, A. (2012). Evaluation models and evaluation use. *Evaluation*, 18 (1), 61–77.

Cooch, S., & Kramer, M. (2007). *Compounding Impact: Mission Investing by US Foundations*. Boston, MA: FSG.

Credit Suisse & the Schwab Foundation for Social Entrepreneurship (2012, January). *Investing for Impact*, Geneva: Credit Suisse.

Daniels, A. (2015, August 13). The Chronicle of Philanthropy. News and Analysis.

Derwall, J., Günster, N., Bauer, R., & Koedijk, C.G. (2005). The Eco-Efficiency Premium Puzzle. *Financial Analysts Journal*, 61(2), 51–63

DFID (2014, April). *The Impact Programme Market Baseline Study*, London: DFID.

Dichter, S. (2014, March 17). Give impact investing time and space to develop. *Harvard Business Review*. Retrieved from https://hbr.org/2014/03/give-impact-investing-time-and-space-to-develop

Emerson, J. (2003). The blended value proposition. *California Management Review*, 45(4), 35–51

Emerson, J. (2003, summer), Where money meets mission. *Stanford Social Innovation Review*.

Freireich, J., & Fulton, K. (2009). *Investing for Social and Environmental Impact*. New York, NY: Monitor Institute.

Garz, H., & Volk, C. (2007). *What Really Counts. The Materiality of Extra-Financial Factors*. Düsseldorf: WestLB.

Gertler, P., Martinez, S., Premand, P., Rawlings, L.B., & Vermeersch, C.M.J. (2011). *Impact Evaluation in Practice*. Washington DC: World Bank.

GIIN (Global Impact Investing Network) (2016, May). *Annual Impact Investor Survey* (6th ed.). New York: The GIIN.

Godeke, S. & Bauer, D. (2008) *Mission-Related Investing*. New York: Rockefeller Philanthropy Advisors.

Gompers, P., Ishii, J.L., & Metrick, A. (2003). Corporate governance and equity prices. *Quarterly Journal of Economics*, 188(1), 107–155.

Grabenwarter, G., & Liechtenstein, H. (2011). *In Search of Gamma; An Unconventional Perspective on Impact Investing*. Barcelona: IESE Business School and Family Office Circle Foundation

Gray, J. et al. *(2015). Great Expectations; Mission Preservation and Financial Performance in Impact Investing.* Philadelphia: Wharton Social Impact Initiative, University of Pennsylvania.

Harji, K., & Jackson, E.T. (2012, July). *Accelerating Impact: Achievements, Challenges and What's Next in Building the Impact Investing Industry*, Report written for Rockefeller Foundation. Ottawa, ON: E.T. Jackson & Associates.

Hill, R.P., Ainscough, T., Shank, T., & Manullang, D. (2007). Corporate social responsibility and socially responsible investing: A global perspective. *Journal of Business Ethics*, 70, 165–174.

Hummels, H. (2009). *Een aandeel in maatschappelijke ontwikkeling.* Assen: Van Gorcum.

Hummels, H. (2013). Impact investing through advisers and managers who understand institutional client needs. In World Economic Forum, *From Ideas to Practice; Pilots to Strategy* (pp. 9–11). New York: WEF.

Hummels, H., & Röntgen, A. (2013, June). *Stairway to Successful Innovation.* Maastricht: ECCE. Retrieved from http://www.corporate-engagement.com/research/93

IFC (International Finance Corporation) (2011). *International Finance and Institutions; Development through the Private Sector.* Washington, DC: IFC.

IRS (2015). Program-related investments. Retrieved from https://www.irs.gov/Charities-&-Non-Profits/Private-Foundations/Program-Related-Investments

J.P. Morgan & GIIN (2010, November). *Impact Investments, An Emerging Asset Class.* New York: The GIIN.

J.P. Morgan & GIIN (2011: December). *Insight into the Impact Investment Market.* New York: The GIIN.

J.P. Morgan & GIIN (2013: May). *Perspectives on Progress.* New York: The GIIN.

J.P. Morgan & GIIN (2014, May). *Spotlight on the Market.* New York: The GIIN.

J.P. Morgan & GIIN (2015, May). *Eyes on the Horizon.* New York: The GIIN.

Kepler Cheuvreux (2013). *Inclusive Business.* London: Kepler Cheuvreux.

Kramer, M. & Cooch, S. (2007). *Investing for Impact.* Boston, MA: FSG, prepared for Shell Foundation.

Lewin, M. (2013). Making impact investing an institutional priority for achieving superior investment performance. In World Economic Forum, *From Ideas to Practice; Pilots to Strategy* (pp. 9–11). New York: WEF.

Margolis, J.D., & Walsh, J.P. (2001). *People and Profits?* Mahwah, NJ: Erlbaum.

Microrate (2013). The State of Microfinance Investment 2013. Washington, DC: Microrate.

NEF (2008). *Mission Possible.* London: NEF.

OECD (2014). *Pension Markets in Focus.* Paris: OECD.

OECD (2015). *Social Impact Investing—Building the Evidence Base.* Paris: OECD.

Orlitzky, M., Schmidt, F., & Rynes, S.L. (2003). Corporate social and financial performance: a meta-analysis. *Organization Studies*, 24(3), 403–441

Patton, M.Q. (2002). *Qualitative Research & Evaluation Methods* (3rd ed.). Thousand Oaks, CA: Sage.

Patton, M.Q. (2012). *Essentials of Utilization-Focused Evaluation.* Thousand Oaks, CA: Sage.

Porter, M.E., & Kramer, M.R. (2011). Creating shared value: how to reinvent capitalism and unleash a wave of innovation and growth. *Harvard Business Review*, 89(1).

PwC (2014). *Asset Management in 2020; A Brave New World.* New York/London: PwC.

Rodin, J., & Brandenburg, M. (2014). *The Power of Impact Investing.* Philadelphia, PA: Wharton DP.

Rozas, D., Drake, D., LaHaye, E., McKee, K., & Piskadlo, D. (2014). *The Art of the Responsible Exit in Microfinance Equity Sales.* Washington, DC CGAP and Center for Financial Inclusion at Accion.

Scriven, M. (1991). *Evaluation Thesaurus* (4th ed.). Thousand Oaks, CA: Sage.

Scriven, M. (1967). The methodology of evaluation. In R. Tyler, R. Gange, & M. Scriven (eds), *Perspective of Curriculum Evaluation* (pp. 39–83). Chicago: Rand McNally.

Scriven, M. (2007). The logic of evaluation. In H.V. Hansen *et al.* (eds), *Dissensus and the Search for Common Ground* (pp. 1–16). Windsor, ON: OSSA.

Sirull, B., & B. Thornley (2013, February 27). Defining impact investing: a call to action. *Stanford Social Innovation Review.*

Social Finance (2012, October). *Microfinance, Impact Investing, and Pension Fund Investment Policy Survey*, London: Social Finance.

Social Impact Investment Task force (2014, September). *Impact Investment: The Invisible Heart of Markets.* London: Social Impact Investment Task force G8.

Sparkes, R. (2006). A historical perspective on the growth of socially responsible investment. In R. Sullivan & C. Mackenzie, *Responsible Investment.* Sheffield: Greenleaf Publishing.

Statman, M. (2000, May/June). Socially responsible mutual funds. *Financial Analysts Journal*, 30–39.
Statman, M. (2006, spring). Socially responsible indexes. *Journal of Portfolio Management*, 32(3), 100–109.
Tasch, E. & Dunn, B. (2001). *Mission-Related Investing: Strategies for Philanthropic Institutions*, a report by the Investors' Circle. Durham, NC: Investors' Circle.
TheCityUK (2012, November). Fund Management, London: TheCityUK.
The Smith Institute (2012). *Local Authority Pension Funds: Investing for Growth*. London: Smith Institute.
Towers Watson (2015, February). *Global Pensions Asset Study 2015*. New York, NY: Towers Watson.
UNEP FI (2006). *Show Me the Money*. Geneva: UN.
UNEP FI (2010). *Translating ESG into Sustainable Business Value—Key Insights for Companies and Investors*. Geneva: UN.
UNEP FI (2011). *Universal Ownership—Why Environmental Externalities Matter to Institutional Investors*. Geneva: UN.
United Nations (2015, July 13–16). *Outcome Document of the Third International Conference on Financing for Development*, Addis Abeba: UN.
White, H. (2010). A contribution to current debates in impact evaluation. *Evaluation*, 16, 153–164.
World Economic Forum (2013a). *From the Margins to the Mainstream; Assessment of the Impact Investment Sector and Opportunities to Engage Mainstream Investors*, New York: WEF.
World Economic Forum (2013b). *From Ideas to Practice; Pilots to Strategy*. New York: WEF.

二、影响力投资的起步阶段：
市场规模、投资类型与投资回报

詹姆斯·坦西(James Tansey)

亚娜·斯韦多娃(Jana Svedova)

阿方索·库耶肯(Alfonso Cuyegkeng)

引 言

  影响力投资领域自创立伊始，便伴随着大量天花乱坠的宣传以及五花八门的定义，且彼此间互相矛盾，令人如堕云里雾里。有很多人声称，其在解决社会及环境问题的同时，还能够获得财务回报。而一些对影响力投资领域的分析则表明，其投资资金共计90亿美元，且流动渠道有别于主流资本市场，投资者多由慈善基金会、高净值人士以及传统投资者构成，争取在产生影响力的同时，获得一定的财务回报(Morgan,2013)。其他人对影响力投资的质疑主要包括以下几点：其投资方法究竟是另辟蹊径，还是换汤不换药？对于投资者的期望值，其财

  【作者简介】 詹姆斯·坦西，加拿大不列颠哥伦比亚大学尚德商学院社会创新和影响力投资中心(Sauder Centre for Social Innovation and Impact Investing, Sauder S3i)常务董事。亚娜·斯韦多娃，尚德商学院社会创新和影响力投资中心影响力投资主任。阿方索·库耶肯，研究生。

务回报到底能否达标？影响力投资是否意味着能够拥有新的资金来源？还是说新瓶装旧酒，仅有术语是新的，"酒"却依然是传统投资，只不过碰巧对社会或环境产生了积极的影响而已？

在本篇文章中，我们将对影响力投资领域的规模、范围和等级进行评估，具体方法包括详细梳理本文所引用的各项报告。我们调研了全球影响力投资网络的影响力投资基金数据库，并根据类型学相关知识对数据进行组织整理，以便对影响力投资的资金流动方式和流动渠道进行阐释。

影响力投资定义

影响力投资和社会企业的概念源于以下共识，即私营企业同样可以为发展进步和社会议题作出贡献，而社会部门在追求社会和发展目标的同时，可以尝试与市场及商业部门进行接洽合作。社会责任投资面对"风险等级"较高的公司，会尽力避免投资，或是利用股东权力来推动改善此类公司与环境、社会绩效及治理相关的实践活动。与之不同，影响力投资旨在寻找能够对社会与环境产生积极影响的投资项目。鉴于本书其他部分业已对影响力投资的定义问题进行了探讨，因此，我们直接援引全球影响力投资网络所下定义："影响力投资是对公司、组织和基金进行投资，目的是产生可以评估的社会及环境影响力，同时获得财务回报。"[1]这一定义对财务回报以及产生影响力的界定过于宽泛，并未对其等级水平给出明确的评估标准。

影响力投资的投资方法范围跨度较大，从力求保本到争取获得最大限度的财务回报。很难根据某一特定定义来评估这些投资方法，因此，在本文中，影响力投资方法将被细分为不同类别进行考察，以反映彼此间区别差异。尽管有些人认为影响力投资是一种新的资产类别(J. P. Morgan,2012)，但通过观察其发展历程，我们发现，影响力投资并非一项独立的资产类别，而是一种跨资产类别的投资方法，所涉类别涵盖现金、固定收益、私募股权以及其他另类投资工具，包括房地产和对冲基金(Parthenon & Bridges,2012)(参见表 2.1)。对现金/现金

---

[1] 参见网址：http://www.thegiin.org/cgi-bin/iowa/resources/about/index.html。

表 2.1 资本配置结构

资产类别		现金	优先债	夹层投资/准股权投资	公共股权	风险投资	私募股权/成长股权	另类投资工具			
								房地产	其他实物资产	绝对回报（对冲基金）
财务回报优先		芝加哥河岸银行 21 亿美元	蓝色果园德克夏小额信贷基金 21 亿美元	Triodos 银行	世代投资管理公司 35 亿美元	布里奇斯风险投资 CDV 基金 1.15 亿英镑	ProCredit Holding 公司	摩根大通城市振兴支持基金 1.75 亿美元	莱姆北部森林基金 1.9 亿美元	Harcourt BelAir 可持续另类基金 3.45 亿美元
影响力优先		公益银行	草根资本 4 800 万美元	布里奇斯风险投资社会企业家基金 800 万英镑		印度 Aavishkaar 风险投资公司	聪明人基金 3 410 万美元	Ignia 风险投资公司 6 000 万美元	Bosques Pico Bonito 公司 500 万美元	

资料来源：The Parthenon Group et al., 2012。

等价物以及固定收益进行的影响力投资(包括存入社区银行及信用合作社的存款、绿色债券和社会影响力债券),与私募股权和风险投资相比,在风险/回报状况以及所产生的影响力类型方面,都存在着显著差异。因此,势必要对每一项资产类别及影响力领域进行细分,以便在有意产生社会或环境影响力的同时,能够真正衡量所产生影响力的大小以及可获得财务回报的多少。

本文探讨重点限于私募股权资产类别(包括风险投资和收购),具体来说,就是在全球影响力投资网络 ImpactBase 网站上列出来的各项基金(该网站所列影响力投资基金名单规模最大、内容最全)。该资产类别毫无疑义被归为影响力投资领域,因为对于影响力和财务回报究竟孰重孰轻这一问题,其投资者主动权更大,能够根据自己的意向来做出决定或施加影响。私募股权和债务是影响力投资者最常用的投资工具,因为其灵活性较高,能够支持配合影响力投资战略以及早期投资机会。此类资产类别的资金来源包括慈善资本和商业资本。为产生影响力而进行投资的慈善资本被界定为捐赠给已注册非营利性组织(nonprofit organization, NPO)的基金,目的在于享受税收优惠,并由该组织持续进行再投资,且对基金赞助者不提供任何财务回报。另一方面,商业资本指的是投资传统资本市场的基金,目的是获得至少与市场水平持平的财务回报。

市场规模:或达万亿美元

当前市场规模及其潜在规模是影响力投资领域的最大问题之一。根据市场规模的广义定义,摩根大通在其报告《进展展望:影响力投资者调查》(J. P. Morgan, 2013)中,对该行业现有市场规模的估值为 90 亿美元。到 2020 年,这一数字预计将攀升至 4 000 亿美元至 1 万亿美元(Saltuk et al., 2013)。根据我们对全球影响力投资网络数据库中所列基金的分析,该报告对现有市场规模的估值相当准确,但目标资本与承诺资本之间尚有很大差距。我们的研究显示,数据库中所有基金的承诺资本总额为 57 亿美元,而目标资本则高达 128 亿美元。

根据全球影响力投资网络对影响力投资所下定义,我们对市场规模作出了上述估值,该定义对投资目标的要求是"产生可以评估的社会及环境影响力,同时获得财务回报"。该定义对于产生影响力是否应作为投资主要目的这一问题,并无硬性要求,也不区分传统市场或"非影响力投资"市场的财务回报水平,因此能够对影响力投资行业规模这一问题提供一些参考。然而，一些正在进行中的投资活动并未被贴上"影响力投资"的标签，另一些投资活动虽然目前被贴上了该行业标签，但究竟有多少创新独到之处，上述定义尚无法作答。全球影响力投资网络 ImpactBase 网站上列出的各项基金，一部分在影响力投资这一概念出现之前就已经存在，一部分由于规模巨大，很难与传统的私募股权及风险投资基金加以区分。这些基金确实能够产生影响力，但似乎只是碰巧得来，并非刻意为之——其初衷仍然是投资那些财务回报潜力较高的行业，例如清洁技术，后续所产生的社会或环境影响力不过是附带产物罢了。

为了更深入地分析影响力投资市场，我们拟根据两大标准对其进行细分：第一，投资活动的主要目标是影响力还是财务回报；第二，投资活动的目标市场是发达国家还是发展中国家。我们选取的这两大标准基本上是所有影响力投资战略所共有的、有别于其他投资活动的特征。对一些人来说，以此来区分不同投资方法颇具争议，因为投资目标究竟是影响力还是财务回报，并不是非此即彼，而是需要斟酌、有所权衡。在我们的研究方法中，所有投资目标均来自各项基金的自我披露，因此不会涉及主观偏见，且影响力优先基金的表现极有可能远超财务回报优先基金。基于上述标准，我们设置了四种类别：投资发展中国家的财务回报优先基金、投资发达国家的财务回报优先基金、投资发展中国家的影响力优先基金，以及投资发达国家的影响力优先基金。根据这一细分类别，我们可以得出结论，即影响力投资中的大部分资金似乎集中在财务回报优先的领域，占到 ImpactBase 网站上所列全部基金总价值的 96％。这些投资中的大部分基金(74％)可进一步归类为投资发展中国家的财务回报优先基金。目前，所有影响力优先基金的美元价值为 2.12 亿美元，仅占该影响力投资子类承诺资本总额的 4％。市场细分具体资本数额参见图 2.1。

以这种方式细分影响力投资市场，表明市场规模多取决于所采用的影响力投资定义。如采用广义定义，那么包括清洁技术在内的传统投资项目均可被视为"影响力投资"，且该行业规模巨大，当前目标资本总额约为 90 亿美元。然而，如果影响力投资指的并不是投资传统市场的基金，而是仅限于那些在投资风险/回报状况与传统市场相差无几的情况下绝不会进行的投资，那么，影响力投资领域的规模便算不上庞大。全球影响力投资网络 ImpactBase 网站最新信息显示，其承诺资本总额仅有大约 2.12 亿美元。

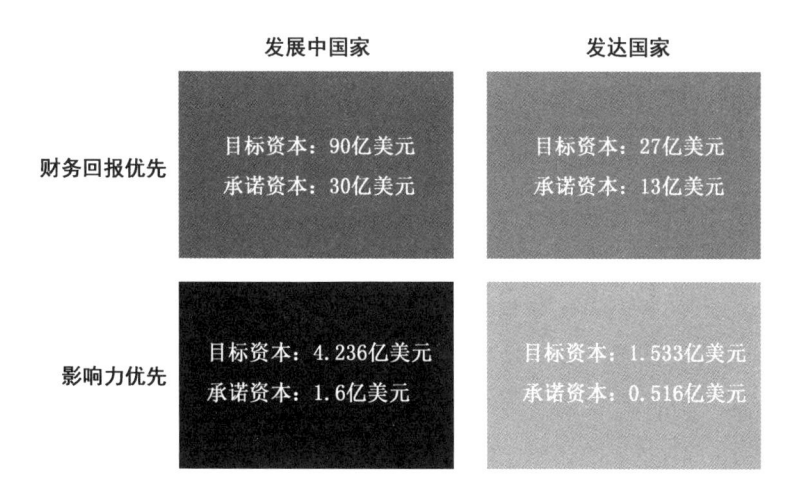

	发展中国家	发达国家
财务回报优先	目标资本：90亿美元 承诺资本：30亿美元	目标资本：27亿美元 承诺资本：13亿美元
影响力优先	目标资本：4.236亿美元 承诺资本：1.6亿美元	目标资本：1.533亿美元 承诺资本：0.516亿美元

资料来源：基于全球影响力投资网络 ImpactBase 网站数据库 2013 年的数据。

图 2.1　影响力投资市场细分

影响力投资者类型

除了考察不同类别的影响力投资之外，还要注意到影响力投资者也分属不同类型——投资动机彼此不同，直接导致影响力投资类型也有所区别。尽管影响力投资者的类型可根据不同因素进行区分，但实际上，影响力投资者及其相应的投资战略往往能够形成一个连续体(参见图 2.2)。目前主流观点是将影响力投资者分为两大类：财务回报优先投资者和影响力优先投资者(参见表 2.1)。财务回报优先投资者是指那些以获得最大化财务回报为目标，同时真正产生可评估影响力的投资者。影响力优先投资者是指那些在寻求产生最大化社会影响力的同时，仍能获得一些财务回报的投资者，无论这些财务回报较之风险调整后的市场回报率究竟是高是低(Freireich & Fulton, 2009)。在本研究中，我们将"财务回报优先"影响力投资者定义为那些寻求获得财务回报，且至少与市场回报率持平的投资者；而"影响力优先"影响力投资者则是那些愿意接受低于市场回报率的财务回报，以换取影响力的投资者(参见图 2.3)。

早期阶段投资者 ←———————————————————————————→ 后期阶段投资者

	超高净值人士	开发性金融机构	基金会	基于价值观和信仰的投资网络/基金	散户投资者	大型企业/金融机构	公共机构投资者/主权财富基金
主要目标	将商业原则应用于慈善行为	实现发展目标，且不以牺牲财务可持续性为代价	严守投资纪律，产生良好社会影响力	多元化投资组合，目符合社会价值观	获得社会影响力，认为投资与捐赠相类似	支持企业社会责任项目	以对社会负责任的方式，按比例部署资金
风险/回报期望值	中高期望值，愿意为了社会影响力承担更多风险，但仍期望获得财务回报	中等期望值，需要维持制度稳定，但宁愿作为"最后提供资金"	中高期望值，为了社会影响力放弃财务回报	低期望值，可能愿意以财务回报换取社会影响力，但需确保投资安全	低期望值，因为根据法律规定，散户投资者不能使用风险过高的投资工具	中低期望值，不愿意承担核心业务之外的过高风险	待定
示例	鲍勃·约翰逊(Bob Johnson)，约翰·麦考尔·麦克贝恩(John McCall MacBain)，乔治·索罗斯(George Soros)	美国海外私人投资公司(OPIC)，国际金融公司，荷兰发展金融公司(FMO)，法国开发署下属的法国经济合作促进公司(Proparco)，德国投资与开发有限公司(DEG)	洛克菲勒基金会，凯洛格基金会(Kellogg)，比尔·盖茨基金会，斯科尔基金会(Skoll)，奥米戴尔基金会(Omidyar)，各歌基金会(Google)	美国教师退休基金会，美国施文金融公司(Thrivent)，基于信仰的共同基金MMA Praxis，致力于服务神职人员的金融服务公司GuideStone，Amana投资基金，Saddleback投资有限责任公司	卡尔弗将社区投资债券的买方/消费者，美国小额信贷供应商Microplace，非营利性组织Kiva	思科公司(Cisco)，Storebrand，雪佛龙(Chevron)，星巴克(Starbucks)	美国加州公务员退休基金(CalPERS)，挪威政府养老基金，阿联酋阿布扎比投资局(ADIA)

图2.2 影响力投资者范围

资料来源：基于第一手资料研究及访谈。

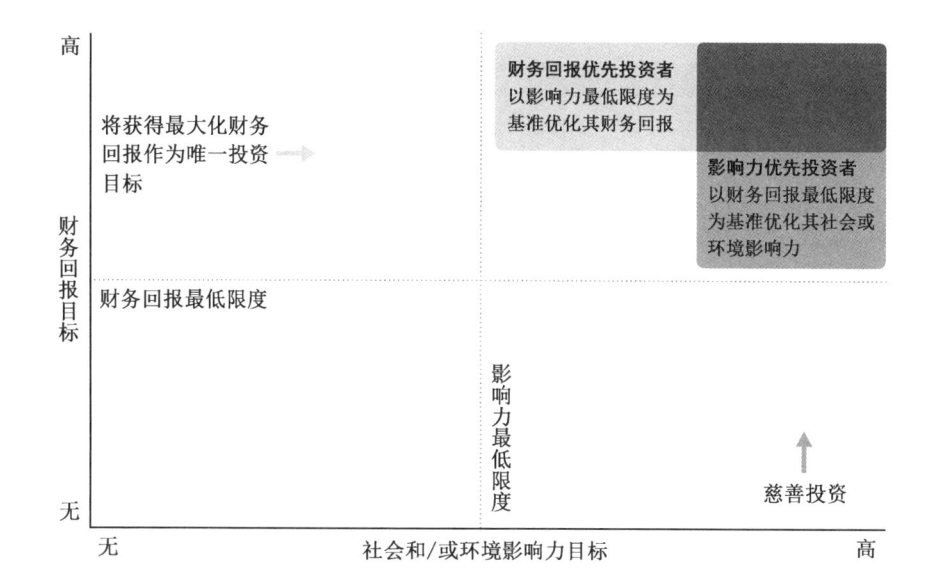

资料来源：Barmeier & Simon,2010。

图 2.3　影响力投资者类型

同样值得注意的是,影响力投资资本可以是商业资本,也可以是慈善资本,并且所投资资金的来源对于所选择的影响力投资类型会产生一定影响。例如,高净值人士可能会从他们的投资组合中选择投资能够提供市场回报记录的基金;该人士还可以从其慈善投资组合中选择捐赠资金给非营利性影响力投资基金,致力于解决发展中国家一些最紧迫的社会问题,例如缺乏卫生设施。无论是慈善资本还是商业资本,所投资的资本类型都能够对财务回报以及影响力回报期望值产生显著影响。

还需要注意的是,影响力投资者的界定范围并不包括散户投资者,主要原因在于市场上缺乏面向散户投资者的金融产品。在影响力投资领域中,绝大多数投资机会是用于私募股权基金、风险投资基金,或个人企业的私募发行,而这些机会只提供给那些合格投资者。另外,精通影响力投资的金融专业人士人数较少,也给散户投资者涉足影响力投资领域增加了难度。因此,散户投资者往往只能投资那些更为传统的"社会责任基金"。

财务回报优先影响力投资		
常见领域	投资者类型	投资示例
可持续农业、清洁技术/可再生能源、为新兴市场不断壮大的中产阶级提供产品和服务、小额信贷、医疗保健	•高净值人士(投资组合) •基金会(留本基金) •开发性金融机构	•Bamboo Finance影响力投资平台 •Elevar Equity风险投资公司 •Unitus Impact风险投资公司 •Renewal Fund风险投资基金

影响力优先影响力投资		
常见领域	投资者类型	投资示例
影响力较大但风险也更高的典型领域(例如公共卫生、离网电气化)、早期风险投资领域或新兴领域	•高净值人士(慈善投资组合) •基金会(项目相关投资)	•聪明人基金会 •Dasra基金会

资料来源:基于第一手资料研究及访谈。

图 2.4　影响力投资者与投资方法

影响力投资资本流动地域分布

目前,在全球影响力投资网络 ImpactBase 网站上注册的私募股权基金共有 167 只。其中,近 70% 的基金将总部设立在发达国家;仅北美洲(本研究将该地区限定为加拿大和美国)的总部数量就占到基金总数的 40%。这些统计数字在一定程度上能够反映出这些国家拥有相对较高的人均国内生产总值(gross domestic product,GDP)以及可供投资的美元数额。

ImpactBase 网站上列出的各项基金,截至目前大部分也是投资发达国家。对于总部设立在美国的基金来说,这一趋势尤为明显,多达 60% 的基金投资本国或其他发达国家。然而,当我们的关注点从基金数量转移至投资资金的美元价值时,情况则恰恰相反。目前,全球筹集的目标资本中,投资发展中国家的金额预计将占到总额的 73%。但是,当我们按照大陆进行地域分布研究时,就会呈现出不同的结果。总部设在美国的基金并不遵循这一模式:高达 59% 的承诺资本仍然投资美国境内(参见图 2.6)。而对于总部设在欧洲的基金来说,无论是投资基金的数量还是投资资金的美元价值,均以发展中国家为主要投资目标(参见图 2.6)。

影响力投资的起步阶段：市场规模、投资类型与投资回报

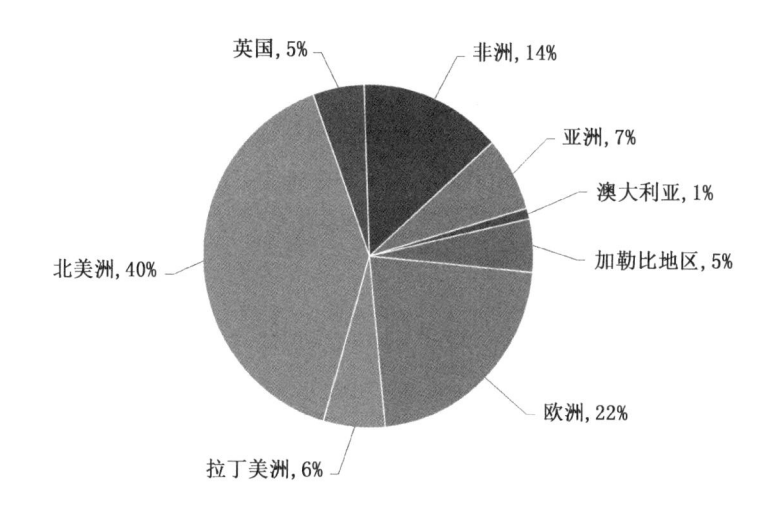

英国，5%　　　非洲，14%
　　　　　　　亚洲，7%
　　　　　　　澳大利亚，1%
北美洲，40%　　加勒比地区，5%
　　　　　　　欧洲，22%
拉丁美洲，6%

资料来源：基于全球影响力投资网络 ImpactBase 网站数据的分析。
图 2.5　影响力投资基金总部设立地

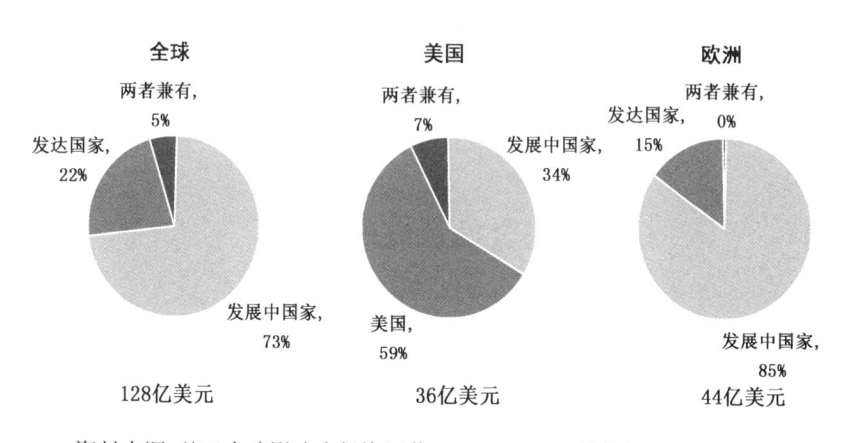

全球
两者兼有，5%
发达国家，22%
发展中国家，73%
128亿美元

美国
两者兼有，7%
发展中国家，34%
美国，59%
36亿美元

欧洲
两者兼有，0%
发达国家，15%
发展中国家，85%
44亿美元

资料来源：基于全球影响力投资网络 ImpactBase 网站数据的分析。
图 2.6　影响力投资资本流动地域分布

大多数基金投资的地方与大部分美元投资的地方之间缘何有此差异，很大程度上是因为那些最大的基金均投资发展中国家。ImpactBase 网站上前十大基金主要投资发展中国家，占到网站数据库中所有基金目标投资金额的 33％。同样值得注意的是，10 只基金中有 9 只基金的总部没有设立在美国，这进一步证实了上述结论，即总部设立于美国的基金主要投资国内，而全球其他基金则多投资新兴市场。

基金投资何处与美元流向何方之间同样有所区别，这一差异还指出了另外

一个重要发现:发展中国家交易流所涉及的美元数额更大。鉴于传统私募股权基金所涉及的几乎全部资金都必须部署到位,因此上述情况势必会发生。且由于有待投资的资金数额巨大,是以能够接受这些投资的企业必然在规模上也更为庞大。可见,基金经理和投资者在寻求与更稳定、现金流量更大的成熟企业合作时,往往采取风险对冲战略。此外,在投资规模问题上,作为投资目标的行业也是考虑因素之一。

通过对基金地域流动的研究,我们还可以得出其他结论,具体包括:

1. 大多数基金要么投资发达国家,要么投资发展中国家,但不会兼而有之。

2. 影响力投资的投资机会大部分集中在新兴市场以及发展中国家(拉丁美洲、非洲、南亚地区、东欧地区、东南亚地区)。

3. 总部设立在美国的基金在国内投资方面最为活跃,这可能是因为与英国和加拿大相比,其更愿意接受以市场为基础的社会问题解决方案。

4. 如果基金经理要对某一市场进行投资,其关系网络必须广泛,对当地情况的了解也必须充分。此外,配备当地工作人员的重要性同样不容小觑,因为这可以降低"飞进飞出"战略[1]所涉及的风险。

基金投资规模

影响力投资基金的投资规模之间存在很大差异。在 ImpactBase 网站数据库中,私募股权基金的目标资本规模从 1 000 万美元至 5 亿美元不等;然而,承诺资本却往往在 1 000 万美元至 5 000 万美元之间。由于承诺资本仅仅占到目标资本的 44%,因此,一级和二级投资者似乎仍有很大潜力进入投资市场。而目标资本与承诺资本之间的这一差额也可能意味着对影响力投资市场的规模有所夸大,因为目标资本的数额要远高于承诺资本。

通过采访那些总部设在多伦多、温哥华和旧金山的投资基金,以及评估全球影响力投资网络 ImpactBase 网站上所列各项基金,我们发现,影响力投资私募

---

〔1〕"飞进飞出"战略包括对国外市场进行投资,并且在海外管理此类投资。该战略对于管理那些需要投资者亲力亲为的投资项目来说风险极高(例如私募股权和风险投资),因为其涉及投资者与投资项目所在地距离较远这一问题,难以实现亲力亲为。这一结论源自对不同基金经理进行的访谈。

股权基金普遍以 5 000 万美元作为目标规模,看似可以作为判断基金经济情况好坏、交易流可用与否的划分标准。交易规模越大,意味着交易成本越低(例如交易机会搜索和诉讼费用)。然而,现有交易流的性质同样会限制交易规模,例如,要想维持一只超过 6 000 万美元的基金,就需要向更多的企业或更成熟的企业进行投资,而此举无疑会增加风险,导致投资质量低下,即财务回报较少、社会影响力较小,或者兼而有之。此外,交易规模越大,在短时间内部署大量资金的压力也会随之增加,这可能是导致投资不善和/或资金部署效率低下的原因之一。

对于北美地区的投资项目而言,其承诺资本的平均值及中位数甚至更低,分别为 2 900 万美元和 2 200 万美元。该数据也证实了前文所得结论,即北美地区的交易规模要小于发展中国家的交易规模。因此可以合理推知,投资发达国家的基金多是对处于起步阶段的企业进行投资,原因可能是政局稳定以及动荡风险较低。最后,我们的研究表明,理想的基金规模在很大程度上取决于基金使命(财务回报优先还是影响力优先)、投资领域以及地理位置。此外,交易流性质和目标企业所处阶段也是决定基金目标规模的因素。

由于影响力投资仍处于起步阶段,因此,大多数影响力基金成立年限不足 5 年也就不足为奇了。在 ImpactBase 网站上注册的 167 只基金中,有 140 只基金(所占比例高达 84%)成立时间不超过 5 年,且所有基金的平均成立年限仅为 4 年。由于典型私募股权基金的生命周期一般为 10 年,因此,投资者很难知道这些基金是否能够真正获得他们所期望的财务回报。另外,鉴于传统私募股权基金和风险投资基金多在基金生命周期的前 5 年部署资金分配,由此可知,在 ImpactBase 网站上注册的大多数基金很有可能不会部署其全部资金。对于这些影响力投资基金乃至整个影响力投资领域来说,未来 5 年将是惊心动魄、激动人心的 5 年,因为这些基金的生命周期即将结束。而其中最大的问题是,这些基金中的大多数是否能够达成传统投资者所期望的内部回报率目标。

企业所处阶段

在 ImpactBase 网站上注册的所有基金中,有大约 50% 的基金声称将投资企业所处的不同阶段。然而,通过进一步研究这些基金的基金招募说明书,却发现其中大部分基金更愿意投资处于成长阶段的企业。还有一些基金声称只投资那些处于某一特定阶段的企业,而研究表明,这些基金中的大多数仍然倾向于投资处于成长阶段的企业。对基金经理的访谈能够很好地解释这一现象:企业的成长阶段具有稳定性高和风险把控强两大优势,同时仍然能够保持巨大的利润与增长潜力,对于投资者来说极具吸引力。这一阶段似乎可以达成投资风险与财务回报之间的最佳平衡,且在前沿市场进行投资尤为如此,因其风险性较高,极有可能面临政局不稳、动荡不安等复杂情况。我们的研究结果与2012年摩根大通对影响力投资者的调研结果相吻合(参见图2.7)。

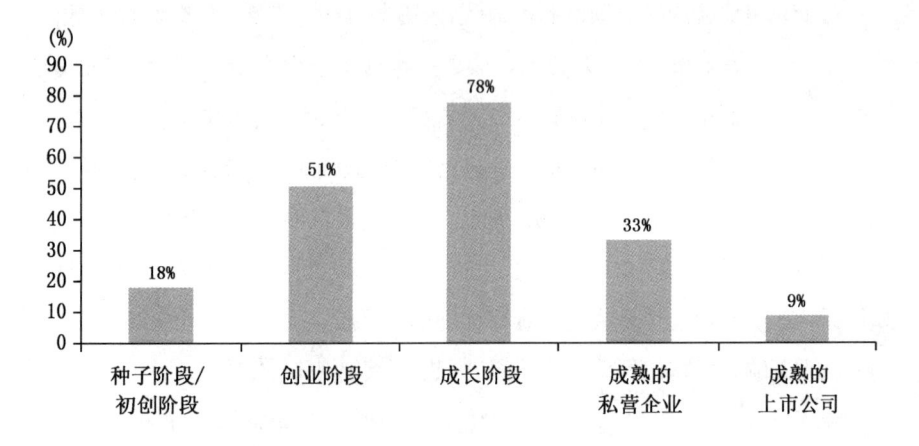

资料来源:Saltuk et al.,2013。

图 2.7　企业所处阶段与影响力投资者投资意向的分布情况

大量基金倾向于投资那些处于成长阶段的企业,这一强烈的投资偏好有可能导致该阶段对交易流需求过度,从而使得交易市场竞争激烈,进而可能会引起高质量交易数量稀缺,以及此类交易估值过高等后续问题。通过采访美国部分影响力投资基金,这一假设得到了验证。采访过程中有人建议,成功的基金应该寻找那些尚未有其他基金涉足的企业或领域,因为这使其能够以较低的估值对企业进行定价及收购。从逻辑上讲,对同样的交易进行竞争会提高该交易估值,并且增加股权收购成本,从而降低财务回报。如前所述,大部分影响力投资基金的成立年限还不满5年,尚未筹集到其目标资本的一半或做出承诺。根据这一因素以及成长阶段交易流竞争加剧的事实,我们得出以下结论:交易流竞争将持续加剧,且有效部署各项基金的资金分配将变得更加困难。

同样需要注意的是,如果大多数基金倾向于投资处于成长阶段的企业,那么较之处于种子阶段或创业阶段的企业,成长阶段企业的资金状况将更为宽裕。因此,真正的影响力优先投资者反而应该考虑投资那些处于种子阶段或创业阶段的企业,因为这类企业的财务状况显然更为拮据。聪明人基金会和柬埔寨播种基金(Insitor)正是上述观点的践行者,而它们也被广泛认为是影响力优先基金的开路先锋。

财务回报

不难理解,较之传统的资本市场,影响力投资在新晋投资者眼中无疑是一项财务回报较低的投资活动。这可能与该领域的现行规范有关,即慈善行为与市场回报位于连续统一体的两端(参见图2.2),难以兼容,因此,很难相信影响力基金能够实现期望值,并带来高于市场水平的回报。根据提交给全球影响力投资网络ImpactBase网站的信息,基金最常见的目标回报率是20%的内部回报率。对于总部设在北美地区的基金而言,其目标回报率的中位数非常接近全球私募股权/风险投资基金在ImpactBase网站上提交的回报率平均值,即17%。需要指出的是,内部回报率代表的是基金经理的目标,而非其实际业绩。通过采访那些总部设在加拿大的基金,可知其同样以20%的净内部回报率作为目标。图2.8显示了行业基准与影响力投资者预期回报之间的比较关系。

大多数影响力投资基金成立年限较短、相对较新,仅有少部分基金能够提供达到行业水平的财务回报业绩记录。摩根大通(2013)在其《进展展望:影响力投资者调查》报告中指出,接受调研的影响力投资基金表示其已步入正轨,正朝着实现目标财务回报的方向不断前进。然而,这些基金的成立年限大多在3—5年,对于10年或更久的长期投资战略来说,尚有一定距离。因此,其当前声称有望实现目标财务回报,实际上却并不能保证期望成真。

通过研究私募股权的回报,可知传统商业私募股权基金的财务回报分布呈现出扭曲的形态特征。截至2011年,剑桥联合研究顾问公司的数据显示:回报率高居前1/4的基金,其平均回报率为7.04%;而回报率居于后1/4的基金,其平均回报率为−14.28%。此外,高达29.33%的标准差能够进一步证明,表现最好的基金与领域内其他基金之间存在着巨大差距。另一方面,传统风险投资的财务回报更为糟糕:回报率高居前1/4的基金,其平均回报率仅有2.25%;而

影响力投资

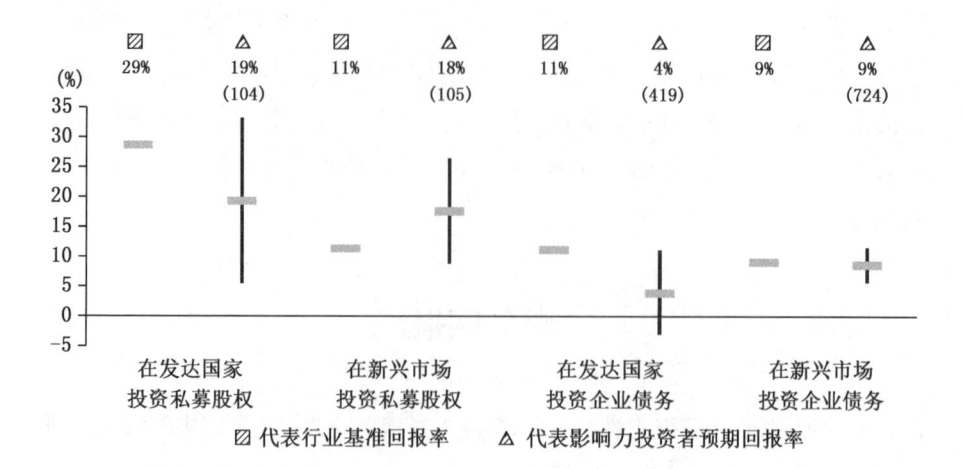

```
        29%   19%    11%   18%    11%   4%     9%    9%
              (104)        (105)        (419)         (724)
(%)
35
30
25
20
15
10
 5
 0
-5
      在发达国家    在新兴市场    在发达国家    在新兴市场
      投资私募股权  投资私募股权  投资企业债务  投资企业债务

      ▨ 代表行业基准回报率    △ 代表影响力投资者预期回报率
```

y 轴：年度内部回报率或收益率（毛收益率，以美元计）。

注：横线代表行业基准回报率与影响力投资者预期回报率的平均值基线（列于图片顶部），竖线代表根据调研结果计算出的标准差，圆括号中的数据代表得出每一项平均值的调研样本数目。

资料来源：Saltuk et al.，2011。

图 2.8　影响力投资者预期回报率与行业基准回报率的基线分布

		现金	准股权	公共股权	收购	风险投资	房地产	商品
1981—1990年	平均下限	6%	7%	10%	16%	8%	5%	不适用
	平均上限	10%	13%	16%	22%	18%	15%	不适用
1991—2000年	平均下限	3%	4%	5%	8%	25%	8%	3%
	平均上限	6%	8%	10%	14%	45%	15%	12%
2001—2005年	平均下限	1%	5%	4%	-10%	-12%	12%	5%
	平均上限	4%	10%	10%	2%	2%	20%	15%

注：准股权、收购及风险投资三项资产类别的调研年限为 2001—2008 年。

资料来源：The Parthenon Group et al.，2012。

图 2.9　跨资产类别的行业基准回报率

回报率居于后 1/4 的基金,其平均回报率为－21.66％,且回报率的标准差为 21.51％。

退出风险也有可能导致影响力基金难以达到高于市场水平的回报率。通过研究全球影响力投资网络数据库中的私募股权基金,我们发现,用以确定市场利率的常用行业基准包括伦敦同业拆借利率(LIBOR)、剑桥联合研究顾问公司指标以及国家消费者物价指数(consumer price index,CPI)。然而,尽管市场利率的确定可以参考各种行业基准,但影响力投资领域的市场利率却仍然悬而未定。财务回报优先投资者认为回报率应该在 15％－20％,而影响力优先投资者则倾向于 0％(资本退回)－5％之间的回报率。

对于潜在的影响力投资者而言,一定要提防警惕从投资中实际获得的回报类型。这些回报在很大程度上取决于投资者所选择的影响力投资领域以及基金投资组合中企业所处的阶段。高达 15％－20％的回报率应该被视为极少数个例,而并非为未来回报率打好基础。许多基金可能有志于同回报率高居前 1/4 的基金进行竞争、一较高下,然而,以往传统私募股权及风险投资基金的历史业绩却表明,大多数基金可能无法实现这一目标。[1] 更何况近几年来,私募股权及风险投资领域内的回报率明显回落,即使是在传统投资领域,20％作为市场利率而言,也再难企及。

但是从积极的方面来说,已有证据表明,一些基金在北美地区获得了成功。Sarona 资产管理公司、Elevar Equity 风险投资公司以及 Unitus Capital 财务顾问公司所建立的基金投资模式已经使它们从投资中获得了实际回报。然而,这些基金的主要投资对象为小额信贷领域中那些处于成长阶段的企业,这在某些情况下已引起较大争议。还有其他一些基金也获得了成功,以 Renewal Fund 风险投资基金为例,该基金主要投资清洁技术和可持续农业——这些领域在北美地区是投资热门,且规模仍在不断扩大。由此可见,前文所提问题依然得不到解答,即影响力投资基金是否能够真正获得高于市场水平的回报,尤其是当投资领域不涉及金融服务与清洁技术行业时。另外,那些获得成功的基金投资模式在同一领域中能否复制,也是值得我们思考的问题。

---

[1] 根据定义,75％的基金必将被排除在前 1/4 之外。

影响力投资领域

影响力投资者在医疗保健、住房、生态旅游、交通、教育等众多领域均有所涉足。然而,投资意向最为强烈的领域仍是小额信贷、农业(包括可持续农业与有机食品)以及清洁技术。这在很大程度上是由于上述领域更加成熟,已经达到足够规模,并且几乎没有投资风险。此外,正是因为有了历史资料以及具有可比性的关键投资数据,我们才能大幅度降低投资风险。根据对全球影响力投资网络数据库及其他研究论文的研判分析,我们可以总结出在发展中国家和发达国家投资成功的走向与趋势。例如,在北美地区投资的基金主要集中于清洁技术和可持续农业领域。另一方面,在前沿市场和发展中国家投资的基金主要集中于小额信贷及其他金融服务领域,尽管其在清洁技术行业也有一些投资,但投资意向却不似在小额信贷领域投资那样强烈。

有观点认为,在某些地区进行投资等同于对某些领域进行投资。之所以得出上述结论,主要是由于不同地区的经济与政府基础设施在规模及先进程度方面差异较大。例如在加拿大,清洁用水领域对于影响力投资者而言,可谓毫无吸引力。然而在非洲,情况却恰恰相反,因为有数百万人尚无法获得清洁的饮用水以及最基本的基础设施。

尽管存在此种假设,但目前很难按照投资领域来划分影响力投资类别,而每一个投资项目的影响力差异又进一步加剧了这个问题。例如,许多基金可能倾向于投资金融行业的企业,然而这些企业虽属同一行业,其各自使命及后续目标市场却大不相同。此外,鉴于几乎所有基金的投资领域都不止一个,因此,要判断财务回报优先基金和影响力优先基金的投资意向及投资领域也将变得极其困难。相较之下,更有利的做法是着眼于目标企业客户,评估投资项目能够产生的影响力,并且确认基金类别究竟是影响力优先还是财务回报优先,以及能否实现其所承诺的财务回报。

公认的成功因素

在 ImpactBase 网站上列出的所有私募股权基金中,最普遍的成功因素当数在投资银行、咨询或私募股权方面拥有丰富的经验。此外,熟知行业知识、具有行业经验,以及拥有强大的行业内外关系网络等因素也是获得成功的必备条件。通过评估成功基金的管理层、经营结构以及投资战略,我们对影响力投资领域中四类基金各自的成功因素进行了总结,具体如图 2.10 所示。

	投资发展中国家	投资发达国家
财务回报优先基金	• 拥有投资银行/风险投资与私募股权/咨询经验 • 拥有行业经验 • 团队配备当地人员 • 充分了解并熟知当地商业环境 • 拥有当地关系网络	• 拥有投资银行/风险投资与私募股权/咨询经验 • 拥有行业经验 • 关键管理人员具有创业背景 • 行业内外都拥有强大的关系网络 • 具有公众知名度
影响力优先基金	• 拥有投资银行/风险投资与私募股权/咨询经验 • 拥有行业经验 • 拥有社会企业经验 • 能力建设具有优势 • 团队配备当地人员 • 充分了解并熟知当地商业环境 • 拥有当地关系网络	• 拥有投资银行/风险投资与私募股权/咨询经验 • 拥有行业经验 • 拥有社会企业经验 • 行业内外都拥有强大的关系网络 • 具有公众知名度 • 加速器或创新中心强强联手、通力合作

资料来源:基于第一手资料研究及访谈。

图 2.10 基金的成功因素

结 论

影响力投资领域的规模目前在 90 亿美元范围内,并且还在不断增长。然而,这里面也包括那些被视作传统投资的投资项目,且这些投资项目在"影响力投资"这一术语出现之前就已经存在。由此可见,专注于产生影响力而非获得财务回报的影响力投资项目仅占少数。

影响力投资领域的规模大小取决于所采用的影响力投资定义。部分传统投资项目在追求财务回报的同时,也"默认"产生积极影响力——如果将这些投资项目都算作影响力投资,那么据摩根大通估计,该领域投资规模约为 90 亿美元。另一方面,部分行业由于市场失灵,且投资风险高于所在市场的主流投资项目,从而导致可能的解决方案得不到资金支持,此种情况下,如果影响力投资指的正是有意寻求在这些行业产生影响力的投资项目,那么该领域的投资规模将明显变小。

在影响力投资领域,根据投资战略的不同侧重点,投资者被划分为影响力优先投资者和财务回报优先投资者。影响力优先投资者往往指的是那些愿意接受较低的财务回报或较高的风险,以求获得较高影响力回报的投资者。财务回报优先投资者则要求其投资风险/财务回报概况必须符合当前市场利率,但同时也会选择那些能够产生积极影响力的投资项目,尽管在通常情况下,投资与否实际上取决于这些投资项目所处的领域,例如清洁技术、小额信贷或新兴市场。然而,值得注意的是,"影响力优先"投资项目的回报率往往能够与市场水平持平甚至高于市场水平;"财务回报优先"投资项目却常常背约,无法实现目标回报。

影响力投资的资金来源多种多样,包括高净值人士持有的慈善基金、家族办公室、基金会、高净值人士持有的投资基金、企业、捐赠基金以及开发性金融机构等。此外,资金来源还是决定投资战略和投资使命(影响力优先还是财务回报优先)的重要因素之一。

有志于采纳影响力投资战略的投资者首先需要决定将为影响力投资分配何种类型的资金,其次应当了解该类型资金的风险状况,最后还要明确自身希望通过投资产生何种影响力。综合考量之下,投资者才可以确定哪些影响力投资子类别更适合投资。另外,投资者还常常采用影响力投资的总投资组合战略,在多项子类别中进行跨类别投资。例如,从慈善投资组合中选择投资非营利性影响力优先基金,致力于解决发展中国家一些最紧迫的社会问题;从金融投资组合中选择投资财务回报优先基金,致力于在发达国家创造就业机会。

影响力投资的投资范围涵盖多种资产类别以及各类风险状况,因此,该领域的回报率目标远不止一个。我们的研究结果表明,在影响力投资领域中,对于风险投资/私募股权资产类别而言,财务回报优先基金的目标内部回报率一般为20%,而影响力优先基金则倾向于将回报率控制在5%以内。我们还发现,只有少数基金能够实现其目标回报率,绝大多数自定义为影响力投资基金的基金成立年限尚不足5年且大部分基金并未退出任何投资项目。由此推知,影响力投资基金极有可能会遵循传统的风险投资/私募股权基金投资模式,即意味着仅有10%左右的基金能够实现目标回报率。综上所述,我们能够断定,在影响力投资领域中,只有少部分基金能够实现与市场水平持平的回报率。

目前,大部分投资者和基金在影响力投资领域寻找那些"长在低处的果实",

即轻轻松松便可实现的目标,也就是那些具有较高财务回报与影响力回报潜力的投资机会,而这些机会可谓广受追捧。通过调研各项基金倾向于投资的地区及领域,我们可以得出结论:这样的投资机会多存在于发达国家的清洁技术以及就业机会创造等领域,此外,这些机会还存在于新兴市场的各个领域。例如,为不断壮大的中产阶级和位于经济金字塔底层的人们提供小额信贷以及可持续性绿色消费产品与服务。

在全球范围内,大多数影响力投资项目倾向于投资发展中国家和新兴市场,只有美国例外,大多数美国本土影响力投资基金仍然倾向于投资国内市场:

● 在美国,大部分影响力投资基金倾向于投资国内市场,且主要投资清洁技术及小企业发展领域。

● 全球大部分影响力投资基金倾向于投资新兴市场和发展中国家。

造成这种差异的一个潜在原因是,与加拿大或欧洲相比,美国历来对以市场为基础的社会问题解决方案持有更加开放的态度。

归根结底,正如本书各篇文章所阐释的那样,影响力投资的概念正在不断完善并日趋稳定,尽管注入该领域的资金数量相当可观,但实际上并非如某些言论所暗示的那般庞大。即便如此,仍有种种初期迹象表明,影响力投资更倾向于投资发展中国家以及那些致力于应对社会环境挑战同时获得一定回报的企业,而这些迹象无一不发人深省并鼓舞人心。根据保罗·科利尔(Paul Collier)及其他学者的研究,我们得以知晓,投资如果纯粹以慈善形式进行,完全依赖政府拨款及赠与,并确保资金100%流失且无任何回报,是行不通的——这一方式已经被证明会对社会经济发展产生制约,因此,影响力投资领域能够不断发展壮大,无疑令人鼓舞。此外,传统投资项目的目标回报与实际回报之间差距过大,而影响力投资所提供的实际回报较之传统投资项目几乎不相上下。因此,有观点认为,我们在阐释影响力投资领域时,无须过分强调其中的"影响力"部分,因为这些新的投资机会能够为多元化投资和非相关领域投资提供更多可能性,如果仅仅用"获得非财务性影响力"这一承诺来招揽传统投资者,效果可能不尽如人意。正是基于这些原因,我们应该在更为广阔的投资前景中持续评估影响力投资所作出的承诺以及所完成的业绩。

参考文献

Barmeier, J., & Simon, J. (2010). *More than Money: Impact Investing for Development*. London: Center for Global Development. Retrieved from http://www.cgdev.org/publication/more-money-impact-investing-development

Collier, P. (2007). *The Bottom Billion*. Oxford, UK: Oxford University Press.

Freireich, F., & Fulton, K. (2009). *Investing for Social and Environmental Impact: A Design for Catalyzing an Emerging Industry*. Monitor Institute. Retrieved from http://monitorinstitute.com/downloads/what-we-think/impact-investing/Impact_Investing.pdf

GIIN (n.d.). *Impact Investing*. Retrieved from http://www.thegiin.org/cgi-bin/iowa/resources/about/index.html

J.P. Morgan (2012). *Impact Investing: An Emerging Asset Class*. Retrieved from http://www.thegiin.org

J.P. Morgan (2013). *Perspectives on Progress: The Impact Investor Survey*. Retrieved from http://www.thegiin.org/cgi-bin/iowa/download?row=489&field=gated_download_1

O'Donohoe, N., Leijonhufvud, C., Saltuk, Y., Bugg-Levine, A., & Brandenburg, M. (2012). *Impact Investing: An Emerging Asset Class*. London: GIIN and J.P. Morgan. Retrieved from http://www.thegiin.org/cgi-bin/iowa/download?row=151&field=gated_download_1

Saltuk, Y., Bouri, A., & Leung, G. (2011). *Insight into the Impact Investment Market*. London: J.P. Morgan and GIIN. Retrieved from https://www.jpmorganchase.com/corporate/socialfinance/document/Insight_into_the_Impact_Investment_Market.pdf

Saltuk, Y., Bouri, A., Mudaliar, A., & Pease. M. (2013). *Perspectives on Progress: The Impact Investor Survey*. GIIN and J.P. Morgan. Retrieved from https://thegiin.org/assets/documents/Perspectives%20on%20Progress2.pdf, accessed on 14 January 2013.

The Parthenon Group, Bridges Ventures, and GIIN (2012, March). *Investing for Impact: Case Studies Across Asset Classes*. Retrieved from https://www.missioninvestors.org/system/files/tools/investing-for-impact-case-studies-across-asset-classes-the-parthenon-group-bridges-ventures-and-the-global-impact-investing-network-giin.pdf

三、影响力投资评估的早期尝试

亚历山德罗·兰泰里(Alessandro Lanteri)[1]

引 言

影响力投资虽然是近期才出现的现象,却有着悠久的历史。尽管很难追溯其确切起源,但可以肯定的是,影响力投资前身一定包括企业社会责任(corporate social responsibility,CSR)、社会创业、公益创投以及社会责任投资(PricewaterhouseCoopers,2015;Vecchi et al.,2015;Vecchi et al.,2016b)。虽然本文并不打算梳理影响力投资的历史,但仍会提及最近发生的一些事件,以便充分了解近期对制定影响力投资基准所做出的尝试,并且能够从多种角度看待这一问题。

2007 年实属早期转折点之一,当时洛克菲勒基金会贝拉吉奥中心举办了一场活动,与会者首次提出"影响力投资"这一新术语(Rodin & Brandenburg,

---

【作者简介】 亚历山德罗·兰泰里,霍特国际商学院(Hult International Business School)副教授。

[1]我要感谢 EngagedX 的卡尔·里希特(Karl Richter),社会投资企业(Social Investment Business)的克里斯托弗·达森(Christopher Dadson)、劳拉·蒙特内格罗(Laura Montenegro)、阿蒂尔·里切夫(Artur Rtiscev)和艾米·扎维斯拉克(Amy Zawislak),沃克斯资本(Vox Capital)的丹尼尔·伊佐(Daniel Izzo)。他们就本文主题进行了非常有益的讨论。本篇文章适用于一般性免责声明。

2014)。该术语一经问世便成为瞩目焦点,初期宣传也可谓天花乱坠、五花八门。不久之后,2008年爆发的金融危机瓦解了人们对传统金融机构的信任(Rangan et al.,2011),因此,这些机构吸引投资的能力随之削弱,并进而引发信贷危机,即放贷与投资资金也被进一步限制(Brown et al.,2015)。由此,影响力投资者们才得以获得了一个不断增长的利基市场。自此以后,影响力投资便一直保持着动荡而又快速的增长。

对影响力投资合法、独立行业地位的承认,可以追溯到2013年6月英国担任八国集团轮值主席国时期。正是在这一时期,时任英国首相把影响力投资作为一项首要政策加以支持,并牵头成立了第一个备受瞩目的机构组织——八国集团社会影响力投资论坛,专门致力于服务影响力投资领域。几年来,该论坛硕果累累、收获颇丰,产出的几份报告均极具影响力,还成立了社会影响力投资特别工作组,负责发布高层建议,以期促成建立一个蓬勃发展的影响力投资市场。

近期转折点当数2015年6月及7月,同样是一个值得纪念的时刻。基于对影响力投资回报长达数年的追踪与推断,三份详细的业绩报告先后发布(参见专栏3.1)。汇总来看,这三份报告梳理了自1998年以来的影响力投资情况,内容涵盖了数十位投资者在不同国家所达成的数百笔跨资产类别交易。除了对投资情况进行阐释说明以外,这些报告还通过向活跃在该市场的经营者披露重要信息以减少普遍存在的市场不确定性,从而奠定了整个影响力投资行业的合法地位,并证明了现有影响力投资领域对各种类型的投资者均具有一定可行性。本文将对这三份报告进行梳理,评估其对影响力投资行业的重要性,并回顾其对市场建设做出的主要贡献,同时对其未来发展提出一些改进建议。

专栏3.1 影响力投资基准报告(按照发布日期排序)

2015年6月5日,EngagedX公司发布报告,题为《从数据角度看社会投资市场——为"无法获得银行贷款"的人或机构提供资金:成本与机会》(EngagedX,2015)。

2015年6月25日,剑桥联合研究顾问公司与全球影响力投资网络联合发布报告,题为《影响力投资基准介绍》(Matthews et al.,2015)。

2015年7月8日,波士顿咨询公司(The Boston Consulting Group)发布报

告,题为《两只基金的故事:英格兰未来建设者基金的管理与业绩》(Brown et al.,2015)。

影响力投资

简而言之,影响力投资即那些经过深思熟虑之后,决定追求财务回报与社会环境积极影响力的投资(O'Donohoe et al.,2010;Wilson,2015)。[1]因此可推知,这些投资项目的受众自然是各种各样的社会目的组织(social-purpose organizations,SPO),包括非营利性组织和慈善机构、社会企业以及那些重视社会影响力的营利性组织(for-profit organization)。同样,影响力投资者也涵盖了各种类型的行动者与投资动机(Hummels,2016)。根据对影响力回报与财务回报期望值的不同,影响力投资者通常被分为"影响力优先"与"财务回报优先"两种类型。传统商业投资的资本配置只需要在投资风险与财务回报之间权衡利弊,而影响力投资则在此基础上增加了第三个考量维度,即社会影响力。因此,影响力优先投资者往往会受到产生社会影响力这一目标的驱动,在涉及财务回报问题时,其通常愿意承担一定的投资风险;与之相反,财务回报优先投资者的目的是获得与市场水平持平的财务回报,且至少产生一定的社会积极影响力。

投资类型

大多数影响力投资在广义上属于"耐心资本"的范畴(Novogratz,2007),即那些投资回收期预期时间较长,且回报率有时会打折扣的投资项目。虽然其投资类型与传统商业投资并无二致,多以股权及债务为主,但影响力投资者更愿意大胆尝试各种混合型金融工具,且这些金融工具必须与其投资对象的偿还能力、法律结构、组织准备以及风险状况相匹配。因此,有时会部署夹层投资与准股权投资(Spiess-Knafl & Achleitner,2012)。

此外,一些投资项目的标签可能具有一定欺骗性。例如,当投资对象是慈善

---

[1] 迄今为止,影响力投资的定义尚未有准确定论,其内涵界定多种多样,且针对影响力投资的合法性规定了诸多需要满足的条件。本篇文章并无打算探讨影响力投资的准确定义,但不可否认的是,本文所讨论的部分案例并未达到某些定义所设定的标准(参见后文)。

机构时,由于影响力投资者绝不可能进行股权投资,因此其可能会改为提供贷款。然而,管理此类贷款基本与管理股权相类似,即不收取任何利息,且如果确实准备退出投资项目,则在退出阶段一次性偿清贷款。以此类贷款作为判断真正影响力贷款的参考标准并不合适,其更适合作为股权投资的基准参照。因此,分析影响力投资市场的挑战之一便是,为使制定的基准浅显易懂,就需要深入细致地了解每一笔交易。

最后,一些影响力投资者还会向其投资对象提供资助。然而,倘若该笔资助不可退还,则视其为非影响力投资(O'Donohoe et al.,2010;Wilson,2015)。但是在实际操作中,这些资助往往与贷款同时支出,主要目的在于培养能力。此外,另有少数投资项目,据悉其投资者会利用资助作为营销手段来吸引投资对象(Brown et al.,2015)。有时会将资助金额也计算在影响力投资组合的整体业绩之内,有时则将其排除在外。然而,无论是否将资助金额计算在整体业绩之内,这两类计算方法都对影响力投资的本质提出了质疑:如果不将资助金额计算在内,则相当于少报成本;倘若将其计算在内,则会削弱人们对影响力投资概念的普遍认识,认为其与"既追求影响力又追求财务回报"这一定义有所出入。

是资产类别,还是投资理念?

通常情况下,影响力投资会对当地及周边的投资需求与投资机会作出积极响应,因此,其常常出现在各种类型的资产类别中(Vecchi et al.,2016)。然而,全球影响力投资网络和投资银行摩根大通全球研究中心联合发布的报告却明确指出(O'Donohoe et al.,2010,p.5),影响力投资最终应被视为一种独有的资产类别,因为"资产类别不再简单地由其标的资产的性质来界定,而应该由投资机构根据不同资产类别所采取的多样组织方式来定义"。该报告极具影响力,以此为参照,影响力投资无疑符合其对资产类别的定义,具体原因如下所述:

● 影响力投资需要具备独特的技能,以便有效结合非营利性资助与金融性投资。

● 影响力投资需要拥有独特的组织结构,以便实施上述技能。

● 影响力投资需要由专门的行业组织提供服务,例如全球影响力投资网络和阿斯彭发展企业家网络(Aspen Network of Development Entrepreneurs,

ANDE)。

● 影响力投资需要量身定制的指标与基准,例如全球影响力投资评级系统(global impact investing rating system,GIIRS)、社会投资回报(social return on investment,SROI)评估模式以及 Pulse 绩效跟踪平台。

将影响力投资视为一种独有的资产类别,个中缘由千差万别,所导致的结果也各不相同。其中,最常被引用的结果或原因之一便是,一旦建立起某种资产类别,许多大型资产管理公司就会推出各类金融产品,以便投资该资产类别。这无疑将吸引大量资源,进而促进该领域发展,然而,即使有更多资本流入影响力投资领域,其仍然会因为退出投资项目困难、缺乏可行交易,从而导致发展受阻(Saltuk et al.,2015;Hummels,2016)。

影响力评估

影响力投资旨在获得法律许可,以便为人们的生活带来长久的积极变化,即我们通常所说的"社会影响力"。不幸的是,影响力这一概念令人难以捉摸,很难用标准化的指标来衡量。尽管有许多社会目的组织以及影响力投资者试图对影响进行评估,但其中大部分所采用的方法仍然是轶事方法或分散的专有系统,这使得衡量及评估影响力投资绩效变得困难重重(Nicholls et al.,2015)。因此,许多业内人士一直主张建立一项通用的报告制度(Brest & Born,2013)[1],此举在权威人士看来,是奠定整个领域合法地位,从而实现更快发展的重要环节。

数据、透明度与市场建设

迄今为止,阻碍影响力投资领域进一步扩大的一个重要因素是缺乏具有可比性的历史数据,因为其产生的不确定性会增加尽职调查与事务处理的成本,从而导致市场用户的成本也随之提高,最终将以并不公平的方式迫使资本成本进一步抬高。综上所述,唯有将高质量信息浓缩成具体基准或指标,才能有助于提高市场效率。

基准和整个指标的价值最终取决于其所包含数据的数量与质量,而这些信

---

[1] 迄今为止,最成功的尝试当数 B Analytics 平台,其建立在各项最新、最先进标准的基础之上,是一个专为客户提供综合测量、评估、对比、报告影响力的可定制测评平台。

息则取决于市场经营者是否愿意披露特许信息。影响力投资者与其投资对象以及中介机构作为市场经营者,无疑会从既先进又高效的市场中获益,因此才有动力为市场研究提供相关数据。然而,无论是收集财务数据还是社会影响力数据,由于缺乏公认的统一标准,导致各个机构提交的绩效报告可谓五花八门,所参考的衡量指标千差万别。尽管收集统一数据非常重要,但现实情况却不容乐观:首先,该项工作既费时又费钱,许多投资者缺乏资金及人手,难以将其付诸实践;其次,某些获取高质量信息的投资者必然会担心竞争对手可能会从他们分享的信息中获益。事实上,即使上述投资者没有分享他们的数据,只要有足够多的其他投资者分享信息,个人影响力投资者一样会从这样一个高效的市场中获益。尽管高质量信息有利于每一个人,却没有人有足够的动机去做出个人贡献,因为这明显是一个典型的公益问题。

由于大多数影响力投资者至少在一定程度上是由利他动机驱动的,因此,人们可以寄希望于个人来解决这一公益问题。事实上,影响力投资领域的一些先驱者确实已经开始着手收集、分析那些高质量信息,并广为传播。

三份影响力投资基准报告

关于影响力投资基准的报告在一个多月的时间内相继公布,虽然仅有三份,但仍可视作吉兆,因其意味着制定影响力投资基准的时机或许已经成熟。这些报告对投资重点、投资方法以及投资动机的论述各不相同,从而形成合力,提供了一个相当广阔的行业视角。

第一份报告是由EngagedX(EX)公司发布的,这是一家旨在促进影响力投资市场发展的社会企业。[1] EX公司的初期主要项目是构思、开发及推出EngagedX,即影响力投资指标。该指标将根据不同特征(例如产品类型、所属领域、投资者及其投资对象特点,以及风险状况),对交易进行严格的分类与比较。随着时间的推移,按照时间先后顺序创建市场数据将变得极为重要,因其能够为

---

[1] 该报告实际上是由一家名为Engaged Investment Ltd的社会企业所发布,但无论是在口头上还是在书面上,其通常被称为EngagedX。本章将沿用这一表述。该报告是由英国大彩票基金(Big Lottery Fund)、英国大社会资本、英国内阁办公室(Cabinet Office)、花旗集团(Citi Group)以及伦敦金融城(City of London)共同发起的一个研究项目,其发布得到了苏格兰皇家银行集团(RBS Group)和社会投资研究理事会(Social Investment Research Council)的赞助。

评估个人投资、基金或资产管理公司业绩提供基准。本文将对 EX 公司发布的报告进行梳理，同时尝试探索如何从中提炼出影响力投资的衡量指标。

第二份报告(Saltuk et al.,2015)由剑桥联合研究顾问公司(一家财务咨询公司)和全球影响力投资网络联合发布。全球影响力投资网络是一个非营利性组织，由洛克菲勒慈善咨询机构(Rockefeller Philanthropy Advisors)赞助，致力于提高影响力投资的规模与效果。作为先驱者，全球影响力投资网络通过其庞大的国际成员网络，在影响力投资领域获得了极高的知名度与影响力。该报告"通过建设关键性基础设施、开展活动、发展教育以及推动研究，力图吸引更多投资资金，从而解决了导致影响力投资效果欠佳的系统性障碍"(Saltuk et al.,2015)。如上所述，按照一定基准传播高质量信息正是这样一种活动。该报告预计每季度更新一次。

第三份报告是在英格兰未来建设者基金(Futurebuilders,FB)成立十周年之际发布的。英国政府在 2002 年推出了英格兰未来建设者基金，以期促进第三部门组织(third sector organizations,TSO)的可偿还融资，而这在许多人看来是一个"不可能实现的目标"(Brown et al.,2015,p.6)。在影响力投资尚处于起步阶段之时，英格兰未来建设者基金的资金管理频繁变动、政治监督机构屡次更换，且制定的基金使命也是相当激进，这些因素通通变成了该基金的负担，使其举步维艰。在最初的几年间，该基金引起了巨大的怀疑和争议。但是在后期，由于采取了更为集中与连贯的投资战略，英格兰未来建设者基金的业绩和信誉都得到了极大改善。这份报告的发布标志着对于影响力投资领域的其他行动者，一定要有所作为，进一步提升透明度与开放性。

表 3.1 总结了各份报告的主要特点。后文将对这些报告进行更详细的分析。

表 3.1　　　　基于三份报告的影响力投资基准比较

	EngagedX 公司报告	英格兰未来建设者基金报告	剑桥联合研究顾问公司与全球影响力投资网络报告
投资取向	影响力优先	影响力优先	财务回报优先
基准业绩	总体 −9.2%	每年 −3.2%	每年 6.9%
分析单位	单笔交易	单笔交易	多年期基金业绩
数据点	3 位基金经理，426 笔交易	2 只基金，254 笔贷款	51 只基金

续表

	EngagedX 公司报告	英格兰未来建设者基金报告	剑桥联合研究顾问公司与全球影响力投资网络报告
资产类别	股权与债务	债务	股权
影响力基准指标	不适用	不适用	不适用
业绩卓著时期	2002—2004 年	2004 年和 2008 年	1998—2010 年
投资期限	2002—2014 年	2004—2008 年,2008—2010 年	2000—2014 年
地理范围	英国	英国	全球(不包括欧洲)
资产总计	4 200 万英镑	1.45 亿英镑	64 亿美元

资料来源:Brown et al.,2015;EngagedX,2015;Matthews et al.,2015(本表内容为作者基于以上文献总结而来)。

EngagedX 公司发布的报告

在 2012 年的一项试点研究完成之后,EX 公司收集并处理了 1 000 多项单笔交易,这些交易的参与者均为英国最早一批影响力投资者(参见专栏 3.2)。每一笔交易均由专门的财务模型 EXIST 进行统一规范化处理。鉴于这些交易中,当时仅有大约 400 个投资项目成功结项,因此可以计算出实际回报,并收录在该份报告中(EngagedX,2015)。[1]

专栏 3.2　EngagedX 公司报告中的投资基准数据提供者名单

CAF Venturesome 社会投资机构(www.cafonline.org)

CAF Venturesome 社会投资机构是一家慈善机构,其使命是"促进社会更高效地为世界各地的居民生活以及所住社区提供帮助,让他们变得更好"。该机构与个人捐赠者合作,以便使捐赠效率更高;与慈善机构合作,以便获得赠款与资助;与企业合作,以便产生更大的影响力。此外,该机构还会与国际慈善机构分享投资地区的实地情况。

关键基金(www.thekeyfund.co.uk)

关键基金(Key Fund)是英国最大的区域性社区发展金融机构(Community Development Finance Institution,CDFI),其使命是通过有效地向最贫穷的社区

---

[1] 该数据库不受版权限制,其内容可以通过英国政府获得(2015)。

分配资金，从而打造出成功的居民区，最终目的是创造及维持就业机会，具体措施包括投资贫困地区、支持初创企业、扶持弱势群体，以及维持企业生存等。该机构已经向数千家企业投入了超过3 300万英镑的资本，其中高达78%的投入资本主要集中于最贫困地区的前25%。

社会投资企业（www. sibgroup. org. uk）

社会投资企业集团（Social Investment Business Group）由一家慈善机构、冒险资本基金（现在称为"社会投资企业基金会"），以及社会投资企业这一社会企业所共同构成。该企业是英国主要的社会投资者之一，已经对多家慈善机构及社会企业进行了1 200多笔投资，投资规模从不到5 000英镑到将近700万英镑不等。该企业专门致力于那些基于社区的投资项目，并且为地方级与国家级社会目的组织提供简单的债务产品。

这些投资项目的总体回报率为−9.3%，折算为年化回报率后缩水至−77%（参见表3.2）(Richter, 2015)。[1] 该报告所涉及的全部影响力投资项目中，70.9%已被全额偿还，19.7%部分债务被取消，9.4%全部债务被取消。[2]

表3.2　　　　EngagedX公司报告数据汇总表

已处理的投资项目数量	1 041
已分析的投资项目数量（项目已结项）	426
未分析的投资项目数量（包括未结项项目、未偿还项目等）	615
自然到期的投资项目数量（项目已全额偿还）	302
部分债务被取消的投资项目数量	84
全部债务被取消的投资项目数量	40
入资总额（本金）	42 091 873.94英镑
收款总额（本金、利息、费用）	38 207 887.35英镑
债务取消总额（本金）	8 250 712.53英镑

资料来源：EngagedX, 2015。

---

〔1〕 本报告在知识共享许可协议允许范围内公开可用。
〔2〕 《从数据角度看社会投资市场》报告中的数据经过作者重新计算，发现算得结果与该报告（EngagedX, 2015）及其在线版本（Richter, 2015）所公布的数据略有不同。

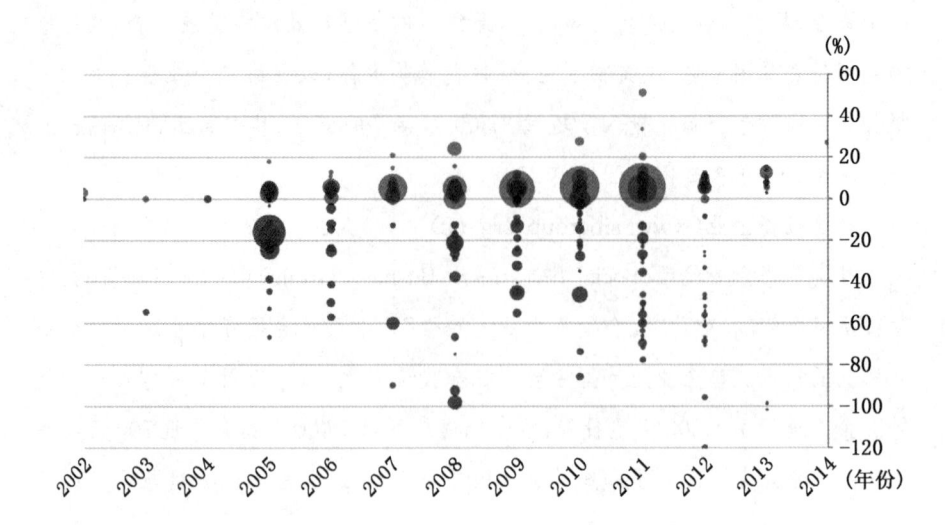

资料来源：Richter，2015。
图 3.1　按照首次入资年份计算的年化投资回报率（return on investment, ROI）

这些结果似乎对影响力投资的许多典型假设提出了疑问。其中最为直接的当数对回报率的质疑：即使回报率会打折扣，至少不应该是负数。然而，需要指出的是，目标回报率毫无疑问应该是正数，但影响力投资者倘若无法实现预期业绩，也是完全可以接受的，尤其是在全球金融危机期间。

本项研究中，三家社会投资金融中介机构（Social Investment Financial Intermediaries，SIFI）均为严格意义上的影响力优先投资者，它们除了以更为直接的方式追求自身影响力之外，还获取了发展影响力投资市场的隐性授权或显性授权，这意味着它们可以通过传统商业渠道向那些"无法获得银行贷款"的投资对象提供贷款。因此，社会投资金融中介机构需要通过各种方式建立投资对象的经营能力和财务能力，例如，为投资对象提供各类优惠条件、对投资对象进行资助，以及能够接受回报率会打折扣等，这也解释了回报率为何是负数。

总的来说，较之那些为无法获得银行贷款的中小企业所提供的融资方案，例如由社区发展金融机构和企业融资担保机构[1]发布的融资方案，这些投资项目的业绩基本上与其相差无几，且违约率也几乎相同（Richter，2015，pp.13—14）。

---

［1］企业融资担保机构是英国政府为那些缺乏商业贷款记录但是有生存能力的中小企业所提供的一项贷款担保计划。

可以公平地说,该份报告传递的主要信息是,以影响力为优先的投资项目确实能够在保本方面表现良好(90.7%),因此,那些无法获得银行贷款的社会目的组织可以考虑选择此类投资项目以获得贷款。另外,此类项目业绩一直呈现出积极趋势,尤其是最近的几个投资项目,报告显示回报率达到新高(Richter, 2015)。

关于英格兰未来建设者基金的报告

这份关于英格兰未来建设者基金旗下两只基金业绩的报告本质上并非试图制定投资基准。然而,英格兰未来建设者基金作为世界上出现最早、规模最大的影响力投资之一,其业绩本身即为此类投资设定了一定基准。此外,该份报告发布时,关于影响力投资业绩的公开数据尚不多见,因此,任何公开发布的数据必然会引起业界注意,从而成为先例以供后来者参考。最后,在前文 EngagedX 公司发布的报告中,68%以上的数据来自社会投资企业集团,且其中大部分数据又源于英格兰未来建设者基金的投资组合。[1] 因此,这份报告能够在很大程度上对 EngagedX 公司发布的报告进行补充。

该报告对已结项投资项目的业绩进行了梳理。从数量来看,这些项目占项目总数的 40%;从投入资本来看,这些项目占投资总额的 20%(参见表 3.3);从回报率来看,这些项目的整体业绩是每年−3%。由于基金成立伊始并未设定业绩目标,因此很难评判这一结果的好坏。

表 3.3　　英格兰未来建设者基金报告数据汇总表

	总计	第一阶段	第二阶段
投入资本总额	1.45 亿英镑	5 900 万英镑	8 400 万英镑
投入借贷资本总额	1.17 亿英镑	4 500 万英镑	7 100 万英镑
取消借贷资本总额	800 万英镑	500 万英镑	300 万英镑
支出资助资本总额	2 800 万英镑	1 400 万英镑	1 300 万英镑
迄今为止已偿还资本总额(包括利息)	6 600 万英镑	2 700 万英镑	3 700 万英镑
受众数量	369	227	158
仅接受资助受众数量	151	121	21

---

[1] 在 2008 年中标之后,社会投资企业只负责管理英格兰未来建设者基金旗下的第二只基金。

续表

	总计	第一阶段	第二阶段
仅接受贷款受众数量	183	104	104
既接受资助也接受贷款受众数量	35	2	33
贷款次数	254	99	150
资助次数	501	323	153
平均受众成交量	320万英镑	150万英镑	520万英镑
平均贷款规模	46.1万英镑	46万英镑	47.8万英镑
平均贷款期限	8.5年	8.9年	8.2年
平均资助规模	5.5万英镑	4.4万英镑	7.6万英镑

资料来源：Brown et al., 2015。

英格兰未来建设者基金在设计伊始，即制定了一些产品特点用以限制该基金赚取利息，而这些特点也能够用来解释为何上述结果呈现负数。首先，英格兰未来建设者基金贷款给那些无法获得银行贷款的机构，尽管这些机构往往被认为具有一定风险性或风险性极高，但其只收取6%的统一利率。此外，由于提前还贷、违约行为以及免息期等原因，投资组合结项时实际收取的利率约为2%。其次，对提前还贷没有任何处罚。相反，当借款方变得有能力获得银行贷款时，则会鼓励他们通过商业银行渠道再次进行贷款。最后，英格兰未来建设者基金的收入不会进行再投资，而是立即由政府收回。

另一方面，由于这些数字不包括任何间接费用，因此不能充分反映实际发生的全部费用。戴维森和希普（Davison & Heap, 2015）使用来自英国国家审计署（National Audit Office）的英格兰未来建设者基金数据进行计算，结果表明其成本可能占到所管理基金的2.6%之多。关于英格兰未来建设者基金的报告本身也表明，把管理成本包含在内将导致回报率"大幅下降"，进而质疑影响力优先贷款是否"完全可以持续"（Davison & Heap, 2015, p. 20）。然而，近期贷款所采取的投资战略似乎对获得更高的回报率志在必得。但由于这些贷款项目目前尚未结项，因此本报告并未提及。

剑桥联合研究顾问公司与全球影响力投资网络联合发布的报告

长期以来，影响力投资领域的先驱者们一直能够从其影响力投资中获得财务回报。然而，这类投资项目的业绩并非公开可查，大部分数据仅供私下传阅，且常常遭到外部人士的质疑。剑桥联合研究顾问公司与全球影响力投资网络联合发布的报告(Matthews et al.,2015)(参见表3.4)对全球影响力投资网络成员与其他潜在投资者提出的要求进行了回应(Bouri,2015)。这些要求包括此类投资项目的业绩证明以及相关硬数据。

表 3.4　剑桥联合研究顾问公司与全球影响力投资网络报告数据汇总表

	包含在内	排除在外
数量和资产	数量51,资产64亿美元	—
基金类型	面向机构投资者的私人封闭式基金	公共基金,开放式基金
资产类别 (和数量)	私募股权:成长阶段(数量29) 私募股权:夹层投资(数量19) 风险投资(数量3)	私募股权:收购 固定收益 实物资产
影响力目的	旨在产生社会影响力	旨在产生环境影响力且只产生环境影响力;环境、社会和公司治理;负面筛选
目标回报率	市场利率:15%＋成长阶段与创业阶段的净内部回报率;10%＋夹层投资回报率	回报率低于市场水平的基金:回报率会打折扣,且低于市场利率

资料来源:Matthews et al.,2015。

与上述 EngagedX 公司报告和英格兰未来建设者基金报告不同,本报告数据来自以财务回报为优先的私募股权基金,根据投资类型将目标回报率设定在10%以上或15%以上。报告显示,整体内部回报率为6.9%。尽管这一基准低于目标回报率,但导致业绩不佳的原因主要是由外部因素造成,尤其是全球金融危机,其对同期商业投资项目的回报率也造成了负面影响。事实上,该数据与商业投资对照组的业绩相当接近,后者报告显示,其同期内部回报率为8.1%。在某些年份,基金规模甚至超过了对照组;另有部分注重地理环境因素的影响力基金,它们的业绩表现也要优于对照组。历史较为悠久的老牌影响力基金(1998—2004年),特别是那些专注于投资新兴市场的基金,以及规模较小的影响力基金(少于1亿美元),尤其是那些专注于投资美国本土的基金,它们的业绩表现远远好于对照组。此外,经研究,那些在商业投资对照组中业绩表现最好的基金,往往注重强调管理层技能与经验的重要性。

需要注意的是,报告中所列出的投资组合价值只不过是估值概算,而私募股权投资的实际价值只有在退出阶段,即卖出时才能确定。在此之前,尽管已审计财务报表中会写明投资价值,但因其主要由尚未实现的盈利部分构成,并且退出阶段往往被认为是影响力投资各个阶段中问题最多、最为棘手的阶段之一,因此,这些盈利有可能永远都无法实现(Saltuk et al.,2015)。

对于影响力投资这样一个新兴领域来说,其相关研究虽然具有较高创新性,但研究方法部分仍有待改良与完善,因此其结论的重要程度绝不应该被高估(Metha,2015)。话虽如此,倘若研究结果能够呈现出与市场水平近似的回报率,那么这一基准的吸引力无疑会得到大幅提升。影响力投资能够实现与市场利率持平的回报率——这一结论必然会获得影响力投资者与基金经理的极大共鸣。

讨 论

这些报告不仅能够为市场建设做出积极贡献,而且对整个影响力投资领域的发展都极为有利。另一方面,目前可用的各项基准均为早期尝试,仍需改进与完善,以期实现进一步发展。后文将逐一讨论已经取得的积极成果以及各项改进建议。

积 极 成 果

获得合法地位

许多权威人士称赞这些报告的发布可谓影响力投资领域的重大事件,因其标志着影响力投资的不断成长以及迈向成熟。全球影响力投资网络的首席执行官(Chief Executive Officer,CEO)阿米特·布里(Amit Bouri,2015)回忆,当创建全球影响力投资网络的想法出现伊始,"几乎没有人会把影响力投资领域描述成一个'市场'"。然而,只过了不到十年的时间,就涌现出了足够多的个案研究以供调查分析,以及足够多的业绩记录以供网罗收集,从而能够对影响力投资基准的全部数据进行汇编整理。

数据公开透明

尽管影响力投资领域发展迅速,但由于对其概念的普遍误解,以及轶事证据的分布不均,从而导致市场不确定性有所增加,以至于许多潜在投资者对入市问题举棋不定、犹豫不决。然而,现如今发布的独立数据报告公开可查,因此许多传闻谣言随即不攻自破。有了这些数据,未来的投资决策便可以以具体的业绩指标为目标,当然,该目标的制定还需要取决于机会集合中所包含的各项因素,例如基金类型、资产类别、投资规模以及地理环境因素等(Matthews & Sternlicht,2015)。

投资切实可行

如今,投资机会的类型多种多样,足可以匹配各类影响力投资者的不同投资理念。这些机会均切实可行,或至少能够实施。一方面,这些投资机会可以实现与市场水平持平的回报率,因此对财务回报优先投资者极具吸引力;另一方面,这些投资机会对影响力优先投资者也具有一定吸引力,因为较之那些为无法获得银行贷款的人或机构所提供的另类金融工具,两者的保本率并无差别。

改进建议

扩大样本规模

这些报告中所包含的汇总数据,由于样本规模不大,因此部分问题有时候仍然无法得到解决。在有些情况下,单只基金或单笔交易的业绩在投资基准问题上所占权重往往不成比例,因此,投资基准本身或许既不能代表整个市场,也不能代表所研究的资产类别。例如,在 EngagedX 公司发布的报告中,共涉及 400 多笔交易,其中有两笔交易债务被取消且金额数目最大,占到全部交易债务取消总额的 17%(Davison & Heap,2015)。

提高重视程度

虽然这些报告作为影响力投资基准受到普遍欢迎,但其既没有提供全部信息,也从未声称所涉内容包含全部信息。剑桥联合研究顾问公司与全球影响力投资网络联合发布的报告专注于研究风险投资和私募股权基金,从而忽略了固定收益等其他资产类别;而 EngagedX 公司发布的报告则主要研究贷款项目,只有少部分内容涉及股权信息。尽管这些报告明显否认各类影响力投资同属一种资产类别,但其也并未根据资产类别单独划分投资基准——采取此种方式可谓相当明智。因为融资手段并非千篇一律,而是根据投资要求量身定制,即使同属某一资产类别,如果将各笔交易的业绩数据汇编整理在一起,则有可能导致那些能够揭示影响力投资内涵的主要特征变得笼统模糊且令人费解。

改进研究方法

除了前文提到的两个问题,其他一些问题也会影响数据质量和可信程度

(Matthews et al.,2015,pp.6—7)。例如,由于自我选择偏差与幸存者偏差,这些报告中所研究的基金以及那些选择披露专有信息的基金,也许并不能代表全部基金类型。此外,地理环境因素也常常造成数据偏差(Gradt & Dean,2015)。

明确基准指标

这些报告基本上只收录影响力投资者的真实案例。EngagedX 公司发布的报告只选取那些拥有明确授权、一心追求影响力的交易进行研究,例如英格兰未来建设者基金。剑桥联合研究顾问公司与全球影响力投资网络联合发布的报告则是在影响力投资者全球成员网络中筛选出可靠的基金项目加以研究。[1] 此外,这些报告还承认了影响力评估的重要性,但迄今为止,影响力投资的评估与基准仍然缺乏明确指标。鉴于影响力优先投资者需要在财务回报与影响力之间加以权衡,因此能够接受回报率打折这一情况,由此可见,获得影响力是证明此类投资项目正当合法、切实可行的关键。[2] 更重要的是,不管财务绩效表现欠佳是因为在影响力与财务回报之间有所权衡所致——里克特和埃文奈特(Richter & Evenett,2012)称之为"隐含影响力",还是仅仅因为其本身数据即很糟糕,影响力基准指标都能够在两者之间加以区分。

优化业绩计算

对于影响力基金财务绩效的计算,无论其业绩表现是与市场水平持平还是低于市场水平,只有将其投资管理过程中产生的所有费用包含在内,并且始终对其债务取消情况加以说明阐释,这一计算结果才能称得上真实可信。如此这般方能使得该数据更为准确、更易比较,也更为真实可靠,以便为未来决策制定提供参考。

促进基金参与

显然,可用数据的数量与质量最终还是取决于影响力投资者所披露的信息。因此,尽管本篇文章重点分析影响力投资基准,但同时也对基金管理提出了一些

---

[1] 这些基金项目主要从以下成员中筛选而来:全球影响力投资网络 ImpactBase 网站、剑桥联合研究顾问公司使命相关投资数据库、社区发展风险投资联盟(Community Development Venture Capital Alliance)、欧洲公益风险投资协会、ImpactAssets 50 金融服务公司以及机会金融网络(Opportunity Finance Network)。

[2] 从理论角度分析,共识已然达成,即影响力投资必须包括两大要素:首先是追求影响力的明确意图,其次是相关评估指标(O'Donohoe et al.,2010;Wilson,2015)。然而,这一共识也引出了一个问题,即那些不对影响力进行评估的基金是否应该算作影响力投资?

改进建议。事实上,只有各只基金对其影响力进行评估,以及对影响力相关信息加以披露,才能使未来发布的各项报告更好地计算基金业绩并评估项目影响力。事实证明,积极收集数据除了对公益有利之外,对个人而言也极为有益。例如,EngagedX公司报告所收集的数据显示,"基金经理并不了解他们制定的投资组合"(Richter,2015,私人交流)。

结 论

要想建立完善的影响力投资市场,就必须努力解决投资基准的计算与发布问题。因为在早期阶段,虽然影响力投资项目的出发点均是好的,却过于分散,无法形成合力,且常常伴随着极大的不确定性,因此,只有解决上述问题,才能使影响力投资领域的发展实现质的飞跃。

尽管影响力投资在早期阶段已然取得了一些成就,但其在投资管理和基准设置方面仍然需要改进完善。从短期来看,前文提及的种种改进建议主要目的是启动良性循环,即经过改良的投资基准能够鼓励投资者收集并传播更多、更好的优质信息,而这些信息反过来又能够促成更好、更合理的投资基准。事实也确实如此,法国安盛投资管理公司(AXA Investment Managers)旗下的影响力投资组合规模庞大、品类繁多,但其却明确表示,除非能够获得质量更高的数据,否则并不会将现有投资基准应用于尽职调查、调查研究或业绩分析(Gradt & Dean,2015)。

从长远来看,前文所述报告是否能够推动影响力投资市场不断向前发展,将成为衡量其重要程度的关键指标。举例来说,被誉为"英国风险投资之父"及"社会投资之父"的罗纳德·科恩爵士(Sir Ronald Cohen,2015)就承认,在制定投资决策时,确实应该采纳八国集团特别工作组的建议,因为剑桥联合研究顾问公司与全球影响力投资网络联合发布的报告在评估投资风险、财务回报以及影响力方面,的确"标志着一个重要的里程碑"。

这三份报告能够形成合力,用翔实的数据证明,无论是对财务回报优先投资者还是对影响力优先投资者而言,影响力投资基金都是值得投资的。财务回报优先投资者无须为了影响力而放弃财务回报,同样,影响力优先投资者也可以收回为达成其投资使命而投入的大部分资源。这一利好消息无疑会增强人们对影响力投资市场的信心，并帮助其逐渐步入主流市场，从而吸引更多资源来扶持援助各类社会目的组织，这也解释了上述报告为何会受到业界专家的热烈欢迎。

参考文献

Bouri, A. (2015, July). A coming of age for impact investing. *Stanford Social Innovation Review.*
Brest, P., & K. Born (2013, August). Unpacking the impact in impact investing. *Stanford Social Innovation Review.*
Brown, A., Behrens, L., & Schuster, A. (2015). *A Tale of Two Funds. The Management and Performance of Futurebuilders England.* London: The Boston Consulting Group.
Cambridge Associates (2013). Impact Investing: A Framework for Decision Making. Cambridge, MA: Cambridge Associates.
Cohen, R. (2015, July). Response to "A coming of age for impact investing". *Stanford Social Innovation Review.*
Davison, R., & Heap, H. (2015). *Social Finance in the UK: The Story So Far …* London: Seebohm Hill.
EngagedX (2015). *The Social Investment Market through a Data Lens. Revealing the Costs and Opportunities of Financing the "Unbankable".* London: Social Investment Research Council.
Gradt, V., & Dean, J. (2015, July). Response to "A coming of age for impact investing". *Stanford Social Innovation Review.*
Hehenberger, L., Boiardi, P., & Gianoncelli, A. (2016). From traditional philanthropy to venture philanthropy (Chapter 8, this volume).
Hummels, H. (2016). Impact investing: The emergence of a new beacon in investing? (Chapter 1, this volume).
Lanteri, A. (forthcoming). *EngagedX: benchmarking impact investments.* Boston, MA: Hult Publishing.
Littlefield, E. (2015, July). Response to "A coming of age for impact investing". *Stanford Social Innovation Review.*
Matthews, J., & Sternlicht, D. (2015, July). Response to "A coming of age for impact investing". *Stanford Social Innovation Review.*
Matthews, J., Sternlicht, D., Bouri, A., Mudaliar, A. & Schiff, H. (2015). *Introducing the Impact Investing Benchmark.* Cambridge, MA: Cambridge Associates and Global Impact Investing Network.
Metha, V. (2015, July). Response to "A coming of age for impact investing". *Stanford Social Innovation Review.*
Nicholls, A. (2010). The institutionalization of social investment: the interplay of investment logics and investor rationalities. *Journal of Social Entrepreneurship,* 1(1), 70–100.
Nicholls, A. and E. Tomkinson (2015) Risk and return in social finance: "I am the Market". In A. Nicholls, R. Paton and J. Emerson (eds), Social Finance. Oxford: Oxford University Press.
Nicholls, A., Nicholls, J., & Paton, R. (2015). Measuring social impact. In A. Nicholls, R. Paton, & J. Emerson (eds), *Social Finance* (pp. 253–281). Oxford: Oxford University Press.
Novogratz, J. (2007). Meeting urgent needs with patient capital. *Innovations,* 2(1–2), 19–30.
O'Donohoe, N., Leijonhufvud, C., Saltuk, Y., Bugg-Levine, A., & Brandeburg, M. (2010). *Impact Investments. An Emerging Asset Class.* New York, NY: J.P. Morgan Global Research.
PricewaterhouseCoopers LLP (2015). *Developing a Global Financial Centre for Social Impact Investment.* London: City of London Corporation.
Rangan, K.V., Appleby, S., & Moon, L. (2011). The promise of impact investing. Harvard Business School, Background Note No. 512–045.
Richter, K.H. (2015). *Truth or Dare—Transparency by Vanguard Social Investors Reveals Risks and Returns in a Maturing Market.* Retrieved from http://karlhrichter.com
Richter, K.H., & Evenett, R. (2012). *Implied Impact.* Retrieved from http://impliedimpact.org

Rodin, J., & Brandenburg, M. (2014). *The Power of Impact Investing: Putting Markets to Work for Profit and Global Good*. Philadelphia, PA: Wharton Digital Press.

Saltuk, Y., El Idrissi, A., Bouri, A., Mudaliar, A., & Schiff, H. (2015). *Eyes on the Horizon. The Impact Investor Survey*. London: J.P. Morgan Chase Social Finance and GIIN

Spiess-Knafl, W., & Achleitner, A.K. (2012). Financing of Social Entrepreneurship. In C.K. Volkmann, K.O. Tokarski, & K. Ernst (eds), *Social Entrepreneurship and Social Business* (pp. 157–173). Berlin: Springer

Tansey, J., Svedova, J., & Cuyegkeng, A. (2016). The early days of impact investing: Market size, investment type and returns (Chapter 2, this volume).

UK Government (2015). *EngagedX Dataset*. Retrieved from http://data.gov.uk/dataset/engagedx-dataset1-sirc-performance-data-of-social-investment-released-for-first-time

Vecchi V., Cusumano, N., & Brusoni, M. (2015). Impact investing: an evolution of CSR or a new playground? In A. Stachowicz-Stanusch (ed.), *Corporate Social Performance: Paradoxes, Pitfalls and Pathways to the Better World*. Charlotte, NC: Information Age Publishing.

Vecchi, V., Casalini, F., & Caselli, S. (2016). Impact investing as a societal refocus of venture capital: The perspective of mature economies (Chapter 4, this volume).

Wilson, K. (2015). *Social Impact Investment: Building the Evidence Base, Preliminary Version*. Paris: OECD.

World Economic Forum and Deloitte Touche Tohmatsu (2013). *From the Margins to the Mainstream. Assessment of the Impact Investment Sector and Opportunities to Engage Mainstream Investors*. New York: World Economic Forum Investors Industries.

四、成熟经济体视角下的影响力投资：风险投资的社会新定位

维罗妮卡·韦基

弗朗西丝卡·卡萨利尼(Francesca Casalini)

斯特凡诺·卡塞利

引言

正如哈里·胡梅尔斯在本书第一篇文章中所描述的那样，尽管影响力投资的涵盖范围相当广泛，囊括各种资产类别，但其仍常常与新设企业的成长发展紧密联系在一起。

在本文中，我们将影响力投资视作风险投资市场的新兴趋势，尤其是在欧洲和美国等成熟经济体中，其亟待解决的社会需求不一定是位于经济金字塔底层人们的需求，而是那些"新"贫困人口的需求，例如已成家却只能兼职打零工的年轻人、养老金数额较低的老年人、仍然有赖家庭供养的年轻失业人员、被解雇的

【作者简介】 维罗妮卡·韦基，意大利博科尼管理学院(SDA Bocconi School of Management)教授。弗朗西丝卡·卡萨利尼，意大利博科尼管理学院助理教授。斯特凡诺·卡塞利，意大利博科尼大学教授兼副校长，主要负责国际事务。

中年非熟练工人或者是残障人士,因为前者可以依赖政府干预,借由公共政策解决问题,但后者却无人兜底。虽然到目前为止,国家福利政策已经解决了这些人的需求,但是近年来,经济危机以及其他一些优先级更高的事项(例如恐怖主义威胁与移民问题)使得用于社会政策的预算不断减少,从而导致社会需求得不到满足。

然而,私人投资者之间却拥有大量的可用流动资金:根据麦肯锡全球研究院(McKinsey Global Institute,2014)调查显示,金融资产领域的投资数额高达200万亿美元,其中,高净值人士所持份额始终如一,金额多达56.4万亿美元。越来越多的高净值人士希望通过投资项目获得比金钱更多的回报,同时逐渐意识到推动社会影响力的价值所在(Capgemini,2015)。实际上也确实有此趋势,能够逐步将这笔金融财富引入富有吸引力的另类投资领域,而不是那些预期回报率高达两位数而实则难以兑现的传统市场领域。例如,在高科技领域,过去十年间,风险投资人和基金经理获得的回报率极低,从而导致许多经验丰富的创业资本供给主体离开市场,以期在社会投资领域寻找机会发挥其聪明才智和专业特长。

本篇文章从风险投资理论与实践的角度分析了影响力投资的发展,尤其是新企业股权投资的发展。本文分为四个主要部分:第一部分重点介绍了影响力投资的投资目标,并阐释了社会影响力企业的概念;第二部分对投资方法进行了解释,同时展示了影响力投资与风险投资之间的有趣关联;第三部分分析了一些致力于欧洲和美国风险投资市场发展的公共金融机构是如何为影响力投资领域制定出一系列特别举措;最后一部分对影响力投资领域可能产生的演变提出了挑战。

投资目标:社会影响力企业

影响力投资的显著特征是,在产生财务回报的同时,有意向产生额外的社会及环境影响力(Brest & Born,2013;Rodin & Brandenburg,2014),该特征引起了人们对于这一新投资方式投资目标的关注。在国际上,专业学者与实践者之间的争论往往集中在创造财富与产生最佳社会影响力之间的兼容性上,因为前者是营利性组织的当务之急与重中之重,似乎很难与后者进行兼容。而市场上也确实存在部分失败案例,从而导致投资者会在社会影响力回报与财务回报两者之间进行权衡取舍,且这些个案均表明获得社会影响力总是以牺牲财务回报为代价(Austin et al.,2006;Boschee,1998;Dees,1998;Karnani,2011)。然而,过去几十年间,在社会部门内运营的各个组织成功创造出了数套运作模式,专注于解决那些现有市场与机构尚无法满足的紧迫社会需求(Di Domenico et al.,2010;Seelos & Mair,2005)。

在社会部门中,慈善行为与公益创投[1]多采用传统投资方法,为了解其投资目标,同时厘清影响力投资与其不同之处,也许可以借助优值品(merit goods)的概念加以说明(Musgrave,1959)。优值品被定义为那些消费者评价低于合理评价的产品或服务,即消费此类产品或服务能够为人们带来积极的社会外部性,但人们却没有能力或者不愿意支付这笔费用(Musgrave,1987)。马斯格雷夫(Musgrave,1987)认为优值品值得拥有,因为"对产品或服务的评价……不应该只参考消费者权益的准则规范,还应该参考其他标准规定",即社会需求,也就是说,当此类产品或服务被消费之后,能够产生满足社会需求的公共利益。举例来说,医疗服务、住房建设、教育培训等都属于优值品。

传统上,各国政府会资助并通过物质刺激来鼓励消费此类产品或服务,并且向难以负担该笔费用的人群免费提供,或是考虑到政治因素,仅收取少数费用。但是,由国家来提供这些产品或服务实在难以面面俱到,好在那些不周之处已经由活跃在社会部门的私人组织所一一填补,其中最典型的当数非营利性组织与社会企业(Thompson et al.,2000)。

然而,近年来正处于经济不稳定时期,多国政府被迫削减预算,且为了降低成本,逐步减少优值品的供应。同时,传统的非营利性组织和社会企业所持有的相关资金规模不足、稳定性不高,难以应付当今社区所面临的社会及环境挑战(Bloom & Chatterji,2009;Bradach,2003;Cohen & Sahlman,2013;Zahra et al.,2009)。最终结果便是优值品供应情况不够理想,从而导致为社会创造的价值之

---

[1] 公益创投作为一种参与度较高的投资方式,在过去十年间逐渐崭露头角,为各类社会目的组织所采纳,进行社会投资与捐赠资助,具体包括慈善机构、非营利性组织以及社会驱动型企业,专注于产生长期且可持续的社会影响力(参见本书第八篇)。公益创投方法需要使用各种融资工具(包括赠款、股权、债务以及混合型融资方式等),且尤其重视实现其最终目标,即产生社会影响力。因此,公益创投既包括社会投资,也包括参与度较高的捐赠资助。此外,公益创投尚未形成一个统一的全球定义,因其内涵概念与推行实践仍在不断发展、演变及优化(Buckland et al.,2013)。

间产生差距。

影响力投资可谓投资领域的利基市场,其借助新一代企业家的创新能力,以建立可持续、可复制且可扩大的商业模式为使命,能够通过回报驱动型资产增长来吸引资本,旨在填补上述差距(Grabenwarter & Liechtenstein, 2011)。

与著名经济学家约瑟夫·熊彼特(Schumpeter, 1934, 1942)在传统商业领域构建的企业家创新模式相似,影响力投资领域的企业家同样愿意引进更新、更高效的系统、产品及程序,旨在应对不断出现的社会挑战。这些创新举措可以被定义为"催化剂"(Christensen et al., 2006),因为其通过提供比现有备选方案更有价值、成本更低的产品与服务,促成了系统性的社会变革。可见,该投资方法有一定潜力(在一些情况下已经被证实)将优值品转型为私人商业产品或服务,以使最终用户能够并愿意为此支付费用。

在可以被定义为**社会影响力企业**的组织机构内部,影响力投资的最终投资目标就是在产生社会影响力的同时获得财务利润,而若想实现这一目标,首要前提就是确保实施上述投资方法。在西方国家等成熟经济体中,这些企业的主要经营领域包括医疗保健、教育培训、住房建设以及工作就业,传统上往往由福利国家制度提供保障,旨在为整个社会提供服务,而非仅仅服务于资金最少、资源最匮乏的领域,然而这些领域仍然是各国政府、超国家组织、基金会、慈善机构以及社会企业干预介入的核心焦点。

对于社会影响力企业来说,投入资本产生的额外影响力以及获得的财务回报都属于同一项商业使命,因此,追求社会目标将永远不会以牺牲盈利能力为代价,而这一点在**社会企业**中则常有可能发生,因其往往将影响力放在首位,并且将财务可持续性与组织复原力均视为帮助其更好地实现社会使命的重要工具(Austin et al., 2006; Seelos & Mair, 2005)。社会影响力企业的商业模式主要是通过销售新服务与新产品从而产生收入。另一方面,社会企业在各类文献中被广泛定义为那些纯粹由非营利性组织构成的企业(例如,Austin et al., 2006; Dees et al., 2004),或者被定义为那些尽管具有一定程度的复杂性,却严重依赖捐赠的组织(Dees, 1998; Smith & Stevens, 2010)。由于社会企业一贯是公益创投的投资目标,因此其投资方法主要包括使用可偿还资本及赠款,并伴有多年期非财务性支持。

这些差异所导致的直接结果就是对组织绩效的评估。在传统商业环境中,当客户愿意支付高于产品或服务生产成本的费用时,价值就会被创造出来,因此,产生的利润(收入减去成本)便可以作为一项合理指标用以评估所创造出来的价值(Dees,1998)。另一方面,影响力因素深深根植于社会影响力企业的商业模式之中,因此,有能力为大量付费客户提供服务将意味着其也有能力满足社会需求,从而证明自身既能获得财务回报又能产生社会影响力。综上所述,可持续盈利这一能力不仅可以作为价值创造的评估指标,还可以作为社会影响力的间接衡量标准,因为该能力同时也意味着通过将结余再投资来进一步刺激推动投资,以维持其规模不断扩大。需要重点强调的是,影响力投资领域的规模概念与之不同,因为其指的是社会价值的增长(Taylor et al.,2002),同时也是实现盈利的先决条件。

但是,这一论点仍未解决影响力投资领域中关于影响力评估的难题(本书第五篇文章将对此加以探讨),而这正是区分影响力投资与传统商业举措的一项基本条件。[1] 由于影响力因素根植于社会影响力企业的商业模式之中,因此对于社会企业而言,评估影响力的难度更大、挑战性更高,主要原因在于影响力评估是其绩效评价的关键指标,尤其是在吸引慈善基金投资方面,更是发挥着愈加重要的作用(Ebrahim & Rangan,2014;Kanter & Summers,1994)。英国巴克莱银行(Barclays,2015)最近进行的一项调查表明:

> 仅有68%的受访者希望收到有关其影响力投资的进度报告。然而,并不是所有投资者都期望社会回报是能够被评估的——48%的受访者表示无论影响力是否能被衡量,均不会放弃影响力投资;而47%的受访者则表示倘若影响力无法被衡量,便会考虑放弃影响力投资。

表4.1总结了非营利性组织、社会企业、社会影响力企业与商业企业在企业使命、商业模式、融资方式和绩效评估四个方面的主要特点。该表承认并接受上述术语之间边界模糊,且不落窠臼,并未拘泥于定义。

---

[1] 然而,即便是商业企业也能产生变革性的社会影响力(Austin et al.,2006)。

表 4.1　　社会企业与商业企业影响力投资目标的不同特点

	非营利性组织、非政府组织、慈善机构	社会企业	社会影响力企业	商业企业
企业使命	为目标人群创造额外社会价值	为目标人群创造额外社会价值,最终实现可持续发展	确保企业能够盈利,同时通过服务于某一特定社会需求来产生额外社会影响力	确保企业能够盈利,以使个人获利;通过提供就业岗位、承担企业社会责任或者供给特定产品及服务来产生社会影响力
商业模式	免费服务与收费服务相混合(混合模式);成本费用及投资资金主要来自资助和捐赠	通过实现自我可持续发展来产生影响力;一旦产生盈余,就将其进行再投资;投资资金主要来自资助以及可偿还贷款	消费者愿意支付高于产品及服务生产成本的费用;新颖、可靠的产品及工艺能够实现盈利,而盈余一旦产生,就将其进行再投资以维持规模不断扩大	消费者愿意支付高于产品及服务生产成本的费用;可扩大且可复制的商业模式能够实现规模经济;新颖的产品及工艺能够提高盈利能力并增加股东价值
融资方式	慈善行为	公益创投	影响力投资	传统的融资方式,例如风险投资或者根据公司所处阶段所采取的其他融资方式
绩效评估	影响力评估	影响力评估	以利润作为评估所创造价值的指标,通过评估影响力来证明为社会创造的额外性	以利润作为评估所创造价值的指标

投资方法:与风险投资相类似

　　风险投资被定义为专业化管理的独立资本统筹组合,专注于股权投资或者与股权挂钩的投资项目,投资对象多为那些刚刚起步、正在快速成长,并且由私人控股的公司[1],因为面对这些投资对象,投资者更像是一家非常活跃的金融中介机构,或者像是该公司的主管、顾问甚至经理(Gompers & Lerner, 2001)。在 20 世纪 80 年代及 90 年代,风险投资成为美国高科技企业进行股权融资时首

---

　　〔1〕　风险投资是私募股权投资的组成部分之一,主要投资那些刚刚起步、需要资金以实现初期增长目标的公司。私募股权投资的另一组成部分是"杠杆收购(leveraged buyout, LBO)或者管理层收购(management buyout, MBO)",其投资对象多为那些在成熟行业运营的知名公司,这些公司往往需要资金来解决资本结构问题以及/或者追求额外的增长目标。

选的投资方法,在此期间,较之其他投资方法,其在美国产业创新中所占据的份额更大、比例更高(Kortum & Lerner,2000)。在欧洲情况同样如此,风险投资直到现在仍然被认为占到了欧洲产业创新的12%之多(Popov & Roosenboom, 2009)。

正如风险投资行业的形成能够为高科技领域的投资创新带来全新的方式方法与思维模式,影响力投资也已经开始采用相同的投资方法,即借助创业和资本市场来推动社会进步(Cohen & Sahlman,2013)。事实上,与风险投资相类似,影响力投资也像是中介机构一样,以刚刚起步、由私人控股的小型公司为目标受众,为其提供股权融资或准股权融资,同时也能够做到亲力亲为、积极参与(MacMillan et al.,1989)。与风险投资的不同之处在于,影响力投资并不投资以科技为基础的新型解决方案,而是支持帮助扩大各个领域的社会创新规模,包括医疗保健、教育培训、住房建设以及工作就业,旨在将资源引向那些以前被定义为社会影响力企业的公司。

继续对两者进行比较可知,当公司最需要主权资本来证实并扩大其商业模式时,风险投资和影响力投资都能够为其早期阶段提供融资。但是,根据不同的公司需求以及风险程度,能够获得的财务资源类型在企业发展的每一阶段均有所区别。在传统企业的生态系统中,种子阶段的融资通常由非正式投资者提供,即所谓的4Fs:创始人(founder)、家人(family)、朋友(friend)以及那些鲁莽的投资者(foolhardy investor)(Bygrave et al.,2003)。而在影响力投资领域,慈善行为与公益创投资源可能扮演着与4Fs相同的角色,也就是说,影响力投资虽然可以通过财务支持和管理支持来扩大规模,但在此之前,上述两者能够为其提供平台,以供选定、测试及培育富于创新且极具影响力的商业模式。

图4.1比较了高科技企业与社会影响力企业从种子阶段到成熟阶段发展路径之间的差异,其中风险投资和影响力投资主要为早期阶段提供融资,而退出阶段则可以通过多种方式进行融资,例如,将股票出售给后期阶段的基金持有人、企业家或者企业管理层。

全球影响力投资网络和摩根大通的最新研究证实了风险投资财务模型在影响力投资中的应用,数据表明,在全球影响力投资领域中,高达63%的可用资金由基金管理公司进行管理,且主要使用私募股权或类股权投资工具(分别占到2014年全球可管理总资产的35%和41%),投资那些处在创业阶段和成长阶段

成熟经济体视角下的影响力投资:风险投资的社会新定位

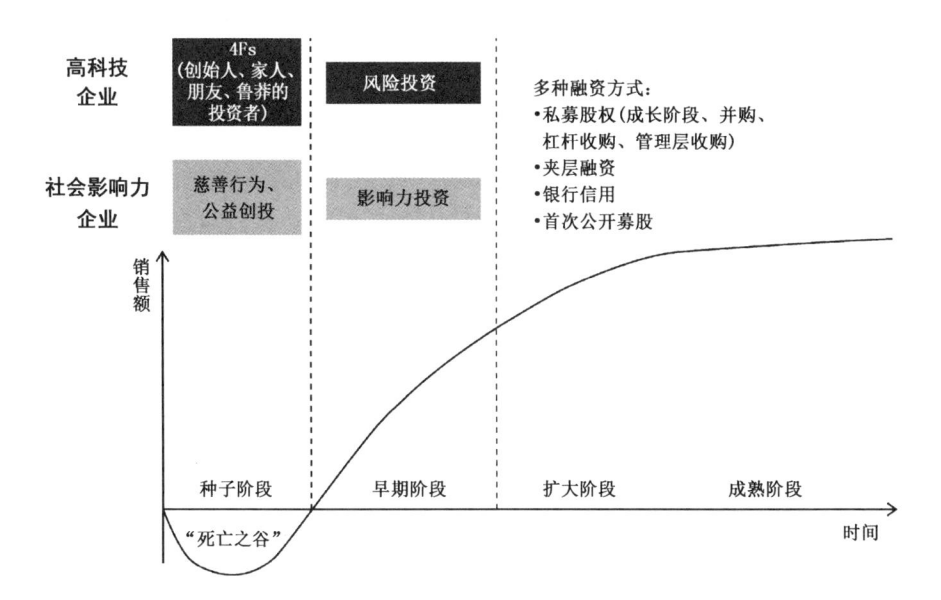

```
高科技          4Fs
企业          (创始人、家人、    风险投资       多种融资方式:
             朋友、鲁莽的                 ·私募股权(成长阶段、并购、
             投资者)                      杠杆收购、管理层收购)
                                        ·夹层融资
社会影响力     慈善行为、     影响力投资      ·银行信用
企业         公益创投                     ·首次公开募股

销
售
额

           种子阶段      早期阶段       扩大阶段      成熟阶段
                                                        时间
        "死亡之谷"
```

资料来源:Vecchi et al.,2015a。

图 4.1　影响力投资、风险投资以及早期阶段融资

的公司(GIIN & J. P. Morgan,2015)。这一点在欧洲地区的影响力投资领域表现得尤为明显,在负责欧洲影响力投资基金的基金管理公司中,始终有一定比例的人员具有传统私募股权或者风险投资的行业背景。以布里奇斯风险投资(Bridges Ventures)为例,作为英国影响力投资基金的先驱者,其拥有超过 5 亿英镑的可管理资产,并且在美国设立了新的办事处,于 2002 年由罗纳德·科恩爵士[1]与英国一些最为成功的私募股权公司及企业家共同推出,具体包括安佰深私募股权投资集团(Apax Partners)、英国 3i 集团(3i)、道蒂·汉森(Doughty Hanson)以及汤姆·辛格(Tom Singh)。另一只英国影响力风险投资基金(Impact Ventures UK)于 2013 年由贝伦贝格投资银行(Berenberg Investment Bank)推出,负责人为该银行英国地区客户主管查德·布拉斯(Richard Brass)。在法国,瑞士信贷资产管理公司(Credit Suisse Asset Management)董事总经理奥利维耶·德盖尔(Olivier De Guerre)于 2003 年推出了 PhiTrust Partenaires 社会投资基金,并且于 2012 年又发布了 PhiTrust 影响力投资者基金作为分支,致力

---

〔1〕　罗纳德·科恩爵士是英国社会筹资组织(Social Finance UK)的主管以及大社会银行(The Big Society Bank)的主席创始人。此外,他还是全球领先的私募股权投资集团之一——安佰深私募股权投资集团——的联合创始人兼董事长,被誉为"英国风险投资之父"。

于投资那些能够将社会回报与财务回报有机结合的项目。2010年,连续创业者约翰内斯·韦伯(Johannes Weber)和威灵顿风险投资公司(Wellington Partners Venture Capital)前投资管理人弗洛里安·埃贝尔(Florian Erber)在德国推出了社会风险投资基金(Social Venture Fund)。在西班牙,卡洛斯·特赫拉(Carlos Tejera)于2014年创立了Vivergi风险投资基金,他在投资银行以及私募股权领域拥有长达25年的从业经验。在意大利,Oltre Venture风险投资基金的案例进一步证明了基金经理正在从传统的风险投资领域转型至影响力投资领域。其创始人卢西亚诺·巴尔博自20世纪80年代以来一直是一名私募股权企业家,作为意大利私募股权以及风险投资领域的先驱者,他为欧洲地区,尤其是意大利的公益创投及影响力投资诞生与初期发展做出了卓越的贡献(Vecchi et al., 2015b)。

在美国,许多影响力投资基金是由那些在风险投资和创业领域经验丰富的基金经理进行投资与管理的,例如聪明人基金、Elevar Equity风险投资基金、Sonen Capital基金、社会投资基金草根资本(Root Capital)以及SJF Ventures风险投资基金。然而,大部分美国基金并不像多数欧洲基金那样投资本国公司,而是将资金主要用于为新兴经济体中的经济金字塔底层市场提供解决方案。如前所述,这一内容并非本篇文章所要讨论的重点,因此,表4.2只对那些投资在欧洲及美国,且总部也设在欧洲及美国的影响力投资基金进行了情况汇总,对于那些总部设在欧洲及美国却倾向于投资新兴国家的基金,则不予分析。

欧洲基金与美国基金的经验表明,对于那些想要在高科技领域之外寻找最新投资领域的风险投资市场竞争者来说,影响力投资领域似乎极富吸引力。全球影响力投资网络与剑桥联合研究顾问公司最近进行的一项分析显示,这一投资方法表现强劲、业绩突出,在2000—2010年间[1],向投资者提供了高达6.9%的投资组合总体内部回报率(pooled internal rate of return, PIRR)[2](Cambridge Associates & GIIN, 2015)。其后续实证结果进一步表明,影响力投资可能会受益于传统的风险投资经验,因为较之拥有其他背景的基金经理,拥有风险投资背景的基金经理所获得的回报率平均要高出7.6%之多(参见专栏4.1)。

---

[1] 该分析一共包括51只影响力投资基金,这些基金于2000—2010年间推出,运营地区和涉及领域均有所不同。然而,由于影响力投资直到最近几年才逐渐兴起,因此,整个样本中50%的基金是在2008—2010年间才予以推出,并作为案例进行分析。

[2] 该回报率被广泛应用于评估比较投资项目的盈利能力。

成熟经济体视角下的影响力投资：风险投资的社会新定位

表 4.2 影响力投资基金情况汇总（只选取那些在欧洲及美国运营且主要投资发达国家社会影响力企业的基金）

基金名称	总部地点	推出时间	投资领域	投资地点	创始人/管理层从业经验	官网网址
PhiTrust 影响力投资者基金	欧洲（法国）	2012年	住房、残障人士、教育、可再生能源	法国、欧洲	瑞士信贷资产管理公司董事总经理奥利维耶·德盖尔	http://www.phitrustimpactinvestors.com
Bon Venture 风险投资基金	欧洲（德国）	2003年	住房、残障人士、教育、营养品、环境保护	德国、奥地利和瑞士	埃尔温·施塔尔（Erwin Stahl），拥有超过20年的风险投资经验（曾就职于威灵顿风险投资公司和Upside Ventures风险投资公司）	http://www.bonventure.de/en/home.html
社会风险投资基金	欧洲（德国）	不适用	教育、社会整合、老龄化人口、长期失业、医疗保健	欧洲	连续创业者约翰内斯·韦伯；威灵顿风险投资公司前投资管理人弗洛里安·埃贝尔	http://www.socialventurefund.com/en/#home
Oltre Venture 风险投资基金	欧洲（意大利）	2006年	教育、医疗保健、人性化服务	意大利、欧洲	卢西亚诺·巴尔博，拥有超过20年的风险投资经验（B&S私募股权集团创始人，曾在意大利首家风险投资公司Finnova担任总经理一职）	http://www.oltreventure.com
Vivergi 风险投资基金	欧洲（西班牙）	2014年	粮食和农业、卫生与健康、教育、环境	西班牙	卡洛斯·特赫拉，在投资银行以及私募股权领域拥有长达25年的从业经验（曾就职于Ambar Capital y Expansion公司和Gala Capital Partners私人投资公司）；eBay西班牙站董事总经理罗德里戈·阿吉雷·德卡塞尔（Rodrigo Aguirre De Cercer）	http://www.vivergi.com
英国影响力风险投资基金	欧洲（英国）	2012年	住房、就业、心理健康	英国、欧洲	贝伦贝格投资银行英国地区客户主管查德·布拉斯	http://www.impactventuresuk.com

续表

基金名称	总部地点	推出时间	投资领域	投资地点	创始人/管理层从业经验	官网网址
布里奇斯风险投资基金	欧洲（英国）和美国	2002年	服务滞后的市场、健康与福利、教育和技能、可持续生活	欧洲、美国	罗纳德·科恩爵士，在私募股权投资领域拥有超过20年的从业经验（安佰深私募股权投资集团联合创始人兼董事长）	http://bridgesventures.com
Renovus Capital Partners 私募股权基金	美国	2010年	教育	美国	布拉德·惠特曼（Brad Whitman），阿蒂夫·吉拉尼（Atif Gilani）和杰西·塞尔文蒂（Jesse Serventi），在私募股权领域积累了长达34年的从业经验	http://www.renovuscapital.com
SJF Ventures 风险投资基金	美国	1999年	清洁能源、资产追回、食品、教育、医疗	美国	连续创业者戴夫·柯克帕特里克（Dave Kirkpatrick）；创业资本供给主体里克·德菲厄（Rick Defieux），拥有超过30年的从业经验	http://sjfventures.com
Bluehenge Capital Partners 私募股权基金	美国	不适用	农村地区或服务滞后社区的发展	美国	Stonehenge Capital公司高级经理内梅西奥J.比索（Nemesio J. Viso）和阿里·戴维·科岑（Ari David Kocen），在银行业及投资领域拥有长达25年的从业经验	http://www.bluehenge.com/index.html
小型企业社区资本影响力投资基金	美国	不适用	能够为社会变革提供机会的、涉足不同领域的，正在高速成长的中小企业	美国	杰伊·加西亚（Jay Garcia），在私募股权领域拥有长达25年的从业经验，专注于投资那些处于成长期中型市场的公司	http://www.sbccfund.com/index.html#top

专栏 4.1　管理人员从业背景对影响力投资基金财务绩效的影响

　　大量同私募股权相关的文献对投资项目过去与预期财务绩效之间的相关性进行了调研,结果显示,对于基金经理的从业经验是否有助于实现更高回报这一问题,已经达成了普遍共识(Diller & Kaserer,2009;Gottschalg et al.,2003;Kaplan & Schoar,2005;Ljungqvist & Richardson,2003),因为拥有优秀业绩记录的基金经理往往能够筹集到更多的资金,并且极有可能做出更好的投资选择(Gompers et al.,2005)。

　　以私募股权相关文献为基础,我们调研了基金经理从业背景与其当前绩效之间的相关性在影响力投资领域中是否仍然存在,特别是具有风险投资从业经验的基金经理是否能够在影响力投资领域表现更佳。

　　为了检验这一假设,我们利用两大资料来源渠道,建立了影响力投资基金样本,分别为全球影响力投资网络 ImpactBase 网站数据库以及普瑞奇(Preqin)数据平台。第一个资料来源渠道是影响力投资专题数据库,收集了该领域所有运营基金的具体信息、相关战略、目标回报以及可管理资产;第二个资料来源渠道是覆盖面最广、内容最全面的私募股权数据库之一,具体包括市场基金、投资者、基金经理、交易以及回报等信息。

　　首先,我们从 ImpactBase 网站数据库中获得影响力投资基金的名单。在2014年底,数据库中共计有138只基金,均符合条件并列入名单。然而,由于 ImpactBase 网站数据库仅公布每只基金的目标回报率,而非实际回报率,因此,我们试图从普瑞奇数据平台获得实际回报率这一额外数据,以及其他我们认为有必要进行分析的数据。

　　尽管关于私募股权基金内部回报率的信息本就匮乏(Brander et al.,2015;Cumming et al.,2014;Hochberg et al.,2007),但是这一问题在影响力投资领域中更为突出,主要原因在于该领域尚处于初级阶段,其边界仍然模糊、不甚清晰。因此,我们能够收集到充分数据的基金只有33只。除了实际内部回报率这一数据,我们还从普瑞奇数据平台获得了其他有用的信息,比如管理该基金的公司名称、负责该基金的基金经理以及该经理之前的从业背景与职位名称。

　　由于样本太小,无法采用更复杂的方法进行分析,因此,我们通过将样本分成两个子群来计算主要的描述性统计数据,分别为负责经理具有私募股权与风险投资从业经验的基金,以及管理人员具有不同从业背景的基金,例如那些曾经在国际组织或多边组织、基金会、社会企业或商业企业任职,但并不负责创业和/或投资的人士。

经过计算平均内部回报率,如表4.3所示,较之拥有其他从业背景的基金经理,自私募股权与风险投资背景转型而来的基金经理普遍表现更佳,所获得的回报率平均要高出7.57%之多。

表4.3　　　　不同从业背景的基金经理所得平均内部回报率

基金总数:33只		
	负责经理具有私募股权与 风险投资从业经验的基金 数目:13只	管理人员具有不同 从业背景的基金 数目:20只
平均内部回报率	7.88%	0.31%
标准差	0.110 6	0.110 0
中位数	6.00%	1.80%

这一结论与私募股权有关文献相一致,似乎也印证了我们的观点,即影响力投资对于那些经验丰富、事业有成,并且想要重新调整活动重心的创业资本供给主体来说,是一个极富吸引力的全新领域。

一旦该领域步入成熟阶段,市场上将有更多基金可供研究,有关投资水平的信息也将更为详细,因此,研究结果自然会随之变得更加繁多,也更为准确。

以风险投资从业经验为基础,通过金融公共设施实现市场建设

正如在前一节中所讨论的那样,由于具有风险投资从业背景的投资者能够准确识别出值得投资的新兴企业并直接参与到被投资企业的管理工作中,因此往往被认为其充当了金融中介机构的角色,可以为创新举措提供催化剂,以促进创新型企业的不断涌现(Florida & Kenney,1988;Hood,2000;Kortum & Lerner,2000;Lerner & Watson,2008)。然而,由于早期阶段融资风险过高,且无论交易规模是大是小,评估与监督成本都是固定的,因此,对于小型企业和新兴企业而言,尽管需要资金以实现初期增长目标,却往往面临很大困难。这种现象通

常被称为"股权缺口"(HM Treasury,2003;Karsai,2004;Mason,2009)。

在许多国家,由于发展创业是政策制定者的主要职责之一,因此在过去数十年间,大量的公共资源被用于风险投资项目,旨在填补股权缺口,为高速成长的初创企业提供资金(Bates,2002;Colombo et al.,2014;Cumming & MacIntosh,2006;Da Rin et al.,2006;Lerner,2000)。世界各国政府均支持风险投资市场的发展,主要手段有推出风险投资基金,要么完全是公共基金,要么是公私合营基金,或是推出基金的基金(Fund of Funds,FoF),即那些专门投资其他基金的基金(Mason,2009)。其中,全球规模最大、最为著名的公共项目当数由美国小企业管理局(Small Business Administration,SBA)负责的小企业投资公司(Small Business Investment Company,SBIC)项目[1],该项目投资规模高达数十亿美元,自20世纪60年代以来为美国诸多技术创新做出了卓越贡献。与之类似,欧洲市场同样受到欧洲投资基金(European Investment Fund,EIF)[2]的大力扶持,该基金一直都是欧洲风险投资基金与成长型基金的主要投资者,自1994年成立以来[3],共计为433家投资机构提供股权资源,同时也为风险投资基金提供财务支持,无论这些基金是刚刚推出还是业已成熟。此外,该基金还与天使投资人以及家族办公室一起,进行共同投资,以满足科技企业的融资需求。与小企业投资公司相比,欧洲投资基金虽然成立时间较短且规模较小,但在维持新兴企

---

[1] 美国国会于1958年启动小企业投资公司项目,由美国小企业管理局负责管理,旨在发展美国的风险投资市场。美国小企业管理局并不是通过小企业投资公司项目直接投资小型企业,而是以发放贷款的形式,向那些符合条件的风险投资私募基金提供长期资金。由于这些基金能够获得美国小企业管理局的官方授权,因此可以在小企业投资公司项目中获得一席之地。美国小企业管理局的投资杠杆比率最高可达2∶1,这意味着小企业投资公司每从私人投资者那里筹集到1美元,美国小企业管理局都会相应提供2美元的债权资本。另外,美国小企业管理局还通过证券化以及联邦政府信用增级,对未来贷款进行贷款重组。自启动以来,小企业投资公司项目已经向获得授权的小企业投资公司基金提供了238亿美元的贷款,并且由于杠杆效应,该项目还在16.6万多家美国小型企业中部署了超过670亿美元的资金。

[2] 欧洲投资基金通过基金的基金这一投资机制,向现有风险投资基金提供股权融资;欧洲投资基金是享有同等权益的锚定投资者,这意味着在任何一轮融资中,其通常是第一位投资者,以便令后续投资者在一定程度上能够放心投资。同等权益原则要求所有投资者,包括欧洲投资基金在内,共同承担相同的上限风险与下限风险,共同享有等额的回报,共同持有同样级别的从属之债,并且需要在条件等同的情况下,于同一时间退出项目,终结合格受益人这一身份。此外,倘若来自非市场主导型投资者的投资资金超过了这一基金投资资金总额的50%,则欧洲投资基金将不得参与投资该基金。自成立以来,欧洲投资基金已经向433只风险投资基金部署了44亿欧元的资金,以双重杠杆效应从私人投资者处吸引了44亿欧元的投资资金。

[3] 欧洲投资基金自成立以来至2015年12月期间的股权投资数据资料可参见网址:http://www.eif.org/what_we_do/equity/eif-equity-portfolio.pdf。

业的成长方面却能够做到全球最佳。因为如果按照退出阶段是否顺利完成为标准进行评估,相较于那些由其他项目资助的基金,甚至是由小企业投资公司资助的基金,由欧洲投资基金资助的基金往往在业绩方面表现更佳(Caselli et al.,2015)。欧洲投资基金的表现为何如此优秀?主要原因在于其能够做到积极主动地选择并监督所要投资的风险投资基金。与此相反,想要获得小企业投资公司的资助,则必须满足一定的合格标准。然而有一点需要指出,一般来说,对风险投资市场进行各种形式的公共干预,例如推出公共基金或公私合营风险投资基金,其效果远远不如以中介的身份对市场提供支持,例如小企业投资公司以提供贷款为手段、欧洲投资基金以股权共同投资为方法,通过投资风险投资基金来支持风险投资市场(Caselli et al.,2015)。

最近,社会创新已经成为一种杰出的范式,能够为应对全球经济危机以及其他对社区造成影响的社会问题提供新的解决方案和工具(Mulgan et al.,2007)。欧盟(European Union,EU)在其最新的战略规划《欧盟2020年战略》(European Commission,2010)中业已将此范式列为目标之一。因此,欧洲投资基金基于其在风险投资市场所积累的经验,推出了社会影响力加速器(Social Impact Accelerator,SIA),这是一个致力于影响力投资的股权工具,在维持整个社会的创新产生方面,可谓最适合的投资方式。

欧洲投资基金通过应用社会影响力加速器,目标是成为欧洲地区影响力投资的参照点,并充分利用其在风险投资市场领域的专业知识来改进完善现有基础设施,以使这一新兴投资方式能够走上长期持续的发展道路(European Investment Fund,2014)。

在欧洲投资基金副总监乌利·格拉本瓦特尔的领导下(参见本书第五篇文章,以了解其对影响力投资与影响力评估所采用的方式方法),社会影响力加速器被设置为基金的基金,总额高达2.43亿欧元,旨在为社会影响力领域内的各项基金提供股权融资,其战略目标是投资那些位于欧洲、能够自我持续、具有商业可行性的社会企业。社会影响力加速器将影响力投资的目标定义为"部分中小企业的商业模式旨在产生一定社会影响力……鉴于这一模式可以扩大,因此能够为社会问题提供创业型解决方案",该观点与本文对社会影响力企业的描述彼此呼应。

欧洲投资基金支持下的社会影响力基金并非只追求单一的财务回报目标,

作为投资组合组成部分之一,还必须在公司层面以追求明确的社会影响力投资目标为己任。欧洲投资基金规定,风险调整后的目标内部回报率要控制在3%－5%,由此可见,单一的社会投资或者混合型投资已明显被排除在社会影响力加速器范围之外。在撰写本文之时[1],欧洲投资基金已经支持资助了5只欧洲影响力投资基金(参见网址:http://www.eif.org/what_we_do/equity/sia)。

与欧洲情况类似,美国的小企业投资公司项目正在利用其长期以来积累的经验,将资金引入美国服务滞后的社区以及那些最具创新性的领域。此外,该项目还推出了一项专门举措,即影响力投资基金,以便"帮助美国影响力投资行业创建业内所需的业绩记录与评估标准,以期吸引更大的资金池"。小企业投资公司项目推出的影响力投资基金,每年承诺资本约为2亿美元,可用于投资那些立志为投资者实现财务回报最大化,同时产生社会、环境与经济积极影响力的基金。根据影响力投资基金所制定的政策,在小企业投资公司项目所推出的影响力投资基金中,符合条件的基金主要投资那些在国家重点领域开展业务的美国小型企业,例如清洁能源、教育和先进制造业,以及那些将办公地点设立在低收入社区、农村地区或是经济萧条区域的美国小型企业。欧洲投资基金所提供的主权资本,其条款条件与其他私人投资者并无不同,且对目标内部回报率设有期望值。有别于欧洲投资基金,在小企业投资公司项目所推出的基金中,美国小企业管理局要求其中所有获得授权的基金都必须支付由美国小企业管理局担保的杠杆利率,其计算数值为美国10年期国债利率的利差[2]。迄今为止,在小企业投资公司项目所推出的基金中,共计有7只影响力基金获得了授权,共同管理着总额超过6亿美元的资产(参见网址:https://www.sba.gov/content/directory-impact-sbics)。

前进方向

正如麦肯锡全球研究院(McKinsey Global Institute,2014)在本文引言部分所估算的那样,我们生活在一个资金泛滥的世界。但同时,我们也生活在一个利率极低的世界。事实的确如此,如果我们回溯风险投资市场的历史回报,会发现

---

[1] 撰写时间为2016年1月。
[2] 截至2015年11月的最新数据显示,美国国债利率为2.170%,利差为0.659%。数据资料可参见网址:https://www.sba.gov/content/trust-certificate-rates-sbic-debenture-pools。

返还给投资者的平均内部回报率并没有预期的那样高,在欧洲尤为如此,其最新统计数据显示,欧洲市场在10年间,水平内部回报率[1]仅为0.84%,而美国市场则能够达到5.03%(EVCA,2014)。风险投资人以往总是投资高科技市场,虽然预期回报率高达两位数,实际上却常常难以兑现,因此,这些投资人转而开始寻找新的投资机会,而影响力投资也就顺理成章地成为一个极具吸引力的新兴投资领域。例如,在意大利,一位听力受损的企业家创办了社会影响力企业Jobmetoo(参见网址:http://www.jobmetoo.com),专门研发残疾人在线招聘平台,尽管该企业已明显产生社会影响力且财务数据相当可观,但是影响力投资公司Oltre Venture仍然拒绝对其进行50万欧元的投资。这主要是由于当时第一只基金Oltre Ⅰ的资金已经几乎被分配完毕,因此无法支付这一笔巨额投资。尽管如此,Jobmetoo还是赢得了商业计划书大赛,并且从法意合资的风险投资机构360 Capital Partners处获得了同样数额的投资资金。该风险投资机构在数字领域以及消费互联网领域均居于领先地位,其主要被在线门户网站的可扩大性所吸引,并且将产生社会影响力的过程视作快速获得预期用户数量的方式。对于那些在社会层面受到影响力投资者资助而非创业资本供给主体扶持的案例而言,这只不过是一个例子罢了,那么,究竟还有多少类似的案例存在?

如果影响力投资在中期阶段仍然能够继续提供其在早期阶段所带来的回报,那么,其完全有能力吸引到全球范围内巨额流动资金的一定份额,从而促进风险投资的社会新定位。在这种情况下,其有可能成为风险投资基金所偏好的投资领域。从这一角度来看,影响力投资与某些营利性私营企业所奉行的投资方式有着异曲同工之妙,两者均遵循"共同价值观"范式,力求实现投资战略多元化(Porter & Kramer,2011;Vecchi et al.,2014)。

法国拉法基集团(Lafarge Group)身为世界建筑材料的领军企业,其示例相当有趣且极富吸引力:该集团推出了经济适用房计划(参见网址:http://www.lafarge.com/en/affordable-housing),旨在帮助低收入人群以能够负担得起的价格获得住房。为解决这一需求,法国拉法基集团研发出了创新型住房解决方案,例如水泥砖方案、适应贫民窟地势且能抵御恶劣天气的解决方案、为集体性社会住房提供的预拌混凝土解决方案,还有小额信贷计划方案,旨在为贫困人口提供

---

[1] 水平内部回报率可以反映行业的业绩趋势。

资金,帮助他们建造、翻新以及扩建家园。值得注意的是,该项目并不属于法国拉法基集团的企业社会责任议题,而是其核心业务的拓展扩大。目前,全世界尚有 40 亿人无法获得像样的住房,这一问题尽管波及面极广,却仍未得到妥善解决。对法国拉法基集团来说,通过服务于这一新需求,其推出的经济适用房计划必定会成为一项有利可图的投资活动。

显而易见的是,我们身处的时代正在经历变革,对可持续性的要求越来越高,且已逐渐纳入企业战略与政策议题之中(MIT Sloan Management Review & Boston Consulting Group, 2011)。未来几年将是影响力投资发展的关键时期。正如意大利著名作家亚历山德罗·曼佐尼(Alessandro Manzoni)所言:"这一切将留给后人评说。"

参考文献

Austin, J., Stevenson, H., & Wei Skillern, J. (2006). Social and commercial entrepreneurship: same, different, or both? *Entrepreneurship Theory and Practice*, 30(1), 1–22.

Barclays (2015). *The Value of Being Human: A Behavioural Framework for Impact Investing and Philanthropy*.

Bates, T. (2002). Government as venture capital catalyst: Pitfalls and promising approaches. *Economic Development Quarterly*, 16(1), 49–59.

Bloom, P.N., & Chatterji, A.K. (2009). Scaling social entrepreneurial impact. *California Management Review*, 51(3), 114–133.

Boschee, J. (1998). *Merging Mission and Money: A Board Member's Guide to Social Entrepreneurship*. Washington, DC: National Center for Nonprofit Boards.

Bradach, J. (2003). Going to scale: the challenge of replicating social programs. *Stanford Social Innovation Review*, 1(1).

Brander, J.A., Du, Q., & Hellmann, T. (2015). The effects of government-sponsored venture capital: international evidence. *Review of Finance*, 19, 571–618.

Brest, P., & Born, K. (2013). When can impact investing create real impact? *Stanford Social Innovation Review*, 22–27.

Buckland, L., Hehenberger, L., & Hay, M. (2013). The growth of European venture philanthropy. *Stanford Social Innovation Review* (Summer), 33–39.

Bygrave, W., Hay, M., Ng, E., & Reynolds, P. (2003). Executive forum: a study of informal investing in 29 nations composing the Global Entrepreneurship Monitor. *Venture Capital: An International Journal of Entrepreneurial Finance*, 5(2), 101–116.

Cambridge Associates, & GIIN (Global Impact Investing Network) (2015). *Introducing the Impact Investing Benchmark*.

Capgemini (2015). *World Wealth Report 2015*. Retrieved from https://www.worldwealthreport.com/download

Caselli, S., Vecchi, V., & Casalini, F. (2015). *Public Support to the Venture Capital Market: International Experiences, Results and the Way Forward*. CAREFIN Working Paper, Bocconi University, Milano. Retrieved from http://www.carefin.unibocconi.eu/index.php?method=section&action=zoom&id=2818

Christensen, C.M., Baumann, H., Ruggles, R., & Sadtler, T.M. (2006). Disruptive innovation for social change. *Harvard Business Review*, 84(12), 94.

Cohen, S.R., & Sahlman, W.A. (2013). Social impact investing will be the new venture capital. *Harvard Business Review*, 17.

Colombo, M.G., Cumming, D.J., & Vismara, S. (2014). Governmental venture capital for innovative young firms. *The Journal of Technology Transfer*, 1–15.

Cumming, D.J., & MacIntosh, J.G. (2006). Crowding out private equity: Canadian evidence. *Journal of Business Venturing*, 21(5), 569–609.

Cumming, D.J., Grilli, L., & Murtinu, S. (2014). Governmental and independent venture capital investments in Europe: A firm-level performance analysis. *Journal of Corporate Finance*. Retrieved from http://www.sciencedirect.com/science/article/pii/S0929119914001321

Da Rin, M., Nicodano, G., & Sembenelli, A. (2006). Public policy and the creation of active venture capital markets. *Journal of Public Economics*, 90(8), 1699–1723.

Dees, J.G. (1998). *The Meaning of Social Entrepreneurship*. Kansas City, MO: Kauffman Center for Entrepreneurial Leadership.

Dees, J.G., Emerson, J., & Economy, P. (2004). *Strategic Tools for Social Entrepreneurs: Enhancing the Performance of Your Enterprising Nonprofit* (Vol. 207). New York, NY: John Wiley & Sons.

Di Domenico, M., Haugh, H., & Tracey, P. (2010). Social bricolage: theorizing social value creation in social enterprises. *Entrepreneurship Theory and Practice*, 34(4), 681–703.

Diller, C., & Kaserer, C. (2009). What drives private equity returns? — fund inflows, skilled GPs, and/or risk?*. *European Financial Management*, 15(3), 643–675.

Ebrahim, A., & Rangan, V.K. (2014). What impact? *California Management Review*, 56(3), 118–141.

European Commission (2010). *Europe 2020: A Strategy for Smart, Sustainable and Inclusive Growth*. Brussels: European Commission. Retrieved from http://ec.europa.eu/eu2020/pdf/COMPLET EN BARROSO 007—Europe 2020—EN version.pdf

European Investment Fund (2014). *Annual Report 2013*. Retrieved from http://www.eif.org/news_centre/publications/eif_annual_report_2013.pdf

EVCA (2014). *2013 Pan-European Private Equity Performance Benchmarks Study*. Retrieved from http://www.investeurope.eu/media/199202/2013-pan-european-private-equity-performance-benchmarks-study-evca-thomson-reuters-final-version.pdf

Florida, R.L., & Kenney, M. (1988). Venture capital, high technology and regional development. *Regional Studies*, 22(1), 33–48.

GIIN (Global Impact Investing Network), & J.P. Morgan (2015). *Eyes on the Horizon: The Impact Investor Survey*. Retrieved from https://thegiin.org/assets/documents/pub/2015.04 Eyes on the Horizon.pdf

Gompers, P., & Lerner, J. (2001). The venture capital revolution. *Journal of Economic Perspectives*, 145–168.

Gompers, P., Kovner, A., Lerner, J., & Scharfstein, D. (2005). Venture capital investment cycles: the role of experience and specialization. *Journal of Financial Economics*, 81, 649–679.

Gottschalg, O., Phalippou, L., & Zollo, M. (2003). *Performance of Private Equity Funds: Another Puzzle?* Working paper INSEAD-Wharton Alliance Center for Global Research and Development. Retrieved from http://sites.insead.edu/facultyresearch/research/doc.cfm?did=1430

Grabenwarter, U., & Liechtenstein, H. (2011). In search of gamma — an unconventional perspective on impact investing. *SSRN Electronic Journal*. Retrieved from http://www.ssrn.com/abstract=2120040

HM Treasury (2003). *Bridging the Finance Gap: Next Steps in Improving Access to Growth Capital for Small Businesses*. Retrieved from http://webarchive.nationalarchives.gov.uk/20081113023136/http:/www.hm-treasury.gov.uk/d/adinvest359kb03.pdf

Hochberg, Y.V, Ljungqvist, A., & Lu, Y. (2007). Whom you know matters: venture capital networks and investment performance. *The Journal of Finance*, 62(1), 251–301.

Hood, N. (2000). Public venture capital and economic development: the Scottish experience. *Venture Capital*, 2(4), 313–341.

Kanter, R.M., & Summers, D.V. (1994). *Doing Well While Doing Good: Dilemmas of Performance Measurement in Nonprofit Organizations and the Need for a Multiple-Constituency Approach*. London: Sage.

Kaplan, S.N., & Schoar, A. (2005). Private equity performance: returns, persistence, and capital flows. *The Journal of Finance*, 60(4), 1791–1823.
Karnani, A.G. (2011). Doing well by doing good: the grand illusion. *California Management Review*, 53(2), 69–86. Retrieved from http://doi.org/10.1525/cmr.2011.53.2.69
Karsai, J. (2004). *Can the State Replace Private Capital Investors? Public Financing of Venture Capital in Hungary*. Discussion paper MT-DP. Institute of Economics Hungarian Academy of Sciences. Retrieved from http://www.econ.core.hu/doc/dp/dp/mtdp0409.pdf
Kortum, S., & Lerner, J. (2000). Assessing the contribution of venture capital to innovation. *RAND Journal of Economics*, 31(4), 674–692. Retrieved from http://www.jstor.org/stable/2696354
Lerner, J. (2000). The government as venture capitalist: the long-run impact of the SBIR program. *The Journal of Private Equity*, 3(2), 55–78.
Lerner, J., & Watson, B. (2008). The public venture capital challenge: the Australian case. *Venture Capital*, 10(1), 1–20.
Ljungqvist, A., & Richardson, M.P. (2003). *The Investment Behavior of Private Equity Fund Managers*. Retrieved from http://www.lse.ac.uk/fmg/research/RICAFE/pdf/RICAFE-WP05-Ljungqvist.pdf
MacMillan, I.C., Kulow, D.M., & Khoylian, R. (1989). Venture capitalists' involvement in their investments: extent and performance. Journal of Business Venturing, 4(1), 27–47.
Mason, C.M. (2009). Public policy support for the informal venture capital market in Europe: a critical review. *International Small Business Journal*, 27(5), 536–556.
McKinsey Global Institute (2014). *Financial Globalization: Retreat or Reset? Global Capital Markets 2013*. Retrieved from http://www.mckinsey.com/global-themes/employment-and-growth/financial-globalization
MIT Sloan Management Review, & Boston Consulting Group (2011). *Sustainability: The "Embracers" Seize Advantage*. Retrieved from https://www.bcgperspectives.com/content/articles/energy_environment_sustainability_the_embracers_seize_advantage
Mulgan, G., Tucker, S., Ali, R., & Sanders, B. (2007). *Social Innovation: What It Is, Why It Matters and How It Can Be Accelerated*. Retrieved from http://youngfoundation.org/publications/social-innovation-what-it-is-why-it-matters-how-it-can-be-accelerated
Musgrave, R.A. (1959). Theory of Public Finance; A Study in Public Economy. New York, NY: McGraw Hill.
Musgrave, R.A. (1987). Merit goods. *The New Palgrave: A Dictionary of Economics*, 3, 452.
Popov, A., & Roosenboom, P. (2009). *Does Private Equity Investment Spur Innovation?: Evidence from Europe*. Working Paper Series No. 1063. Frankfurt: European Central Bank. Retrieved from https://www.ecb.europa.eu/pub/pdf/scpwps/ecbwp1063.pdf?4a11eb987e835f8bfef28e194f02e1ac
Porter, M.E., & Kramer, M.R. (2011). Creating shared value. *Harvard Business Review*, 89(1/2), 62–77.
Rodin, J., & Brandenburg, M. (2014). *The Power of Impact Investing: Putting Markets to Work for Profit and Global Good*. Philadelphia, PA: Wharton Digital Press.
Schumpeter, J.A. (1934). *The Theory of Economic Development: An Inquiry into Profits, Capital, Credit, Interest, and the Business Cycle* (Vol. 55). Cambridge, MA: Harvard University Press.
Schumpeter, J.A. (1942). *Socialism, Capitalism and Democracy*. New York, NY: Harper and Row.
Seelos, C., & Mair, J. (2005). Social entrepreneurship: creating new business models to serve the poor. *Business Horizons*, 48(3), 241–246.
Smith, B.R., & Stevens, C.E. (2010). Different types of social entrepreneurship: the role of geography and embeddedness on the measurement and scaling of social value. *Entrepreneurship and Regional Development*, 22(6), 575–598.
Taylor, M.A., Dees, J.G., & Emerson, J. (2002). The question of scale: finding an appropriate strategy for building on your success. In *Strategic Tools for Social Entrepreneurs: Enhancing the Performance of Your Enterprising Nonprofit* (pp. 117–139). New York, NY: John Wiley & Sons.
Thompson, J., Alvy, G., & Lees, A. (2000). Social entrepreneurship — a new look at the people

and the potential. *Management Decision*, 38(5), 328–338.
Vecchi, V., Brusoni, M., & Cusumano, N. (2014). Impact investing: an evolution of CSR or a new playground? In A. Stachowicz-Stanusch (ed.), *Corporate Social Performance: Paradoxes, Pitfalls and Pathways To The Better World*. Charlotte, NC: Information Age Publishing.
Vecchi, V., Casalini, F., Balbo, L., & Caselli, S. (2015a). Impact investing: a new asset class or a societal refocus of venture capital? In S. Caselli, G. Corbetta, & V. Vecchi (eds), *Public Private Partnerships for Infrastructure and Business Development*. New York: Palgrave Macmillan.
Vecchi, V., Casalini, F., Brusoni, M., & Cusumano, N. (2015b). *Oltre Venture: The First Italian Impact Investment Fund*. Retrieved from http://www.thecasecentre.org/educators/products/view?id=126936#
Zahra, S.A., Gedajlovic, E., Neubaum, D.O., & Shulman, J.M. (2009). A typology of social entrepreneurs: motives, search processes and ethical challenges. *Journal of Business Venturing*, 24(5), 519–532.

五、影响力评估：
利润与价值的概念之争

乌利·格拉本瓦特尔（Uli Grabenwarter）

引 言

洛克菲勒基金会于2007年召集投资者开会，并首次提出"影响力投资"这一术语，自此以后，关于这一新兴投资方式的讨论便从未止歇，尤其是对于影响力评估指标的相关争论，更是热门议题。因为这些广泛而又深入的探讨，影响力投资这一概念明显有了长足发展，但是，关于影响力评估指标的争辩却仍然存在。

影响力投资的核心就是需要在其投资决策过程中明确将该项投资活动所能带来的社会影响力和/或环境影响力纳入考虑范围。近年来，影响力投资价值链所涉及的利益相关者意识不断增强，受此影响，影响力评估指标的应用过程也历经了重大变化。由于在这一领域进行了大量的实证研究与应用研究，因此，现有评估指标和研究方法才更为先进。

多家机构出台了一系列举措以支持关于社会影响力评估的研究，具体包括

【作者简介】 乌利·格拉本瓦特尔，欧洲投资基金副总监。

欧盟委员会(European Commission)及其社会企业专家组(GECES)对影响力评估提出的建议(GECES, 2014)、行业协会如欧洲公益风险投资协会及其发布的《影响力评估及影响力管理实用指南》(EVPA, 2013, 2015)，以及八国集团社会影响力投资特别工作组下属的影响力评估工作小组于2013年就社会影响力投资议题发布的报告(G8 Social Impact Investment Task force, 2014)，这一系列举措均反映出当前对于影响力评估指标的讨论究竟进展到了何种程度。

影响力评估指标的起源

在社会责任投资中，往往需要对其即将进行的社会/环境投资进行筛选审查，与之对应，在影响力投资中，也已开始尝试多项举措以便与其他投资类型进行区分，主要是通过在其投资方式中逐步增加预期影响力和已产生影响力的权重，从而确保相关决策及信息高度透明。资产管理公司业已着手使用各种形式的环境/社会投资选择工具和报告工具，以期满足责任投资者的合格标准。当时所采用的方法主要局限于负面筛选法和计分卡模型，这些方法虽然在一定程度上揭示了影响力投资战略的重点关注对象，然而随着时间推移，影响力投资领域逐渐发展壮大，要求也越来越高，继续使用上述方法显然难以满足需求。

越来越多的影响力投资者通过确保社会影响力相关决策及信息高度透明，并将其作为投资业绩不可或缺的组成部分，从而确认影响力投资的特定关注对象。然而，已有数个难题被证明是实现上述过程的严重阻碍：

1. 影响力评估指标在评判投资活动所谋影响力方面的相关性
2. 个人投资活动所获影响力的可比性
3. 投资活动影响力业绩较之财务绩效的相对重要性

一方面是影响力评估指标在投资组合、资产管理公司、地理位置等方面的可比性，另一方面是影响力评估指标在特定投资活动背景下的相关性，事实证明，在这两者之间进行的权衡取舍难度较高，极具挑战性。

在早期阶段，所采用的各种评估方法均优先考虑影响力评估指标的可比性，倾于向采纳单一的影响力评估标准，以标准化的方式向所有投资活动行动者和利益相关者传达社会影响力的目标与效果。尽管这些努力使得相关探讨争辩变得极具价值，却始终无法形成一套经得起检验的、真正符合市场标准的影响力评估方法。经过检验的评估方法范围较广,具体包括将单项指标转化为跨领域的通用型和可比型影响力评估指标(例如,环境领域中的二氧化碳足迹地图)、评估指标货币化及其在企业社会与财务综合业绩指标中的应用(例如,社会投资回报评估模式)。虽然这些方法在一定程度上获得了市场认可,但其自身始终具有局限性;为了便于比较,不得不作出妥协让步,减少其为影响力优先投资者所提供信息的相关性(参见下文)。尽管如此,在建立关于如何汇集影响力评估相关信息并将其转化为具体指标的评估方法方面,上述方法依然作出了重大贡献,成果不容小觑。

通过货币化实现可比性

首次提出通过货币化来实现可比性的评估方法毫无疑问来自历史最为悠久的社会投资回报这一概念。社会投资回报评估方法将各种影响力成分进行货币化,并根据所做出的金融性投资来设定此类货币化的财务价值。这一方法的引人之处主要在于,其逻辑对于那些精通金融市场的用户而言直观易懂,因此可以将同一概念应用至私募股权等其他领域以供计算财务回报。社会投资回报评估方法还通过拓展利益相关者分析这一概念,为定义影响力评估指标的确认过程标准作出了巨大贡献。

社会投资回报评估方法试图将所有指标都进行货币化,以便汇总为一项影响力业绩指标,但这一点却使其招致批评,因为该做法仅仅依据货币价值就对结果指标的可比性作出了错误判断,虽然其实际信息价值在很大程度上取决于"财务价值需归因于独立的影响力成分"这一假设。

归根结底,通过将投资活动带来的货币化影响力纳入考量范围,社会投资回报评估方法的最终目的是计算出投资金额所能实现的财务回报。虽然按照财务回报逻辑得出的可比性使得该评估方法对于那些精通金融市场逻辑的用户而言直观易懂,但是强制评估指标货币化这一举措也已经遭到了影响力投资领域人士的质问怀疑,因为其有可能会招致伦理困境。社会投资回报评估方法为了对评估指标进行货币化,需要重点参考经过货币化之后的价值。最终受益人往往将这些价值归因于特定的影响力成分,却总是不可避免地引发争论,即评估过程中其所采用的基准指标是否真的合法有效。倘若某一影响力活动的目的是拯救生命,在此极端情况下,如果仍然要为生命这一概念赋予货币价值,则不仅面临较大难度,而且会招致巨大争议。迄今为止,只有在涉及赔偿补偿问题的法律纠纷中,这些指标才被用来根据个人经历、家庭背景、经济收入能力等评估"生命价值"。虽然在法律背景下,对于生命价值的区别对待在解决争端时可能难以避免,但值得怀疑的是,以人道主义价值观为基础的投资方式是否能够合理解释生命价值之间的差异?例如,一个人身陷贫困,而另一个人则生活富足,倘若对两者的生命价值进行比较,是否能够认为前者的生命价值更为低廉?

社会投资回报评估方法(参见专栏5.1)以及其他影响力评估指标货币化方法试图通过提出要求,即对所使用指标及其所赋价值的情境进行解释说明,来回避这一颇为棘手的争论。然而,这一要求的提出却恰恰表明,影响力评估指标货币化方法最初试图解决的核心问题之一仍然悬而未决,即影响力评估指标的可比性超出了其所涉及的情境框架范围。

专栏5.1 社会投资回报评估方法及其运作方式

社会投资回报评估方法是一套极为严格缜密的计算方法,旨在评估某一组织活动所产生的影响力,其主要遵循以下步骤:

● 通过识别、分析以及确定某一组织活动的利益相关者来设定其范围与目标,以期提炼出该组织的改变理论;

● 通过在影响力与改变理论之间建立关联来确定相关影响力评估指标,并且按照这些选定的指标来评估目标影响力;

● 根据各项指标评估对应的影响力成分,重新衡量其重要性和显著性,并且通过考查投入与产出来计算社会投资回报比率。

因此,对于这样一个旨在帮助弱势群体进入就业市场的项目而言,在计算其社会投资回报时,所选定的各项指标不仅要考虑到直接经济效果(例如节省了多少失业津贴、对社会保障制度做出了多少贡献等),还要考虑到目标群体生活质量的改善,也应该对此赋予货币价值(例如自尊心的提高、独立性的增强等)。

基于整套标准化指标的方法

市场竞争者近来关注到,各个领域对于标准化影响力评估指标的定义均变得更为宏观、概括,目的是响应利益相关者的呼声,希望在影响力评估指标与具体的影响力维度以及取得的影响力效果之间建立起更为切实具象的连接。

由全球影响力投资网络出版发布的《影响力报告和投资标准》(Impact Reporting and Investment Standards, IRIS)业已为不同领域制定了大量标准化的影响力评估指标(IRIS,2011,2014),可见其在这一方向上所付出的极大努力。而相关举措也已付诸实践,例如由共益实验室(B Lab)建立的全球影响力投资评级系统(2013),主要利用基于计分卡的标准化方法来评估那些在社会部门运营的各项组织、公司以及投资工具的影响力框架。全球影响力投资评级系统和《影响力报告和投资标准》对彼此制定的标准互相认可,因此在一定程度上业已成为市场,尤其是北美市场的参考标准。《影响力报告和投资标准》目前主要致力于对其整套指标加以完善,以期更能反映出投资所带来的效益与影响力,而非仅仅反映出投资的产出——在其整套指标被初次提出时,这一点最为人诟病。

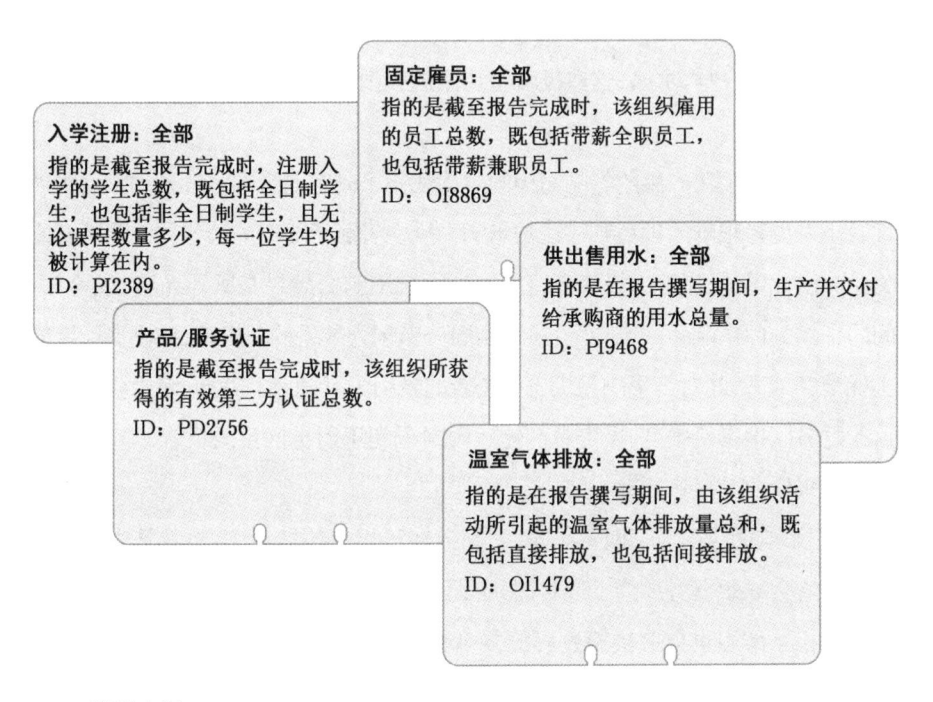

入学注册:全部
指的是截至报告完成时,注册入学的学生总数,既包括全日制学生,也包括非全日制学生,且无论课程数量多少,每一位学生均被计算在内。
ID:PI2389

固定雇员:全部
指的是截至报告完成时,该组织雇用的员工总数,既包括带薪全职员工,也包括带薪兼职员工。
ID:OI8869

产品/服务认证
指的是截至报告完成时,该组织所获得的有效第三方认证总数。
ID:PD2756

供出售用水:全部
指的是在报告撰写期间,生产并交付给承购商的用水总量。
ID:PI9468

温室气体排放:全部
指的是在报告撰写期间,由该组织活动所引起的温室气体排放量总和,既包括直接排放,也包括间接排放。
ID:OI1479

资料来源:IRIS,2011,2014。
图 5.1 《影响力报告和投资标准》影响力评估指标示例

与风险—回报有关的影响力动向及其在影响力评估方面所面临的挑战

一般来说，与货币化影响力评估指标这一情况类似，在《影响力报告和投资标准》框架下所提出的标准化影响力评估指标对重要信息同样有所缺失，即究竟在何种条件下才可以应用这些评估指标。这一缺点普遍存在于各类评估方法中，即使是财务绩效评估方法也难以避免。然而，考虑到影响力评估指标与获得影响力效果的条件之间高度相关，因此，上述缺点对影响力评估而言尤为重要。

诚然，即使是对财务绩效评估方法而言，在比较财务回报的数据时，背景条件也同样重要(例如国家风险或是在投资战略中使用财务杠杆)。在影响力评估方面，影响力评估指标的可比性面临着诸多挑战，不仅涉及财务风险考量维度，还关乎获得影响力预期效果的多元化背景条件。财务回报驱动型投资者会根据他们所面临的风险来评估能够获得的回报。他们所采用的逻辑通常是认为承担的财务风险与预期的财务回报之间存在负相关：倘若两个投资项目的预期绝对财务回报完全一样，那么，这些投资者往往选择预期回报波动率较低的投资项目("财务风险")。

如果投资项目产生的影响力相同且均获得了一定的影响力效果，那么，所处背景条件更为艰难的项目则往往被影响力投资者赋予更高的价值并给予更多的关注。由此可见，影响力投资者追求的是所获影响力效果与所处环境"风险"之间的正相关("影响力—风险")：在达到同一影响力效果的前提下，该投资项目的实现难度越高，其对于影响力优先投资者的吸引力就越大。然而，考虑到投资项目的财务回报考量维度，投资者们仍然倾向于利用财务回报与投资风险之间的负相关来优化其投资活动。

在"影响力风险"与"财务风险"之间存在正相关的情况下，也就是当增加影响力风险会导致财务风险上升时，影响力、财务回报、影响力风险以及财务风险之间的相互作用也会使决策过程的复杂程度进一步提升。在影响力投资方法中，关于影响力目标与财务回报之间是否存在潜在权衡措施的争论，往往是基于"影响力风险"与"财务风险"之间存在正相关这一假设。然而，本篇文章的目的并不是对财务回报目标与影响力目标之间存在的任一潜在权衡措施进行评价，也不是对这些权衡措施的实施条件进行分析。

这一四维投资决策(财务风险、财务回报、影响力风险以及影响力效果)的复杂程度会导致影响力优先型选择标准与财务回报优先型选择标准之间有可能产生对立,因此,需强调要将影响力评估指标及其可量化效益纳入其所处背景条件之中。在通用型影响力评估指标的制定过程中,所面临的最大难题即如何量化影响力评估指标所处的背景条件。此外,在影响力投资领域中,不同利益相关者对影响力评估方法的运用也各不相同,从而进一步增加了这一难题的挑战性。

影响力投资领域所面临的难题:多元化的利益相关者

影响力评估指标的有效性主要面临以下两方面困难:

● 由于影响力评估指标所处的背景条件在可比性方面受到重重限制,因此,长期以来,影响力评估指标的可比性也难以实现。

● 在影响力投资价值链上,不同利益相关者对影响力评估方法的使用可谓各式各样,因此,需要加以改进以满足多元化的信息需要量。

在一项投资活动中,以下因素会使得运用影响力评估方法变得更为复杂:

● 投资目标的复杂程度与多元化(行动者和利益相关者的动机范围)。

● 利益相关者和其他行动者与社会影响力具体投资活动之间的接近程度或远离程度。

通过观察处于影响力投资价值链上的不同行动者,发现可将其区分为以下几种类型:

● 社会企业家与在社会部门运营的各项组织:他们通常对解决社会问题**最有效**的途径感兴趣("哪种方法才是解决社会问题的最佳举措?")。

● 主动型社会投资者/慈善家:他们通常对解决社会问题**资本效率最高**的方式感兴趣("我在解决具体的社会问题时,该如何使用资金才能达到最佳效果?")。

● 按成就付酬的行动者:通常情况下,作为社会服务领域的权威人士,对于能够实现其具体目标的投资活动,却只对其中**影响力这一独立部分**抱有兴趣("对于能够实现我们目标的投资活动而言,其产生的社会影响力究竟有哪些?")。

● 被动型社会投资者:他们通常关注自己是否符合投资活动的选择标准,这一点往往在其**合格标准**中得以体现("投资活动是否实现了我的投资理由? 或者至少是对此遵照执行?")。

● 政策驱动型投资者:他们常常试图去**影响**行业趋势、地域发展趋势以及市场失灵等,因此,尽管具体的影响力评估指标可以作为政策行动成功实施的证据,但是比起个人影响力,这些投资者往往对市场基础设施的运作更感兴趣("对我予以**政策支持**,是否能够实现我的政策目标?")。

在探索通用型影响力评估指标的过程中,我们务必要了解,大量的利益相关者和行动者虽然动机各异、原因万千,但是所追求的社会影响力却完全一样、并无二致——认识到这一点是非常重要的。这些动机或原因可能与某一社会影响力活动的效益直接相关或间接相关,因此,极有可能需要应用不同的社会影响力评估指标,以便表明各类利益及期望值究竟在多大程度上得以实现。从根本上讲,某一社会影响力活动旨在解决的社会问题都是同一个,因此,其所产生的效益之间绝大多数呈正相关。尽管如此,不同利益相关者所追求的效益却显而易见地互不相同,甚至是极为迥异。综上所述,总有一些人试图通过单一的影响力评估指标来衡量某一活动的社会影响力,以期满足所有利益相关者的信息需要量,然而,这些尝试注定是行不通的,终将面临失败。

以一位社会企业家为例,其试图降低/消除屡教不改的累犯对社会造成的负面影响,而这一影响力目标实际上可以细分为诸多层面:减少家庭暴力;与家庭的不稳定因素作斗争;降低刑满释放人员及其家人的社会边缘化程度;或者是根据具体情况,打击毒品滥用等犯罪行为。鉴于这一投资活动涉及的社会干预目标与利益相关者如此之多,因此,作为一名社会企业家,其所采用的影响力评估指标如果仅仅是计算刑满释放人员人数与公共部门费用节省数目之间的关系,那么显而易见,结论将过于单薄,难以服众。

以一位社会影响力投资者为例,同为利益相关者,其作为投资方,主要投资那些在社会部门运营的各项组织,为社会投资基金提供资金支持,主要目的是帮助残障人士能够独立生活。但是,倘若其所采用的影响力评估指标只计算目标群体中重返就业市场的人数,那么结论将同样过于单薄、无济于事。对于这一类投资者而言,关注以下问题明显更为重要:如果基金经理改变投资目标,那么,我是否能够以同样的投资金额来取得更好的影响力效果?基金经理在投资时所遵循奉行的投资理念是否能够付诸实践?我是否应该更换一只基金来进行投资?只计算业已获得的效益,却丝毫不考虑实现影响力的背景条件,这一做法将无助于制定出明智可靠、切实可行的投资决策。

鉴于难以为各类行动者和利益相关者提供统一的社会影响力评估指标,因此,影响力评估方面的最新发展趋势为制定关于影响力评估指标确立过程透明度的系列标准。近期公布发行了一系列出版物,例如由欧洲公益风险投资协会发布的《影响力评估及影响力管理实用指南》(EVPA,2013,2015)、欧盟委员会及其社会企业专家组对影响力评估提出的建议(GECES,2014),以及由八国集团社会影响力投资特别工作组下属的影响力评估工作小组出具的报告(G8 Social Impact Investment Task force,2014)。在这些出版物中,对于影响力评估指标的确立均建议优先考虑制定过程透明度标准和过程质量标准,具体包括影响力评估指标定义过程、影响力评估过程以及影响力效果监测与报告过程,而不是提倡自上而下全部采用标准化的影响力评估指标。

因此,标准化影响力评估指标的制定更多的是通过对上述过程协调优化、增加透明度,同时确保自始至终标准一致,从而得以实现,而不是通过对个别影响力评估指标本身加以定义而实现。采用这一方法所追求的目标主要有以下几点:

● 对于在社会部门运营的各项组织或企业,确保其所使用的影响力评估措施之间具有相关性。

● 对在影响力评估指标上花费的资源和从影响力评估指标中获取的信息价值加以衡量,确保两者属于"物有所值"。

● 确定评估指标,以便指导优化那些在社会部门运营的各项组织或企业所实施的影响力投资活动,通过增加这些指标的感知价值,进一步提升上述组织或企业对影响力评估指标的接受程度。

虽然各个出版物中所使用的术语并不统一,但是,关于制定影响力评估指标以及评估影响力的最佳实践过程,似乎已对其中的核心问题达成了越来越多的共识。

最佳实践过程所涉及的核心问题在语义表述上虽然也不统一,但是实质上,在欧盟委员会及其社会企业专家组对影响力评估提出的建议中(GECES,2014),已对五个过程步骤进行了总结概括:

● 确定目标

● 识别利益相关者

- 制定合适的评估方法
- 对影响力进行衡量、证实以及评估
- 对影响力评估方法开展公布报告、研究学习以及改进完善

因此,影响力评估过程所涉及的核心问题主要包括以下几个考量维度(GECES,2014):

- 社会企业试图解决的社会问题是什么?
- 依据影响力价值链,社会企业可以投入哪些资源以开展实施其投资活动?
- 为解决社会问题,社会企业开展实施了哪些投资活动?
- 预期效果是什么?
- 在投资原因与投资效果的因果关系中,关键因素有哪些?

在这种侧重过程的影响力评估指标制定方法中,利益相关者分析这一因素尤为关键。利益相关者分析力求在已花费资源与已获得效果之间建立因果关系,并将此评估方法嵌入对影响力价值链上不同利益相关者的影响力分析之中。

利益相关者分析这一概念业已成为市场标准,在社会投资回报评估方法中逐渐形成了一套详细的分析体系,并且在基于改变理论的影响力评估方法中,构成其核心部分。图5.2显示了一套完整的利益相关者分析典型步骤。

上述各类侧重过程的影响力评估指标制定方法可谓定义影响力评估标准最佳实践的实用指南,与此同时,也为影响力评估指标的实际定义过程创造了更大的自由空间。不可否认的是,这一柔性特征确实是上述方法的优势所在,但是,由于那些在社会部门运营的各项组织缺乏报告投资活动影响力的相关经验,因此,这一特征也为其带来了困难与挑战。综上所述,所有组织仍然继续工作,为具体行业和投资活动制定影响力评估指标,以便向那些在社会部门运营的各项组织提供关于行业评估指标的建议。对于影响力评估指标的阐释说明,贡献最为突出的组织当数英国的大社会资本(Big Society Capital,2015)和全球影响力投资网络,由后者出版发布的《影响力报告和投资标准》业已为不同领域制定了大量标准化的影响力评估指标(IRIS,2011,2014)。

值得注意的是,所有利益相关者都得益于这一影响力评估整体方案:重视利益相关者分析过程的严谨程度,同时关注那些在社会部门运营的各项组织或社会企业对于改变理论的定义,这些关注点不仅大大提高了影响力评估指标在管

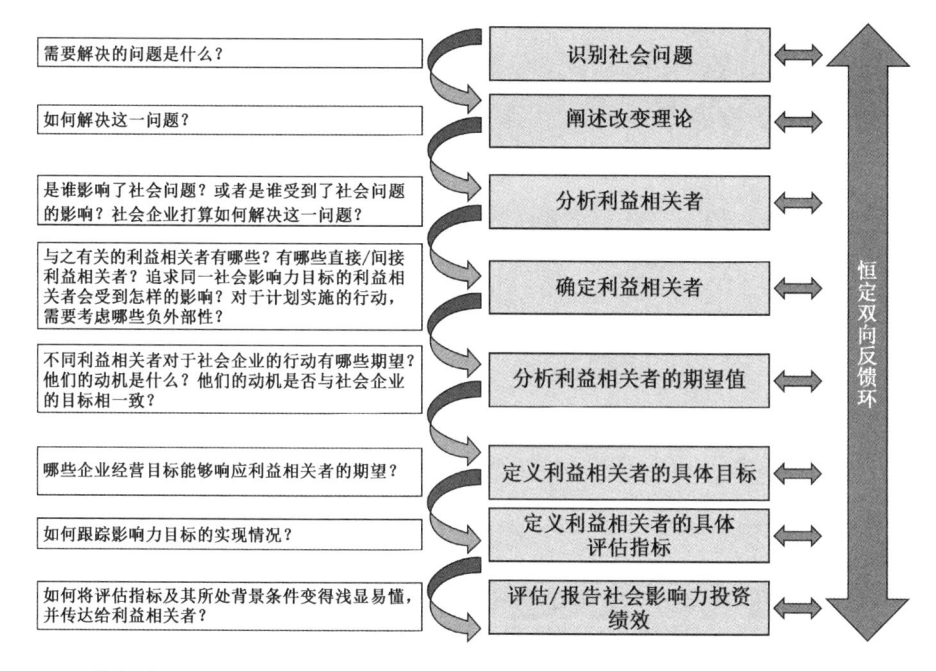

需要解决的问题是什么？	→	识别社会问题	↔	
如何解决这一问题？	→	阐述改变理论	↔	
是谁影响了社会问题？或者是谁受到了社会问题的影响？社会企业打算如何解决这一问题？	→	分析利益相关者	↔	恒定双向反馈环
与之有关的利益相关者有哪些？有哪些直接/间接利益相关者？追求同一社会影响力目标的利益相关者会受到怎样的影响？对于计划实施的行动，需要考虑哪些负外部性？	→	确定利益相关者	↔	
不同利益相关者对于社会企业的行动有哪些期望？他们的动机是什么？他们的动机是否与社会企业的目标相一致？	→	分析利益相关者的期望值	↔	
哪些企业经营目标能够响应利益相关者的期望？	→	定义利益相关者的具体目标	↔	
如何跟踪影响目标的实现情况？	→	定义利益相关者的具体评估指标	↔	
如何将评估指标及其所处背景条件变得浅显易懂，并传达给利益相关者？	→	评估/报告社会影响力投资绩效	↔	

资料来源：Grabenwarter，2012。

图 5.2 利益相关者分析

理影响力基本投资活动方面的相关性，而且能够让影响力投资者对影响力评估指标的质量完全放心，从而按照其投资目标对评估指标进行应用与跟踪，进而帮助他们制定投资决策。

影响力评估与影响力投资绩效评估

随着影响力评估指标质量的不断提高，之前的种种担心忧虑已不再成为困扰，例如可比性有所欠缺、跨领域/跨地域评估指标的整合能力有待提高，或者是在投资活动层面，跨投资组合/跨资产管理公司/跨投资工具评估指标的整合能力尚有不足。该领域的利益相关者已经开始着手区分影响力评估与影响力投资绩效评估，前者关乎在社会部门运营的各项组织或社会企业所采用的影响力评估指标，而后者则涉及在投资活动中能够体现社会影响力目标实现程度的绩效评估指标。区分之后的结果便是，利益相关者逐渐接受将两者分开来看、区别对待。

在社会部门运营的各项组织或社会企业需要依据的影响力评估指标必须真

实具体、切实可行,才能指导优化其投资活动,而投资者则明显更需要高水平且具有可比性的绩效评估指标,以便考虑到不同的考量维度,形成一套整合型评估体系(例如跨阶段、跨领域、跨地域、跨资产管理公司以及跨投资组合)。换句话说,投资者想要了解,在追求社会目的的投资活动中,如何对他们的钱进行有效分配?因此,投资者感兴趣的绩效评估指标是那些能够将影响力投资绩效置于投资者投资决策这一背景条件下,从而提炼出来的评估指标。投资者对于产生影响力的行动及举措并没有直接影响,但是,他们能够通过制定投资决策,选择将资金分配至某一项投资活动而非另一项。因此,对于投资者而言,重要的是将各项影响力评估指标变得真实具体、切实可行,以供在社会部门运营的各项组织或社会企业使用,来证明在追求影响力的过程中,投资者的资金确实能够得到有效利用(参见图5.3)。

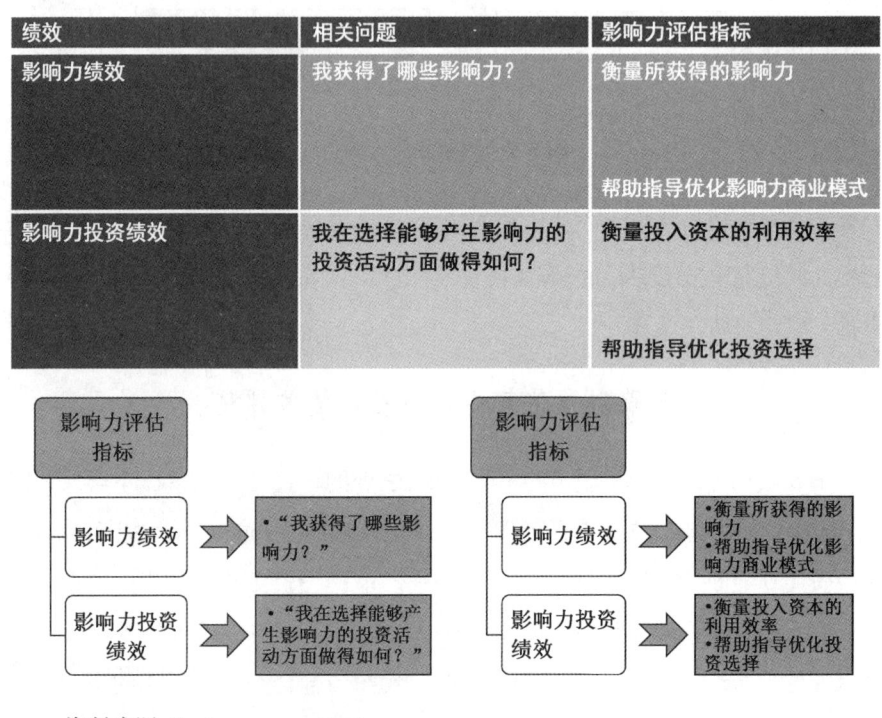

绩效	相关问题	影响力评估指标
影响力绩效	我获得了哪些影响力?	衡量所获得的影响力 帮助指导优化影响力商业模式
影响力投资绩效	我在选择能够产生影响力的投资活动方面做得如何?	衡量投入资本的利用效率 帮助指导优化投资选择

资料来源:Grabenwarter,2012。

图5.3 影响力绩效与影响力投资绩效

与专栏5.1中描述的社会投资回报评估方法有所不同,最新的评估方法试图在以下两者之间加以区分:一方面,是社会组织及社会企业用于管理社会影响力投资活动的信息需要量;另一方面,是投资者用于制定影响力投资决策的信息需要量。在那些能够体现影响力投资绩效且使用范围最为广泛的评估方法中,许多方法建立在伽马模式(gamma model)的基础之上(Grabenwarter & Liechtenstein,2011,pp.52—57;Grabenwarter,2013)。

与社会投资回报评估方法一样,伽马模式同样支持使用真实具体的影响力评估指标,因为这些指标与社会组织或社会企业的改变理论均密切相关。浅显易懂的评估指标只能以切实可行的目标为基础,这些目标建立在利益相关者分析的基础上,由社会组织或社会企业设置,用以监测其改变理论的执行情况。

此外,还必须进一步讨论另一问题:投资者往往依靠中介机构来开展影响力投资活动,例如社会投资基金、基金的基金或其他金融工具,那么,对于这些投资者而言,如何才能使社会影响力评估指标变得浅显易懂?

显而易见的是,社会企业所使用的评估指标类型对于那些会进行投资分析的投资者而言,并不能起到多大作用,例如,影响力投资活动目标群体中重返就业市场的人员绝对数。投资者渴望知道,在追求某一特定的社会影响力时,他们投入的资金是否得到了"有效利用",或者至少是完全按照影响力驱动型投资方法而进行分配。为实现这一目的,伽马模式要求投资中介机构设置投资目标,以便激励投资者对特定的社会组织或社会企业进行投资。随后,这一模式便可利用所获社会影响力(在影响力评估指标中得以体现,最初被认为是利益相关者分析的结果)与影响力目标(在开展投资活动的时候加以设置)两者之间的比例来作为投资活动的影响力绩效评估指标。按照这一过程所得出的结果是影响力投资绩效的相对评估指标(影响力倍数),能够向投资者表明投资活动的影响力目标是否得以实现。

由于这些倍数只是相对评估指标,因此可以对其增加权重,例如,在一套能够反映出社会组织或社会企业影响力目标的评估体系中,增加投入资本的权重,或是增加某一特定影响力评估指标的重要性。与此类似,我们也可以将这些相对绩效比例加以整合,形成一套跨界融合的评估体系,具体包括跨领域、跨地域、跨基金管理公司、跨业绩卓著时期或是上述考量维度的任意组合。

对于采用中介型投资方法的投资者来说,上述措施能够实现跨领域、跨金融中介机构、跨地域以及跨利益相关者等方面的影响力投资绩效比较。通过个别影响力倍数或整合影响力倍数而得以体现的影响力绩效,在尽职调查过程中可以很方便地进行追溯：某一特定企业开展一项投资活动，对制定某一领域的整合评估指标有一定促成作用——对这一作用的评估已变得极为容易。在尽职调查过程中，如果某一特定投资者的意向确实如此，那么同样可以将个别影响力倍数进行分解，并将任意考量维度加以整合，直至面面俱到、仔细周详，足以证实社会企业所追求的具体社会影响力及其影响力效果。

专栏5.2　伽马模式在中介型影响力投资中的应用

对于通过中介形式（例如，社会投资基金或是基金的基金）开展影响力投资活动的投资者来说，在背景条件缺乏可比性的情况下，独立的绝对影响力评估指标并不具有任何实际信息价值，与其相比，投资者资金如何分配这一信息的透明度明显价值更高。

正因为如此，伽马模式建议对影响力评估指标与影响力投资绩效指标两者加以区分。

所以，伽马模式采用的评估方法便要求中介机构在开展投资活动时就设置好影响力评估指标，尽可能以最真实的方式来反映相关活动的改变理论。同时，中介机构还会根据这些预先确定好的影响力评估指标来制定其影响力投资目标。

举个例子，我们可以假设，倘若一项投资活动的目的是帮助刑满释放人员重新融入社会，那么其势必会着眼于帮助他们重返就业市场、提升他们的金融包容性（financial inclusion），例如能够与银行保持正常往来，以及通过为目标群体创建安定稳固的社会网络来减少家庭暴力。这些目标均将促成社会组织实现其改变理论，即降低刑满释放人员的重新犯罪率。

综上所述，中介机构将与被资助的社会企业或社会组织一道，共同确立评估指标以及根据评估指标而制定的投资目标。这些指标和目标是衡量社会组织投资活动成功与否的关键。例如，刑满释放后工作稳定长达两年以上人数的目标比例；能够自主管理收支并正常享受零售银行基本服务人数的目标比例；刑满释放人员家庭暴力案件举报查处数量的目标降低比例；等等。

资料来源：Grabenwarter，2013。

影响力投资领域日趋成熟,影响力评估指标的复杂程度也随之增加

影响力评估指标的演变过程也表明了影响力投资领域日渐成熟的过程。过去十年间,不单单是影响力评估指标质量和影响力评估方法产生了巨大变化,连影响力评估指标的用途用法也发生了明显改变。

由于一些机构投资者在投资政策方面受到一定限制,因此,为满足其投资选择的**合格标准**,才在初期即开始使用影响力评估指标。尽管如此,鉴于利益相关者群体日益多元化,其近期对于市场竞争者的要求也水涨船高。在这一转变过程的初期阶段,影响力的报告方式不能仅声明自己已经使用了影响力筛选方法,还必须满足越来越高的透明度标准:务必全面阐明采用了哪种影响力筛选方法以及**正在追求哪些影响力目标**。下一阶段中,透明度的要求已进一步扩大,除了说明正在追求哪些影响力目标这一问题之外,还需要额外阐释**准备如何实现这些影响力目标**。正是在此背景条件之下,原本以使命相关投资和使命驱动投资为主的投资领域中,才首次出现了以利益相关者为重的投资方法。最近,投资者更是将透明度标准推行到了**问责制**的高度,目的是将**已经实现的效果**与最初制定的影响力目标联系在一起,而 2008 年全球金融危机的后果无疑强调了这一联系的重要性。

与影响力报告质量密切相关的竞争优势很快演变为一场海啸,对影响力评估方法、报告要求、标准与格式提出的繁多条件最终淹没了深陷其中的社会组织及社会企业,为满足利益相关者不断增加的需求,其影响力投资活动的管理负担已经超出了承受极限。因此,这一发展阶段进一步扩大了对于影响力评估标准的呼声。一方面,影响力报告的类型日渐多元化,但对于如何正确解读尚缺乏有效指导;另一方面,影响力报告多元化能够为更广泛的受众带来附加价值,但为此付出的努力却与其重要性并不相称。上述原因最终使得建立影响力评估标准框架这一任务变得难度加倍。

合格 ▸ 透明度 ▸ 问责制 ▸ 经济决策 ▸ 社会价值交易

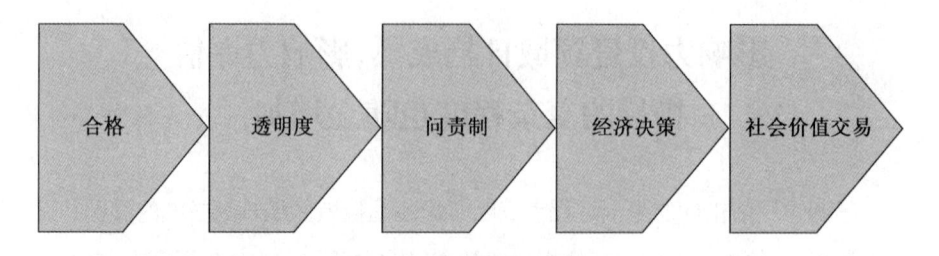

资料来源：本文作者。

图 5.4　影响力评估指标的用途用法日益复杂

影响力评估与经济决策

随着按成就付酬的金融工具不断涌现，例如，将货币流量与社会影响力效果联系在一起的社会影响力债券（social impact bond, SIB），影响力评估已然成为经济决策制定过程的重要组成部分（Grabenwarter, 2014）。影响力评估指标不再仅仅作为衡量透明度的工具，而是真正成为推动经济决策以及财务价值相关分配的中坚力量，具体示例包括：

- 投资工具：此类投资工具能够将投资管理人财务绩效的激励措施与实际投资组合的社会影响力绩效评估指标及其财务绩效挂钩。
- 公司结构：更新后的结构能够将向股东支付的股息与企业的社会绩效挂钩。
- 业务方式：越来越多的企业采取按成就付酬的业务方式，以影响力债券的形式在欧洲、美国以及澳大利亚进行推广，并以发展债券的形式进入发展中国家。这一业务方式利用社会影响力评估指标来标明社会服务专员、社会组织执行部门以及投资者群体之间的支付流走向。

从制定评估指标进阶至确立社会价值

在经济决策与绩效监测过程中广泛使用社会影响力评估指标，意味着全新篇章的开启，即社会价值的确立，这一问题在此前从未得到妥善解决。

如果社会行动不再采用以慈善为基础的融资方式（在该方式中，影响力评估指标的主要目的是监测资金分配有效进行，以实现特定的社会目标），而是将社会影响力作为经济贸易的主要内容，那么，如何把经济价值归因于社会影响力这一问题将成为核心议题。然而到目前为止,很多人却对这一议题避而不谈。倾向于社会影响力的利益相关者,例如慈善家、慈善机构以及基金会,均回避谈及这一问题,可能是因为把财务价值归因于社会收益不合伦理、令人不快。在以社会为中心的思维模式中,其基本假设是,社会价值已然超越了金钱的概念。与此同时,从提供社会服务中寻求收益的利益相关者(例如社会影响力债券专员)则一直乐于对确立社会价值这一议题避而不谈,因为这样做不仅可以节省成本,而且能够向那些为了社会目的而投资的投资者提供一种简单且相对廉价的方式来提出社会价值,以代替财务回报这一说法。打着这种新型投资回报理念的名义,利益相关者往往期待投资者能够更关注社会效益与财务利润合二为一的回报总和,而不是把注意力只放在财务利润上。

双重底线思维模式的弊端

然而,不管是影响力投资现在所处的阶段,还是其在克服日益严峻的社会挑战方面能够而且很有可能是必须发挥的作用,均要求就双重底线思维模式的基础展开公开且坦诚的探讨。在影响力投资的早期阶段,这一思维模式即便不是至关重要,至少也是非常有用,有助于人们增强"价值创造不仅仅是产生财务回报"这一意识。其明确指出,在价值创造过程中,另一维度的重要性至少与财务回报相持平——不管是从社会角度来看还是从别的视角来看,这一深刻见解在当今的经济环境中同样适用。但是,在如今的经济环境中,由于企业产生的影响力与其创造的经济价值总是被加以区分,从而导致拖沓迟延,凸显了双重底线这一思维模式的弊端。

如果某一影响力投资活动号称能够全盘着眼,采用的投资方法既考虑到社会影响力又考虑到财务回报,那么,这一基于双重底线思维模式的投资方法将不可避免地产生以下悖论:本应整合至同一投资方法中的两大组成部分,在经济决策实际制定过程中却被视为两个独立成分。

双重底线思维模式对社会企业及投资者的启示

在双重底线思维模式的概念中,只有两种结果:一种结果与财务有关,而另一种结果则与财务无关。从经济角度来看,这意味着一种结果能够获得报酬,而另一种结果则没有报酬。换句话说,一种结果是经济交易中被考虑价值的一部分,而另一种结果则不是。

社会价值可能不会产生利润,这一观念在我们社会的思维模式中根深蒂固。这就是为什么在欧洲大部分司法管辖区内,社会企业向股东进行利润分配仍然遭受重重阻碍的主要原因。之所以得出这一结论,部分原因无疑是基于以下事实:在社会企业的客户—供应商关系链中,客户往往无法为她/他所获得的服务或商品支付费用,通常情况下,多由第三方,例如社会保障制度、慈善投资者或是其他捐赠者来代为支付。这种对社会企业收入流的替代,导致了社会企业需要对其实施的社会干预措施进行成本补偿,却无法对其创造的社会价值发放劳动报酬。根据基本的商业逻辑可知,在这样的经济模式下,社会企业根本无法成长:不能通过增加自己的收入来发展壮大,因为其无法产生利润;也不能通过慈善投资者之外的资源来获得投资资金以实现增长,因为其无法提供任何财务回报。

这一思维模式对于社会企业的启示影响深远、波及广泛。对于想从投资活动中获得多少财务回报这一问题的答案,投资者们比谁都清楚。可是,他们甚至有可能决定不从投资活动中获取任何利润,而是将所有利润留在企业内部,以期创造更大的影响力,或者换句话说,为社会创造更多的价值。然而,这一决定只是涉及利润的使用,与社会企业本身的利润产生理念却是毫无关联。任何保留在传统企业内部的利润都会增加该企业的交易价值,这才是合理的商业逻辑。

由社会企业创造的价值为何不能在其交易价值中得到完全体现,反而要在双重底线思维模式的逻辑下被分割为财务价值与非财务价值两部分,且在交易价值中只体现前者?怎能如此不合道理?

一项投资活动的财务价值通常情况下只会关注其资产在未来能够产生财务现金流量的潜力。而在评估一项资产时,对于非财务组成部分,则只会考虑到其能够转化为财务回报的程度,这就意味着在资产交易中,任何不能直接转化为经济价值的社会影响力都会被忽略漠视。如果我们坚持双重底线思维模式,对于社会企业提供的产品或服务,允许其在必要范围内获得报酬以涵盖成本费用,却将其创造的任何附加价值视作对社会的捐赠,那么,此类为社会创造的价值将永远不会体现在其交易价值中。

长此以往,会造成种种后果,尤其在撤销投资之时体现得更为明显:有的人为了产生社会影响力(即为社会创造价值)而甘愿投入资金并承担风险,凭什么要将此类投资活动所创造价值中的一半免费转给下一位资产持有人？如果这一资产的收购方正是投资活动所创造额外社会价值的直接受益人，那么，上述问题就显得尤为重要：举例而言，国家将一项社会服务外包给某家社会企业，却在获得成功之后，试图收购该社会企业并使其成为政府机构。

但是，即使该社会企业被交易给不相关的第三方，如果在交易价值中忽视其所创造的社会价值，同样也会造成不符合该企业社会使命的价值扭曲。关于社会价值与财务价值之间权衡取舍的争论使得社会组织及社会企业失去了大量投资者群体，除此之外，双重底线思维模式造成的后果还包括：那些以营利为目的的收购者将没有任何动力去维持保护与其所收购资产相关的社会影响力和社会使命。

上述讨论表明，双重底线思维模式最初确实是为了对企业的财务回报目标加以补充，但是最终却不仅使社会企业完全丧失了成长潜力，甚至还危及企业的社会使命乃至其整个商业模式。

通过观察社会影响力投资领域可知，所制定的投资目标总是低于维持自身可持续发展的临界值，由此可见，双重底线思维模式是社会企业发展壮大的主要制约因素，使其无法为解决日益严峻的社会问题作出有益贡献。释放私人投资资本，并将社会责任纳入企业的商业模式——这似乎是避免公共基金资源消失的唯一途径，也正是因为如此，社会企业所面临的成长阻碍才更显得令人惊讶。

无论如何，我们都必须找到一种方法，就社会企业或其他类型企业为社会创造的价值进行补偿，或是就其对社会造成的损害加以处罚，从而使社会价值在交易价值中得到体现。

使社会价值在交易价值中得到体现

这就给我们留下了一个问题，即如何使社会价值在交易价值中得到体现？要想回答这一问题，就必须打造一个全新的经济环境：在这样的经济环境中，社会影响力可以自然而然地与经济决策融为一体，价值创造能够超越单一的财务回报目标成为投资活动的整体目标。然而，上述愿景在影响力投资领域却难以实现。影响力投资也许只能作为生成颠覆性思维模式的引子，而这一全新的思维模式终将改变人们先入为主的商业逻辑，从而造福我们的社会得以可持续发展。由于思维模式正在历经转变，因此，"唯一能够为企业所创造价值支付报酬的利益相关者正是其客户"这样的认知已不再被奉为圭臬。社会价值业已成为一个超越客户直接利益的价值维度。

在知识经济时代，商业模式众多，但我们仍然能够通过多种渠道为各类价值创造支付报酬；在数字化生活时代，客户享受免费服务，但提供此类服务的公司仍然能够在股票市场上位居高位。可见，上述种种困难均被一一克服，因此，我们有信心也有能力利用企业的创造力来打造一个全新空间：在这一空间内，能够处理社会问题的创新解决方案可以在传统的客户/供应商双边关系之外获得报酬。尤其是在欧洲福利国家制度下的社会服务领域，这一逻辑上的转变似乎是使社会问题预防性解决方案得以实现的唯一途径。其他方案总是等到社会问题出现症状之后才采取应对措施，与此相比，预防性解决方案不仅成本更低，而且还开辟了真正的创新之路，力求消除产生社会问题的根源，而不仅仅是处理社会问题造成的后果，治标更要治本。

为了抓住这些机会，我们需要重新思考社会经济系统中行动者之间的一些相互作用，也包括公共部门能够发挥的作用。由于公共部门的财务状况往往较为拮据，因此，其绝不能继续扮演仅靠税收资助的社会服务提供者这一角色；相反，公共部门必须接受饰演一个全新的角色，即社会影响力市场的市场参与者——为了社会价值而在市场上购买社会服务。然而，作为一名市场参与者，还必须要求公共服务专员不要只考虑商品或服务的成本，而是要学会接受为其价值支付报酬这一理念。

诚然，关于社会服务的价值究竟由哪些部分组成的争论仍在继续；对于投资者而言，什么才算是"公平"的回报这一辩论也在进行中。如果这些探讨想要深入展开，就需要采取措施提升社会价值的透明度，并使其接受所有利益相关者的评估，只有这样，才有可能将社会企业提供的价值呈现给不同的投资方以供竞争，并使企业同时具备进一步发展壮大的条件。影响力评估指标可以在这方面发挥关键作用：一方面，需要以影响力评估指标为基础，对社会价值进行界定，并使其在交易价值中得到体现；另一方面，真实可靠、切实可行的影响力评估指标也能够有效预防那些利用虚假社会目标只为谋求财务利润的行为。从这一角度来看，管理经济行为与价值创造需要制定新秩序，而影响力评估指标则极有可能在其中发挥关键作用。

传统企业可以向社会企业学习哪些内容?

对一些人来说,在一个受利润驱动的社会中,谈论改变行为模式这一议题可能显得有些不切实际。但现实是否果真如此?

以努力解决社会问题为己任的社会企业实质上确实有些自相矛盾,即如果成功地完成了使命,便会导致自己破产。也许正是因为这一"威胁",才使得那些具有传统思维模式的投资者对于此类商业模式始终保持警惕、戒备提防。那么,一家注定会倒闭的企业,究竟该如何赚钱?这的确是一个耐人寻味的问题。另外,在如今的背景条件下,可以说任何一家企业都面临着完全相同的困境。不仅如此,我们还步入了一个新时期:自第一次工业革命以来,我们在业务流程中总是将社会问题视作不受控制的外部性,且逐渐形成并固化了这一思维模式,然而到了新时期,所面临的种种社会问题却迫使我们开始从根本上转变思维模式。

如今的企业必须跟上其商业模式创新的步伐,这就要求它们在不断缩短的产品及服务生命周期内,能够重塑自我,找到自救之路。与此同时,由于受到外部性、消费者行为、全球化与数字化市场透明度等压力的影响,这些企业还面临着日益复杂的利益相关者管理难题。在交付商业模式时,一些因素再也不是无足轻重、可有可无,而是成为企业竞争力的核心关键,具体包括努力提高资源效率,资源稀缺时不受影响,减少环境足迹、实现绿色经营,对社会人口问题保持敏感,对供应链管理制定伦理标准等。

企业竞争力的核心关键不再仅仅是公司的盈利能力、产品的吸引力或是营销渠道的针对性。而一家公司在资本市场上的吸引力也不再局限于成熟的产品成本与定价、恰当的成本/收入比例或是落实到位的股利政策。展望未来,公司的价值将由其自身影响力所决定:公司主要通过交付产品或服务以及经营方式来产生影响力。公司的价值还将由其为社会创造的价值(也就是其自身影响力)所决定,包括但不限于它们为其直接客户创造的价值:

● 产品及服务的价值将与社会问题解决方案的价值(影响力)挂钩。

● 公司的价值将不仅仅反映出其对于解决社会问题所做出的积极贡献,还会包括其在解决社会问题过程中所产生的负面影响力(影响力分析中的附带损害评估)。

- 这种社会成本与利益之间的结合将远远超过由监管措施造成的外部性成本。监管措施往往在业务流程中强行加入对外部性的定价,而利益相关者对公司的估值则在此之前进行,可谓先发制人。类似 change.org 这样致力于社会公益的公司能够显著提升商业行为和政治行动的透明度,且其力度与速度较之任何议会投票或组织选举均要高出百倍。

- 对透明度的要求将迫使公司优先考虑实施那些能够防止负面社会影响力的举措,而不是花费大量精力处理企业负面影响力所造成的直接及间接成本问题。以大众汽车公司 2015 年"尾气门"丑闻为例,调查显示,为了符合汽车发动机排放标准,大众汽车公司通过技术手段掩盖排放大幅超标的真相,存在欺诈行为。由于这一丑闻,大众汽车公司不得不在未来数年内处理这一负面新闻所造成的直接成本问题,而且最讽刺的是,较之发动机为了达到排放标准而增加的额外成本,这一直接成本反而要高出数倍。不仅如此,大众汽车公司在处理这一企业丑闻时还面临着来自其机会成本的最大威胁,即没有资源来创新商业模式,且无法为下一波社会需求做好准备,而其机会成本终将推动汽车行业朝着电动汽车与共享经济模式发展。

如果关于商业行为及其影响力的信息传播方式速度极快、不受限制且难以约束,那么,利益相关者管理的概念将不再局限于维护商誉,而是要善待每一位客户、员工和股东。如今,利益相关者管理不仅可以为所创造的社会价值(影响力)提供确凿证据,还能够直接影响公司的盈利能力:通过在环境足迹管理、供应链管理伦理标准制定、资源意识等方面走捷径、抄近路,从而搭乘上社会成本的顺风车,最终使得公司的销售利润飞速增长,但同时也会令其在金融市场上的资本成本成倍增加。

影响力回报(或成本)正在成为企业盈利能力分析中一个可以量化的维度,这不仅为影响力与财务回报之间关于权衡取舍的争论提供了新的考量维度,还改变了影响力评估指标的讨论走向,从早期以学术争论为主转向如今重在设计实用的管理工具。

参考文献

Big Society Capital (2015). *Outcomes Matrix: Start to Plan and Measure Your Impact Using the Outcomes Matrix.* Retrieved from http://www.bigsocietycapital.com/sites/default/files/pdf/1%20Employment,%20Training%20and%20Education_2.pdf

Clifford, J., et al. (2014). *Social Impact Measurement in the Framework of a Société d'Impact Sociétal.* London: BWB Advisory

EVPA (2013, 2015). *A Practical Guide to Measuring and Managing Impact.* Brussels: EVPA Research Publication.

G8 Social Impact Investment Task force (2014). *Measuring Impact. Subject paper of the Impact Measurement Working Group.* Retrieved from http://www.socialimpactinvestment.org/reports/Measuring%20Impact%20WG%20paper%20FINAL.pdf

GECES (2014). *Proposed Approaches to Social Impact Measurement in European Commission Legislation and in Practice Relating to EuSEFs and the EaSI.* Final report of the Expert Group on Impact Measurement established by the GECES Group of the European Commission. Retrieved from http://ec.europa.eu/internal_market/social_business/docs/expert-group/20131128-impact-measurement-subgroup_en.pdf

GIIRS (2013). *Our History.* Retrieved from http://b-analytics.net/about-us/our-history

Grabenwarter, U. (2012). *Assessing Social Impact.* Lecture material for the Social Entrepreneurship Course of the University of Luxembourg. Retrieved from http://wwwen.uni.lu/sustainability/news_events/sesi_social_enterprise_and_social_innovation_public_lecture_n_3_winter_semester_2015_16

Grabenwarter, U. (2013). *The Gamma Model for Fund Investment. Paper for the GECES Expert Group on Impact Metrics of the European Commission DG EMPL.* Retrieved from http://www.impact-investing.eu/blog-publications/article/2013/04/topical-paper-the-gamma-model-for-expressing-impact-investment-performance-in-fund-investments

Grabenwarter, U. (2014). *Trading Social Impact: The Schizophrenia in Pricing Social Value.* Luxembourg: MaxImpact Newsletter Blog.

Grabenwarter, U., & Liechtenstein, H. (2011). *In Search of Gamma—An Unconventional Perspective on Impact Investing.* Barcelona: IESE Publishing.

IRIS (2011, 2014). *Getting Started with Iris.* Retrieved from https://iris.thegiin.org/guide/getting-started-guide/summary

六、影响力投资的未来

卢西亚诺·巴尔博

影响力投资议题

摩立特研究院2009年的一项研究显示(Freireich & Fulton, 2009),影响力投资被认为是一个全新领域,其特点是从业人员背景各异,不曾有过整体规划,但在未来十年之内,这一领域却极有潜力发展壮大,市场规模预计将达到5 000亿美元。该研究还透露出一个绝佳机会:"投资者正在积极争取将资本投入能够提供解决方案的企业与基金中,其规模之大就连纯粹的慈善干预措施也难以企及。"除此之外,摩立特研究院也指出了两类风险,需要我们严阵以待,牢牢把握住当今影响力投资转型时期的发展方向,以期获得最终的成功:

- 风险之一:为获得影响力而进行投资最终会变得过于困难。在这一领域,天花乱坠的宣传、拙劣的思维模式以及敷衍草率的执行力会让投资者大失所望,以至于几乎没有投资者愿意尝试这一新型投资方式。尤其是在受困于宏观经济逆风时期的情况下,因为投资者过早放弃,所以面对新兴领域混乱棘手的现

【作者简介】 卢西亚诺·巴尔博,意大利影响力投资公司Oltre Venture创始人。

状,虽是意料之中,但仍毫无斗志。

● **风险之二**:为获得影响力而进行投资最终会变得过于简单。在这一领域,对于社会及环境影响力的定义五花八门,令人如堕云里雾里,甚至可以说毫无意义可言。在最好的情况下,此类投资方式会让投资者"感觉良好",但并不会令其觉得自己在"做好事"。而在最坏的情况下,这一投资方式实际上会将资本从慈善行为中转移出来,最终导致用于解决严重社会问题的资源相应减少。

● 要想成功地应对这些风险,就需要领先者和投资者细致严谨、内视反听、守正笃实、久久为功,牢牢把握住发展方向。

短短几年时间,影响力投资就成为一个热门词汇,无论是在金融行业还是在非营利性组织、公益创投机构以及公共部门,都是大势所趋。就连摩根大通也提出将影响力投资作为一种资产类别以凸显其相关性。在此背景下,虽然非营利性行业声称自己才是领头羊,各大基金会也对影响力投资是否能够代表一个全新领域这一问题尚存疑虑,但是公共部门(例如致力于推进社会创业的欧盟,以及八国集团社会影响力投资特别工作组)却已经将影响力投资视作能够应对福利危机的解决方案,并且认为其可以满足日益增长、亟待解决的社会需求。然而,摩立特研究院在前文提及的两类风险确实难以避免,而且其极有可能同时发生。

在这一转型时期,我们正面临着一个悖论:**影响力投资既是独立事件,又是众多事件的集合**,且这一观点得到了该议题所有主要研究的认可。经济合作与发展组织最新发布的报告(Wilson et al.,2015)明确表示,由于上述观点含糊其词、模棱两可,因此,给衡量市场规模以及评估投资活动实际影响力方面造成了重重困难。经济合作与发展组织发布的报告试图对那些可以应用影响力投资的领域进行深入分析,从而解决这些问题,然而,这一做法却恰恰证明了对于"影响力投资"这一术语,尚缺乏一个明确而又简单的定义。

如果我们对围绕这一议题所产生的实际争论以及所表达的观点看法进行详细分析,就会发现,是否存在额外性才是影响力投资与其他领域的根本区别,即是否存在"仅在某一组织或政府自己支付部分费用的情况下,另一组织或政府才为其提供资金"这一情况。事实上,影响力投资倘若没有财务资源便会寸步难行,因此,究竟是否应该将其视作一项能够促进创新举措的投资活动?对这一问题的两种回答便是该领域产生意见分歧的主要原因,而这一分歧又为我们达成共识及预测发展带来了重重困难。

为了预测该领域未来的发展走向,我们必须总结出现有两种观点的特征,并对两者进行比较。就个人而言,我认为额外性在影响力投资领域"必须"存在。

作为多个行业,尤其是金融行业内最负盛名的经营者及机构网络,全球影响力投资网络主要负责监测影响力投资这一领域,而且其坚持认为该领域中"不存在额外性"。全球影响力投资网络对影响力投资的定义如下所示:

> 影响力投资是对公司、组织和基金进行投资,目的是产生可以评估的社会及环境影响力,同时获得财务回报。无论是在新兴市场还是在发达国家,都可以进行影响力投资,且根据不同情况,其财务回报目标范围可从低于市场水平到与市场水平持平。

这一定义较为简单且内容宽泛,主要强调了两大要素:第一,投资者必须有产生社会影响力的意向;第二,受益公司必须参与评估所产生的影响力。

对于"定义影响力投资的关键因素就是投资者必须有产生社会影响力的意向"这一观点,全球影响力投资网络的首席执行官曾进行过辩解(Bouri, 2013)。他承认这一观点具有一定主观性,但是他也提出,可以通过应用社会影响力评估指标来保证客观性。为此,全球影响力投资网络正在采取行动,致力于研发出一套应用广泛、内容翔实的社会影响力评估指标。

全球影响力投资网络所持观点更为主流,并受到大多数外部观察者以及影响力投资领域众多行动者的广泛认可。例如,杰德·爱默生(Jed Emerson)的观点就曾发生过改变,且作为影响力投资理念的创始人之一,其观点变化具有重大意义:他最初认为存在额外性,并在《社会影响力投资:创造不同,转变我们的赚钱思维》(Bugg-Levine & Emerson, 2011)一书中进行过详细阐释,然而最近其观点有所变化(Clark et al., 2014),认为对于额外性的诠释可以进一步拓宽,其称之为"合作资本主义"。

值得注意的是,研究影响力投资领域的咨询顾问、学术界人士以及外部行动者所发表的观点看法往往获得采纳,然而身处这一领域的实际参与者却常常受到忽视。影响力投资的理念极富吸引力,却仍然难以吸引那些沟通方式更为有力的参与者,而且较之影响力投资领域内的参与者,这些参与者的沟通方式往往更加高效。大多数外部观察者倾向于认可全球影响力投资网络所持观点,并对其报告中的数据反复提及。我个人对此的看法是,这一观点(以下将称之为**意向**

派观点)并未被领域内的经营者广泛接受,尤其是欧洲公益风险投资协会的成员,对此观点的接受程度更低。

额外性的支持者(**额外派**)则声称,影响力投资的终极使命应该是研发更合适的新型投资模式以便更好地满足居民社区的社会需求,而不是像大多数商业活动和经济活动那样,只是为了产生一些社会影响力。他们心无旁骛,把所有注意力都集中在研发新型社会创新解决方案上——其称之为**颠覆性创新**,因此极少考虑投资者的意向。其目的是运用风险投资方法来促成重大社会创新,这就意味着只有那些投资早期阶段公司的经营者才会被纳入影响力投资领域。这些经营者被认为是唯一能够促进重大创新进程的人。因此,我们的假设就是将风险投资行业的愿景和方法,以及其高度的投资可选择性、扩大规模的方法与亲力亲为的监测方式,应用于教育培训、医疗保健以及那些为社会弱势群体所提供的服务/解决方案中——以上所有领域在通常情况下都缺少创新动力。许多期刊文章(Jones & Rai,2015;Gill & McCreless,2013;Dichter,2013)详细描述了额外派观点,其中,加拿大不列颠哥伦比亚大学发布的一篇文章(Svedova et al., 2014)也首次在学术界对这一观点进行了阐述。两派分歧主要在于,额外派认为意向派没有将影响力投资与传统商业投资进行明确区分,并且过于关注投资者意向而非投资结果本身。实际上,社会影响力并不是关键特征,因为很多企业甚至在没有量化的情况下就产生了社会影响力。因此,对于额外派来说,其观点的关键特征其实在于与现有解决方案相比,所产生的额外社会影响力。这一观点得到了广泛认可,因为就算是全球影响力投资网络发布的报告也没有关注实际产生的影响力。

在两篇对意向派观点辩解维护的文章中,可以找到对额外派观点的一些反驳。凯斯基金会(Case Foundation)(Greene,2014)坚持主张额外性只是表达投资者意向的途径之一,因此,其将额外派投资者降级为影响力投资领域的一个子集,并且把意向性作为该领域的独有特征;在另一篇文章中,全球影响力投资网络首席执行官认为(Bouri,2013),由于额外性评估难度过高,因此导致影响力投资领域对投资者的吸引力也随之减弱。他还认为,额外性容易导致财务回报减少。

从实践视角来分析两派之争将更有意义。不妨看看影响力投资的主要阵地——小额信贷领域——到目前为止的发展历史。小额信贷的孵化过程非常缓慢,大约持续了20年之久。起初,一批先驱投资者承担了巨大的风险并发挥了积极的作用,才让小额信贷经营者展示出扎实的财务可持续性与社会可持续性,从而帮助其建立可扩大的商业模式。额外派认为,小额信贷经营者才是影响力投资领域中真正的经营者。后来,小额信贷领域成为一个极具吸引力的市场,无论商业资本是何形式,股权也好,债务也罢,都能够被吸引进入这一新兴市场——传统风险投资行业的主要参与者红杉投资公司(Sequoia Capital)就是一则典型实例。如今,小额信贷已经演变为一个商业大舞台,在这个舞台上,一方是自我界定的影响力投资者,另一方是只关注带有"社会影响力色彩"财务回报的商业投资者,两方之间的差异业已变得纷乱复杂、难以确定。该领域的发展历史表明,额外派先驱投资者接受了高于市场水平的风险/回报率。但是,这些经营者也成功实施了能够产生巨大社会影响力的解决方案,同时还展示了吸引大批量投资者的能力。如果没有他们的贡献,小额信贷领域发展停滞也不是没有可能。

财务回报与社会回报

上述讨论的一个关键议题就是社会回报与财务回报之间的关系。前文述及,摩立特研究院曾于2009年发布一项研究(Freireich & Fulton, 2009),明确区分了影响力投资领域内不同类型的经营者:所谓的"财务回报优先"投资者主要关注的便是财务回报;而"影响力优先"投资者优先考虑的则往往是社会回报,且能够接受以牺牲财务回报为代价。

在全球影响力投资网络发布的研究中,较之社会回报评估,其更加注重对财务回报进行评估。不久前,全球影响力投资网络与剑桥联合研究顾问公司合作,联合发布《影响力投资基准介绍》报告,用以评估影响力投资基金的财务回报,所采用的方式与风险投资方法极为相似。迄今为止,全球影响力投资网络公布的分析结果明确显示,许多影响力投资基金能够达到与市场水平持平的回报率,这就意味着通常情况下,影响力投资不会因为要实现社会影响力而牺牲财务回报。然而,对这一结论也可以有不同解读,其依据是全球影响力投资网络报告中所分析的大多数经营者倾向于投资后期阶段公司的股权(或债务)。作为成熟阶段,其特征就是对回报有明确的期望值。实际上,对于这些经营者来说,能否获得市场水平的财务回报将是决定其投资地点的关键因素。从这一角度看,最终获得的财务成果主要取决于最初的决策过程,而决策过程在很大程度上又受到财务回报的驱动。

如前所述,小额信贷的例子证实了最后一个假设,即由于一些公司在某一领域取得了财务上的成功,因此,该领域的投资吸引力也将随之显著提高。这一动态过程符合额外派观点,即影响力投资只不过是研发新型模式与产生社会创新这一万里长征所迈出的第一步,当这些模式和公司发展到能够证明自身切实可行且效益可观的时候,便自然而然开始吸引主流投资者的加入。

一些额外派观点持有者声称会支持影响力优先这一观点,但实际上他们应该反驳才对,因为只有这样才符合其自身逻辑。实际上,如果未经实践就直接断言会以牺牲财务回报为代价,那么额外派自然不愿意接受,但他们的原始动机确实来自在社会部门内研发新型社会模式这一可能性,这也造就了其**使命优先**的特征。额外派投资者的目标就是通过构建新模式获得成功,而且所构建的模式往往风险极高并伴随着难以预测的财务回报。这些模式之所以具有以上特点,主要是因为市场尚未成熟,导致所投资的公司几乎没有交易量,因此,牺牲财务回报是有可能的,也是可以接受的,但绝不能被事先确定。针对这一点,额外派应该坦白承认自身态度立场,并将自己确立为新型解决方案的发起人,这才有可能会在未来产生有足够能力留在市场上的公司。

此外,"受影响力投资推动的公司尽管肩负各类社会使命,但始终能够随着时间的推移保持同样的风险回报比率"这一观念可谓老生常谈,但小额信贷的例子却与之唱起了反调。实际上,这些公司似乎非常符合投资连续体的发展规律,早期阶段比率极高,但如果发展顺利、方案成功,则比率会明显下降。关键问题是影响力投资初创企业的风险回报比率仍不确定,且偏离了传统的风险投资标准。这就引出了一个重要问题,即为了支持那些致力于行业发展且能够证明行业内部问题艰巨的使命优先参与者,究竟有哪些投资者会愿意承担上述风险(参见图 6.1)?

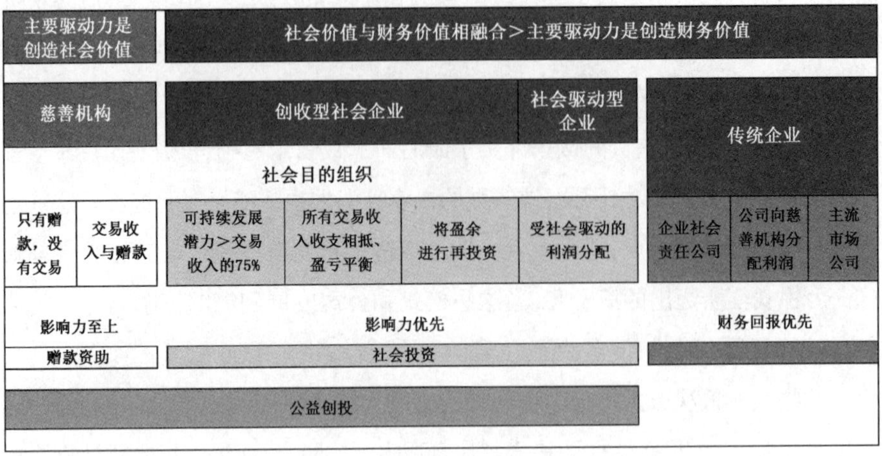

主要驱动力是创造社会价值	社会价值与财务价值相融合＞主要驱动力是创造财务价值		
慈善机构	创收型社会企业 / 社会驱动型企业 社会目的组织		传统企业
只有赠款，没有交易 / 交易收入与赠款	可持续发展潜力＞交易收入的75% / 所有交易收入收支相抵、盈亏平衡 / 将盈余进行再投资 / 受社会驱动的利润分配	企业社会责任公司 / 公司向慈善机构分配利润 / 主流市场公司	
影响力至上	影响力优先		财务回报优先
赠款资助	社会投资		
	公益创投		

资料来源：本文作者。

图 6.1　影响力投资者的不同类型

两种观点下的影响力投资市场特征与规模

到目前为止，由于两方观点相左，因此，对影响力投资市场特征与规模的界定完全不同。

全球影响力投资网络在其报告中支持的是意向派观点。萨尔图克和伊德里西的研究显示(Saltuk & Idrissi, 2015)，该市场价值超过100亿美元，且增长速度极高。这一新兴市场的主要行动者包括国际发展机构、债务提供者以及成熟企业中的股权投资者。此类型投资者的典型特征是资金筹集能力极强，却难以亲力亲为对所投资公司进行实地考察，而是主要通过案头调研的方法获取信息，即根据电脑、杂志、书籍、文档、互联网搜索等现有二手资料对所投资公司进行研究分析。

与之相比，额外派观点下的市场，经营者多采用传统的风险投资方法。这种类型的参与者通常规模"较小"，即管理基金少于1亿美元，但能够与所投资公司保持密切合作。如果将整个投资市场纳入考量范围，并且把欧洲公益风险投资协会、Intellecap咨询服务公司以及技术供应商英施艾特(Insight)所提供的数据全部加在一起，那么其价值能够达到每年10亿欧元左右。

影响力投资的未来

由于尚未给出确切定义,因此,几乎无法探讨影响力投资未来的发展趋势。由此可见,当务之急是提升各方行动者之间讨论本身的质量。在本篇文章中,我们追溯了两种主流方法之间的主要差异,但更为重要的是,两方观点的对峙交锋必须有理有据、清楚准确,且不能脱离行业的实际情况。

全球影响力投资网络是唯一一个发布系统报告以阐明影响力投资动态的行动者。这些数据的收集过程必须确保完全透明,尤其是调查研究入选标准和排除标准的制定。此外,如果全球影响力投资网络能够公开其数据库,面对所有人开放以便进行各类分析与数据汇总,那么无疑将为研究提供极大便利。虽然这一提议看似不同寻常,但是只有提升透明度并展开数据比较,才能引起讨论,从而使我们能够准确地界定行业及其子集动态。还应该扩大研究范围,对各项组织所取得的社会成果展开分析。第一步是分析机构最常使用的社会影响力评估指标,并确保其公开透明、清晰易懂。因为只有阐明社会影响力目标的具体原则,才能够对影响力投资领域的目的做出合理判断。社会影响力评估指标可以用来衡量所产生的社会影响力,但是若想进一步提升该领域目的的透明度,则仍有很多工作要做。针对"只涉及财务方面的研究分析为什么不能被视作该领域的基准"这一问题,近期的两篇文章(Struewer & Tews, 2015; Ashoka, 2015)给出了合理解释。

需要把话语权还给市场竞争者

如前所述,在影响力投资领域,话语权多由咨询顾问、专业学者以及金融机构所掌握,而身处其中的实际经营者却常常受到忽视。八国集团社会影响力投资特别工作组就是一个典型的例子,证明了经营者在讨论过程中起到的作用是多么渺小。一方面,这意味着影响力投资在商业推广方面取得了巨大进步,但另一方面,也加剧了争论过程的混乱程度。事实上,这些外部声音与该领域发生的实际活动以及经营者(尤其是规模较小的经营者,其中相当一部分成员属于**额外派**)每天所面临的难题均相距甚远。争论的焦点主要集中于社会影响力评估、社会企业公司与组织形式及其治理。与此同时,关于如何为相关领域(例如教育培训、医疗服务与社会包容)研发新型模式以及研发过程中可能面临的种种困难等问题,尚缺乏深入探讨。然而,想要在领域内获得成功,关键就是要厘清这些问题。尽管如此,却只有身处其中的经营者才会愿意在圈子内部面对面对此展开探讨,因为他们是唯一知道如何在实践中解决这些问题的人。

还可从另一方面入手,即收集影响力投资领域中由于不同举措所致成功或失败的相关数据。事实上,比起对社会企业的组织构成展开学术讨论,拥有专业技能与信息透明度要有用处得多。我个人在日常工作中总是感到孤独,而这种感觉在该领域其他经营者中也并不鲜见。不管是作为单独个体还是协会成员,直接经营者都应该掌握该领域的话语权,因为他们是唯一能够通过细化市场数据并且采用与传统风险投资领域相类似的工作方式,来分辨出投资者是否属于这一领域的人。欧洲公益风险投资协会是影响力投资与公益创投领域中由所有欧洲经营者组成的投资网络,其可以通过创建一个内容详尽的数据库来起到该领域发起人的作用,主要负责梳理存储在欧洲的所有投资经验,并提供该领域在欧洲的其他相关信息。实际上,欧洲公益风险投资协会已经多次尝试在欧洲安排布置一系列举措,但是由于其对影响力投资领域的性质已有定论,因此有必要将该领域经营者单独列出加以分析,以便与赠款资助及公益创投的参与者区分开来。

影响力投资的演变

现在,我们将探讨这一领域有可能发生的演变过程:只有对上述两种不同观点分别进行讨论,才能够展望该领域的未来前景。

意向派

如果从意向派视角分析,影响力投资领域的前景似乎一片光明。很明显,产生社会影响力的方法有很多,但大多数公司仍然热衷于在此基础上研发新方法。此外,投资者对于社会影响力因素的敏感程度也日益提升。上述两大要素彼此结合、互相促进,很容易便能带动整个领域快速发展。然而,正如摩立特研究院所认为的那样,风险隐患仍然存在,即**影响力投资**在商业上获得的成功将会改变整个领域,使其背离初衷,认为社会影响力无关紧要。

事实上,正是由于使用了大量的社会影响力评估指标,许多公司才可以声称它们的投资活动能够产生社会影响力,而这一认证在向社会责任投资者推荐传统经济活动时将变得大有用处且极具吸引力。这种趋势不过是为了获得认证而对现有投资活动进行了重新定义,实际上与环境、社会和公司治理评估指标之间并无太大区别,且经过测算,其区分度常常为负值,说明尚存一定问题。尽管这些投资活动所产生的影响力不一定是消极的,却有可能陷入"无关紧要、可有可无"的窘境。殊感遗憾的是,种种迹象表明,影响力投资领域的成长可能需要以此为驱动力才能得以实现。这一趋势在玛丽及其他学者(Mary et al.,2013)共同整理的文件中也有所提及,点明影响力投资可以通过利用上市公司的投资活动来获得成功。该文件还指出,由于上市公司规模较大,因此所产生的影响力将更为广泛,但其也承认,通过这一方式产生的额外性和创新性可能将会极其有限。该提议显然是希望将环境、社会和公司治理评估指标的概念加以延伸。作为世界上规模最大的资产管理公司,贝莱德集团(BlackRock)的案例恰好为此提供了证据,该公司在上市公司中推出了影响力投资基金,目的是吸引千禧一代投资者,因为这些投资者认为解决社会问题相当重要。实际上,逻辑顺序应该是由影响力投资来推动社会急需的重大社会创新,而上述做法则完全背离了初衷。这一提议也与过去数十年所形成的趋势背道而驰。在过去几十年间,创新最初出现在信息技术(information technology, IT)领域,后来则转战数字领域,主要由初创企业所推动,且多受风险投资公司的资助。之所以形成这一趋势,主要是因为初创企业的商业模式尚未形成,所以更有能力打造创新型商业模式,如此一来,形成循环,最终迫使那些大型上市公司无一不采用这些新方法。

同时,意向派观点似乎总是更关注影响力投资活动的数量,而不是其所产生社会影响力的质量。从个人角度来说,我希望投资活动不仅要以所提概念在商业上可能获得的成功为指导,还要以为社会进步做出真正贡献的良好愿望为指导。

额 外 派

在影响力投资领域,额外派经营者通常规模较小且不堪一击,所以常常空有一腔宏愿雄心却壮志难酬。因此,他们不得不面临着被边缘化的风险,亟须扪心自问,自己与日俱增的雄心壮志是否真的会实现。因为我自己就在该领域成立了一家组织机构,所以面对每天都要遭受的两难困境,我自认为已对此充分了解。

额外派想要克服被边缘化这一风险道阻且长,只有在影响力投资领域内部环境与外部环境的共同作用下才有可能实现,具体措施如下所述:

扩大经营者规模

因为规模过小,提出新型社会模式的额外派经营者往往难以获得成功。具体而言,规模过小不仅会让经营者为属意企业提供资金的能力受到限制,也会导致其影响力投资基金管理层的质量和规模受到制约。额外派经营者本该在财务方面大展身手,但上述两项因素却束缚住了其手脚,因为在通常情况下,影响力投资经营者的管理层本身就是共同创业者,是以其附加价值在一个人才供给不足的市场中便显得尤为重要。综上所述,对于业绩记录良好的现有经营者,是否需要增援以扩大其规模,额外派经营者有必要对此重要决定达成共识。

例如,欧洲投资基金提议在欧洲地区推出影响力投资**基金的基金**(社会影响力加速器),这一举措极为重要,因为其将大力促进现有参与者的成长。迄今为止,影响力投资额外派参与者主要是以私人投资者和基金会作为资金来源,而较少受到机构投资者的青睐,一是因为该领域为新兴领域,相关业绩记录时间跨度较短,二是因为很难根据传统指标对影响力投资进行排名。此外,由于该领域的财务回报充满了不确定性,因此注定会增加吸引投资者的难度。但是,如果我们能够从传统风险投资与小额信贷的发展过程中吸取教训,那么完全可以克服这一障碍。倘若没有先驱者和富有远见的投资者,上述两个领域均难以蓬勃发展。另外,与庞大的私人流动资产相比,用于增援经营者以扩大其规模的资金数额可谓微不足道。因此,我们必须借鉴其他领域过去的成功经验来解决如今影响力投资领域所面临的文化人文难题,以期通过令人信服的真人真事以及鼓舞人心的激励措施来吸引投资者加入,从而使得这一领域持续发展。然而遗憾的是,意向派与额外派的观点互相矛盾、彼此对立,从而导致投资者一头雾水,对该领域望而却步。

推出成功案例,起到带动作用

除了小额信贷,还没有哪个案例能够获得如此巨大的成功与知名度,尽管如此,仍然有必要利用成功案例来吸引新的财务资源和社会企业家加入。从历史的角度来看,学习这些新兴市场及新兴领域的发展过程很有必要,因为结论相当明显,正是有了先驱者、资金来源以及成功先例,才有了市场领域蓬勃发展的驱动力。在影响力投资领域,尽管我们举办了更多圆桌会议、发表了更多文章、出版了更多书籍,却分散了注意力从而导致忽略了关键问题,即研发新型模式以期产生实实在在的社会影响力。

经营者需要重拾角色,更频繁地出现在公开场合,分享更多经验、搭建成功与失败案例数据库、引进最新技能、树立创业态度并大力推进社会创新。只有那些具有较高知名度的成功案例才有可能为影响力投资者所投资的公司提供经济价值。正如格拉本瓦特尔在本书第五篇文章中所指出的那样,如果最终目的是要吸引主流投资者加入影响力投资领域,那么就必须将社会价值转型为经济价值。然而,只有当受益人、公民以及整个社会都能感知到创造出来的社会价值时,这一切才会发生,因为此时的社会价值是实实在在的,而不是公司为了满足投资者意向而刻意产生的那些以供指标评估的冰冷数字。该问题在数字领域已然得到证实,即为用户带来价值就是为公司创造经济价值。亚马逊公司(Amazon)的案例也许最能证实这一情况:由于市场认可该公司在改革创新及领导能力方面附加价值极高,因此其能够在利润很低的情况下持有极高估值。倘若额外派想要避免被边缘化的风险,就必须以此模式为目标而努力。

不仅关注社会影响力评估,还更注重新型解决方案

在评估影响力投资活动效益的有效性和质量时,社会影响力评估标准往往显得过于笼统,增加了评估难度。具体原因如下所述:

● 通常情况下只对投资活动的产出进行评估,效益评估既烦琐复杂又成本高昂。

● 由于目前尚未发布相关报告,因此难以得知社会影响力评估的最终结果。

● 社会影响力评估标准似乎完全取决于公司和投资者的意向。

● 对于社会影响力评估标准的解读并不统一,因为任何公司都可以声称自己能够产生某种社会影响力。

额外派的主要目标是为社会需求制订新的解决方案,例如教育培训、医疗保健以及就业包容,以期采用更高效的方式来解决社会问题、满足社会需求。此外,所制订的新型解决方案必须切实可行且能够复制,最重要的是,其实现目标过程中所体现出来的高效必须得到社会的认可。

可以再次以小额信贷领域为例来合理阐释这一问题：小额信贷之所以能够成为各类模式中最引人注目的案例之一，正是因为其是以一种全新的高效方式来提升穷人的金融包容性。直到后来，埃丝特·迪弗洛(Esther Duflo)的研究(Banerjee et al.，2013)才表明，小额信贷的社会影响力更多的是与提升金融包容性和家庭复原力有关，而不是与摆脱贫困有关。

额外派真正的成功必须依托于那些能够研发新型解决方案模式的公司才能得以实现：这是他们区别于意向派的唯一途径，同时也能够证实自身观点正确合理。其目标可以引述罗比·戴维森(Robbie Davison，2013)的话来概括："提升影响力与解决问题是两回事，之间存在着显著差异。"

了解现有制约，清楚公共部门的重要性

目前，在关于影响力投资的讨论中，所有行动者均有谈及，唯独公共部门缺席。在发达国家，影响力投资的许多关键领域离不开公共部门的参与，然而在发展中国家，尽管同样需要公共部门参与，情况却截然相反。我们在思考时必须考虑到这一现实问题。例如，对于发展中国家，如果我们认为只需要投资几十亿美元就能找到解决其社会问题的方法并带来翻天覆地的变化，那就太天真了。事实上，如果经济发展停滞不前，便绝无可能产生建立服务体系所需的财务资源。因此，在小范围内推广由私营企业制订的成功解决方案时，国家的作用至关重要。诚然，这些国家的公共部门都面临着诸多困难，但是，如果无法在该领域内与之展开合作，影响力投资经营者便难以产生真正且持久的影响力。近期历史记录也表明，已经取得重大社会进步的发展中国家都是那些国家机器一直存在并且高效运行的国家。

在发达国家，了解公共部门的作用同样重要，其是社会服务的主要提供者与基金赞助者(包括教育培训、医疗保健、为低收入人群提供服务)，要么直接提供这些服务，要么通过外包为营利性组织或非营利性组织融资来提供这些服务。公共部门直接或间接提供服务均受到了种种制约，除了预算限制以外，还因为追求更高效率而在创新过程中也遇到了一定困难。这主要是因为颠覆性创新方法需要参与者具有柔性特征和创业型价值观，而公共部门的本质特征则是死板僵化，不注重创新。然而，对预算限制的日益关注却迫使参与者必须走上创新之路。

经济合作与发展组织进行的研究也清楚地表明了这一情况(Adema et al., 2011),其分析了不同西方国家社会支出的数额(相对于国内生产总值而言),且同时考虑到公共支出与私人支出(即直接支出或是通过保险公司间接支出)。该研究证实,所有西方经济体的总支出都非常相似(包括美国在内)。这一研究结论与以前的分析结果互相矛盾,主要是因为之前的分析只基于社会公共支出,不考虑其他因素,所以尽管分析结果表明较之其他国家,某些国家的社会服务效率明显提高,但原因却与支出数额无关,反而是与所采用的模式有很大关系。美国与欧盟卫生部门之间的对比可以为这一观点提供佐证:比起美国,欧盟国家设法提供的服务能够做到成本更低、效率更高。这些观点让我们必须重新思考社会体系的整个结构,包括公共部门和私人部门,以便提高效率、改善现状。

我认为,将影响力投资活动降级归入那些并无公共部门参与的领域毫无疑问是一个错误,而在经济合作与发展组织进行的研究中(Adema et al., 2011),其所持观点与我不谋而合。一来这些领域受限颇多;二来尚不清楚那些受影响力投资资助并以向社会低收入人群提供商品服务为目标的公司如何实现其财务可持续性。尤其是在教育培训和医疗保健领域,如果不与公共部门展开合作,便绝无可能推出成功模式。实际上,影响力投资领域应该参考研发(research and development, R&D)领域来经营,因为其最终目的是推出成功模式以供所有参与者采用,其中当然也包括公共部门。这一观点同样意味着公共部门的外包模式也应该做出改变,因为其资源理应根据投资项目的质量来进行分配(至少部分资源应照此分配),并将之视作有益尝试。做出改变虽然艰巨却势在必行,因为这将是取得重大成效的唯一良机。

结 论

考虑到人们对影响力投资的兴趣日渐浓厚,我们必须把握良机,设法将这种对获得商业成功的兴趣转化为切实可行、可供评估的社会改善措施。事实上,正是这一使命激励了世界各地那一小群先驱者。如果仅仅是因为对影响力投资的解读有所出入或是缺乏时间及资源来验证自身的真正成效,两派先驱者做出的努力便付诸东流,那么这将造成巨大的遗憾。从我个人角度来说,希望意向派与额外派能够充分认识到他们在愿景、角色及目标方面的差异。因为只有这样,双方才能互相理解、互惠互利，也才有可能开展合作，毕竟影响力投资领域确实需要吸引形形色色的行动者，从而借助这些行动者的各式观点和多样技能来丰富这一领域，并促进其蓬勃发展。摩立特研究院的研究报告再一次为影响力投资领域中愿景各不相同的所有群体提供了一个非常有用的方法："久而久之，无论这些细分领域如何组合，最终都会兑现影响力投资给出的承诺"（Freireich & Fulton, 2009）。因为该项研究报告是首次给影响力投资命名的文献，所以常常被人引用，但遗憾的是，只有少数人记得其对影响力投资风险与机遇所做的重要分析。我希望参与这一领域的每个人都能再读一遍这篇文献，因为其为之后的探讨夯实了基础，正是有了这篇文献，人们才得以就该领域的不同愿景和经历展开富有成效的争论。也是出于这一原因，我想引述研究报告的最后几句话作为本篇结束语：

> 只有那些富有开拓精神的领先者才能保障人才供给、资金来源以及规章制度，而这些正是创建一个具有高水准影响力市场时不可或缺的三大要素。在一个新兴领域工作，有时确实会感到孤立无援。
>
> 我们希望这份研究报告能够打开你的"视界"，帮助你将自己置于影响力投资这一广阔天地中，同时激励你以超乎想象的方式参与进来。

参考文献

Adema, W., Fron, P., & Ladaique, M. (2011). *Is the European Welfare State Really More Expensive?: Indicators on Social Spending, 1980–2012; and a Manual to the OECD Social Expenditure Database (SOCX)*. OECD Publishing. Retrieved from http://www.oecd-ilibrary.org/content/workingpaper/5kg2d2d4pbf0-en

Ashoka (2015). *Impact Investing: Financial Returns Are Only Half the Story*. Retrieved from http://www.forbes.com/sites/ashoka/2015/10/30/impact-investing-financial-returns-are-only-half-the-story

Banerjee, A.V., Duflo, E., Glennerster, R., & Kinnan, C. (2013). *The Miracle of Microfinance? Evidence from a Randomized Evaluation*. Retrieved from http://economics.mit.edu/files/5993

Bouri, A. (2013). Response to "When can impact investing create real impact?" *Stanford Social Innovation Review*. Retrieved from http://ssir.org/up_for_debate/impact_investing/amit_bouri

Bugg-Levine, A. & Emerson, J. (2011). Impact investing: transforming how we make money while making a difference. *Innovations*, 6(3), 9–18.

Clark, C., Emerson, J., & Thornley, B. (2014). *Collaborative Capitalism and the Rise of Impact Investing*. San Francisco, CA: John Wiley.

Davison, R. (2013). Does social finance understand social need. Social Enterprise. Retrieved from http://www.cancook.co.uk/wp-content/uploads/2013/01/Does-Social-Enterprise-Understand-Social-Need.pdf

Dichter, S. (2013). Response to "When can impact investing create real impact?". *Stanford Social Innovation Review*. Retrieved from http://ssir.org/up_for_debate/impact_investing/sasha_dichter

Freireich, J., & Fulton, K. (2009, January). *Investing for Social and Environmental Impact: A Design for Catalyzing an Emerging Industry*. Retrieved from http://monitorinstitute.com/downloads/what-we-think/impact-investing/Impact_Investing.pdf

Gill, C., & McCreless, M. (2013). Response to "When can impact investing create real impact?". *Stanford Social Innovation Review*. Retrieved from http://ssir.org/up_for_debate/impact_investing/gill_and_mccreless

Greene, S. (2014). *A Short Guide on Impact Investing*. Retrieved from http://casefoundation.org/wp-content/uploads/2014/11/ShortGuideToImpactInvesting-2014.pdf

Jones, K., & Rai, V. (2015). *Next Though Monday — Niche or Mainstream? Real Deal or Hype?* Retrieved from http://nextbillion.net/impact-investing-mainstream-jones-rai

Mary, S., Voisin, S., Créhalet, E., Hazra, S., & Walker, R. (2013). *Investors' Impact Integrated = I^3*. Retrieved from http://apsocialfinance.com/wp-content/uploads/2014/07/Kepler-Cheuvreux-Impact-Investing.pdf

Saltuk, I., & Idrissi, A.E. (2015). *Eyes on the Horizon: The Impact Investor Survey*. Retrieved from https://thegiin.org/assets/documents/pub/2015.04%20Eyes%20on%20the%20Horizon.pdf

Struewer, B., & Tews, R. (2015). *Counterpoint: "Market-Rate" Funds Should be Benchmarked to Impact, Too*. Retrieved from http://impactalpha.com/impact-investing-financial-returns-are-only-half-the-story

Svedova, J., Cuyegkeng, A., & Tansey, J. (2014). *Demystifying Impact Investing*. Retrieved from http://www.sauder.ubc.ca/Faculty/Research_Centres/Centre_for_Social_Innovation_and_Impact_Investing/Research/Social_Innovation/~/media/Files/ISIS/Reports/Social%20Economy%20Reports/DemystifyingImpactInvestingFinalVersionApril2014.ashx

Wilson, K.E., Silva, F., & Richardson, D. (2015). *Social Impact Investment: Building the Evidence Base*. Retrieved from http://papers.ssrn.com/sol3/papers.cfm?abstract_id=2562082

七、社会企业

费德丽卡·班迪尼(Federica Bandini)

社会企业与社会创业:文献综述

"社会企业家才是真正的企业家"(Bruni & Zamagni,2014,p.4)。由此便可引出本篇文章的主题,即我们认为,企业家在创业过程中,无一例外都会变成一名社会企业家。著名经济学家约瑟夫·熊彼特(J. A. Schumpeter,1934)曾在《经济发展理论》一书中对上述主张进行过阐释,可见经济学家对这一观点的认同已初见端倪。该著作指出,经济发展始于创新:

> 企业家只有通过引入创新,才能摆脱静止状态(例行活动)的泥淖,创新形式包括但不限于发明新技术、研发新组织方案、打造新产品或开拓新市场,最终目的是降低成本以便使企业能够创造新的财富(Bruni & Zamagni,2014)。

就算是模仿者进入新市场或掌握新技术,也照样会产生利润。尽管如此,但

【作者简介】 费德丽卡·班迪尼,博洛尼亚大学(University of Bologna)社会经济管理第二阶段学位课程主任。

这却并未给企业家造成困扰,因为他们谨记,由创新衍生而来的优势并非只停留在创新企业内部,而是会遍布整个社会。例如,通过降低市场价格来增进集体福利(Bruni & Zamagni, 2014)。传统国民经济对此的解释是,创业本身就是非营利性的;然而,创业不仅是为了创新,也是为了增进共同利益。一旦企业家停止创新,他们就会变成旁观者、寻租者或是观察者,从而阻断创新与模仿的循环迭代,最终成为妨碍社会经济良性发展的阻力;企业家茁壮成长的最终目的是创造新机会以及做大整个"蛋糕",而不仅仅是为了做大他们自己那一块"蛋糕"。近期,**关联资本**理论对这些经济观点进行了深入调整(Ichniowski & Shaw, 2009),该理论注重劳动者与企业之间的协同合作,强调"共享资本主义"的概念(Kruse et al., 2006),同时通过参股的方式让员工与企业主的利益保持一致。此外,经济学家还谈到了合作竞争和共同利益(Ostrom, 2009),以期以一种新的方式来平息市场冲突、解决社会问题。

经济语境下的**社会企业**作为一个术语,内容十分宽泛,主要用于界定那些借助创业组织结构及体系,旨在实现社会目标与集体目标的经济活动。由于经济理论、管理理论、法律或社会观点以及来源国各不相同,因此,社会企业家等术语在各类文献中的定义并不统一。然而,这些定义仍有一个共同点,即都是最近才出现在文献中,尤其是当我们把这一概念与非营利性组织理论区分看待时,更是如此。美国社会学家埃齐奥尼教授(Etzioni, 1973)将社会创业置于国家与市场之间,认为其目的是推进社会变革。

在社会企业理论发展之前,还有许多研究第三部门组织的理论。在20世纪,随着经济高速增长,且自由化与全球化成为潮流,第三部门得到了长足发展,但其反过来却又造成了大量的社会问题。因此,第三部门组织往往采用创业的方式来寻找这些问题的解决办法,且在此过程中也产生了越来越大的影响力。事实上,在20世纪70年代,由于公共政策出现危机,第三部门组织便开始向社会服务、医疗保健、教育培训以及环境保护等领域引入创新解决方案,而这些领域在当时则完全是由所谓的福利国家进行监管。多年来,第三部门组织在经济中起到的新作用也催生出了一个新概念,即混合型福利,且自此以后,其组织方式也变得更加富有成效。从学术角度来看,涌现出大量理论用以阐释第三部门组织在国家与市场二元经济体制中所处的位置(Weisbrod, 1977; Hansmann, 1980; Borzaga et al., 1996; Anheier & Salamon, 1997; Borzaga & Defourny,

2001a;Evers & Laville,2004;Bruni & Zamagni,2004;Powell & Steinberg, 2006),由此可见人们对这些组织的关注度也在不断提升。

如前所述,社会企业理论发展直到最近才渐具雏形。以欧洲为例,这一术语内容宽泛,已将大量组织包含在内(例如安置残疾人就业的福利厂、育儿服务机构、社会合作社、残障人士个人服务机构、环保活动组织、工作整合服务机构、以低价出租或出售房屋的房屋协会等),且这些组织均致力于通过多种方式实现社会目标(Borzaga & Defourny,2001a)。其位于"市场、公共政策和公民社会的交叉路口"(Nyssens,2006),然而遵照的却是私人部门常常采用的公司形式。事实上,社会企业就是私人组织,只不过主要是以创业的方式来管理社会服务并响应集体需求。

对于**社会企业**的定义可谓百家争鸣,数不胜数。有一些作者甚至给出了好几种定义,以美国学者贾内尔·克林为例(Janelle Kerlin,2009),其研究以世界上七个国家为基础,且考虑到每个国家都拥有独一无二的模式及活动,因此其对于这一术语共计给出了七种定义。这些作者推断,社会企业不仅与各种各样的焦点问题息息相关,同时也与某一国家或地区范围内的组织、资源和机构联系紧密。"因此,如果对于社会企业的定义过于狭隘,那么不仅会限制其所能解决问题的种类,而且也会限定其适合生存乃至适于发展的环境类型"(Kerlin,2009, p.2)。其他作者(Weerawarden & Mort,2006)则按照时间顺序对社会创业相关文献进行了整理总结,其中特别关注了北美地区对这一术语的定义(The Institute for Social Entrepreneurs,2008)。

在本篇文章中,我们强调,社会企业与社会创业的概念在不同文化背景中有着不同的含义。前者指的是社会经济中的集体组织,其概念更加欧式,尤其是所有国际文献都提到,欧洲社会企业研究网络(EMES)对这一术语的界定乃是欧洲地区第一个达成共识的定义。这些组织主要通过创业活动来实现社会目标,而这些创业活动最初多以社区项目或集体行动的形式开展(Borzaga & Defourny,2001b)。在欧洲,对"社会企业"这一术语的不同定义及阐释导致人们对其概念的理解也相当宽泛,难以统一,特别是在其法律框架制定方面尤为如此。

我们可以将在欧洲地区开展经济活动的社会企业划分为三个主要类型,分别是工作整合型社会企业(work integration social enterprises,WISE)、以生产具有社会效用的商品和服务为主要目标或是受集体利益驱动的社会企业[1],以及那些通过推动公民及地方政府参与管理活动来促进当地经济社会双双发展的社会企业(例如,近距离服务)。

据国际文献所示,社会企业的初期版本最早于1991年出现在意大利一家社会合作社中(Spear,2006;Defourny & Nyssens,2006)。该合作社的社会使命是扶持弱势群体,其于1991年首先在意大利成立,随后在其他国家也设立了分支机构(1998年在葡萄牙,1999年在西班牙和希腊,2006年在波兰)。自20世纪90年代以来,此类企业对于重新制定法律框架的呼声越来越高,目的是令经济活动服务于其社会使命。因此,在游说团体频频施压的情形下,立法者最终在整个欧洲地区推动颁布各项法律法规,旨在以多种方式监督管理此类企业。这便导致社会经济的传统法律形式(例如合作社、协会和基金会)为了适应以市场为中心的新方法,而不得不进行整顿重组。在一些国家,已经有法律法规对社会企业的合作社形式进行监督管理,而在其他国家(例如比利时、芬兰和意大利),则已经开始着手探索新途径,以便将社会经济的概念外延至主流市场经济和普通企业。

这些领域中经营着多家组织,在对这些组织进行了综合研究之后,我们发现,其倡议举措和法律形式类型多样、各不相同,不管是活动管理方法还是企业组织形式,无论是自治水平还是利益相关者参与程度,都存在着巨大差异。然而,在欧洲各组织之间仍有一定共通之处。例如,这些机构都具有私人性质,需要付给劳动者报酬,必须面向市场并开展创业活动;最重要的是,要继续推行研究项目,旨在了解此类新型企业如何改善弱势群体的生活质量并提升其社会技能。这一欧式概念主要是基于欧洲社会企业研究网络所下的定义,其中,社会原则和经济原则均按照"理想类型(ideal type)"来界定,其将企业描述为:

- 开展经济活动(以经济风险和雇用员工为特征)
- 以实现全局利益为目标(即改善目标群体或目标社区的生活条件)
- 所有利益相关者都具有强烈的参与意识
- 资本分配受到非营利性性质的制约(即使资本数额有限也是如此),且决策过程并非基于资本所有权

---

[1] 在制定人员就业政策方面,尤其是那些往往被排除在正常劳务市场之外的人员,工作整合型社会企业会继续发挥重要作用(Spear & Bidet,2005;Nyssens,2006)。

对于这一社会企业的欧洲立法模式,我们可以将其划分为以下两类:
- 合作社模式:具有社会目标的合作社
- 公司模式:源自营利性模式,但根据定义,其具有社会目标且利润分配受限

对社会企业进行专门立法的国家仅有六个,而对社会合作社出台专项立法的国家则只有五个。

社会创业这一表述与非营利性的英美语境明显联系更为紧密,其观点与约瑟夫·熊彼特相一致,认为个体企业家能够"凭借个人创造力,将商业核心与社区核心努力结合在一起"(Boris,2010);此外,企业家还能够"意识到某一社会问题,之后按照创业原则来组织、创建并管理一家企业",富于创新且亲力亲为,以期以自己的方式为社区或弱势群体提供帮助、解决问题。在美式或英式概念中,关注焦点往往是个体企业家本身,其通过达成企业经营目标来实现社会目标,并受到市场常规准则的制约;在这种情况下,企业家实现创新的同时,也达成了部分社会目标。过去十年间,幸而有美国(Boris & Bornstein,1998;Dees,1998;Drayton,2002)及英国(Leadbeater,1997)众多学者的添砖加瓦,这一概念得以日趋成熟。[1] 尤其是社会企业教育之父格雷戈里·迪斯(Dees,1998),其在《哈佛商业评论》(*Harvard Business Review*)杂志撰文,将那些通过采取特定措施,从而在社会部门内起到推动变革作用的人定义为社会企业家。[2]

欧式概念与美式或英式概念的主要区别在于企业可以采取的组织形式不同,以及参与其中的利益相关者和机构类型不同。此外,关于经济及财务方面的争论也在继续,尤其是关于以下议题的讨论更是热火朝天,例如促成此类企业的劳动收入战略、私人基金赞助者与公共基金赞助者的作用以及此类活动的非营利性性质。关于上述议题的争论直接导致欧洲各国对"社会企业"这一术语采取了不同的实施战略,同时也致使美国产生了两种不同的思维模式并由此形成二元论观点。首先是"**社会企业学派**",其关注点是企业家需要通过组织才能实现

---

[1] 按照时间顺序排列的社会创业相关文献综述可参见 Weerawardena & Mort,2006,pp. 21—35。

[2] 格雷戈里·迪斯(Dees,1998)对社会企业家这一术语的具体定义如下所示:"社会企业家在社会部门起到了推动变革的作用,具体通过采取以下特定措施来实现:以创造和维持社会价值为使命(不仅仅是私人价值);能够认识到并不懈追求服务于该使命的新机会;不停创新、持续改进、不断学习;大胆行动,不受现有资源制约;对所服务的利益群体以及所产生的结果表现出高度责任感。"

社会目标,且该组织必须奉行劳动收入战略。其次是"**社会创新学派**",其重点是研发能够解决社会问题或满足社会需求的创新解决方案(Prabhu,1999;Thompson et al.,2000;Thompson,2002;Dees & Anderson,2006)。

近期还出现了关于**混合型组织**的定义,格雷戈里·迪斯等学者(Dees et al.,2001)将企业定义为以下三种类型:纯慈善型、混合型(与社会事务有关)以及纯商业型。表7.1比较了这三种不同类型的组织在动机、目标、市场联系以及利润分配方面的显著特点。

表7.1　　　　　　　　　　　　企业类型

	纯慈善型	混合型	纯商业型
动机	商誉	兼而有之	自身利益
方法	使命驱动型	兼而有之且视同一律	市场驱动型
目标	创造社会价值	创造社会经济价值	创造经济价值
收入/利润分配	法律或组织政策要求针对非营利性组织开展使命活动	再投资使命活动与产品营业费用,以及/或是保留收入利润以供企业成长发展(营利性组织可以重新分配部分收入利润)	分配给股东和企业主

资料来源:Alter,2007。

奥尔特(Alter,2007)对埃查特和李(Etchart & Lee,1999)设计的模型进行了部分改动,探讨了混合型企业的范围跨度,这些企业的宗旨目标各不相同,部分受社会驱动,部分受市场驱动(参见图7.1)。

传统的非营利性企业	开展创收活动的非营利性企业	社会企业	社会责任企业	履行社会责任的企业	传统的营利性企业

使命:　　　　　　　　　　　　　　　　　　　　　　　以营利为动机
对利益相关者负责　　　　　　　　　　　　　　　　　　对股东负责
将收入再投资社会项目或运营成本　　　　　　　　　　　利润重新分配给股东

资料来源:Alter,2007。

图7.1　混合型企业范围跨度

在这个范围内,作者确定了四种类型的混合型企业:

- 开展创收活动的非营利性企业
- 社会企业
- 社会责任企业

- 履行社会责任的企业

上述不同类型的企业分别通过不同方式来提升自身的社会价值和经济价值,由此可见,其战略方针均由不同目标所指导。在范围左侧,企业通过劳动收入活动创造社会价值,例如,生产或提供社会服务(其所供产品或服务的价格通常由捐赠者或公共实体支付,而非由用户直接支付)。在范围右侧,企业以为股东创造经济价值为首要目标,有时也会考虑到其活动所产生的社会影响(其所供产品或服务受市场驱动)。社会价值在不同活动领域中有着不同的含义,同时还取决于该组织的使命;其可用于保护环境、保障人权,或是为弱势群体创造就业机会。

在盎格鲁—撒克逊语境下,社会企业的核心类型被定义为"以实现社会目标为宗旨的企业,其大部分盈余主要用于再投资企业或社区,而不是受到股东或企业主追求利润最大化这一需求的驱动"[Department of Trade and Industry (DTI), 2002]。英国社会企业联盟(Social Enterprise Coalition)将此类企业的主要特征罗列如下:

- **企业定位**:企业直接参与为市场生产产品或提供服务。
- **社会目标**:企业拥有明确的社会目标和/或环境目标,例如创造就业机会、推广教育培训或是提供本地服务。企业伦理道德价值观包括要履行为本地社区提升技能的承诺。企业利润主要用于再投资,以实现其社会目标。
- **社会所有制**:企业属于自治组织,其治理及所有制结构通常是基于利益相关者群体的参与(例如员工、用户、客户、本地社区群体以及社会投资者),或者是基于受托人或主管的参与(受托人和主管是广大利益相关者群体的代表,负责实际掌管企业)。企业需要因其所产生的社会、环境与经济影响力,对利益相关者负责,对广大社区负责。企业利润可以按照利润分享制分配给利益相关者或是用于社区利益(Alter, 2007)。

社会企业可以成立为一个独立组织,也可以由营利性企业或非营利性企业部分掌管或全部掌管。在这两种情况下,企业创业成功都与其社会影响力有关。

不久前,我们注意到许多学者对于混合型组织这一话题的兴趣日渐浓厚(Haigh et al., 2015),这一术语反映出此类企业倾向于将传统的营利性实践与传统的非营利性实践融为一体。随着美国立法的不断创新,混合型组织的数量也在持续增加,主要原因在于现在各个组织的注册选择范围更大,可以注册为福利企业(benefit corporation)、弹性目标公司(flexible purpose corporation)或低利润有限责任公司(low-profit limited liability company,L3C)。最新认证机构共益实验室(B Lab)[1]以及成立美国可持续商业委员会(American Sustainable Business Council),都为此类企业提供了重要参照点。

社区型企业

最近,在社会企业领域出现了一个新话题——社区型企业(community-based enterprises,CBE)(Peredo & Chrisman,2006)。此类企业属于非营利性组织,使命内容极为广泛:以最大限度地发挥集体优势为目标,并以满足多元主体需求为己任。布兰德森等学者(Brandsen et al.,2005)与埃弗斯(Evers,2005)观点一致,都认为虽然企业使命和价值观均与社区相关,但是当社会企业所支持的那些使命及价值观各不相同时,这些企业便是混合型企业。股东和社区都能在此类社会企业中找到方法途径以满足自身需求,因此,满足社区需求也成为每个组织的目标。在非营利性组织与社会企业领域中,社区型企业是最近才出现的一个新现象,其讨论主题可借鉴非营利性组织的相关学术文献。此类企业之所以被归类为混合型企业,主要有以下原因:企业将经济使命与社会使命融为一体;社区成员既参与产品或服务的生产,也参与产品或服务的购买(即所谓的合作生产)(Plé et al.,2010;Porter & Kramer,2011;Evers,2005;Pestoff,2006,1999);利益相关者虽然利益关切不同,但都能参与决策过程(多方利益相关者);此外,用户(社区)还能够参与制定组织治理体系。上述所有讨论主题都阐明了社区型企业的典型特征,同时也证明了其与非营利性组织在本质上极为类似,因为这些特征同时也是一些新兴非营利性组织的重要组成部分。

在经济价值的创造及重新分配方面,社区型企业也属于混合型,因为有越来越多社会企业开始参与生产过程,并且其也注意到了社会认可的分配结果(Becchetti & Borzaga,2010;Santos,2009)。合作生产这一概念主要由美国公共管理学学者在20世纪70年代及80年代使用(Parks et al.,1999),用来定义公民在生产过程中的参与。奥斯特罗姆(Ostrom,1999)用这一概念来解释说明政府公民之间可能产生的互动。奥斯本和麦克劳克林(Osborne & McLaughlin,2004)

---

[1] 自2008年以来,共益实验室已经在38个国家的121个行业中认证了多达1 212家"受益公司(B corporation)"。资料来源可参见网址:http://bcorporation.net。

在观察英国志愿者及社区组织提供公共服务时,使用"合作生产"这一术语来说明社区服务提供过程中服务交付者这一角色。佩斯托夫(Pestoff,2006)对合作生产这一术语给出了最新定义:公民有组织地参与生产他们自己的福利服务。社区型企业在商业模式方面也属于混合型,包括政府与社会资本合作以及政府职能外包(Préfontaine,2008;Bollecker & Nobre,2010)。

本地社区在生产过程中的整合也凸显了社区型企业在治理结构上的问题。社区型企业就是利益相关者理论(Freeman & Reed,1983;Freeman et al.,2004)在现实中的真实写照。在该理论中,与民主认可和参与选择相关的原则准绳将怀有不同目标的行动者、企业主、劳动者、志愿者和消费者汇聚在一起,以期共同为组织的未来发展制定决策。此类由利益相关者主导的组织对每一个与之有利益关系的成员都负有直接责任,以确保组织管理及组织活动高度透明。根据利益相关者理论,这些公司必须同时对众多利益群体的需求做出及时回应,而这些利益群体的立场则极有可能彼此矛盾、互相冲突。在社区型企业中,决策者众多且所定目标各不相同。因此,利益相关者理论向多方利益相关者理论(Gao & Zhang,2006;Travaglini,1997;Zhao & Gijselinckx,2011)的演变将更适用于这些治理结构。劳动者、用户、消费者以及风险投资提供者都可以担任利益相关者这一角色。一些学者(Jensen,2010;Sternberg,1997)指出,由于行动者之间往往存在利益冲突,因此受其谈判结果影响,多方利益相关者委员会所制定的决策对于该组织来说,可能并非最佳方案。而另一些学者则对多方利益相关者模式表示支持,主张社区型企业更适合以此作为合法模式。多方利益相关者模式的支持者认为,加入委员会的行动者越多,越能更好地满足各类需求,并且由于消费者负责直接掌管活动,因此其透明度无疑将得到进一步提升。此外,通过对所有利益相关者进行合法化,该组织自身存续时间也将更为长久(Mandel and Qazilbash,2005)。从利益相关者模式到多方利益相关者模式,这一治理模式的转变对于社会企业而言极具挑战性:例如委员会的结构,以及外部与内部主体在战略抉择、政策制定和财务选择方面分别发挥的作用。

结 论

在20世纪,第三部门组织不断发展壮大,其要么通过创新解决方案,要么通过创业方法，为解决社会问题指明了道路。正如公民经济所强调的那样，创业不仅能够增进共同利益，还能确保由创新衍生而来的优势遍布整个社会，而创业的关键正是创新。尽管社会企业这一术语的定义由于来源国、社会或法律观点以及管理理论的不同而尚待统一，却并不影响那些被称为"社会企业"的组织在创新创业过程中所发挥的重要作用。无论是企业的组织形式，还是各类利益相关者和机构的参与程度，欧式社会企业概念与美式或英式社会企业概念之间都存在着显著差异。

最近才刚刚出现的社会企业新类型（混合型）被称为"社区型企业"，旨在通过产品生产、服务交付及其成员参与，为所在社区创造优势。这一类型的社会企业多以采用"多方利益相关者"方法为主要特征。

参考文献

Alter, K. (2007, November 27). *Social Enterprise Typology*, version 1.5. Virtue Ventures LLC. Retrieved from http://www.4lenses.org/setypology

Anheier, H.K., & Salamon, L.M. (1997). *Defining the Non-Profit Sector: A Cross-National Analysis. Johns Hopkins Comparative Non-profit Sector Project.* Manchester: Manchester University Press.

Becchetti, L., & Borzaga, C. (2010). Introduction. In L. Becchetti & C. Borzaga (eds), *The Economics of Social Responsibility. The World of Social enterprises* (pp. 1–14). Abingdon: Routledge.

Bollecker, G., & Nobre, T. (2010). *L'évolution des paradoxes organisationnels: le cas d'une organisation de service public évoluant vers le modèle marchand*. 19th Conference AIMS, Luxembourg. Retrieved from http://www.strategie-aims.com/events/conferences/4-xxeme-conference-de-l-aims/communications/1223

Boris, U. (ed.) (2010). *Frontiers in Entrepreneurship*. London and New York, NY: Springer.

Boris, U., & Bornstein, D. (1998, January). Changing the world on a shoestring. *The Atlantic Monthly*, 281.

Borzaga, C., & Defourny, J. (2001a). *L'impresa Sociale in Prospettiva Europea*. Trento: Edizioni 31.

Borzaga, C., & Defourny, J. (2001b). *The Emergence of Social Enterprise*. London and New York: Routledge, pp. 350–370.

Borzaga, C., Fiorentini, G., & Matacena, A., (1996). *Non-profit e sistemi di welfare*. Rome: NIS.

Brandsen, T., van de Donk, W., & Putters, K. (2005). Griffins or chameleons? Hybridity as a permanent and inevitable characteristic of the third sector. *International Journal of Public Administration*, 28(9–10), 749–765.

Bruni, L., & Zamagni, S. (2004). *Economia Civile*. Bologna: Il Mulino, Saggi.

Bruni, L., & Zamagni, S. (eds) (2014). *Handbook on the Economics of Reciprocity and Social Enterprise*. Cheltenham: Edward Elgar.

Dees, G.J. (1998). Enterprising non profit. *Harvard Business Review*, 76: 55–65.

Dees, G.J., & Anderson, B.B. (2006). Framing a theory of social entrepreneurship: building on two schools of practice and thought. In *Research on Social Entrepreneurship: Understanding and Contributing to an Emerging Field*. ARNOVA Occasional Paper Series, 1(3).

Dees, G.J., Economy, P., & Emerson, J. (2001). *Enterprising Nonprofits: A Toolkit for Social Entrepreneur*. London: Wiley Nonprofit Series.

Defourny, J., & Nyssens, M. (2006). Defining social enterprise. In M. Nyssens (ed.), *Social

Enterprise at the Crossroad of Market, Public and Civil Society (pp. 3–26). London: Routledge.

Department of Trade and Industry (DTI) (2002). *Social Enterprise. A Strategy for Success*. London: HMSO. Retrieved from http://www.ub.edu/emprenedoriasocial/sites/default/files/social%20entreprise%20a%20strategy%20for%20success.pdf

Drayton, W. (2002). The citizen sector: becoming as competitive and entrepreneurial as business. *California Management Review*, 44(3).

Etchart, N., & Lee, D. (1999). *Profits for Nonprofits, NESsT*. Retrieved from http://www.nesst.org

Etzioni, A. (1973). The third sector and domestic missions. *Public Administrations Review*, 33, 314–23

Evers, A. (2005). Mixed welfare systems and hybrid organizations: changes in the governance and provision of social services, *International Journal of Public Administration*, 28(9–10), 737–748.

Evers, A., & Laville, J. (2004). *The Third Sector in Europe: Globalization and Welfare Series*. Northampton, MA: Edward Elgar.

Freeman, R., & Reed, D. (1983). Stockholders and stakeholders: A new perspective in corporate governance. *California Management Review*, 25, 88–106.

Freeman, R E., Wicks, A.C., & Parmar, B. (2004). Stakeholder theory and "the corporate objective revisited". *Organization Science*, 15, 364–369.

Gao, S., & Zhang, J. (2006). Stakeholder engagement, social auditing and corporate sustainability. *Business Process Management Journal*, 12, 722–740.

Haigh, N., Walker, J., Bacq, S., & Kickul, J. (2015). Hybrid organizations: origins, strategies, impact, and implications. *California Management Review*, 57(3), 5–12.

Hansmann, H.B. (1980). The role of non-profit enterprise. *The Yale Law Journal*, 89.

Ichniowski, C., & Shaw, K.L. (2009). *Connective Capital as Social Capital*. Retrieved from http://www.nber.org/papers/w15619

Jensen, M.C. (2010). Value maximization, stakeholder theory, and the corporate objective function. *Journal of Applied Corporate Finance*, 22, 32–42.

Kerlin, Janelle A. (2009). *A Social Enterprise, A Global Comparison*. Medford, MA: Tufts University Press.

Kruse, D., Blasi, J., & Park, R. (2006). *Shared Capitalism in the US Economy?* Retrieved from http://www.nber.org/papers/w14225

Leadbeater, C. (1997). *The Rise of the Social Entrepreneur*. London: Demos.

Mandel, L.A., & Qazilbash, J. (2005). Youth voices as change agents: moving beyond the medical model in school-based health center practice. *Journal of School Health*, 75, 239–242.

Matacena, A. (ed.) (1999). *Azienda Non Profit. Scenari e Strumenti per il Terzo Settore*. Milan: EGEA.

Monks, R.A.G., & Minow, N. (1995). *Corporate Governance*. Oxford: Blackwell.

Nyssens, M (ed.) (2006). Social Enterprise. *At the Crossroad of Market, Public Policies and Civil Society*. London and New York: Routledge.

Osborne, S., & McLaughlin, K. (2004). The cross-cutting review of the voluntary sector: where next for local government voluntary sector relationships? *Regional Studies*, 38(5), 573–582.

Ostrom, E. (1999) Crossing the great divide: coproduction, synergy, and development. In M. McGinnis (ed.), *Polycentric Governance and Development: Readings from the Workshop in Political Theory and Policy Analysis*. Ann Arbor, MI: University of Michigan Press.

Ostrom, E. (2009, December 8). *Beyond Markets and States: Polycentric Governance of Complex Economic Systems. Nobel Prize Lecture*. Retrieved from http://www.nobelprize.org/nobel_prizes/economic-sciences/laureates/2009/ostrom_lecture.pdf

Parks, R.B., Baker, P.C., Kiser, L., Oakerson, R., Ostrom, E., Ostrom, V., Percy, S.L., Vandivort, M B., Whitaker, G.P., & Wilson, R. (1999). Consumers as co-producers of public services: some economic and institutional considerations. In M. McGinnis (ed.), *Local Public Economies: Readings from the Workshop in Political Theory and Policy Analysis*. Ann Arbor, MI: University of Michigan Press.

Peredo, A.M., & Chrisman, J.J. (2006). Towards a theory of community-based enterprise. The

Academy of Management Review, 31, 309–328.
Pestoff, V. (1999 [1998]). *Beyond the Market and State: Social Enterprises and Civil Democracy in a Welfare Society*. Aldershot, Brookfield, NJ and Singapore: Ashgate.
Pestoff, V. (2009). *A Democratic Architecture for the Welfare State*. London and New York: Routledge
Pestoff, V., & Brandsen, T. (2008). *Co-Production: The Third Sector and the Delivery of Public Services*. Abingdon and New York, NY: Routledge.
Plé, L., Lecocq, X., & Angot, J. (2010). Customer-integrated business models: a theoretical framework. *Management*, 13(4), 226–265.
Porter, M.E., & Kramer, M.R. (2011). The big idea: creating shared value. *Harvard Business Review*, 89(1–2), 62–77.
Powell, W.W., & Steinberg, R. (2006). *The Nonprofit Sector, A Research Handbook* (2nd ed.). London and New Haven, CT: Yale University Press.
Prabhu, G.N. (1999). Social entrepreneurial leadership. *Career Development International*, 4, 140–146.
Préfontaine, L. (2008). Les PPP, des projets risqués? In M. Boisclair & L. Dallaire (eds), *Les Défis du Partenariat dans les Administrations Publiques. Un Regard Systémique* (pp. 201–218). Québec: Presses de l'Université du Québec.
Salamon, L.M., & Anheier, H.K. (1997). *Defining the Non-Profit Sector: A Cross-National Analysis. Johns Hopkins Comparative Non-profit Sector Project*. Manchester: Manchester University Press.
Santos, F.M. (2009). *A Positive Theory of Social Entrepreneurship*. Working paper 2009/23/EFE/ISIC. Fontainebleau: INSEAD Business School.
Schumpeter, J.A. (1934). *The Theory of Economic Development*. Cambridge, MA: Harvard University Press.
Spear, R. (2006). Social entrepreneurship: a different model? *International Journal of Social Economics*, 33(5/6), 399–410.
Spear, R., & Bidet, E. (2005). Social enterprise for work integration in 12 European countries: A descriptive analysis. *Annals of Public and Cooperative Economics*, 76, 195–231.
Spear, R., Cornforth, C., & Aiken, M. (2007). *For Love and Money. Governance and Social Enterprise*. London: National Council for Voluntary Organizations, with support of the Governance Hub and the Social Enterprise Coalition.
Sternberg, E. (1997). The defects of stakeholder theory. *Corporate Governance: An International Review*, 5(1), 3–10.
The Institute for Social Entrepreneurs (2008), *Evolution of the Social Enterprise Industry: A Chronology of Key Events*. Dallas, TX. Retrieved from http://socialent.org/documents/EVOLUTIONOFTHESOCIALENTERPRISEINDUSTRY--ACHRONOLOGYOFKEYEVENTS.pdf
Thompson, J.L. (2002). The world of the social entrepreneur. *The International Journal of Public Sector Management*, 15, 412–431.
Thompson, J., Alvy, G., & Lees, A. (2000). Social entrepreneurship: a new look at the people and the potential. *Management Decision*, 38 (5), 328–338.
Travaglini, C. (1997). *Le Cooperative Sociali Tra Impresa e Solidarietà: Informativa Economico Sociale*. Bologna: CLUEB.
Weisbrod, B.A (1977). *The Voluntary Nonprofit Sector*. Lexington, MA: Lexington Books.
Weerawarden, J. & Mort, G. (2006). Investigating social entrepreneurship: a multidimensional model. *Journal of World Business*, 41, 21–35. Retrieved from http://www.sciencedirect.com
Zhao, L., & Gijselinckx, C. (2011). Multi-stakeholder co-operatives in China: a resource mix structure approach. *Social Enterprise Journal*, 7, 259–279.

八、从传统公益到公益创投

莉萨·赫亨伯格(Lisa Hehenberger)
普丽西拉·博亚尔迪(Priscilla Boiardi)
阿莱西娅·贾诺切利(Alessia Gianoncelli)

什么是公益创投？

过去十年间，公益创投在欧洲逐渐兴起，作为一种参与度极高的社会影响力投资方式和捐赠资助方式，其适用于各类社会目的组织，从慈善机构和非营利性组织到社会驱动型企业，专注于产生长期并且可持续的社会影响力。

公益创投方法需要使用各种融资工具（包括赠款、债务、股权和混合型融资方式），将定制融资方案与非财务支持、影响力评估及管理相结合，旨在提升投资对象的社会影响力、组织复原力以及财务可持续性。因此，公益创投既包括社会影响力投资，也包括参与度较高的捐赠资助。

公益创投尚未形成一个统一的全球定义，因其内涵概念和推行实践仍在不

【作者简介】 莉萨·赫亨伯格，博士，战略与综合管理系讲师，西班牙 Esade 商学院签约教授，欧洲公益风险投资协会研究与政策部门前任主任。普丽西拉·博亚尔迪，欧洲公益风险投资协会知识中心主任。阿莱西娅·贾诺切利，欧洲公益风险投资协会研究分析员。

断发展、演变及优化(Buckland et al.,2013)。在其定义界定过程中,欧洲公益风险投资协会起到的作用不容小觑。欧洲公益风险投资协会是一家非营利性会员制协会,组织成员的总部均设立在欧洲,且都对公益创投及社会影响力投资抱有兴趣,或是正在付诸实践。欧洲公益风险投资协会将公益创投定义为一种投资方法,主要通过向投资对象(社会目的组织)提供财务及非财务支持来提升其社会层面[1]的影响力。

公益创投的推行实践遍及全球,因此,有必要根据当地情况对具体实践措施进行调整,且不同组织所采取的投资方法也是各式各样、互不相同(Buckland et al.,2013)。尽管如此,公益创投的三个关键特征仍然受到普遍认可。

如图8.1所示,公益创投主要通过三项核心实践措施来产生社会影响力,是一种参与度极高且周期极长的投资方法。

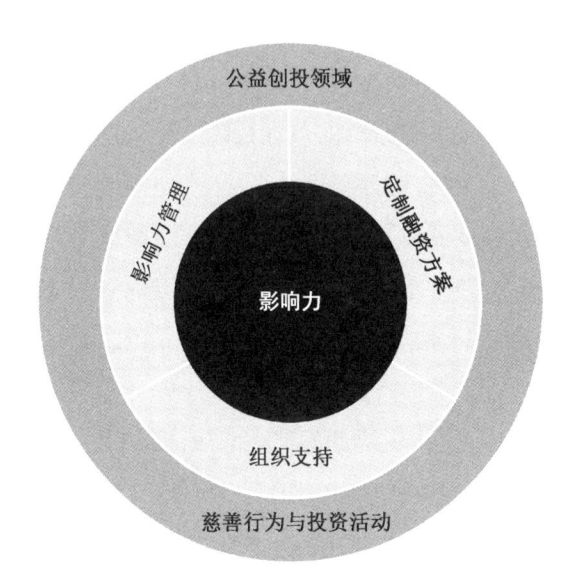

资料来源:Balbo et al.,2016。

图8.1 公益创投的关键特征

- **定制融资方案**:根据所资助组织的具体需求采用不同的定制融资方案(包括赠款、债务、股权和混合型融资方式)。
- **组织支持**:公益创投机构(Venture Philanthropy Organization,VPO)通过

---

[1] 欧洲公益风险投资协会在此处有意使用"社会层面"一词,因为投资对象在社会、环境、医疗或文化方面都有可能产生一定影响力。

向投资对象(社会目的组织)提供增值服务以示支持,旨在通过发展技能、改善结构与优化流程来提升社会目的组织的组织复原力以及财务可持续性。

● **影响力评估及管理**:对社会影响力的产生过程进行评估与管理,以期优化整个过程从而最大限度地产生社会影响力。

按照上述三个关键特征,我们便可以判断欧洲地区的行动者是否属于公益创投领域。只有符合以上全部特征,才能判定为公益创投的实践者,此乃唯一评判标准,较之所使用的融资工具或者所资助的组织类型,其重要性明显更高(Buckland et al.,2013)。

公益创投机构和社会影响力投资组织作为专门从事投资的企业,主要负责自投资者及共同投资人处引入资金,并且为各类投资对象提供非财务支持。而非财务支持不仅可以由公益创投机构及社会影响力投资组织自己提供,也可由外部组织及个人提供。反过来,投资对象也可以在某些特定领域集中开发多个项目,例如医疗保健、教育培训、环境保护、文化文明以及医学研究。最终受益人通常是社会中的弱势群体,例如残障人士与妇女儿童。社会影响力评估指标主要有两个:首先,需要衡量受益人生活质量在投资对象的倾力相助下,究竟得到了多大程度的改善;其次,需要进一步衡量公益创投机构对上述改善究竟做出了多大贡献。公益创投机构主要通过帮扶投资对象做大做强来产生社会影响力,因为"升级"之后的投资对象不仅可以更好地帮助目标受益人,还能够进一步提升运营效率、扩大企业规模。公益创投及社会影响力投资的投资者通常更加关注其投资活动的社会回报,而非财务回报。图8.2旨在阐明公益创投机构在帮扶投资对象(社会目的组织)做大做强的过程中究竟起到了多大作用。

如图8.3[1]所示,公益创投机构所采用的影响力产生战略范围较广,跨度从影响力至上战略(只期望获得社会回报,财务回报即使为负也可接受)到影响力优先战略(既期望获得社会回报,也期望能够获得一定财务回报)。而财务回报优先战略则重在追求财务回报最大化,并认为社会影响力居于次要地位,因此,欧洲公益风险投资协会并不将其视作公益创投战略。然而,"影响力投资"作

---

〔1〕 该图原作者为约翰·金斯顿(John Kingston)(就职于CAF Venturesome社会投资机构),彼得·奥斯特兰德(Pieter Oostlander)(就职于荷兰非营利性社会组织Shaerpa以及欧洲公益风险投资协会)在其基础上进行了部分改动。

为刚刚问世不久的新术语,尽管常常被用来描述各式各样的投资战略,但实际上却倾向于将影响力优先战略与财务回报优先战略都包含在内。

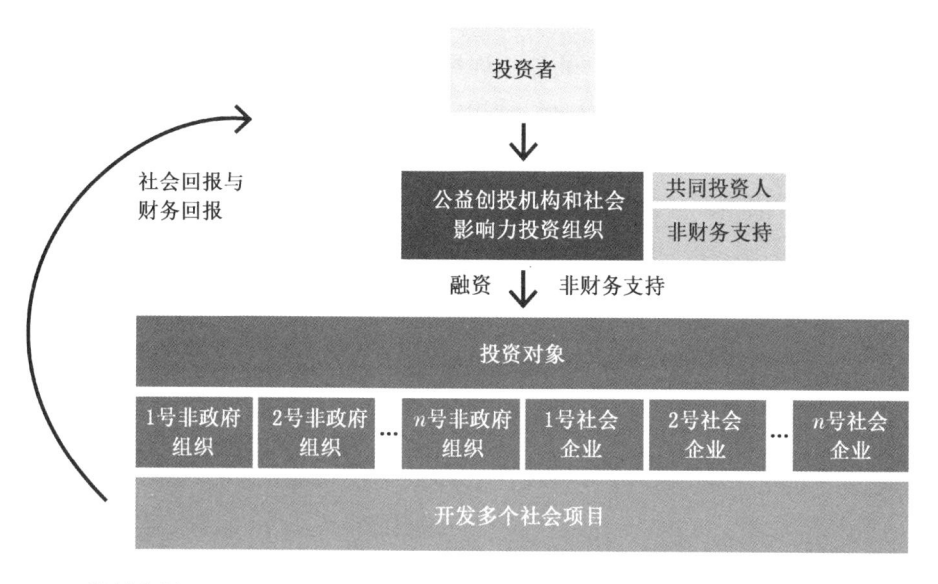

资料来源:Balbo et al.,2016。

图 8.2 公益创投帮扶投资对象做大做强

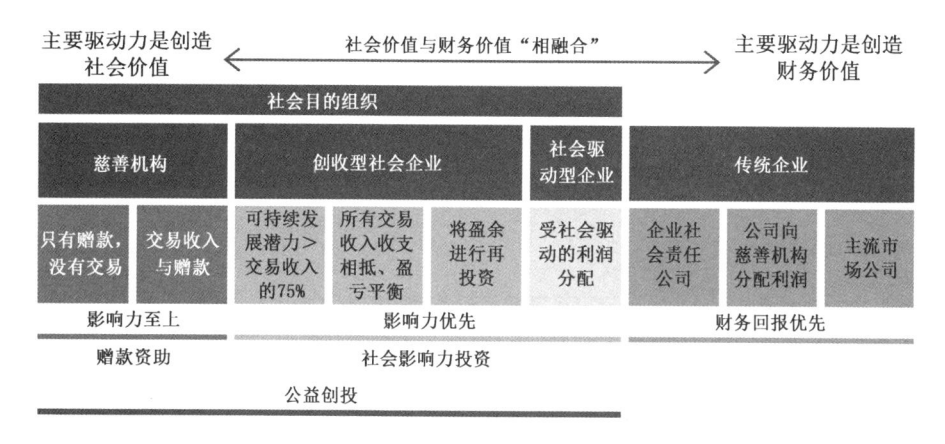

资料来源:EVPA,2016。

图 8.3 投资活动范围

以影响力为中心的投资流程

公益创投机构所遵循的投资流程均是在风险投资/私募股权领域的流程基础上改动而来,虽然其主要目标仍是产生社会影响力(参见图8.4)。

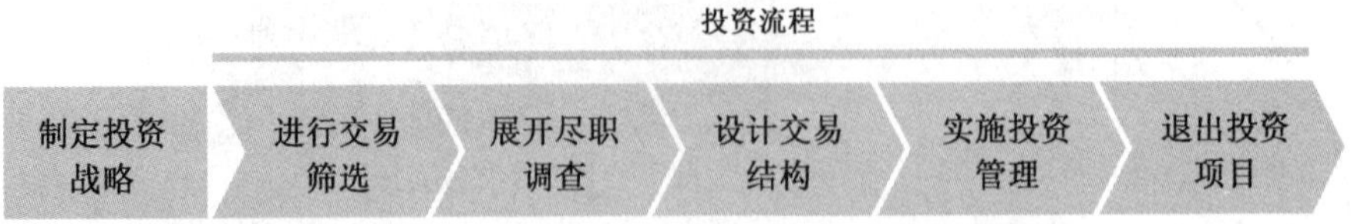

投资流程

制定投资战略 → 进行交易筛选 → 展开尽职调查 → 设计交易结构 → 实施投资管理 → 退出投资项目

资料来源:Boiardi & Hehenberger,2014。

图 8.4　投资流程

投资流程主要由投资战略确定,共分为以下五个步骤:进行交易筛选、展开尽职调查、设计交易结构、实施投资管理以及退出投资项目。投资流程能够确保公益创投机构以最富有成效的方式分配其资源,并选择最符合其投资战略的投资活动,从而最大限度地产生影响力。

需要进行哪些投资活动必须根据公益创投机构所制定的投资战略才能确定。而投资战略的制定则是通过提炼公益创投机构自身的改变理论才能实现:认识到公益创投机构试图解决的首要社会问题;了解公益创投机构解决问题的方法途径;熟知公益创投机构采取行动所要实现的目标(Hehenberger et al.,2013)。投资战略的作用应该是帮助指导公益创投机构,以期实现上述目标。综上所述,公益创投机构投资战略主要有六大要素,具体如图8.5所示。

> 投资战略六大要素:
> (1) 投资重点
> (2) 干预模式
> (3) 社会目的组织类型
> (4) 融资工具
> (5) 共同投资政策
> (6) 非财务支持

资料来源:Hehenberger & Boiardi,2014。

图 8.5　投资战略六大要素

公益创投机构做出的一系列选择最终形成了自身的投资战略，这些选择能够决定其投资重点(1)和投资目标(2)。公益创投机构的投资重点和首选干预模式将会影响所资助的社会目的组织类型(3)，也就是社会目的组织的类别和发展阶段。公益创投机构的投资组合规模较小，行业平均数为28个，中位数为每家公益创投机构对应9个(Hehenberger et al.,2014)，且能够与所有投资对象都保持紧密联系。对于所要资助的社会目的组织类型、有待实施的方案以及自身财务回报的期望值，公益创投机构都需要做出选择，而这些选择将最终决定其所使用的融资工具(4)。公益创投所使用的融资工具虽然与风险投资所使用的融资工具极为相似，却增设了赠款以及与赠款相关的融资工具。通常情况下，公益创投机构会与其他基金赞助者一起进行共同投资，以便为公益创投投资活动筹集到更多资金，从而在更广泛的受众中推行公益创投投资活动，并进一步分散风险(5)。投资战略的最后一个重要因素便是非财务支持(6)。除了财务支持以外，公益创投机构还提供增值服务，例如战略规划、市场营销与沟通、执行教练、人力资源咨询，以及获取其他关系网络和潜在基金赞助者(Balbo et al.,2010)。

公益创投机构投资流程的第一步，就是在市场上筛选出极具吸引力的潜在交易。构建高质量的交易流程是公益创投机构所面临的最高难度挑战之一，其重要性绝不亚于筹集资金，两者应该具有同等优先级。尽管上述两项挑战重要程度不分伯仲这一点并非显而易见，但至少两项任务的困难程度实属不相上下。对交易流程的设计策划与对筹集资金的规划安排差不多在同一时间开始，因此，务必要找到符合公益创投机构目标的早期投资机会，这一点非常重要：一来能够有助于公益创投机构顺利开展投资活动；二来能够利用现有资源最大限度地产生影响力。诚然，与公益创投投资活动目标相吻合的投资对象类型有时很难找到，因此，公益创投机构必须寻找各种途径、采取各种方式来积极参与市场建设，以便孵化培育那些优秀创意。

由于合适的社会目的组织确实难以找到，因此，如果在初期阶段就想开展投资活动，那么最好能够直接识别出目标社会目的组织，并加以接洽联络。管理开放式资助申请当然也是一种选择，但其极有可能会带来巨大的管理负担，且无法保证百分之百成功。另外，管理开放式申请流程将会导致一大批申请人大失所望，从而对公益创投机构的信誉造成负面影响。综上所述，公益创投机构必须决定是否采用"封闭式"流程，要么在特定时间内邀请申请人进行申报，要么从始至终采用开放式申请流程。就生成及处理交易流程而言，前者的成本效果明显优于后者，但前提是该公益创投机构必须信誉良好，且拥有良好的营销渠道以及相当成熟的社会目的组织市场。而后者则通常应用于发展中国家及地区，或是当公益创投机构尚未形成自己的社会目的组织关系网络作为潜在投资对象时，多会考虑采用开放式申请流程。

鉴于找到合适的社会目的组织投资对象是公益创投机构投资活动的重要组成部分，因此，公益创投机构通常会主动出击，积极寻找、识别、接洽并联络那些属意投资的社会目的组织，而非仅限于接受开放式申请。公益创投机构接洽联络社会目的组织的渠道多种多样，或通过关系网络与中介机构，或通过会议研讨及组织活动，甚至是通过参与现有投资组合的组织与之取得联系。

在交易筛选过程中，公益创投机构寻找的是能够与自身战略契合良好的社会目的组织，即那些能够帮助公益创投机构实现其自身影响力目标的社会目的组织。通过修订社会目的组织的商业计划书，公益创投机构才得以对以下问题做出粗略评估：社会目的组织为了实现其目标都需要哪些支持？公益创投机构能够为此提供哪些支持？以及两者之间是否相互匹配？尽职调查通常（至少部分如此）是在对商业计划书进行详细分析与验证之后才会展开。此外，推行以下措施同样至关重要：与社会目的组织管理层、员工及董事会成员进行访谈，对相关文件加以审阅，以及对外部信息来源展开重点研究。由于这一筛选方式更为细致，因此，公益创投机构得以对每个投资机会的具体情况进行准确评估，包括与投资活动相关的风险、可能采取的风险缓释措施、预计进行的分阶段融资、扩大措施推行规模的可能性、投资活动结束之后公益创投机构的参与程度，以及在退出阶段所做出的选择。

尽职调查活动的类型之间存在很大差异。公益创投机构通常亲力亲为，亲自参与尽职调查活动。例如，经常亲临现场参观并采访高层管理人员，会见社会目的组织的关键人物，与董事会成员、前商业伙伴以及社会目的组织投资者进行对话协商。平均而言，对于通过筛选的组织，公益创投机构会对其中的21%进行尽职调查；而对于通过尽职调查的组织，公益创投机构会选择其中的39%进行投资。由此可知，每家公益创投机构平均在一年内将筛选出86个组织，并对其中18个组织开展进一步尽职调查，最终选出7个组织作为投资对象（Hehenberger et al.，2014）。

在尽职调查之后,将向投资委员会提交一份详细的投资说明书,以期制定出最终的投资决策。经委员会批准,交易结构将得到最终确定,财务支持及非财务支持的相关细节也将获得公益创投机构和社会目的组织的批准。在交易结构设计阶段,公益创投机构和社会目的组织需要就以下问题达成共识,即双方预计共同努力实现哪些重要目标。通常情况下,这些重要目标包括三个考量维度,分别是社会影响力、财务可持续性以及组织复原力。

一旦交易完成,公益创投机构和社会目的组织便开始着手打造"伙伴关系",即公益创投机构将会帮助社会目的组织实现其目标。财务支持及非财务支持的结构设计目标应该是让社会目的组织能够提升自身的内在能力,并且在整个投资活动期间逐渐减少对公益创投机构的依赖。尤其重要的是,公益创投机构将亲力亲为,通过与社会目的组织的管理层频繁会面来为其提供实际支持,有时还会通过自身的董事会席位来影响其发展走向。综上所述,公益创投机构通过对社会目的组织实现自身目标的情况进行持续监测,从而得以发现问题、纠正错误,并相应地调整支持方式。

公益创投机构有必要制定出一个明确的退出战略,因为其与投资对象建立的伙伴关系不可能永远持续下去。公益创投机构有限的资源必须用在"刀刃"上,也就是用在那些能够产生最大影响力的地方,这就意味着在某些情况下,需要适时地"交出指挥棒"并就此放手(Boiardi & Hehenberger, 2014, p.7)。

欧洲公益风险投资协会对退出战略的定义如下所示:

  该行动计划能够决定公益创投机构停止为投资对象带来附加价值的时间节点,并且能够在结束合作关系的同时继续保持甚至进一步扩大社会影响力,或是将社会影响力的潜在损失降至最低(Boiardi & Hehenberger, 2014, p.7)。

"退出"是指公益创投机构与投资对象之间合作关系的终止,具体的终止时间要么定于公益创投机构停止为投资对象带来附加价值这一预设时间节点之后,要么定于投资目标全部实现之后。下列情况将导致公益创投机构选择退出投资项目:投资对象在社会影响力、财务可持续性以及组织复原力方面的目标均已实现;投资对象尚未实现目标,而公益创投机构并不知道该如何对其进行支持帮助;公益创投机构业已实现自身目标;或者是预设时间节点已经到期。

终止资助将导致赠款退出投资项目,偿还债务将导致贷款退出投资项目。

股权将转让给后续投资者(主要通过回购、销售或移交股权等方式进行)，要始终确保企业的影响力目标在退出投资项目以后能够继续保持。在公益创投机构与社会目的组织之间关系的发展过程中，退出阶段实属关键时刻。通过选择恰当的退出时机以及合适的后续投资者，公益创投机构能够确保社会目的组织的社会目标在退出投资项目后仍可继续保持。

公益创投在欧洲的兴起

在20世纪90年代末期，欧洲组织慈善行为的传统模式多以赠款资助为基础，且通常默认该赠款纯属赠与，无须任何花费，然而，这一模式由于对效果和效率的关注极为有限，因此招致越来越多的批评反驳(Mair & Hehenberger, 2014)。慈善行为更加"合理化"可谓大势所趋(Katz, 2005)，作为其中重要一环，公益创投开始作为慈善捐赠的替代模式被广泛推广。公益创投模式着重强调明确目标、评估指标以及结果监测的重要性，同时克服了传统公益(traditional philanthropy, TP)模式中的不足之处。

上述两种模式的主要区别在于：公益创投会规定具体投资哪些"投资项目"，并且在社会项目实施过程中，能够亲力亲为，实际参与组织管理；而传统公益则强调无为而治，仅以赠款资助的方式对项目实施进行支持，其他方面不予干涉。对公益创投来说，解决社会问题的关键之处在于帮助社会目的组织提高效率、提升效果；而传统公益则着力推行多项举措以解决导致社会问题的根本原因。公益创投对投资活动的社会回报，尤其是财务回报均有明确规定；而传统公益则并未对创造社会效益或生产公共产品做出规定，仅仅是抱有隐性期望而已。因此，这两种模式在执行实践、基本假设以及思想信念方面均存在着显著差异(Mair & Hehenberger, 2014)。

公益创投投资方法对于新型捐赠者及企业领导者而言，极具吸引力，因为这些人在风险投资与私募股权领域获得成功之后，或者更笼统地说，作为一名企业领导者获得成功之后，能够通过涉足非营利性领域，并利用在职业生涯中习得的技能以及在圈内专业人士中尚未开发的资源，来致力于"回馈社会"(Mair & Hehenberger, 2014)。这些高技能型人才常常会被公益创投投资方法所吸引，因为该方法能够将资金分配与技能应用结合在一起，并且所使用的词汇术语已为人熟知,无须从头学起。综上所述,第一批公益创投基金是由来自私募股权及风险投资领域的企业创业者和专业人士所创,并且个人捐赠者仍然是为公益创投机构和社会影响力投资组织提供资金的主要来源,以上种种绝非巧合。

当公益创投模式首次开始扩大时,引起了广泛争议,并招致了传统公益模式支持者的极大反对(Sievers,1997)。传统公益实践者提出的异议最能切中要害:其坚信公益创投投资方法极具突破性,极有可能取代原有的慈善模式。此外,最初反对公益创投的另一个原因在于,传统公益实践者常常会抱怨公益创投的参与者,因为他们总是通过将精明的商业头脑应用于社会部门,以此来假装"拯救世界"(Mair & Hehenberger,2014)。

尽管在初始阶段招致一些批评,但是在欧洲,各种创新型公益创投机构仍然在不断涌现,并开始与越来越多的传统慈善实体机构进行互动。这些公益创投机构包括社会影响力投资基金(例如布里奇斯风险投资基金)、资助型基金会(例如壳牌基金会),有时还包括将两者结合在一起的新式混合型结构(例如 Bon Venture 风险投资基金、Oltre Venture 风险投资基金以及荷兰诺伯基金会)。在公益创投模式的发展过程中,举办社交活动是其中重要一环,因为这可以让公益创投实践者有机会认识那些来自同一领域及其他领域的专业人士,进而相互分享经验,以期更好地了解如何才能"行之有效"(Mair & Hehenberger,2014)。欧洲公益风险投资协会在举办社交活动的过程中发挥了重要作用,与此同时,得到欧洲基金会中心(European Foundation Centre,EFC)与欧洲私募股权及风险投资协会(European Venture Capital & Private Equity Association,EVCA)的支持也是至关重要、不可或缺的。具体来说,通过与欧洲基金会中心开展合作,欧洲公益风险投资协会能够设法让传统公益实践者参与到社交活动中,这样其便可以在关于公益创投方法及工具的讨论中贡献自己的经验与理念。

十余年来,欧洲慈善领域经历了重大变革,逐渐从两种制度模式的二元对立过渡到和平共处、互惠共生(Mair & Hehenberger,2014)。在经历了最初的怀疑与反对之后,从 2004 年至 2008 年,公益创投开始引起欧洲现有慈善基金会的注意。这一点与美国的情况有所不同。在美国,公益创投与传统公益水火不容,彼此对立,而欧洲公益创投则从一开始就更具包容性。此外,公益创投的出现时机可谓恰到好处,适逢现有基金会正在到处寻找新方法以期更好地帮助支持社会部门,并使其投资活动与所持社会使命保持一致。欧洲慈善基金会对公益创投极有兴趣，希望能够借此进一步丰富扩充自己的慈善工具组合（Mair & Hehenberger，2014）。除此之外，各大基金会也在突破创新，全力协助社会部门，以期使投资活动与社会使命能够达成一致（Buckland et al. ，2013）。由于公益创投与传统公益的目标地理区域及目标领域均完全相同，因此，两类行动者之间的联系互动机会也相应大大增加。

2008—2012年间，欧洲公益创投的参与者借鉴金融行业及非营利性领域的相关经验，发展出了混合型实践。公益创投领域的优势在于其能够产生各式各样的影响力，并且具有吸引各类行动者加入的能力，而这些行动者若非受该领域吸引，实难有机会与之结识。对标公益创投模式可知，不管是在纯粹的社会回报期望值与纯粹的财务回报期望值之间，还是在政府与社会资本之间，或是在营利性领域与非营利性领域之间，都允许在两者交叉混合处进行创新。近年来，我们看到政府和大型企业也开始涉足公益创投领域，并业已着手践行公益创投的理念及措施，为原本就类型多样的行动者进一步添加了两股重要力量。

如今，由于社会企业在欧洲的遍及程度和实践规模在不断提升，且社会企业家对弹性融资的需求以及对业务支持所持的开放态度均能够与公益创投所提供的帮助相契合，因此，公益创投在欧洲已然成为慈善投资及社会责任投资领域中不可或缺的组成部分（Buckland et al. ，2013）。

公益创投在欧洲的现状

欧洲公益风险投资协会成立于2004年，随着欧洲公益创投参与者和社会投资者（公益创投机构）人数的逐渐增多，该协会已自然而然成为上述人员的根据地。欧洲公益风险投资协会是一家会员制协会，组织成员均对公益创投及社会影响力投资抱有兴趣，或正在付诸实践，其成立目的之一便是在整个欧洲地区推广公益创投。欧洲公益风险投资协会组织成员的从业背景覆盖了公益创投及社会影响力投资两大领域，具体包括公益创投基金、社会投资者、资助型基金会、影响力投资基金、私募股权公司、专业服务公司、慈善咨询机构，以及各大银行和商学院。目前，该协会共有来自29个国家的200多名成员，其总部大多设立在欧洲地区，但是，在欧洲以外的阿拉伯联合酋长国（United Arab Emirates）以及亚洲地区也有分布，表明该领域并非安于一隅，而是走向世界，飞速发展。此外，欧洲公益风险投资协会组织成员的从业背景虽然各不相同,却能够齐心协力、携手并进,共同促进并塑造公益创投及社会影响力投资在欧洲乃至全世界的未来发展。

在欧洲公益风险投资协会及其组织成员以及影响力生态系统中其他重要行动者的共同努力下,公益创投和社会影响力投资得以稳步增长,并逐渐形成了一个新兴领域,且专门为此创建了一套完整的支持系统,包括咨询服务公司以及开设公益创投和社会影响力投资专业课程的商学院。

欧洲公益风险投资协会是欧洲公益创投及社会影响力投资领域最重要的数据库。自2011年以来,欧洲公益风险投资协会知识中心便开始收集该领域相关数据,并发布年度研究报告,旨在提供独立的统计数据,分析研判发展趋势以及提高对公益创投和社会影响力投资的认识,以期为该领域吸引更多资源。欧洲公益风险投资协会之所以着手收集汇总数据,原因之一便是需要向包括政策制定者在内的外部受众解释何谓公益创投、何谓社会影响力投资,同时掀起讨论热潮,从而帮助公益创投及社会影响力投资实践者能够对自身的方式方法与工作效率进行更加深入的思考。

欧洲公益风险投资协会第四次调查报告发布于2014年12月,以95家公益创投机构2013财年[1]数据为基础,对欧洲公益创投及社会影响力投资领域进行了深入分析(Hehenberger et al.,2014)。受访者的数量以及4年之间积累的数据使得欧洲公益风险投资协会成功引起了人们对于这一领域演变过程的关注,进而对欧洲公益创投及社会影响力投资领域的本质提出了几点疑问。在本篇文章中,我们将重点介绍最新调查报告中那些最具吸引力的调研结果。欧洲公益创投及社会影响力投资领域持续飞速成长,迅猛发展:公益创投及社会影响力投资领域的资源也在不断增加,这一点从可用资金和投资资金的总额及平均数中可以明显看出——从一开始资金总额就超过了50亿欧元,在2012财年到2013财年间,每家公益创投机构的财务支持数额平均增加了28%之多,高达800万欧元(参见图8.6)。

此外,公益创投及社会影响力投资的全面预算也在持续增加。该预算包括投资花费和间接费用,尽管那些年度预算低于250万欧元的欧洲公益创投机构

---

[1] 所使用数据均为2013财年数据。

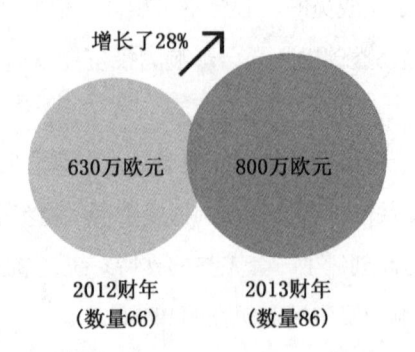

资料来源：Boiardi et al. ,2014。

图 8.6　2012 财年和 2013 财年公益创投机构提供给投资对象的平均财务支持数额

仍占多数,但是与过去几年相比,可以明显看到这一比例在急剧下降。然而,从 2012 财年到 2013 财年,对于资金分配数额在 500 万－1 500 万欧元的组织而言,其所占比例明显升高,由此可见,公益创投及社会影响力投资在欧洲的发展不断壮大,同时进一步促进了资源流动(参见图 8.7)。

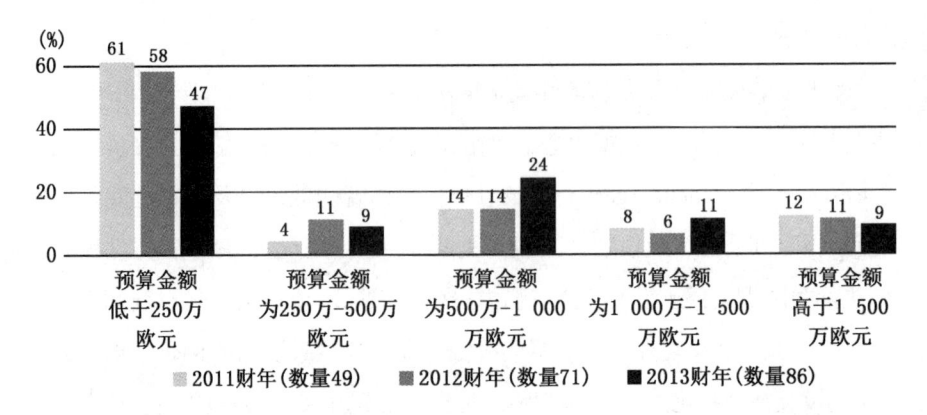

资料来源：Boiardi et al. ,2014。

图 8.7　公益创投及社会影响力投资在 2011 财年至 2013 财年间的平均预算[1]

但是,这些供公益创投机构使用的资源究竟从何而来? 参见图 8.8 可知,个人捐赠者、公司企业以及外部基金会都是公益创投和社会影响力投资活动的主要资金来源,分别占总资助金额的 19％、17％和 14％。尽管个人捐赠者仍然是

---

〔1〕 本图数据均引自原文,可能因为小数位数保留问题导致 2011 财年各项数据通加并非 100。——译者注

最重要的资金来源,但其作为资金来源的重要程度却有所降低,从 2012 财年到 2013 财年共计下降了 14 个百分点。政府机关排名稳定,仍然是第四重要的资金来源,占总资助金额的 11%。有趣的是,机构投资者也成为一个重要资金来源,占总资助金额的 9%(比上一年提高了 7 个百分点)。由自身捐赠基金、回报再利用以及劳动收入提供的资金占总资助金额的 17%,比起 2012 财年占比 10%这一数据明显有所提升,表明公益创投机构愈加倾向于采取自筹资金的方式为其投资活动筹集资金。私募股权/风险投资/对冲基金作为资金来源的重要程度持续下降,从 2011 财年的 17%降低到 2012 财年的 7%,再降至 2013 财年的 2%(参见图 8.8)。

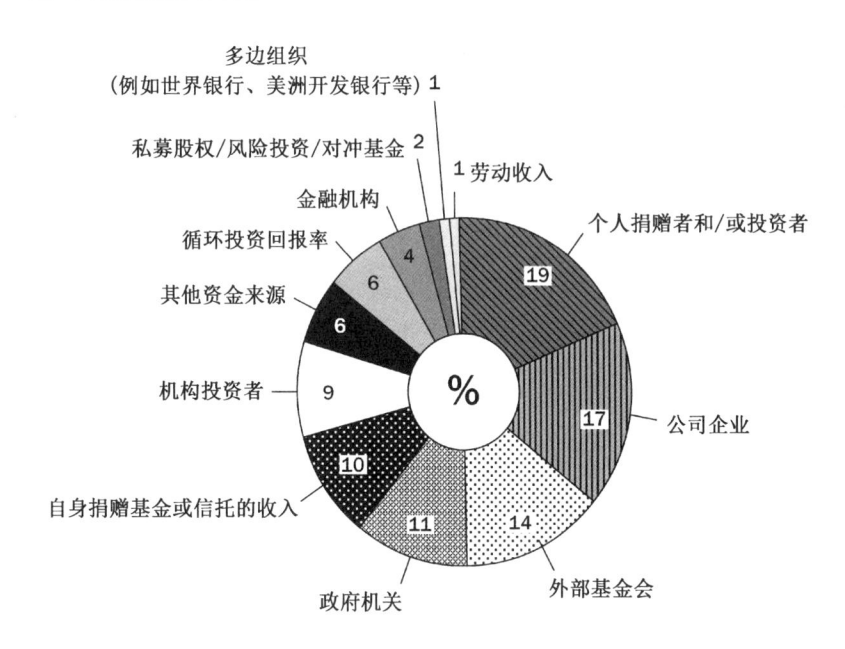

资料来源:Boiardi et al.,2014。

图 8.8　2013 财年公益创投机构总资助金额的资金来源分布(数量 85)

公益创投机构还可以采取另一种方式来筹集必要资源以便投资新兴社会目的组织,即回收资本进行再利用。事实上,回收资本再利用这一方式的重要程度正在逐步提升,即使对于那些以社会回报为主要目标的组织而言也是如此。

从本篇文章第一小节所描述的投资活动范围来看,社会回报仍然是大多数公益创投机构所追求的主要目标。从 4 年数据来看,对于优先寻求社会回报但同时也接受财务回报的公益创投机构而言,其所占比例正在进一步提高(从

2012财年的39%增加到2013财年的41%),并在2013财年成为所占比例最高的类别。那些只追求社会回报的公益创投机构所占比例提高了1个百分点,从2012财年的33%增加到2013财年的34%;而那些将社会回报和财务回报置于同等地位的公益创投机构则占据了全部类别的25%,比上一年下降了3个百分点。然而,考虑到回报期望值,则公益创投机构的分布明显不如过去几年均匀。期望值为保本的公益创投机构所占比例有所增加,而那些期望值为负回报的公益创投机构所占比例则明显缩减,降低至21%(参见图8.9)。结合社会回报与财务回报目标对这一趋势进行分析,结果表明,回收资本再利用这一方式已经变得愈加重要,即使是那些以社会回报为主要目标的组织也不例外。

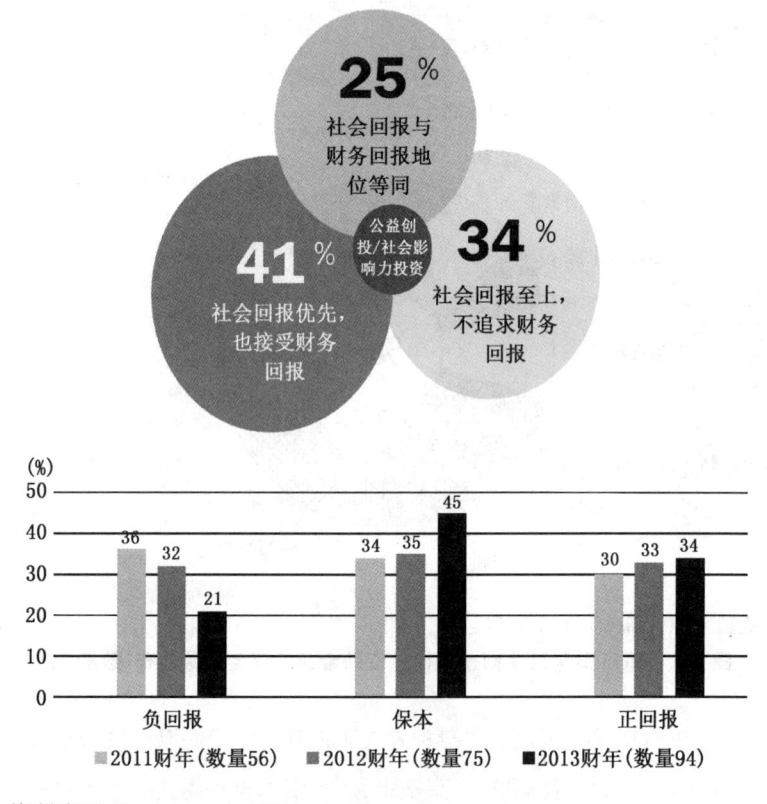

资料来源:Boiardi et al.,2014。

图8.9 公益创投机构2013财年投资优先级排序与2011财年至2013财年间的回报期望值

公益创投及社会影响力投资机构所支持资助的领域和受益人范围广泛,具体包括经济与社会发展(获得22%的资金资助)、教育培训(14%)、研究开发

(13%)、医疗保健(13%)以及文化娱乐(9%)。总而言之,排名前五的领域占据了总资助金额的71%(参见图8.10)。

经济与社会发展 **22%** 　 教育培训 **14%** 　 研究开发 **13%** 　 医疗保健 **13%** 　 文化娱乐 **9%**

资料来源:Boiardi et al.,2014。

图8.10　排名前五的领域:占据2013财年总资助金额的百分比(数量90)

就受到支持资助的受益人而言,儿童和青少年是公益创投及社会影响力投资机构投资活动的主要目标,有62%的欧洲公益创投机构将投资重点放在这一群体上。贫困人口(36%)是第二大受到支持资助的群体,失业人员(21%)也仍然是受到支持资助的重要群体,其次是残障人士(19%)及女性群体(17%)(参见图8.11)。

儿童和青少年 **62%** 　 贫困人口 **36%** 　 失业人员 **21%** 　 残障人士 **19%** 　 女性群体 **17%**

资料来源:Boiardi et al.,2014。

图8.11　2013财年排名前五的目标群体(数量95,受访者可选多个目标群体)

公益创投机构进行投资的组织范围很广。在2013财年,影响力优先型社会企业仍然是公益创投及社会影响力投资机构投资活动的主要目标之一,所获资助占据了总资助金额的1/3。然而,对于没有交易活动的非政府组织也在持续增加支持资助,这表明公益创投机构逐渐倾向于投资那些尚不能自筹资金但极有潜力实现财务可持续性的社会目的组织(参见图8.12)。

虽然参与调查研究的公益创投机构总部均设立在欧洲,但其可以在世界上任一地区进行投资。需要牢记的是,对于参与度极高的投资方法来说,公益创投机构与其投资对象地理位置彼此接近这一点极其重要。仔细观察欧洲公益创投机构的投资地点可知,跨境资助所占比例有所增加:欧洲公益创投机构总资助金

影响力投资

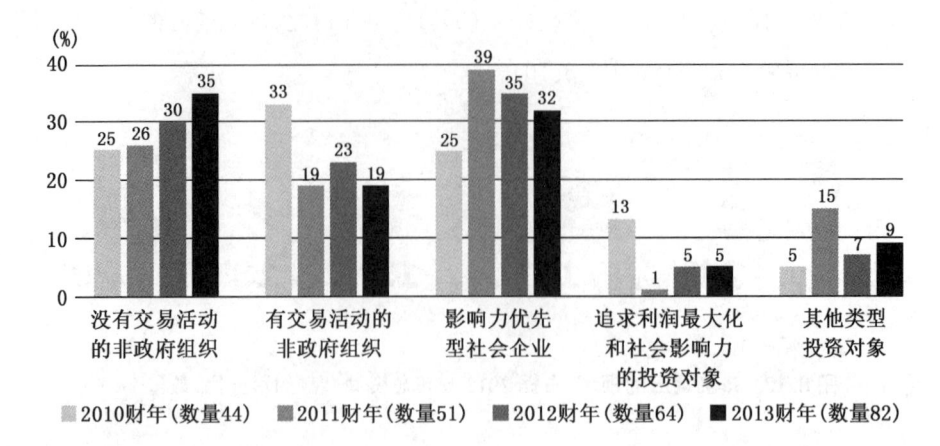

资料来源：Boiardi et al.，2014。

图 8.12 2010 财年至 2013 财年间公益创投及社会影响力投资机构的投资对象类型分布(货币为欧元)[1]

额的一半以上是投资国内市场(56%)，或是投资其他西欧国家(9%)，与此对应，跨境资助正在变得愈加重要。在 2013 财年，投资欧洲地区以外的资金主要分配给了非洲国家(11%)，其次是北美洲(8%)、亚洲(6%)、大洋洲(5%)、拉丁美洲(3%)以及东欧(2%)(参见图 8.13)。

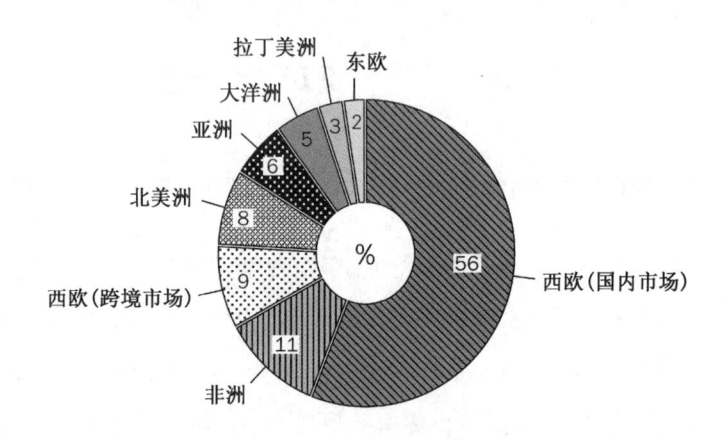

资料来源：Boiardi et al.，2014。

图 8.13 公益创投及社会影响力投资机构 2013 财年投资重点的地域分布(数量 83,货币为欧元)

---

[1] 本图数据均引自原文，可能因为小数位数保留问题导致 2010 财年各项数据通加并非 100。——译者注

将公益创投与传统公益区分开来的要素之一便是公益创投机构团队成员多元化的从业背景。来自企业界及私募股权/风险投资领域的专业人士是最早一批对公益创投产生兴趣的人,而该领域之所以能够蓬勃发展,正是因为有了这些具有不同从业背景的专业人士。从欧洲公益风险投资协会收集的数据来看,在公益创投机构工作的人员中,超过 1/4 来自金融行业(包括私募股权及风险投资、零售银行和投资银行、资产管理和对冲基金),将近 1/3 来自私人部门(包括上市公司与专业服务公司,例如律师及咨询顾问),相较之下,只有刚刚超过 1/3 的公益创投团队成员具有社会部门从业背景(参见图 8.14)。

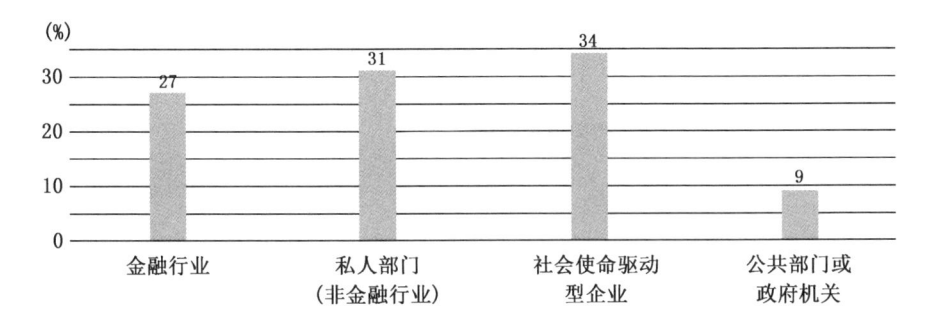

从业背景	百分比(%)
金融行业	27
私人部门(非金融行业)	31
社会使命驱动型企业	34
公共部门或政府机关	9

资料来源:Boiardi et al.,2014。

图 8.14 公益创投及社会影响力投资机构 2013 财年团队专业人士从业背景分布(数量 95)

公益创投投资方法的发展实践

关于公益创投机构如何实践公益创投七项原则这一问题,出现了两个有趣的趋势。第一个趋势是越发注重社会影响力评估。自公益创投出现以来,其一直将自己定位为一个高度重视充分利用现有资源的投资方法,通过使用评估指标衡量所获得的社会影响力来进一步提升效率。在《影响力评估及影响力管理实用指南》中(Hehenberger et al.,2013),欧洲公益风险投资协会对评估影响力的五个步骤进行了阐释说明。而且,正如欧洲公益风险投资协会调查报告所证实的那样,这些步骤已然成为评估标准,被绝大多数公益创投及社会影响力投资机构所采用。此外,在 2014 年 6 月,欧盟委员会及其社会企业专家组对影响力评估提出了一系列建议,而制定这一欧洲评估标准的基础正是源于上述五个步骤(参见网址:http://europa.eu/rapid/press-release_IP-14-696_en.htm?locale=EN

和 http://ec.europa.eu/social/main.jsp?catId=738&langId=en&pubId=7735&type=2&furtherPubs=yes)。

社会影响力的评估与管理是公益创投不可或缺的组成部分。在欧洲公益风险投资协会的调查报告中,有96%的受访者会对社会影响力进行评估(参见图8.15)。此外,对于越来越多的公益创投机构而言,投资对象的社会绩效逐渐成为是否释放新资金的判定条件,这表明公益创投机构越发注重社会影响力的管理。

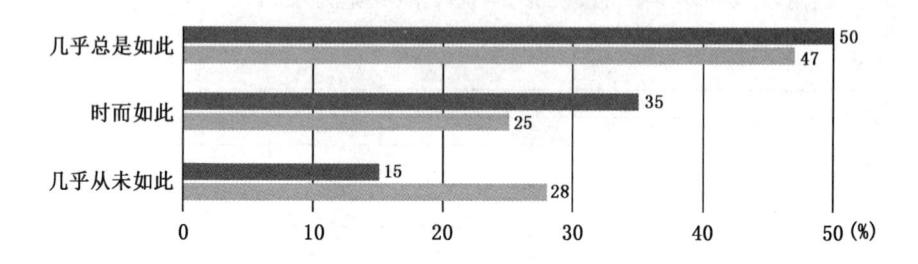

几乎总是如此　50　47
时而如此　35　25
几乎从未如此　15　28

资料来源:Boiardi et al.,2014。

图8.15　根据社会绩效决定是否释放新资金的公益创投机构分布[1]

在大多数情况下,影响力评估系统的目标是以效益为基础进行设定的;产出评估指标(例如"达到的人数")不再是最重要的衡量指标。此外,有越来越多的公益创投机构试图对影响力进行评估(这需要对归因进行评估)(参见图8.16)。

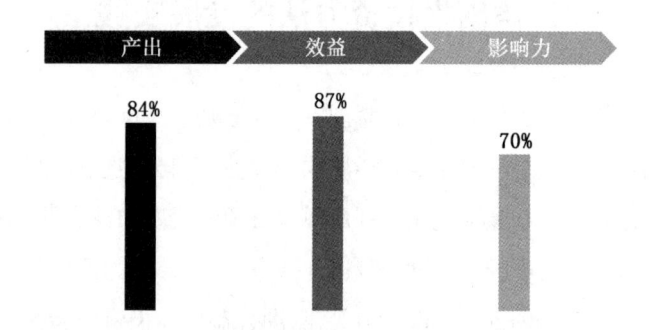

产出 84%　效益 87%　影响力 70%

资料来源:Boiardi et al.,2014。

图8.16　受访者的社会影响力评估目标分布(数量91,受访者可选多个目标)

---

[1] 资料来源、原文和原图均未注明该图中深浅两条线所指为何,译者推测其代表的应该是不同年份。——译者注

由于公益创投及社会影响力投资方法的目标是建立更强大的社会目的组织,因此,大部分资金用于支持资助社会目的组织的核心成本,而非单个投资项目。具体来说,几乎一半资金被用于支付核心间接成本(49%)。

尤其有意思的是,尽管最大的一笔资金是用来支付间接成本且不受任何限制,但实际上其却与投资活动的重要目标息息相关(参见图 8.17)。监测影响力目标的实现情况是公益创投投资方法的重要组成部分,在欧洲地区资源较为短缺的时期尤为如此。因此,越来越多的公益创投机构倾向于将提供财务支持与实现重要目标挂钩,并通过协助进行能力建设以及提供非财务支持来帮助投资对象实现自身目标。

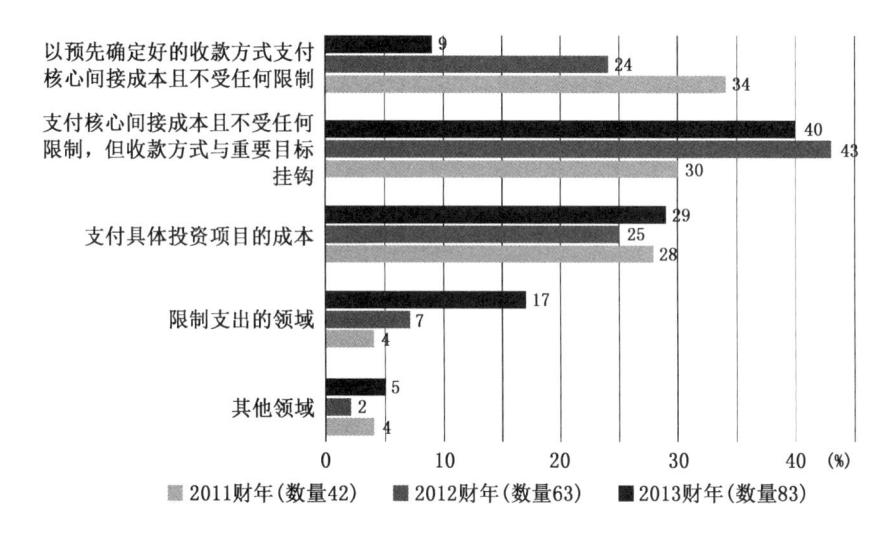

资料来源:Boiardi et al.,2014。

图 8.17　2011 财年至 2013 财年间资金分配组合[1]

第二个趋势是提供非财务支持的专业化程度有所提升。公益创投机构不仅在财务上支持其投资对象,而且还提供各类增值服务,例如咨询服务、教练技术、资金筹集等(参见图 8.18)。

非财务支持主要由公益创投机构员工和公益性支持者网络所提供,他们愿意将自己的专业技能移交给那些受到公益创投机构支持资助的社会企业。因此,多元化程度极高的公益创投团队能够得到大量公益性支持者和志愿者的支

---

〔1〕 本图数据均引自原文,可能因为小数位数保留问题导致 2012 财年各项数据通加并非 100。——译者注

战略咨询 **81**%　教练、启导首席执行官或管理层 **77**%　获取关系网络 **76**%　财务管理 **65**%　资金筹集或收入战略 **61**%　治理 **56**%

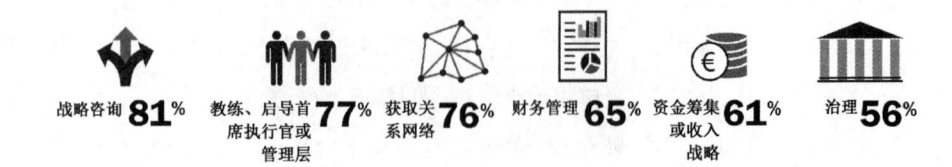

资料来源：Boiardi et al.，2014。

图 8.18　公益创投机构所提供的非财务支持类型分布（数量 94，受访者可选多种类型）

持，他们协助投资对象进行能力建设，并提供非财务支持，这些做法能够与公益创投机构团队成员所提供的支持相辅相成、互相补充（参见图 8.19）。

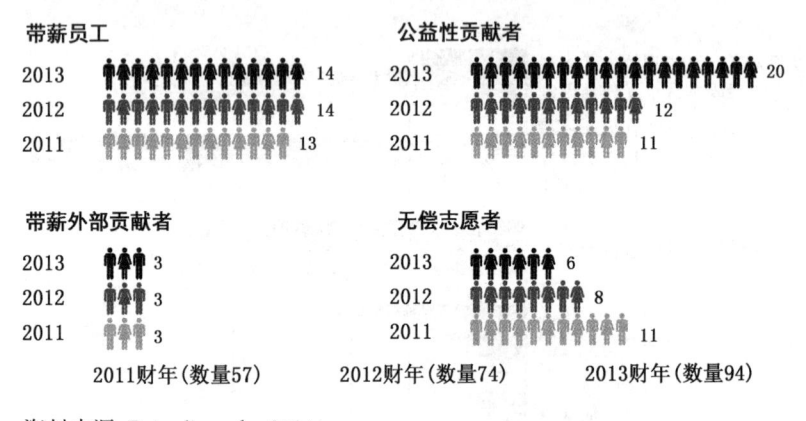

带薪员工
2013　14
2012　14
2011　13

公益性贡献者
2013　20
2012　12
2011　11

带薪外部贡献者
2013　3
2012　3
2011　3

无偿志愿者
2013　6
2012　8
2011　11

2011 财年（数量57）　2012 财年（数量74）　2013 财年（数量94）

资料来源：Boiardi et al.，2014。

图 8.19　各家公益创投机构人力资源平均计数数据汇总

非财务支持是公益创投及社会影响力投资方法的重要组成部分，但公益创投机构仍然难以量化其成本以及为投资对象带来的价值，并且根本不存在所谓的最佳实践。在 2013 财年，非财务支持仅占总资助金额的 6.5%，占比如此之低可能就是因为非财务支持仍然难以量化（参见图 8.20）。

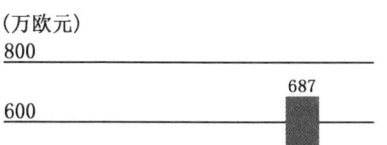

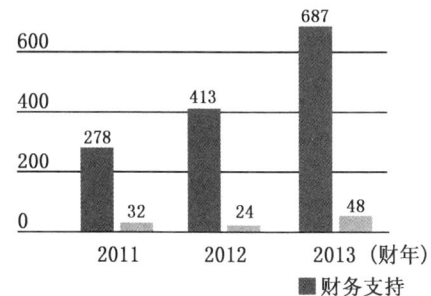

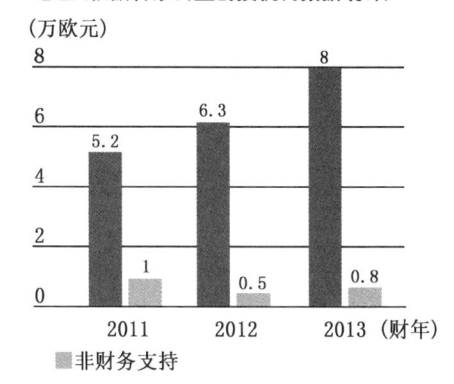

资料来源：Boiardi et al.，2014。
图 8.20 2011 财年至 2013 财年间公益创投及社会影响力投资年度总支出与年度平均支出

公益创投的未来发展

自公益创投出现以来，其投资金额已经超过 50 亿欧元，且各家公益创投机构的平均财务支持数额也在逐年增长，如今，对于欧洲组织慈善行为而言，公益创投已经被视为一个更加合适且合理的新模式。此外，由于公益创投所引入的各项措施已越来越规范化，因此一并被纳入欧洲慈善行为行动者和社会投资者所推行的实践中。

然而，尽管公益创投及社会影响力投资的预算在逐年增加，但是仍然有许多欧洲公益创投机构因为缺乏资源而苦苦挣扎。社会影响力投资基金正在着手筹集比以往规模更大的基金，其之所以能够这样做，主要归功于自身首批基金业绩记录表现良好，同时也要归功于英国的大社会资本、欧洲投资基金的社会影响力加速器等基金的基金，为其提供了更多获取机构基金和公共基金的渠道。规模更大的基金将允许社会影响力投资基金管理公司雇用更多员工，并支付更有竞争力的薪酬，但同时这也意味着其极有可能需要以更高的财务回报为目标。这一来自财务回报的压力可能会迫使基金管理公司倾向于投资更成熟的社会企业，以期降低风险，最终导致处于早期阶段的实体企业缺乏资金支持。

显而易见的是，全球影响力生态系统需要进一步发展壮大，以便覆盖非营利性组织和商业型社会企业成长发展的所有阶段。尽管有些国家较之其他国家而言更为发达,但总的来说,我们仍然需要孵化器、天使投资人(angel investor)、早期阶段的赞助者、成长阶段和成熟阶段的社会影响力投资者、企业公司以及公共基金赞助者,来提供更多资源密集型投资活动以期大规模地发展壮大。欧盟委员会及其社会企业专家组刚刚成立了工作小组,旨在"改善社会企业获取资金的渠道",该工作小组正在着手收集整理各项建议提议,试图解决"如何成功打造一套生态系统并使其能够为欧洲社会企业提供资金获取渠道"这一问题。

公益创投在影响力生态系统中的作用主要体现为,通过将解决方案和组织机构提升至可持续性更高、可扩大性更强的水平,从而使其朝着实现系统性影响力的方向逐步做出改变。从本质上讲,通过应用公益创投模式,基金赞助者应该帮助支持投资对象组织朝着实现系统性变革的方向发展,通过进一步提升可持续性和可扩大性,最终从一个级别跃升至下一个级别(例如,从初创阶段跨越至成长阶段)。就其本身而言,公益创投可以被视为一种投资方法,主要适用于那些对实现社会影响力抱有兴趣的基金赞助者,无论其是否对财务回报抱有同样兴趣。

我们怎样才能鼓励更多的私人基金赞助者和公共基金赞助者应用公益创投这一模式?该领域下一个亟待解决的重大问题就是证实公益创投所带来的附加价值。公益创投参与度极高这一特点使其较之传统公益和互惠金融性投资而言,成本更加高昂。对该领域来说,由于目前尚缺乏证据,因此很难说服新加入的行动者直接应用(成本高昂的)公益创投模式,同时也难以要求私人基金赞助者和公共基金赞助者为公益创投机构的大规模运营提供必要资源。

为此,欧洲公益风险投资协会与其亚洲姐妹组织"亚洲公益创投网络"一道,预计启动一项研究计划,旨在为公益创投机构提供具体数据,以便评估其对投资对象产生的影响力,并在必要时修正自身战略以改进其干预模式。因此,通过树立一种学习型及数据驱动型的态度,公益创投机构工作所产生的总体影响力也会得到进一步加强。此外,欧洲公益风险投资协会和亚洲公益创投网络将能够更清楚地呈现出公益创投领域如何对社会目的组织产生影响力,以及究竟产生了多大的影响力。如果能够成功,我们相信这些信息将给该领域的资金筹集和资源流入方面带来诸多益处。

参考文献

Balbo, L., Hehenberger, L., Mortell, D., & Oostlander, P. (2010). *Establishing a Venture Philanthropy Organisation in Europe*. Brussels: EVPA. Retrieved from http://evpa.eu.com/publication/establishing-a-venture-philanthropy-organisation-in-europe-a-practical-guide

Boiardi, P., & Hehenberger, L. (2014). *A Practical Guide to Planning and Executing an Impactful Exit*. Brussels: EVPA. Retrieved from http://evpa.eu.com/publication/a-practical-guide-to-planning-and-managing-an-impactful-exit

Buckland, L., Hehenberger, L., & Hay, M. (2013). The growth of European venture philanthropy. *Stanford Social Innovation Review*, Summer, 33–39.

Hehenberger, L., Boiardi, P., & Gianoncelli, A. (2014). *European Venture Philanthropy and Social Investment 2013/2014—The EVPA Survey*. Brussels: EVPA. Retrieved from http://evpa.eu.com/publication/european-venture-philanthropy-and-social-investment-20132014-the-evpa-survey

Hehenberger, L., Harling, A., & Scholten, P. (2013). *A Practical Guide to Measuring and Managing Impact*. Brussels: EVPA. Retrieved from http://evpa.eu.com/publication/a-practical-guide-to-measuring-and-managing-impact-2015

Katz, S.N. (2005). What does it mean to say that philanthropy is "effective"? The philanthropists' new clothes. *Proceedings of the American Philosophical Society*, 149(2), 123–131.

Mair, J., & Hehenberger, L. (2014). Front-stage and backstage convening: the transition from opposition to mutualistic coexistence in organizational philanthropy. *Academy of Management Journal*, 57(4), 1174–1200. doi:10.5465/amj.2012.0305

Sievers, B. (1997). If pigs had wings. *Foundation News and Commentary*, 38(6), 44–46.

Other sources

Balbo, L., Boiardi, P., Hehenberger, L., Mortell, D., & Vittone, E. (2016). *A Practical Guide to Venture Philanthropy and Social Impact Investment*. Brussels: EVPA.

Boiardi, P., & Hehenberger, L. (2014). *A Practical Guide to Planning and Executing an Impactful Exit*. Brussels: EVPA.

Boiardi, P., Hehenberger, L., & Gianoncelli, A. (2014). *European Venture Philanthropy and Social Investment 2013/2014*. The EVPA Survey. Brussels: EVPA.

European Commission (2015). *Social Entrepreneurship: New Standard to Measure Social Impact*. Retrieved from http://europa.eu/rapid/press-release_IP-14-696_en.htm?locale=EN

EVPA (2011). *Code of Conduct*. Retrieved from http://evpa.eu.com/membership/evpa-code-of-conduct-2

EVPA (2016). *About Venture Philanthropy*. Retrieved from http://evpa.eu.com/about-us/about-vp

Hehenberger, L., & Boiardi, P. (2014). *Learning from Failures in Venture Philanthropy and Social Investment*. Brussels: EVPA.

九、公私合作创造社会影响力

尼科洛·库苏马诺(Niccolò Cusumano)

维罗妮卡·韦基

曼努埃拉·布鲁索尼

引言

影响力投资(Impact Investing, II)绝不"只是"某种投资类别或某种趋势。当重新考虑和重新塑造企业在社会中的作用,以及政府机关和社会行动者在创造社会价值及影响力方面的相互作用时,不以牺牲财务回报为代价的影响力投资理念可以在其中发挥极其有益的作用。

过去30年间,国家、市场和社会各自具有不同的目标,在此范围内,三方之间的相互作用一直都是学术争论的主要对象。该学术争论内容丰富,且各种研究理论和研究方法最终都会交织在一起。企业社会责任研究(Carroll, 1979, 1991; Garriga & Mele, 2004)、利益相关者理论(Freeman et al., 2010; Freeman,

---

【作者简介】 尼科洛·库苏马诺,意大利博科尼管理学院博士生,意大利博科尼大学环境经济与政策研究中心(IEFE)研究员。维罗妮卡·韦基,意大利博科尼管理学院教授。曼努埃拉·布鲁索尼,意大利博科尼大学副校长,主要负责国际事务。

1984;Jensen,2010)以及新近出现的共同价值观方法(Porter & Kramer,2011)均提倡企业需要为其对环境造成的影响负起更多责任。社会创业研究(Austin et al.,2006;Dees,1998;Peredo & McLean,2006;Wallace,1999;Weerawardena & Mort,2006)对非营利性组织发起了挑战,要求其将商业严谨性与社会使命结合在一起。此外,公司治理、关系网络以及伙伴关系等相关概念(McLaughlin et al.,2002;Metcalfe,1993;Teisman & Klijn,2002)都属于公共管理学领域的重要议题。

公共行动者、私人行动者与非营利性行动者之间的关系正在逐渐变得愈加微妙复杂。虽然政府机关扮演着特殊的角色,但无论是私人部门还是公共部门都不能垄断对社会价值的提供(Bryson et al.,2014)。因此,我们不仅需要了解各方角色在追求社会价值的过程中是如何产生变化的,还要清楚这些角色是如何共同发展的。

特别是私营企业和志愿组织,必须重新拟定对于自身角色的认识,从游说者和特定利益的支持者,转变成负责可靠的合伙人,为整个社会制订创新解决方案(Hartley et al.,2013)。公共部门的特征是预算削减、债务高筑以及管理僵化,因此,必须找到方法来充分利用私人部门的生产能力和领导者进行变革创新,以期产生更多的社会价值。

事实上,当基于公私社会合作的混合型机制交付完成可专用的新利益,且社会能够并愿意直接(作为消费者)或间接(作为纳税人)为此付款时,社会价值就被创造出来了(Kivleniece & Quelin,2012)。

为了解决问题并产生真正的影响力,我们必须改变企业看待自身的方式,以及他人看待企业的方式(Porter,2013)。换句话说,企业应该能够创造出所谓的共同价值观,其可被定义为旨在提高企业竞争力的战略政策和运营实践,与此同时,促进其所在社区的经济条件和社会环境得到改善(Porter & Kramer,2006,2011)。共同价值观模式在咨询公司中的应用已经变得相当普遍,该模式消弭了标准企业与社会企业之间的分歧,却将政府机关的角色简化为纯粹的监管人员。波特和克莱默认为(Porter & Kramer,2006,2011),努力创造共同价值观的企业在支持社会进步方面要比政府机关和社会组织做得更好。克兰等学者(Crane et al.,2014)则指责上述作者缺乏原创性,因为他们忽视了与企业社会角色相关的各项理论,而这些理论正是由企业社会责任的四个层面综合而来,即经济层面、法律层面、伦理层面以及社会层面(Carroll,1991)。

此外,如果企业想要通过创造社会价值来获取利润,那么第一反应便是询问究竟是谁来为此付款。正如比尔·盖茨在最近一次采访中所说的那样:

> 当你全身心投入去做某事时,如果进展顺利,那么绝不会一无所获。这样的情况当然存在,例如发展新型教育技术、研发疗效更好的医药,或是创办新的特许学校等。但同时你也要倍加小心,毕竟鱼与熊掌不可兼得(Gates,2015)。

即使企业能够通过企业社会责任和自身影响力为满足社会需求做出一定贡献,但是正如盖茨(Gates,2015)所指出的那样,在某些领域,政府的作用仍然至关重要,我们必须对其进行反省深思才能使之更加有效。

在本篇文章中,我们将深入分析企业与政府之间的主要关系类型,以及如何对这些关系类型进行重构以便产生社会影响力。图9.1改编自韦基等学者的研究成果(Vecchi et al.,2015),对公私互动的各类框架进行了解读。这些互动主要发生在三个层面,即政策层面、项目群层面以及合同层面,其特点是形式化程度和强度各不相同。

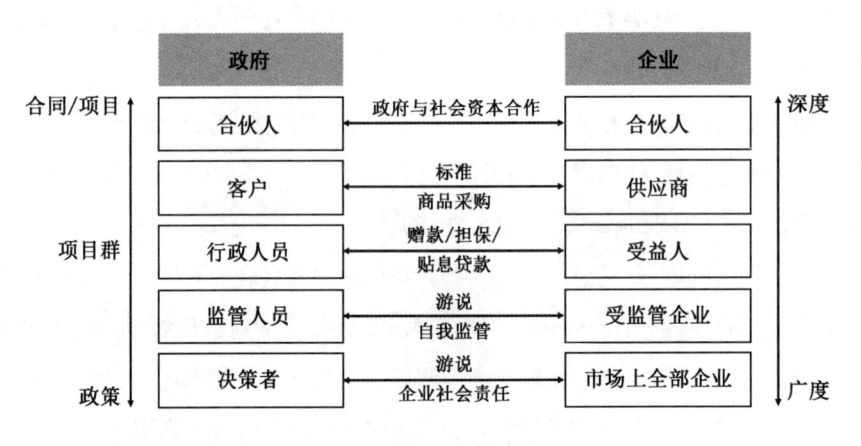

资料来源:改编自韦基等学者的研究成果(Vecchi et al.,2015)。

图9.1 企业类型

在政策层面,公私互动主要为关系型,以游说为基础。在项目群层面,政府通过提供各种形式的帮助,从而开展公私互动,具体包括赠款或其他激励措施(例如税盾、贴息贷款、担保),以期鼓励企业进行社会创新或者推动市场创建新的社会企业,最终解决某些社会需求。在项目层面,公私互动多以合作的形式出现,可转化为商品采购及政府与社会资本合作[1]合同。后文将对项目层面的公私互动展开进一步讨论,因其有足够的生产能力来创造社会价值,实属前途无量、大有可为。

本篇文章结构如下所示:第一部分讨论了企业社会角色的发展演变;第二部分通过分析企业所采用的工具及组织架构,深入剖析了上述角色演变在实践中是如何实现的;第三部分讨论了我们为什么需要进一步发展公私合作(public-private collaborations,PPC),以进行必要的创新,最终创造更多的社会价值。

重新评估企业的社会角色

传统观念认为,国家不仅有责任增进公共利益以使社会繁荣昌盛,还有责任鼓励企业创造财富,而且由于政府征收税款,因此其承担的责任同时也能够提高自身解决社会需求的能力。社会行动者,例如非营利性组织和基金会,可以与政府及企业一道,共同解决某些社会问题,尤其是当地存在的突出难题。企业也可以通过特定的商业模式及慈善活动来直接创造社会价值,而且这一点的普及程度和重要程度都在变得越来越高。

为了创造财富,企业往往会生成经济学家所说的外部性。外部性是指由于市场尚不完善,因此在双方交易过程中没有考虑到的成本或利益。外部性可以是负外部性(例如污染环境、消耗自然资源、有失公允等),也可以是正外部性(例如促进就业、保障安全、改善健康、提升生活质量、保证饮用水、改良环境、提高生产力等)。企业往往是造成负外部性的始作俑者。然而,通过组织调动财务、技术与人力资源,同政府机关和社会组织一道,企业同时也是提供解决方案的上佳人选。

与弗里德曼(Friedman,1970)[2]所阐释的新古典主义企业理论有所不同,企业可持续性已经成为许多公司,尤其是跨国公司"必须拥有"的一项特性。然

---

[1] 政府与社会资本合作是公私合作的契约形式。在政府与社会资本合作模式中,政府当局与私营企业需要签订一份长期合同,由后者负责筹集设计、建造及运营新设施所需的资金。从广义上讲,在政府与社会资本合作模式下,公共部门让私营企业负责运营及交付,这样前者就可以专注于界定阐释政策、战略与控制。

[2] "企业的社会责任有且只有一个,就是利用自身资源从事那些能够增加其利润的活动,只要确保不违反游戏规则即可,也就是在没有欺骗或欺诈的情况下,自由参与公开竞争。"

而,不时爆出并登上世界各地新闻头条的公司丑闻却凸显出了以下事实:社会价值创造与竞争性企业战略之间仍然多有脱节(Baron,2001;Bhattacharyya,2010; McElhaney,2009;Porter & Kramer,2006)。以大众汽车公司为例,这样一家公司在2014年和2013年企业社会责任排名中位居全球十大最佳信誉企业之列[1],但其却通过技术手段掩盖污染物排放大幅超标的真相,从而引发了史上最大的公司丑闻之一,简直让人难以置信。这一失职案例引起的关注尤为广泛,因为造成空气污染无疑是汽车公司的致命硬伤。一个以其社会责任感为荣的行业领先者,却故意以技术手段操控其车辆尾气排放检测,这一事实向我们展示了企业社会责任与商业行为之间的脱节。

兰根和其他学者(Rangan et al.,2015)在研究中强调,尽管大多数受访公司致力于承担企业社会责任,但是由于协调不力且缺乏逻辑,因此其各项计划方案之间的联系也随之受到阻碍。上述学者对所有企业社会责任计划进行了仔细研究,其中大约有87%的计划方案仍被认为是慈善活动举措或运营改进措施,而非能够真正起到变革作用的商业模式。

与之相反,通过企业社会责任的慈善活动这一支柱,或得益于其个人财富,公司、企业家以及管理者都在致力于输送大量的流动资金,这在解决社会需求方面发挥着极其重要的作用,对贫穷国家而言尤其如此。2010年,比尔·盖茨和沃伦·巴菲特(Warren Buffett)向超级富豪俱乐部的成员发起了挑战,倡导他们至少捐出一半财富。从那时起,已有一百多名亿万富翁签署了"捐赠誓言"。虽然对许多人来说,这已经成为一项社会使命,但同时也招致了对于这些行为真正目的的批评与质疑,并引发了对于他们在世界范围内借此提升政治影响的担忧。正如记者J.卡西迪(J. Cassidy)在《纽约客》(*The New Yorker*)杂志上撰文所评论的那样,马克·扎克伯格(Mark Zuckerberg)捐出其脸书(Facebook)股份这一决定也许稍欠妥当,最好是在有限责任公司(limited liability corporation,LLC)内部进行股份转让(Wharton,2015)。

戴维森等学者(Davis et al.,2016)的研究成果被引用在《经济学人》(*The Economist*)杂志一篇题为《公益圣徒、避税狂魔》(Social saints,fiscal fiends)的文章中(Schumpeter,2016),其研究结果表明,在企业社会责任方面做得最多的公

---

[1] 数据来自由国际信誉研究院(Reputation Institute)发布的全球企业社会责任信誉年度排行榜。

司,其避税力度也最大,此外,那些企业社会责任评分较高的公司也会在税收方面花费更多资金进行游说,旨在对政治人物施加影响。

在印度这一社会分化极其严重的国家,企业慈善活动于2014年成为硬性要求。印度政府规定,所有销售额和利润达到一定数额的公司都必须将净利润的2%用于企业社会责任活动,例如支持教育培训及医疗服务。[1]虽然可以将上述规定视作一种隐蔽的征税形式,但也有可能源于政府承认自己能力不足,因为其只能要求企业自行运营社会项目。

回顾历史,除了承担企业社会责任以及秉持可持续发展战略,私人部门在提供具有社会价值的服务方面,也曾取得过进步、遭遇过挫折。英国铁路运输这段历史就是一个很好的例证。19世纪末,在蒸汽机车问世之后,英国涌现出一大批铁路企业家,试图利用这一新型交通工具营利。投资者蜂拥而至,为这些新成立的企业注入了大量资金。然而,其中有许多铁路公司甚至连保本也从未实现,铁路行业由繁荣兴盛最终流于破败萧条,迫使国家不得不介入进行干预。1921年,《铁路法》(The Railways Act)获得通过,100多家铁路公司最终兼并为4家。1948年,立法者再次介入进行干预,将剩下的公司全部收归国有。英国铁路公司(British Railways)由此诞生。1994年,保守党政府开始着手将铁路运输重新推向市场。然而,在1997—2002年间,发生了一系列致命的火车相撞事故,加之铁路轨道网络运营商英国铁道公司(Railtrack)的倒闭,因此国家于2002年再次介入进行干预,将英国铁路轨道网络重新收归国有。

由私人部门管理铁路运输的结果难道只能是消极负面的?从乘客数量和行驶里程来看,铁路民营化也有其积极的一面:在过去20年间,乘客数量几乎翻了一番,从1994—1995年的7.35亿增加到2014—2015年的16.5亿(Department for Transport and Office of Rail and Road,2015)。中国、欧洲大陆或日本走的是由中央政府主导的道路,与之不同,英国的高速列车轨道网络仍然不足,且其基础设施存量看起来也明显匮乏且陈旧不堪。在英国这种情况下,尽管市场创造了积极的影响力,却未能获得财务回报,因此触发了国家的介入干预和改革创新。

---

[1] 印度《公司法》(Companies Act)第135条规定了企业社会责任适用公司的门槛:公司资本净值为50亿印度卢比或以上;公司成交量为100亿印度卢比或以上;公司净利润为5 000万印度卢比或以上。此外,根据企业社会责任相关规定,企业社会责任的条款不仅适用于印度公司,还适用于外国公司在印度设立的分公司以及项目管理办公室。

创造社会价值的工具与组织安排

如前所述,旧范式认为只有非营利性组织和公共机构才会致力于创造社会价值,新范式则认为创造影响力已经被明确纳入营利性商业模式中,这一从旧范式到新范式的转变并非线性,而是含混不清,充满了不确定性。因此,我们现在试图分析阐明企业及个人(包括慈善家和公民)为实现自身社会影响力而采用的工具与组织架构。在此过程中,我们会区分金融工具和非金融工具,以及传统型机构设置和创新型机构设置;后者意味着不同视角观点(社会、环境、金融)的融合程度更高,跨部门合作也将更为广泛。

以下两个表格主要以联合国《亚的斯亚贝巴行动议程》(Addis Ababa Action Agenda)为基础(UN, 2015)[1],该议程确定了联合国 2015 年之后发展进程的资金融通框架。在某种程度上,《亚的斯亚贝巴行动议程》可以称得上是一项革命性的举措,因为其通过承认商业及金融对于发展的重要性,正式从基于援助与合作的传统发展观念转变为更加全面的整体发展方法。

表 9.1 列出了企业为创造社会影响力而使用的金融工具和非金融工具(税收除外)。在非金融工具中,我们发现了诸如志愿活动、合作生产以及游说等各种形式的传统工具(Slob & Weyzig, 2010)。最后一种工具在传统上被认为是对立法和行业标准施加影响的一种方式,主要涉及那些可能对商业行为及投资活动造成直接影响的议题(例如劳动法则、环境法规等)。现如今,正如我们近期在巴黎联合国气候变化大会(COP21)可持续创新论坛(Sustainable Innovation Forum)上看到的那样,由于该论坛提出了关于 2020 年之后碳减排目标的最新全球协议,因此,各个企业也开始广泛参与并着手解决此类社会问题。另外,由联合国环境规划署(United Nation Environment Programme, UNEP)和欧盟主办的联合国责任投资原则组织于 2014 年发布了一份报告,呼吁"投资者参与制定公共政策",因为这一点"对于长期投资者而言至关重要"(Sullivan et al., 2014)。然而,在此背景下,比尔·盖茨却强调,"当我们担心(企业与政府之间)关系过于疏远的时候,实际上却有可能将自己置于两者之间关系过于紧密的风险之中"

---

〔1〕 此外,还参考了《可持续发展融资问题政府间专家委员会报告》,A/69/315,尤其是第 18/54 页的图 4。

(Marcus,2015)。

表 9.1　实现社会影响力的私人金融工具和私人非金融工具

非金融工具	金融工具
·志愿活动	·捐赠
·价值共同创造/合作生产/协同设计	·众筹
·游说	·公益创投
·行业准则,行业标准	·影响力投资
	·政府与社会资本合作
	·社会责任投资

资料来源:本文作者。

合作生产指的是一种安排,即公民和/或其组织通过与国家机关建立长期的稳定关系,至少能够在一定程度上生产并资助其自身所需服务(Joshi & Moore, 2004;Pestoff et al. ,2006)。传统上,这一概念指的是在提供公共服务时,授予用户/客户某种权力并允许其参与其中。近来,随着治理理论的出现,合作生产不仅成为公共服务交付的核心要素,也成为公共服务规划与设计的核心要素(Osborne & Strokosch,2013),如今,其已被视作公共部门与商业企业或公民组织之间的一种新型伙伴关系(Joshi & Moore,2004)。

《亚的斯亚贝巴行动议程》还提到,金融工具在最大限度地产生综效、利用互补资源以及优化整合所有融资渠道等方面所发挥的作用至关重要。此外,该议程明确指出,有必要研发"混合型金融工具,将来自公共部门和私人部门的优惠性公共融资与非优惠性私人融资及专业知识结合起来"。社会中立投资只以财务回报最大化为目标,而优惠性投资(例如捐赠)的动机则只关乎自身使命,并不会考虑财务绩效(Brest & Born,2013)。介于两者之间的便是所谓的项目相关投资(例如公益创投),其关注重点是被资助项目的财务可持续性(Vecchi et al. ,2015)。在这些工具中,我们发现影响力投资不仅可以用于资助社会企业,还可以用于开展政府与社会资本合作。关于这一点,我们将在本文第三部分做进一步论述。

我们所处的体系正在逐渐发生转变,在新的体系中,将难以界定各部门、企业及慈善机构究竟是营利性还是非营利性,因为其间差别已然变得极其细微。

当我们审视这些为实现自身社会影响力而采用的组织架构时，上述转变过程将变得极为明显易懂(参见表 9.2，其中我们还列举了一些典型示例)。虽然成功的企业家等富人通常会建立家族基金(例如洛克菲勒基金会或是比尔及梅琳达·盖茨基金会)，但是一种新的趋势已初见端倪。普莉希拉·陈(Priscilla Chan)和马克·扎克伯格发布书面声明，计划创建一家有限责任公司，专门投资那些能够彻底改变目标领域(例如教育培训)的服务与产品——该做法标志着对传统方式的彻底颠覆。然而，这一做法却与 eBay 创始人皮埃尔·奥米迪亚(Pierre Omydiar)及其妻子所选择的模式不谋而合，主要目的是能够像普通风险投资基金一样进行投资，只不过目标投资对象是那些经营理念为创造社会影响力的企业。

表 9.2　为实现自身社会影响力而采用的传统型组织架构和创新型组织架构

		传统型		创新型
家庭与个人 (高净值人士)	基金会、非营利性组织	洛克菲勒基金会、威廉和弗洛拉·休利特基金会(William and Flora Hewlett Foundation)、比尔及梅琳达·盖茨基金会	投资公司基金	奥米迪亚网络组织、陈—扎克伯格倡议(Chan-Zuckerberg Initiative)
公司 (非金融性公司)	基金会、企业社会责任部门	英国沃达丰公司(Vodafone)、诺华公司(Novartis)、布鲁内洛·库奇内利基金会(Brunello Cuccinelli foundations)以及大部分公司	企业社会责任战略、企业风险投资基金、俭约创新、反向创新	联合利华公司(Unilever)、谷歌风险投资基金(Google Ventures)、沃达丰移动支付平台(Vodafone m-pesa)
公司 (金融机构)	企业社会责任部门、社区发展金融机构	所有主要的金融机构、银行基金会、银行合作社	专用结构及产品	意大利 Banca Prossima 银行、瑞士联合银行集团(United Bank of Switzerland, UBS)、花旗集团

资料来源：本文作者。

传统上，营利性且非金融性公司多采用以下两种方法：成立专门的企业社会责任部门，或是建立基金会。然而，这两种解决方案与其核心业务之间却存在着一定程度的脱节。其他企业也在努力采用更具战略意义的方法来履行其企业社会责任。以联合利华公司为例，该公司于 2010 年推出了联合利华可持续生活计划(Unilever Sustainable Living Plan)，并将环境可持续性和社会影响力均纳入其企业愿景中。

还有一种方法在世界范围内被广泛采用,即所谓的俭约创新(frugal innovation)和反向创新(reverse innovation)。对于在新兴市场工作的公司,或是刚刚进入新兴市场的公司而言,其所研发的新产品及新战略均是以满足本地消费者需求为目标,且这些消费者通常是当地的贫苦大众。蔡斯基等学者(Zeschky et al.,2014)提出了以下三种不同战略:

1. 成本创新:以较低的成本实现相同的功能
2. 够用创新:以较低的成本实现定制的功能
3. 俭约创新:以较低的成本实现新的功能

在最后一种情况下,企业会为了那些处于资源受限环境中的应用程序而专门研发相关产品或服务。其中一个例子便是沃达丰移动支付平台,该平台是一款基于手机的转账汇款应用程序,同时也提供资金融通及小额信贷服务。该应用程序最初是在肯尼亚和坦桑尼亚两个国家进行推广,首次为那些传统银行服务严重滞后的社区提供了获得金融服务的机会。现在,沃达丰公司正在致力于将此项服务推广至世界其他地区,并将其视作自身竞争优势的来源,这便是所谓的"反向创新"。

此外,还有一种应用范围并不广泛的方法,即成立企业风险投资基金,专门面向那些致力于产生影响力的投资对象。采用这一方法的示例是谷歌公司,其重组后成立的母公司名为字母表公司(Alphabet Inc.)。该方法可以被视作企业影响力投资方法,较之那些在制药等研发密集型领域所广泛采用的方法,诸如收购初创企业股权乃至整个公司,该方法明显有所不同。这一方法被认为可以降低与新产品开发相关的风险,并且比大型企业内部的研发部门更为高效。这对于初创企业的企业家及其投资者而言也是极为有利的,因为该方法能够为其提供退出的机会。以制药领域为例,得益于知名公司业已建立的分销渠道,这种方法能够极大程度地推动创新并促进新型药物的加速应用,因此,我们可以认为该方法本身就能产生社会影响力。但是,此方法却缺乏创造社会价值的意向性,而这一点则恰恰是企业影响力投资的独有特征。

金融中介机构在创造社会价值方面采用了不同的方法。在美国,自从国会于1977年首次颁布《社区再投资法》(Community Reinvestment Act)以来,社区发展金融机构就成为一项传统并一直延续至今。该法案旨在鼓励存款机构帮助满足其所在社区的信贷需求，其中包括中低收入人群所在社区。[1]

一些机构现在正在着手组建专门的团队，例如花旗集团打造的"花旗普惠金融"团队，专门为服务滞后的社区研发新产品(例如小额信贷)。意大利最大的银行集团意大利联合圣保罗银行(Intesa Sanpaolo)是欧洲首批为合作社、社会企业以及社会创新而专门设立银行机构的十家银行集团之一。该集团为此专门设立的银行机构为意大利 Banca Prossima 银行。在其各项产品中，意大利 Banca Prossima 银行推出的是 Terzo Valore 众筹平台，该平台允许个人进行捐赠或发放贷款以便确保社会项目顺利进行，且这些项目筹集的部分资金本身也是由该银行所资助。银行业务活动的保证金被用来为基金提供资金，且具体的待投资项目均由银行自己决定，倘若个人有意投资此类项目，那么该基金则为其提供担保。瑞士联合银行集团等其他机构(参见本书第十四篇文章)已经开发出了一套完整的社会融资产品组合。

公私合作的局限性和必要性

世界上的问题将由那些聪明的企业来解决，无须公共干预——这一说法无疑表明说话人对政治阶级和公共机构普遍缺乏信任。美国民调机构皮尤研究中心(Pew Research Center, 2015)的调查结果表明，1958 年，多达 77%的美国人信任他们的政府，而到了 2014 年，这一数据却仅有 19%。欧盟的情况稍微好一些，根据欧盟民调机构欧洲晴雨表(Euro-barometer)的数据，2014 年，有 31%的欧洲人信任自己的政府。矛盾之处在于，人们对于私营企业的信任度甚至更低，尽管公众并不信任政府，但也几乎没有公众支持来改变这一现状(Kettl, 2015)。

罗纳德·里根(Ronald Reagan)和玛格丽特·撒切尔(Margaret Thatcher)夫人所处时代的当务之急是帮助政府回到正轨，相较之下，当今政府更多的是受到忽视而非遭到谩骂。许多公司认为，政府应该减少税收，从而把更多的资源留给公司本身，供其将结余进行再投资，以期促进创新、创造就业机会，最终实现社会发展。《经济学人》杂志(The Economist, 2016)指出："它们(公司)也必须认识到，部分企业担心政府效率低下，而部分企业则是宣称政府无关紧要，因此无须

---

[1] 参见网址：http://www.federalreserve.gov/communitydev/cra_about.htm。

为维持其运转做出贡献,两者之间实际上有很大差别。"

事实上,在经济合作与发展组织国家中,社会支出平均占国内生产总值的22%,私人支出占3%,但美国明显是个例外,其私人支出占国内生产总值的11%。福布斯(Forbes)全球亿万富豪榜数据显示,2015年,全球范围内共有1 826名亿万富翁,总资本净值为7.05万亿美元。假设这笔钱来自基金会的捐赠基金,如果一年发放5%,那么我们每年将会得到3 560亿美元,略少于意大利在医疗保健及退休养老方面的公共支出(每年约为4 000亿美元)。考虑到意大利只占世界人口的0.84%,因此,这笔款项将难以满足全球需求。我们所举的例子主要是以传统慈善观为基础。如果按照影响力投资方法进行投资(平均年度回报率为6%,并将结余进行再投资),那么同样的7.05万亿美元将有可能积累更多财富——10年后约为12.5万亿美元。然而,如果与公共预算相比,这一数额仍然难以达标。

对于把更多资源留在公司内部而非用于缴纳赋税这一观点,尽管降低公司税收的目的是促进投资最终造福社会,但实际上,这些额外资源可能不会再投资社会事业。而让私人部门自行决定把资源用于社会目的的地点及方式这一做法则有可能会带来风险,因为该过程将由私人部门自行决定、酌情行事。因此,尽管一些社会需求的重要程度与其他需求不相上下,却因为既不显眼也不热门,而难以从上述做法中得到满足。最后,在慈善行为范围之外,还存在市场失灵的情况:即使是更为复杂的影响力商业模式,也不足以将公共产品转化为可贸易商品。

因此,我们绝不能弱化政府的作用,而应该寄希望于公共部门与私人部门之间进行更多互动,只有这样,后者才能够帮助前者实现必要创新,最终产生更多的社会影响力。迄今为止,世界各地政府都在利用伙伴关系将公共服务交付任务外包给私人部门,目的是降低费用成本、增进管理柔性、充分利用专业知识、减少政府垄断低效现象,最终实现物有所值(Van Slyke,2003)。在传统上,各地政府多采取互惠购买的形式,买方(政府机关)与卖方(私人经营者)均按照自己的最大利益来行事,因此,公共部门未能抓住机会来充分探索其与市场行动者之间所有可能存在的关系类型(Bovaird,2006)。

在我们这样多元而又复杂的社会中,社会问题需要创新型解决方案才能得到妥善处理,而这些方案只有那些观点不同、视角各异的行动者才能提供(Hartley et al.,2013；Osborne,2010)。哪怕采用不同于公私合作的方法,也要进一步加强协作配合,努力帮助建立社会资本(Erridge & Greer,2002)并促进公共创新(Bommert,2010；Eggers & Singh,2009；Roberts & King,1996)。得益于妥善分配公共基金所产生的财务杠杆,公私合作也可以作为吸引更多财务资源的方式之一。

通过合作实现创新的主要障碍之一便是公共部门既无力承担风险,也无法接受实验失败(Potts,2009),然而开展实验本质上就是创新过程的内在基础。与此同时,私人部门似乎无法在与公共部门的交易中承担风险,也难以产生社会创新。

事实上,世界各地的传统公私合作模式都曾经历过许多问题,主要源自道德风险、交易成本高昂、频繁重新商议以及公共部门极低的性价比。公共部门和私人部门应该在相互信任的基础上开展公私合作,然而,许多学者认为双方能力不足,并对此持批评态度(Rosenau,1999；Spackman,2002)。当伙伴关系能够产生良好效益时,政治当局才有动力改变游戏规则,或是要求获得比最初预期更高的价值份额(Kivleniece & Quelin,2012)。与之相反,对于私人部门而言,股东价值的最大化往往会与公共利益产生冲突(Bloomfield,2006)。

由于公共部门和私人部门在制度及价值观方面均存在显著差异,因此,双方若要开展合作,就必须"遵照合同强制执行",这一点非常重要,因为投资活动本身即具有一定特殊性,外加公共部门与私人部门合伙人之间还存在信息不对称的情况(Parker & Hartley,2003；Teisman & Klijn,2002)。此外,当公私合作发生转化、需要做好长期合同安排的准备时,如何妥善平衡完整性和柔性将变得至关重要(Klein,1998)。

基于以上出现的种种问题,我们可以得出结论,即公私合作是行不通的。然而,问题并不在于合作本身,而是在于缺乏合作。明明为发展伙伴关系做好了准备,最终却往往转化为标准的客户—供应商关系(Teisman & Klijn,2002)。科彭扬(Koppenjan,2005)主张"连接逻辑",认为伙伴关系不应该只涉及交付环节,还应该涉及规划阶段,以便将双方互动与决策过程连接在一起,最终实现彼此互信。此外,科彭扬和恩塞林克(Koppenjan & Enserink,2009)还注意到,在控制管理与私人部门的合作方面,政府机关往往能力不足、准备不当。

我们还可以得出以下结论,即私人部门在理解及管理与政府机关的关系方面,也常常缺乏技巧和能力,最终难以实现社会创新。

为了顺利开展公私合作,我们需要更好地协调公共利益和私人利益,充分利用双方各自的特点及优势,最终实现政策目标。因此,通过克服上述政府与社会资本合作这一传统模式的缺点,影响力投资商业模式可以成为打造公私合作新形式的重要载体。

结 论

考虑到财务绩效和社会绩效,尽管确实如沃伦·巴菲特(Warren Buffet, 2014)所说的那样"难侍二主",但是在这种情况下,仍然要鼓励探索影响力投资,因为这一投资方法不仅有助于打造出新型私人商业模式,还有利于重构公私合作模式,最终促进社会价值的产生。

正如基夫莱尼斯和克兰(Kivleniece & Quelin, 2012)所指出的那样,我们仍然需要更加深入地了解公私合作关系中确切的价值创造机制。因此,从现在开始,重中之重是要让公共部门与私人部门之间的交往合作必从单纯的约会发展到确定关系,最终决定履行婚姻契约,此外,这一模式还能够被进一步复制与扩大。

参考文献

Austin, J., Stevenson, H., & Wei-Skillern, J. (2006). Social and commercial entrepreneurship: same, different, or both? *Entrepreneurship Theory and Practice*, 30(1), 1–22.
Baron, D.P. (2001). Private politics, corporate social responsibility, and integrated strategy. *Journal of Economics & Management Strategy*, 10(1), 7–45.
Bhattacharyya, S.S. (2010). Exploring the concept of strategic corporate social responsibility for an integrated perspective. *European Business Review*, 22(1), 82–101.
Bloomfield, P. (2006). The challenging business of long-term public–private partnerships: reflections on local experience. *Public Administration Review*, 66(3), 400–411.
Bommert, B. (2010). Collaborative innovation in the public sector. *International Public Management Review*, 11(1), 15–33.
Bovaird, T. (2006). Developing new forms of partnership with the "market" in the procurement of public services. *Public Administration*, 84(1), 81–102.
Brest, P., & Born, K. (2013). Unpacking the impact in impact investing. *Stanford Social Innovation Review*, 1–14. Retrieved from http://www.ssireview.org/articles/entry/unpacking_the_impact_in_impact_investing
Bryson, J.M., Crosby, B.C., & Bloomberg, L. (2014). Public value governance: moving beyond traditional public administration and the new public management. *Public Administration Review*, 74(4), 445–56.

Buffet, W. (2014). Beware of "impact investing". In *Forbes 400 Summit*. Retrieved from http://www.forbes.com/video/2886856992001

Carroll, A.B. (1979). A three-dimensional conceptual model of corporate performance. *The Academy of Management Review*, 4(4), 497. Retrieved from http://www.jstor.org/stable/257850?origin=crossref

Carroll, A.B. (1991). The pyramid of corporate social responsibility: toward the moral management of organizational stakeholders. *Business Horizons*, 39–48.

Crane, A., Palazzo, G., Spence, L.J., & Matten, D. (2014). Contesting the value of "creating shared value". *California Management Review*, 56(2), 130–53. Retrieved from http://www.jstor.org/stable/info/10.1525/cmr.2014.56.2.130

Davis, A.K, Guenther, D.A., Krull, L.K., & Williams, B.M. (2016). Do socially responsible firms pay more taxes? *The Accounting Review*, 91(1), 47–68.

Dees, J.G. (1998). Enterprising non profits. *Harvard Business Review*, 76(1), 54–67. Retrieved from http://www.ncbi.nlm.nih.gov/pubmed/10176919

Department for Transport and Office of Rail and Road (2015). *Rail Trends Factsheet*. Retrieved from https://www.gov.uk/government/uploads/system/uploads/attachment_data/file/487497/rail-trends-factsheet-2015.pdf

Eggers, W.D., & Singh, S.K. (2009). *The Public Innovator's Playbook: Nurturing Bold Ideas in Government*. Cambridge: Ash Institute, Harvard Kennedy School

Erridge, A., & Greer, J. (2002). Partnerships and public procurement: building social capital through supply relations. *Public Administration*, 80(3), 503–22. Retrieved from http://www.blackwell-synergy.com/links/doi/10.1111/1467-9299.00315

Federal Reserve (2014). *Community Reinvestment Act*. Retrieved from http://www.federalreserve.gov/communitydev/cra_about.htm

Freeman, R.E., et al. (2010). *Stakeholder Theory: The State of the Art*. Cambridge: Cambridge University Press.

Freeman, R.E. (1984). *Strategic Management—A Stakeholder Approach*. Boston, MA: Pitman.

Friedman, M. (1970). The social responsibility of business is to increase its profits. *New York Times Magazine*, 13, 32–33.

Garriga, E., & Melé, D. (2004). Corporate social responsibility theories: mapping the territory. *Journal of Business Ethics*, 53, 51–71.

Gates cautious on "impact investing" (2015, October 30). *Financial Times*. Retrieved from http://www.ft.com/cms/s/0/c7f4efa2-7e7d-11e5-a1fe-567b37f80b64.html#axzz3wIHxgsc4

Hartley, J., Sørensen, E. & Torfing, J. (2013). Collaborative innovation: a viable alternative to market competition. *Public Administration Review*, 73(6), 821–30.

Jensen, M.C. (2010). Value maximization, stakeholder theory, and the corporate objective function. *Journal of Applied Corporate Finance*, 22(1), 32–42.

Joshi, A., & Moore. M. (2004). Institutionalised co-production: unorthodox public service delivery in challenging environments. *Journal of Development Studies*, 40(4), 31–49.

Kettl, D.F. (2015). The job of government: interweaving public functions and private hands. Public Administration Review, 75(2), 219–29.

Kivleniece, I, & Quelin, B.V. (2012). Creating and capturing value in public–private ties: a private actor's perspective. *Academy of Management Review*, 37(2), 272–99.

Klein, M. (1998). Bidding for Concessions: The Impact of Contract Design. Retrieved from http://documents.worldbank.org/curated/en/1998/11/441577/bidding-concessions-impact-contract-design

Koppenjan, J.F.M. (2005). The formation of public–private partnerships: lessons from nine transport infrastructure projects in The Netherlands. *Public Administration*, 83(1), 135–157.

Koppenjan, J.F.M., & Enserink, B. (2009). Public–private partnerships in urban infrastructures: Reconciling private sector participation and sustainability. *Public Administration Review*, 69(2), 284–296.

Marcus, L.P. (2015). *Beyond the Revolving Door*. Retrieved from http://www.livemint.com/Opinion/oGo1cN0psp9jPHz5gqbkyM/Beyond-the-revolving-door.html

McElhaney, K. (2009). A strategic approach to corporate social responsibility. *Leader to Leader*, 52(1), 30–36.

McLaughlin, K., Osborne, S.P., & Ferlie, E. (2002). *New Public Management: Current Trends and Future Prospects*. London: Psychology Press.

Metcalfe, L. (1993). Public management: from imitation to innovation. *Australian Journal of Public Administration*, 52(3), 292–304.

Osborne, S.P. (2010). Delivering public services: time for a new theory? *Public Management Review*, 12(1), 1–10.

Osborne, S.P., & Strokosch, K. (2013). It takes two to tango? Understanding the co-production of public services by integrating the services management and public administration perspectives. *British Journal of Management*, 24(S3).

Parker, D., & Hartley, K. (2003). Transaction costs, relational contracting and public private partnerships: a case study of UK defence. *Journal of Purchasing and Supply Management*, 9(3), 97–108.

Peredo, A.M., & McLean, M. (2006). Social entrepreneurship: a critical review of the concept. *Journal of World Business*, 41(1), 56–65. Retrieved from http://linkinghub.elsevier.com/retrieve/pii/S1090951605000751

Pestoff, V., Osborne, S.P., & Brandsen, T. (2006). Patterns of co-production in public services. *Public Management Review*, 8(4), 591–595.

Pew Research Center (2015). *Beyond Distrust: How Americans View Their Government*. Retrieved from http://www.people-press.org/2015/11/23/beyond-distrust-how-americans-view-their-government

Porter, M.E. (2013, June 14). *Why Business Can Be Good at Solving Social Problems*. London: TEDGlobal.

Porter, M.E., & Kramer, M.R. (2006). Strategy and society: the link between competitive advantage and corporate social responsibility. *Harvard Business Review* (December), 78–93.

Porter, M.E., & Kramer, M.R. (2011). Creating shared value. *Harvard Business Review* (February), 62–77.

Potts, J. (2009). The innovation deficit in public services: the curious problem of too much efficiency and not enough waste and failure. *Innovation: Management, Policy & Practice*, 11(1), 34–43.

Rangan, K.V., Chase, L. & Karim, S. (2015). The truth about CSR. *Harvard Business Review*, 93(1–2), 40–49.

Roberts, N.C., & King, P.J. (1996). *Transforming Public Policy: Dynamics of Policy Entrepreneurship and Innovation*. San Francisco, CA: Jossey-Bass Incorporated Pub.

Rosenau, P.V. (1999). Introduction: the strengths and weaknesses of public–private policy partnerships. *American Behavioral Scientist*, 43(1), 10–34.

Schumpeter (2016, January 2). Social saints, fiscal fiends. *The Economist*. Retrieved from http://www.economist.com/news/business-and-finance/21684770-social-saints-fiscal-fiends-opinions-vary-whether-firms-can-be-socially-responsible

Slob, B., & Weyzig, F. (2010). Corporate Lobbying and Corporate Social Responsibility: Aligning Contradictory Agendas. In J.C. Marques & P. Utting (eds), *Business, Politics and Public Policy: Implications for Inclusive Development* (pp. 160–183). Basingstoke: Palgrave Macmillan.

Spackman, M. (2002). Public–private partnerships: lessons from the British approach. *Economic Systems*, 26(3), 283–301.

Sullivan, R., Martindale, W., Robins, N., & Winch, H. (2014). *Policy Frameworks for Long-Term Responsible Investment: The Case for Investor Engagement Checklist Investor*. Retrieved from http://www.unpri.org

Teisman, G.R., & Klijn, E.-H. (2002). Partnership arrangements: governmental rhetoric or governance scheme? *Public Administration Review*, 62(2), 197–205.

The Economist (2016, January 2). Social saints, fiscal fiends. *The Economist*. Retrieved from http://www.economist.com/news/business-and-finance/21684770-social-saints-fiscal-fiends-opinions-vary-whether-firms-can-be-socially-responsible

United Nations (2015, August 17). *General Assembly resolution 69/313*. Addis Ababa Action Agenda of the Third International Conference on Financing for Development (Addis Ababa Action Agenda), A/RES/69/313.

Van Slyke, D.M. (2003). The mythology of privatization in contracting for social services. *Pub-

lic Administration Review, 63(3), 296–315.
Vecchi, V., Caselli, S. & Corbetta, G. (2015). The public–private partnerships' framework. *Public Private Partnerships for Infrastructure and Business Development: Principles, Practices, and Perspectives*, 1.
Vecchi, V., Cusumano, N. & Brusoni, M. (2015). Impact investing: An evolution of CSR or a new playground? In A. Stachowicz-Stanusch (ed.), *Social Performance Paradoxes, Pitfalls and Pathways to the Better World* (pp. 313–331). Charlotte, NC: Information Age Publishing
Wallace, S.L. (1999). Social entrepreneurship: the role of social purpose enterprises in facilitating community economic development. *Journal of Developmental Entrepreneurship*, 4(2), 153–174.
Weerawardena, J., & Sullivan Mort, G. (2006). Investigating social entrepreneurship: a multidimensional model. *Journal of World Business*, 41(1), 21–35. Retrieved from http://linkinghub.elsevier.com/retrieve/pii/S1090951605000532
Wharton (2015). *Will the Chan Zuckerberg initiative change philanthropy? Knowledge@Wharton*. Retrieved from http://knowledge.wharton.upenn.edu/article/will-the-chan-zuckerberg-initiative-change-how-we-invest-in-social-good
Zeschky, M.B., Winterhalter, S. & Gassman, O. (2014). From cost to frugal and reverse innovation: mapping the field and implications for global competitiveness. *Research-Technology Management*, July–August, 20–27.

十、论共同价值观：
整合企业分析与社会分析

保罗·麦克米伦(Paul Macmillan)

艾莉森·斯普罗特(Alison Sproat)

引 言

  数据分析在商业领域及社会领域的蓬勃发展能够为影响力投资和企业社会责任创造条件,从而使其得以采用更科学的方法来打造共同价值观。本篇文章正是对上述过程进行了探索与讨论。我们将这一探讨过程称为"论共同价值观",也就是采用一种更加定量的方法来理解认识企业业绩与社会效益之间的关系。该过程主要由以下因素推动:数据科学领域的快速发展;社会影响力投资的蓬勃发展在一定程度上促进了对于社会绩效评估的关注和投资;越来越多的资本市场投资者希望了解企业社会责任与其股东回报之间的关系。更加科学的循证方法能够有效量化企业业绩及其社会贡献,以此吸引更多私人资本进入社会责任企业和社会影响力投资领域。此外,该方法还有助于为社会经济公共政策

【作者简介】 保罗·麦克米伦,德勤。艾莉森·斯普罗特,德勤。

制定提供信息，对其加以充实。

社会责任与股东回报

研究表明，可持续投资基金"所获得的回报至少与普通基金相当"（Jeucken，2001，p. 86）。这方面的早期证据在美国多米尼 400 社会指数（Domini 400 Social Index）中有所体现，该社会指数以标准普尔 500 指数（S&P 500 Index）为基础，并过滤掉了那些涉及烟草、博彩、国防以及核能的企业，是最早证明社会责任投资与普通基金相比能够产生更高（至少也是等同）回报的指数之一（Jeucken，2001，p. 86）。近年来，我们注意到社会责任投资指数的数量有所增加，同时有证据表明，全球可持续投资市场的规模在 2014 年已经扩大到至少 21.4 万亿美元（Global Sustainable Investment Alliance，2015，p. 3）。由于社会责任与股东回报之间的关系呈正相关，因此，各家企业及整个社会都得以借此重要机会从这些投资活动中获益。然而，鉴于我们对社会责任与股东回报之间关系为何呈现正相关，以及受何因素影响等问题的理解极其有限，因此使得许多"主流"投资者和企业管理者不愿意投身于这些投资活动。如果公司能够更好地理解社会影响力与股东价值之间的联系，那么其完全能够利用这些信息来提高股东回报，同时促进自身产生积极的社会影响力。

之所以需要"论共同价值观"，主要是因为有必要令"共同价值观"这一术语的内涵变得更为科学。那么，什么是共同价值观？共同价值观就是"企业的管理战略，即通过识别并解决与其业务相关的社会问题，专注于创造可以评估的商业价值"（Shared Value Initiative，2015）。论共同价值观就是将科学的（缜密的、可复验的、系统的）过程整合到对于共同价值观的理解与评估中。数据科学及行为经济学的蓬勃发展有助于推动科学测量在社会领域的进展。通过把这些定量方法纳入我们对企业业绩与社会影响力之间关系的理解，将极大地推动共同价值观内涵的科学发展，并支持更多投资者、企业领导者以及消费者投身于此类投资活动，满足其信息需求。

影响力投资长期以来都是探索财务回报与社会价值之间关系的开路先锋。影响力投资者"对公司、组织和基金进行投资，目的是产生可以评估的社会及环境影响力，同时获得财务回报"（GIIN，n. d.）。八国集团社会影响力投资特别工作组最近的一份报告明确指出,世界各国政府和跨国公司对影响力投资的支持日益增强(G8 Social Impact Task force,2014)。尤其是自2008年金融危机以来,政府机关和公司企业的情况都发生了变化。各国政府正在努力创新,试图以多种方式吸引更多资本投入公共效益,而公司企业则希望继续提升其自身信誉,并做出更大的社会贡献。影响力投资恰恰为政府机关和公司企业实现上述目标提供了一个机会。随着越来越多的投资者设法了解社会责任与股东回报之间的关系,我们也需要更好地认识到企业业绩与社会绩效之间关系建立的推动因素究竟有哪些,且这一需求范围可以扩大至整个主流资本市场(Alsford et al., 2015)。

社会绩效评估

社会绩效评估长期以来都是由政府、学术界、慈善机构以及智囊集团所负责的领域。尤其是政府机关,由于其在医疗保健、教育培训、社会收益、工作就业、经济发展以及基础设施等领域进行了大量投资,因此正在不断寻找"证据"以评估上述支出所带来的"社会回报"。

国际比较指标已经存在了几十年之久,例如联合国人类发展指数(Human Development Index)(United Nations Development Programme,2014)和世界银行治理指数(Governance Index)(World Bank,2014)。最近,经济合作与发展组织公布了一套测度一个国家或地区居民幸福程度的指标体系——美好生活指数(Better Life Index)(OECD,n. d.),联合国也开始逐年发布《全球幸福指数报告》(World Happiness Report)(Helliwell et al.,2015),由以上种种举措可知,人们的注意力更多地集中在量化那些较为抽象的社会绩效指标上。为了响应监管机构、行动派股东以及那些具有社会意识的消费者,私人部门愈加热衷于了解其行为所产生的社会影响力。这些最新进展无不在为社会绩效评估的知识体系添砖加瓦,同时也为社会指标中所孕育的机遇与挑战提供了新的见解。

一项最新进展便是引入了社会进步指数(Social Progress Index,SPI),该指数由美国非营利性组织社会进步促进会(Social Progress Imperative)逐年进行发布。现在已经是社会进步指数发布的第三个年头了,其覆盖面多达133个国家,占世界人口的94%,共计包括53项指标,主要围绕3个重大主题(参见

图 10.1)：人类的基本需求、健康幸福的基础以及发展进步的机会(Porter et al., 2015,p.16)。社会进步指数是为数不多的几个不以国内生产总值界定国家社会地位的社会指数之一。因此，对于那些社会绩效低于或高于其经济地位的国家，我们便能够加以识别并展开进一步探讨。

社会进步指数

人类的基本需求

营养和基本医疗保健
- 营养不良
- 粮食严重短缺
- 产妇死亡率
- 死产率
- 儿童死亡率
- 传染病死亡人数

供水和卫生设施
- 使用自来水
- 所用农村水源有所改善
- 所用卫生设施有所改善

居所住处
- 提供经济适用房
- 电力供应
- 供电质量
- 家庭空气污染致死人数

人身安全
- 凶杀率
- 暴力犯罪程度
- 犯罪感知程度
- 政治恐怖
- 交通死亡人数

健康幸福的基础

获取基础知识
- 成人识字率
- 小学入学率
- 初中入学率
- 高中入学率
- 中学入学率性别均等

获取信息通信
- 手机订阅
- 互联网用户
- 新闻自由指数

卫生与健康
- 期望寿命
- 非传染性疾病所致过早死亡
- 肥胖率
- 室外空气污染致死人数
- 自杀率

生态系统可持续性
- 温室气体排放
- 取水量占水资源百分比
- 生物多样性和栖息地

发展进步的机会

人身权利
- 政治权利
- 言论自由
- 集会自由与结社自由
- 行动自由
- 私有财产权

人身自由和个人选择
- 人生选择自由
- 宗教自由
- 早婚
- 满足避孕需求
- 贪污腐败

包容与接纳
- 对移民的包容
- 对同性恋者的包容
- 对少数群体的歧视和暴力
- 宗教包容
- 社区安全网

接受高等教育
- 高等教育年限
- 女性平均在校年限
- 受教育程度的不平等
- 全球排名靠前的大学

资料来源：Porter et al.,2015,p.34。

图 10.1　社会进步指数指标框架

以菲律宾和尼日利亚为例，虽然两国人均国内生产总值水平相似，但菲律宾的社会进步水平却明显比尼日利亚高出许多(Porter et al.,2015,p.91)。这一显著差异表明，除了经济地位以外，还有其他因素能够对社会效益产生影响。如果企业试图制定战略并推进执行，用更加负责的商业行为带动股东回报进一步提高，那么，理解并把握上述"其他因素"将变得至关重要。

然而，依靠国家指标来了解社会影响力所面临的难题之一便是：大多数企业投资活动是作为系列项目来加以管理，而这些项目的执行地点往往就在当地，甚至是在某一特定区域。为了解决这一难题，一些社区在企业的支持下，正在着手探索新方法，以便将国家与地方的社会测量过程有效结合在一起。社会进步促进会(Social Progress Imperative, 2015)指出，哥伦比亚正在开展两项地方指标的研究工作，其目的是帮助建立一个公平公正且可持续的城市网络。第一项指标即社会进步促进会提出的"同城"指数，侧重于应用社会进步指数框架来评估哥伦比亚首都波哥大(Bogota)这座城市20个区以及800万公民的福利情况。该指数将映现出每个区的社会进步情况，并为城市管理部门提供说明，概述各区的优势与劣势。通过使用历史数据，"同城"指数将提供一个可行性较强的工具来指导每年的社会变革。哥伦比亚开展的第二项工作是充分利用社会进步指数框架，制定"城际"指数来评估和对比哥伦比亚13座主要城市的福利情况，其中包括首都波哥大。这些方法复杂难懂，不仅可以客观量化区级社会环境，还能随时间变化追踪评估变革情况，可谓一大创举。上述方法需要为商业企业(以及政府机关和公民社会)提供证据，以便制定社会绩效的量化基线，从而能够针对各种业务场景进行建模，最终目的是更好地理解企业业绩与社会绩效之间的关系。

除了政府机关和社会进步促进会这样的非营利性组织以外，近年来，评估社会影响力的投资者及公司数量也在不断增加。摩根大通和全球影响力投资网络在2014年发布报告指出，目前影响力投资活动管理的资产规模超过460亿美元，这表明企业和投资者对于了解及评估社会影响力的兴趣日益浓厚(Rodin, 2014)。此外，评估社会投资回报的企业网络也在大幅增长。共有超过5 000家机构使用《影响力报告和投资标准》来评估自身影响力。自全球影响力投资评级系统于2011年推出以来，共计有63只基金和409家企业完成了或正在开展自身影响力的评级工作(Hebb & Bhatt, 2014, pp. 4-5)。然而，尽管增长幅度如此之大，问题却仍然存在：如果更具社会责任感的企业能够产生高于平均水平的回报，那为什么影响力投资和企业社会责任投资却仍然被大多数企业战略的"核心部分"排除在外？我们认为，原因主要在于之前未能以科学的方式将社会环境与企业业绩客观、量化地联系在一起。如果企业价值分析能够纳入社会影响力评估的新进展，那么，社会战略与企业战略两者之间的分歧将会显著减少。

社会测量与企业价值

人们普遍认为,股东回报来自市场对公司未来现金流量的期望值,因为这一期望值主要由长期以来的过往业绩和增长预测所决定(Deloitte & Economist Intelligence Unit,2006,p. 1)。因此,对企业现金流量的来源及用途进行建模这一方式确实行之有效,不仅能够以此了解公司的财务绩效和经营业绩,还可以利用了解到的内容来推算终值。图10.2高度概括了一幅典型的企业价值地图。

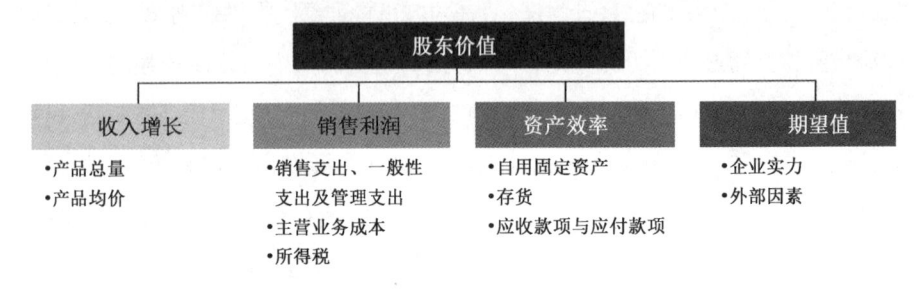

```
                        股东价值
        ┌──────────┬──────────┬──────────┐
      收入增长    销售利润    资产效率    期望值
     ·产品总量  ·销售支出、一般性  ·自用固定资产  ·企业实力
     ·产品均价   支出及管理支出  ·存货         ·外部因素
               ·主营业务成本   ·应收款项与应付款项
               ·所得税
```

资料来源:Deloitte & Economist Intelligence Unit,2006,p. 2。

图10.2　企业价值地图的高度概括

收入和成本在企业活动中的分配绝对是一道富有挑战性的难题,往往需要用到复杂的规则、转移定价的方法以及其他定律。业内习惯做法常常是将企业业务进行分解以便了解各组成部分的财务贡献情况,然而在大多数情况下,这一认可惯例的适用范围却并未扩及据其社会环境对这些活动进行的统计建模。因此,那些通过瞄准社会环境中固有的某些机会(或避免某些未知风险)来提升长期股东价值的战略,并未像其他企业经营决策那样得到严谨的分析。这就令我们难以理解那些社会责任评级较高的公司为什么能够产生优于平均水平的回报,从而不仅使得管理者难以复制最佳实践,也使得投资者难以出于互惠互利进行资金分配。

环境、社会和公司治理报告是投资者最常依赖的工具之一,他们对企业的社会绩效抱有兴趣,并依靠这一工具为其制定决策提供信息。"环境、社会和公司治理"是一个"在全球范围内出现的术语,用来描述投资者针对企业行为这一方面所考虑到的环境、社会和公司治理问题"(World Bank Council for Sustainable Development & UNEP Finance Initiative,2010,p. 6)。环境、社会和公司治理报告在一些评估股价表现的指数中也有所体现,例如道琼斯可持续发展指数(Dow Jones Sustainability Index)(RobecoSAM,2015),S&P/TSX 60 环境、社会和公司治理指数(S&P Dow Jones Indices LLC,2015)以及彭博专业服务(Bloomberg Professional Services)(Sustainalytics,2014)。尽管发布社会报告的企业数量有所增长,例如国际知名环境、社会和公司治理评级机构 Sustainalytics(2014)、Purpose Capital 咨询公司(2014)以及环境、社会和公司治理报告机构 SAMETRICA(2015)等,但是因为由不同公司出具的报告大部分互相矛盾、无法达成一致(Tschopp & Nastanski,2013),所以在投资者看来,这些报告价值不高、意义不大,并且难以与财务估值(financial valuation,FV)模型进行整合(World Bank Council for Sustainable Development & UNEP Finance Initiative, 2010, pp. 7—8)。另外,就算是使用科学方法得出的报告结果,也往往局限于独立项目或是企业社会责任倡导下的非物质投资。然而,随着人们对影响力评估的兴趣日益提升,社会效益的评估及报告方式也在迅速增加。综上所述,打造共同价值观的下一步工作重点就是要整合企业分析与社会分析。

整合式模型建构

2012 年,国际金融公司旗下油气矿可持续社区发展基金、力拓加铝集团(Rio Tinto Alcan)、德勤以及凯恩能源印度分公司(Cairn Energy India)共同研发出了一套财务估值工具,主要用于比较各类"可持续投资方案"(IFC,n. d.)。财务估值工具这一实例能够切实说明如何应用社会及企业整合式建模来支持决策制定,以便最终确定企业价值与社区价值共生互助的方式。该整合模型的设计目的是评估单一投资或系列投资,例如矿山或输送管道,以及对社区造成的相应社会影响(IFC,n. d.)。就其本身而言,财务估值工具旨在评估单一投资或系列投资,而非整个公司的经营情况。尽管如此,财务估值工具仍然起到了示范作用,不仅可以阐明整合模型在实践中如何发挥效用,还能够收集其所提供的见解类型。

凯恩能源作为印度一家大型石油天然气勘探与生产公司,专门委托国际金融公司和德勤使用财务估值工具来分析其社区投资活动的财务价值(IFC,n. d.)。该分析具体包括对短消息服务(short message service,SMS)方案财务回报的评估,这一方案能够帮助输送管道沿线的农民通过短消息接收关于市场农作物价格的信息。此外,通过提高短消息服务质量,农民还能够就蓄意破坏、管道泄漏或维护保养等问题向凯恩能源发出警告。由此可见,获取信息通信作为社会进步指数的高级指标之一,隶属于"健康幸福的基础"这一主题,实在是恰如其分,因为其不仅能够增强个人能力,还可以促进社会包容。上述方案为社区带来的利益远远超过了其与赞助商互动所带来的利益。与此同时,凯恩能源还能够通过有效众包其输送管道检查方案的部分工作来获得利益。社会进步指数共有12项高级指标,也就是说,企业有潜力在这些方面加以改进、发挥作用,而获取信息通信只是其中之一(Social Progress Imperative,2015)。另一方面,能够影响公司企业价值的业务活动有数百项之多,而安全检查也只是其中之一。尽管个别方案的完善改进确实效果显著,但整合分析为企业价值创造及社会影响力所带来的机会则是呈指数增长。

当然,在推进社会影响力及企业价值整合分析方法的过程中,面临的最大挑战还是难以确定因果关系。在宏观层面上,我们对外商直接投资(foreign direct investment,FDI)水平与社会进步程度之间的关系进行调研时,就见识到了这一难题。德勤和社会进步促进会最近的一项研究即对上述两者之间的关系进行了探索(Deloitte,2015)。该研究共调查了132个国家,果不其然,比起外商直接投资人均水平较低的国家,那些外商直接投资人均水平较高的国家往往在社会进步方面也能够做得更好(Deloitte,2015,p. 4)。然而,究竟是社会进步吸引了投资活动,还是投资活动促进了社会进步?虽然两者之间的因果关系尚不明确,但该研究确实指明了一个"社会进步与投资活动的发展阶梯"(参见图10.3)。基础设施建设似乎能够吸引第一波外商直接投资,随后依次是制度完善、政治安稳、技能先进以及个人生活质量有保障(Deloitte,2015,p. 5)。这一发展阶梯也凸显了政府机关和公民社会在改善社会环境方面所发挥的作用,由此可见,企业的共同价值观战略需要公共部门与私人部门协同合作才能实现。

论共同价值观：整合企业分析与社会分析

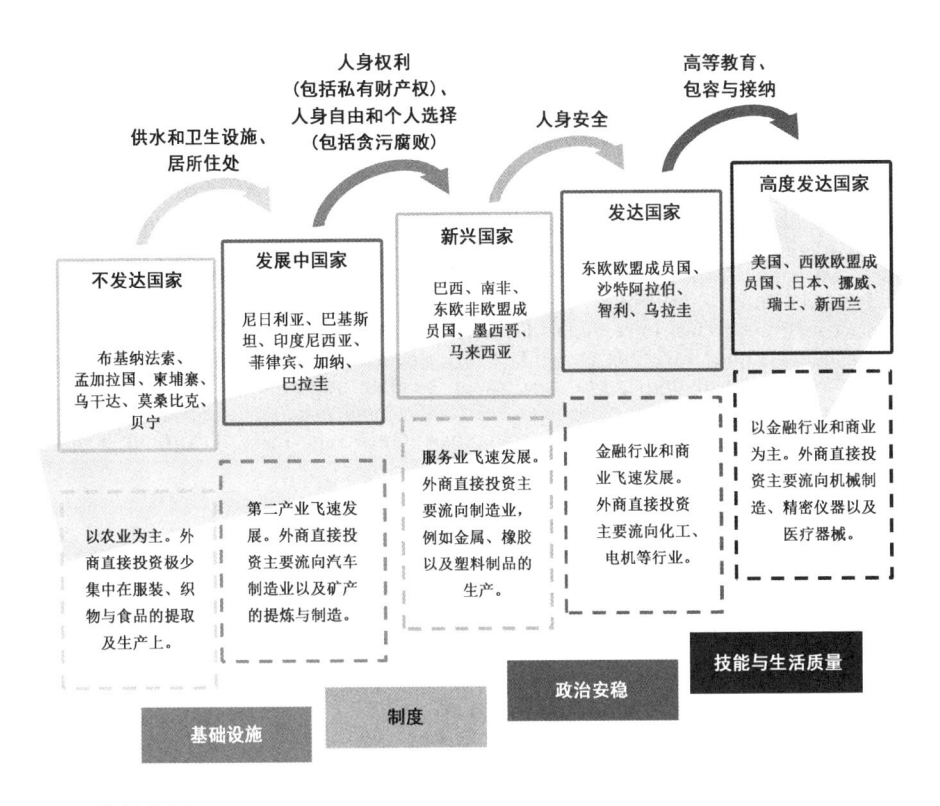

资料来源：Deloitte，2015，p.5。
图10.3 随着国家不断发展,社会进步与跨行业外商直接投资之间所产生的关系变化

结 论

社会责任企业能够产生更高的股东回报,这一事实虽广为人知,却不过是蜻蜓点水,不甚了了。影响力投资者正在从方方面面引领指导评估过程的研发,旨在增进我们对于社会绩效与企业业绩之间关系的理解。然而,在投资者市场中,影响力投资者毕竟只占少数。为了推进促成重大社会变革,所有的投资者和企业都应该从社会与财务两个角度来审视整个公司的经营情况。要想做到这一点,方法之一便是将社会进步的评估指标与企业业绩数据相整合。这一整合式模型建构过程不仅可以大大加强我们对于企业与社会之间关系的理解,还能够为投资者、管理者及消费者提供服务,助其创造投资机会、缓释风险,并吸引私人资本进入社会回报更为丰厚的投资领域。

参考文献

Alsford, J., Chapelow, V., Felton, R., & Zlotnicka, E. (2015). *Embedding Sustainability into Valuation*. Retrieved from https://www.yumpu.com/s/jrOGLJEed7Tacq9M

Deloitte (2015). *Foreign Direct Investment and Inclusive Growth: The Impacts on Social Progress*. Retrieved from http://www2.deloitte.com/content/dam/Deloitte/global/Documents/About-Deloitte/gx-dttl-FDI-and-inclusive-growth.pdf

Deloitte & Economist Intelligence Unit (2006). *Adopting the Value Habit (And Unleashing More Value for Your Stakeholders)*. Deloitte & Economist Intelligence Unit.

G8 Social Impact Task Force (2014). *Impact Investment: The Invisible Heart of Markets*. Retrieved from http://impactinvestingaustralia.com/wp-content/uploads/Social-Impact-Investment-Task force-Report-FINAL.pdf.

GIIN (Global Impact Investing Network) (n.d.). *About Impact Investing*. Retrieved from http://www.thegiin.org/cgi-bin/iowa/resources/about/index.html

Global Sustainable Investment Alliance (2015). *2014 Global Sustainable Investment Review*. Retrieved from http://www.gsi-alliance.org/wp-content/uploads/2015/02/GSIA_Review_download.pdf

Hebb, T., & Bhatt, B. (2014). *A Beginner's Guide to Measuring Social Value*. Retrieved from http://www.conference-board.org/pdf_free/TCB_GT-V1N6-14.pdf

Helliwell, J.F., Layard, R., & Sachs, J. (eds) (2015). *World Happiness Report 2015*. New York, NY: Sustainable Development Solutions Network. Retrieved from http://worldhappiness.report/ed/2015

IFC (International Finance Corporation) (n.d.a). *About the FC Tool*. Retrieved from http://fvtool.com/about

IFC (n.d.b). *Cairn Energy, India*. Retrieved from http://fvtool.com/casestudies/cairn-energy-india, accessed 3 April 2015.

IFC (n.d.c). *Home*. Retrieved from http://fvtool.com

Jeucken, M. (2001). *Sustainable Finance and Banking: The Financial Sector and the Future of the Planet*. London: Earthscan, 86–89.

OECD (n.d.). *How's Life?* Retrieved from http://www.oecdbetterlifeindex.org

Porter, M., Stern, S., & Green, M. (2015). *Social Progress Index 2015*. Retrieved from http://www.socialprogressimperative.org/system/resources/W1siZiIsIjIwMTUvMDUvMDcvMTcvMjkvMzEvMzI4LzIwMTVfU09DSUFMX1BST0dSRVNTX0lOREVYX0ZJTkFML-nBkZiJdXQ/2015%20SOCIAL%20PROGRESS%20INDEX_FINAL.pdf

Purpose Capital (2014). *Impact Advisory*. Retrieved from http://purposecap.com/practice-areas/impact-advisory

RobecoSAM (2015). *DJSI Family Overview*. Retrieved from http://www.sustainability-indices.com/index-family-overview/djsi-family-overview/index.jsp

Rodin, J. (2014). *Remarks by Dr Judith Rodin at SOCAP 2014*. Retrieved from http://www.rockefellerfoundation.org/about-us/news-media/remarks-by-dr-judith-rodin-socap-2014

S&P Dow Jones Indices LLC (2015). *S&P/TSX 60 ESG Index*. Retrieved from http://ca.spindices.com/indices/equity/sp-tsx-60-esg-index

SAMETRICA (2015). *Home*. Retrieved from http://www.sametrica.com

Shared Value Initiative (2015). *About Shared Value*. Retrieved from http://sharedvalue.org

Social Progress Imperative (2015a). *Foundations of Wellbeing*. Retrieved from http://www.socialprogressimperative.org/data/spi/dimensions/dim2

Social Progress Imperative (2015b). *#Pregreso Social Colombia: Building Social Progress Cities*. Retrieved from http://www.socialprogressimperative.org/blog/posts/progreso-social-colombia-building-social-progress-cities

Sustainalytics (2014a). *Sustainalytics ESG Research Now Available on Bloomberg*. Retrieved from http://www.sustainalytics.com/ sustainalytics-esg-research-now-available-bloomberg

Sustainalytics (2014b). *What We Do*. Retrieved from http://www.sustainalytics.com/what-we-do

Tschopp, D., & Nastanski, M. (2013). The harmonization and convergence of corporate social responsibility reporting standards. *Journal of Business Ethics*, 125(1), 147–162.

United Nations Development Programme (2014). *Human Development Reports*. Retrieved from http://hdr.undp.org/en/2014-report
World Bank (2014). *Worldwide Governance Indicators*. Retrieved from http://data.worldbank.org/data-catalog/worldwide-governance-indicators
World Bank Council for Sustainable Development & UNEP Finance Initiative (2010). *Translating ESG into Sustainable Business Value*. Retrieved from http://www.unepfi.org/fileadmin/documents/translatingESG.pdf

十一、影响力投资的创新:金融机构及其他

海伦·S. 陶克斯欧波伊斯(Helen S. Toxopeus)

凯伦·E. H. 马斯(Karen E. H. Maas)

凯莉·C. 里克特(Kellie C. Liket)

引 言

世界运转需要金钱,这一点毋庸置疑。然而,倘若将金钱用于歧途,便会造成国家瘫痪、战争频发以及环境恶化;如果对金钱加以善用,则会为可持续能源提供资金、推动创新并拯救生命。

影响力投资是指经过深思熟虑之后,决定将资金分配给那些能够对世界产生积极影响的投资项目。此外,我们尤其关注金融机构的资金分配,也就是说,并不包括慈善基金会、政府机关等其他机构的投资项目。

金融机构是否有责任考虑其投资项目的影响力?关于这一议题的争论已日趋白热化(Borgers & Pownall, 2014; Scholtens, 2006; Scholtens et al., 2008; Wil-

---

【作者简介】 海伦·S. 陶克斯欧波伊斯,荷兰鹿特丹伊拉斯姆斯大学(Erasmus University Rotterdam),伊拉斯姆斯影响力研究中心。凯伦·E. H. 马斯,荷兰鹿特丹伊拉斯姆斯大学,伊拉斯姆斯影响力研究中心。凯莉·C. 里克特,荷兰鹿特丹伊拉斯姆斯大学,伊拉斯姆斯影响力研究中心。

liams,2007)。传统上,金融机构在进行投资时,往往以获得最大化财务回报为目标,并常常辩称自己有信托责任来实现这一目标(相关讨论可参见 Amalric,2006)。正因为如此,金融机构常常会投资那些以其当前形式而言对社会毫无益处的项目,要么是因为这些项目具有负外部性(例如破坏环境),要么是因为这些项目不利于个人福利(例如不健康食品或成瘾性食物)。因此,有越来越多的学者致力于研究如何将社会标准及生态标准纳入资金分配决策(Borgers & Pownall,2014;Scholtens,2006)。

虽然有许多人认为,影响力投资既然有"意向"来创造影响力,因此应该被视作一种有别于常规投资的投资活动(GIIN,2015;Graham & Anderson,2015),但是基于各项研究及评估,我们坚持主张,将"影响力投资"这一术语视作一种投资概念也许更为合适,其指的是那些较之相应基准投资,能够切实产生积极影响力的投资活动。此外,由某一预定义标准可知,投资活动所切实产生的积极效果才是界定其是否属于影响力投资的关键,而不仅仅是在其自陈式报告中表明自己具有达成这些效果的意向。

将影响力投资定义为以效果为导向的投资,与那些将可评估性包含在内的定义不应该混为一谈(World Economic Forum,2013)。因为就算是将影响力评估标准纳入影响力投资定义,但在下述两个重要方面却仍然充满了不确定性。首先,以这种方式定义的影响力投资可能意味着需要对产出或效果进行评估(例如,对蚊帐分发的数量与分发蚊帐后疟疾发病率的实际减少量进行评估)。其次,通过在影响力投资定义中纳入影响力评估标准,我们将那些对效果进行评估的投资活动也定义为影响力投资,然而,在进行评估之后,却发现并未产生其所预期的积极影响。

我们意识到,根据投资活动所达成的实际效果,在采取措施之后将其定义为影响力投资,不仅需要明确目的、聚焦重点,还必须为效果评估付出高昂成本。尽管如此,我们仍然认为有必要关注这一焦点问题,以期使资源得到最有效的利用,从而实现绝大多数影响力投资者的目标,即最大限度地产生影响力。此外,我们还看到,在影响力投资的这种定义中,金融行业作为中介机构所起到的作用非常明显。

金融机构该如何创新才能越来越多地参与影响力投资?由于我们将影响力投资定义为那些可以切实产生积极影响的投资活动,因此,一些能够产生积极影响的常规投资也可以算作影响力投资。然而，这并不意味着金融机构可以为了"增值"而自行给其投资活动贴上"影响力"的标签。常规金融机构开展实施的许多投资活动虽然有可能给投资者带来利润，却不利于个人福祉或共同利益。为了弥补这些缺陷，已经着手引入替代性融资结构以便开展那些常规金融机构无法实施的影响力投资活动。因此，本篇文章主要涉及以下两项核心议题：常规金融行业的作用，以及影响力投资领域的金融创新。

在本文第一部分，我们将对那些由常规金融机构开展的影响力投资进行研究分析。文章指出，投资活动必须满足三个条件，才会被归类为影响力投资。我们将对这三个条件一一进行解读，并重点讨论两类错位失调的情况。在这两种情形下，常规金融机构往往因为预期财务回报较低而难以开展影响力投资活动。在文章第二部分，我们将对金融创新加以讨论。这些创新举措可能会使得那些有影响力的投资活动数量不断增加，甚至超出常规金融机构在常规金融性投资过程中所能做到的程度。最后，对于未来有可能增进投资活动积极影响的金融创新，我们将给出一些建议。

聚焦由常规金融机构开展的影响力投资

金融机构为我们的社会带来了巨大的附加价值。例如，金融行业为我们提供存款、支付以及保险服务。对于银行（Stiglitz & Weiss, 1988）或资本来说，或是就银行和各种类型的投资基金而言，这些金融机构会查明并确定哪些个人或企业有资格办理信贷。金融机构通过承担风险及分散风险，在个人与组织之间建立信任，这就使得个人和企业能够不受时空限制，彼此配合、协调行动。通过这种方式，生产活动得以长足发展，例如新型药物、技术创新以及可持续能源，从而提升社会中的个人福祉与集体福利。

然而，我们并不能把金融机构开展实施的所有投资都归类为有影响力的投资活动，因为金融机构也会投资那些给社会带来负面影响的活动。与此同时，其他投资活动尽管有潜力产生积极影响，却因为无法满足金融机构的预期利润要求，而难以开展实施。从福利的角度来看（归根结底，其实应该从财务的角度进行审视），无论是对那些产生负面影响的活动进行投资，还是对那些有潜力成为影响力投资但直接财务利润较低的活动减少资金投入，都会导致次优资本配置这一问题。

根据我们在影响力评估领域和金融行业的经验,一项投资活动必须满足以下三个条件,才可以被归类为影响力投资:(1)投资必须用于非投机性活动;(2)该活动必须有利于其消费者或用户福利;(3)在生产和消费过程中,投资活动本身能够为集体福利(尤其是环境)带来中性或积极的影响。当金融机构开展实施的投资活动能够满足以上三个条件时,我们便将其归类为影响力投资。后文将对上述三个条件一一进行论述解读。

用于非投机性活动

生产活动和商业活动都是金融机构提供资金的对象。在为生产活动提供资金时,其投资的基础是产品和服务的预期销售额。商业活动不仅包括金融市场及商品市场上的投机性活动,还包括提供资金融通服务以便将现有资产转让给新的最终用户(例如按揭房屋)。实际上,两者之间的差异并不明显。我们将投机性活动定义为购买产品或资产以供日后转售(而非使用),且预计从其间产生的物价变动中获利。投机性活动的主要社会功能体现在通过配备交易对手来创造市场流动性,从而改善市场运作(Mehrling,2011)。这种流动性极有可能促进全球市场产品及服务交易的效率大幅提升。然而实际上,投机性活动会令金融机构承担巨大风险并引发羊群效应,以致价格偏离其基础价值,最终对同类交易造成损失,甚至酿成最严重的后果,即导致由金融问题诱发的经济危机(Rajan,2006;Reinhart & Rogoff,2009)。

然而,并非所有的交易都是投机性活动。金融机构为现有房屋办理按揭,其实就是在为住房市场上的个人交易提供资金。按揭所带来的附加价值主要体现在通过预支未来收入,为家庭提供一个长期居住的场所。鉴于现有房屋可以进行重新分配,且允许下一代继承,可见其能够解决基本需求,属于可持续的长期资产。诚然,按揭需要根据按揭人的创收能力来进行办理,并且确实存在一定风险。过度抵押融资以及随之而来的金融异动会造成房屋价格大幅波动,进而导致有害财富与债务再分配。荷兰和爱尔兰的情况便是如此,在 2014 年,这两个国家分别有 30% 及 50% 的房屋存在按揭贷款高于其市场价值的情况(De Nederlandsche Bank,2014)。在此情形下,绝不能想当然地认为投资按揭只会对社会福利产生积极影响,反而应该密切关注住房市场以保护其积极影响。

基于以上论述，我们将那些与最终用户相关的生产活动融资和商业活动融资通通归类为潜在的影响力投资。综上所述，我们认为，凡是归类为影响力投资，需要满足的首要条件便是其投资必须用于非投机性活动。

提升福利

即使金融机构投资的都是非投机性活动，但是，当这些活动不利于消费者福利时，也并不能将其归类为影响力投资。例如，摄入含糖软饮料或成瘾性药物等产品能够造成长期不良影响，最终导致健康恶化。大多数国家有监管机构，用于禁止其金融机构投资那些会产生巨大负面影响的产品及服务，例如煤炭、焦油砂或是不可靠的人道主义管理制度。然而遗憾的是，这并不意味着那些经过允许的投资活动就一定会为其用户或利益相关者带来好处。以烟草制品为例，尽管科学已经证实其对于个人福祉及集体福利均会造成长期的负面影响，但是由于政治游说广泛存在，因此仍然允许开展此类生产活动（Palazzo & Richter, 2005）。尽管世界卫生组织（World Health Organization, WHO）早在2002年就指出，吸烟者中约有一半人将死于与烟草有关的疾病，然而对于烟草制品的投资却始终没有被禁止。应该由金融机构自己来决定停止投资此类有害健康的生产活动。

我们之所以不能让消费者自行决定哪些活动对他们有好处，是因为人们通常难以做出理性判断（Tversky & Kahneman, 1981）。消费者的偏爱喜好并不固定，其变化与基础价值主张无关，仅是作为对产品"设计"的回应（Levin et al., 2002）。此外，对于已经上市的产品及服务，消费者可以自行从中做出选择，且金融机构愿意为其中大部分投资活动提供资金。而对于那些一开始就未能上市的产品，消费者则无法购买。

因此，我们认为，金融机构不仅可以影响塑造消费需求，还能够决定经济发展的未来走向。著名经济学家约瑟夫·熊彼特（Schumpeter, 1912）首次指明，金融行业在促成企业家创新方面所发挥的作用极其强大。尽管关于这一议题仍然存在诸多争议，但是确有证据表明，金融中介机构和市场确实会影响经济增长（Levine, 2005）。由于此类金融中介机构不仅可以促进经济增长，还能进一步扩大影响力，因此在制定投资决策时，我们认为有必要将消费者的福利问题考虑在内。

如果金融机构所选择的投资活动不仅使有需求的非投机性活动得以开展，而且还能进一步提升消费者福利，那么影响力投资的两个条件便都得到了满足。

促进共同利益

一些生产活动尽管能够提升消费者福利，但是，倘若对共同利益产生负面影响，则仍然不能归类为影响力投资。我们将共同利益，或公共池塘资源(common-pool resources, CPR)定义为那些难以将其他利益排除在外（不同于私人利益），且具有可撤销性的利益类型（不同于公共利益）(Ostrom, 2010)。清洁空气、野生鱼类资源以及公共饮用水流域都是共同利益的例证。如果对共同利益的消费速度超过了其再生速度，那么，无论是从短期来说还是从长远来看，其以供他人消费的部分将变得越来越少。尽管许多生产活动代表的是私人利益且能够满足重要的基本需求，但是在其生产或消费过程中，某个环节仍然会给我们的共同利益带来负面影响。

我们将借助能源生产和食品生产这两大基本需求来阐明这一问题。能源生产虽然促进了经济活动和经济流动性，但是，化石燃料的使用也会影响空气质量并最终导致气候变化(Stern, 2008)。食品生产也属于生产活动，以牲畜养殖或小麦种植为例，尽管其通常会提升消费者的福利，但是，如果在生产过程中对共同利益造成了大规模损害，例如空气污染及森林滥伐，并最终导致气候变化(Stern, 2008)，那么仍然不应将其归类为影响力投资。

与此同时，能源与食品的生产及消费过程创新程度更高、可持续性更强，较之常规生产过程，能够给我们的共享资源带来更加积极的影响。不仅如此，这种可持续创新举措有时候甚至能够产生更多利润。

综上所述，若想被归类为影响力投资，那么，投资活动必须满足以下三个条件，即用于非投机性活动、提升福利以及促进共同利益。金融机构可以以其财务盈利能力标准为前提，通过筛选与搜寻符合上述条件的项目来增加其投资活动的影响力。

大力创新，增加影响力投资数量

在本篇文章的第一部分，我们论述了将金融机构投资活动归类为影响力投资所必须满足的三个条件。然而,为了提升社会福利,我们需要尽可能增加影响力投资的数量。若要实现这一目标,仅仅在现有结构内调整金融机构投资组合是远远不够的,而是应该把重点放在那些有可能成为影响力投资的活动上。

因此,在本文第二部分,我们将重点讨论金融创新,使我们能够通过开展影响力投资活动来创造更大的影响力。然而,一些投资活动虽然符合三个核心条件(即用于非投机性活动、提升福利以及促进共同利益)且有可能发展为影响力投资,但由于财务回报较低,金融机构常常拒绝为其提供资金。之所以利润不足,主要是因为购买力与福利之间存在以下两类错位失调的情况:

1. 不愿为共同利益支付费用。投资活动寻求融资,其部分利益将用于促进共同利益,但是,消费者却并不愿意为了生产及消费过程中的共同利益治理而支付额外费用。

2. 难以为福利支付费用。投资活动寻求融资,其绝大部分利益将用于增进自身潜在消费者的利益,但是,对此类生产活动有需求的消费者群体却缺乏购买力,难以为其支付费用。

对于上述两类错位失调的情况,无论是仅受一类情况影响,还是同时受到两者影响,所涉及的大部分影响力投资超出了主流金融的范围。金融机构为产品或服务提供资金,但是,当消费者不能或不愿使用自身购买力为此支付费用时,其便无法进行投资。通常情况下,受偿付能力、流动性以及股东需求的制约,金融机构在经营运作时往往被迫关注那些直接回流的财务利益。因此,在投资活动中,消费者的预期(或实际)购买决策究竟是促成交易还是破坏交易,并非取决于这些投资活动提升福利或促进共同利益的程度。

一些人认为,投资那些个人不能或不愿支付费用却有助于提升福利和促进共同利益的产品与服务,应该是政府机关和慈善机构的责任。事实上,这些规模庞大的资金提供者对于财务回报的要求并不严格,他们的目标是在某一区域内实现福利管理或共同利益治理。正因为如此,他们专门提出了一系列重要的解决方案。然而,当我们利用金融创新举措来解决这两类错位失调情况时,却发现在将资本配置给那些有影响力的投资活动方面,除了政府机关和慈善机构之外,金融机构也发挥着重要作用。

在表11.1中,我们展示了那些能够帮助金融行业开展影响力投资活动的金融创新举措,即使个人不能或不愿为个人福祉或共同利益支付费用。在横坐标上,我们对提升个人福祉和促进共同利益的投资活动进行了划分。在纵坐标上,我们区分了为影响力投资支付费用的购买力类型:个人购买力或集体购买力。这便产生了四种情境,在不同情形下,可以实施对应类型的金融创新举措,通过金融行业组织开展影响力投资活动。我们将对这四种应对不同情境的金融创新类型一一进行阐述。

表 11.1　　　　　金融创新如何解决购买力错位失调问题

	个人福祉	共同利益
个人购买力	1. 常规影响力投资	2. 共享资源定价
集体购买力	3. 公私合作融资	4. 社区融资

资料来源:本文作者。

常规影响力投资

在第一种情境中(位于左上角象限),个人购买力可用于提升个人福祉,而且涉及的企业也能够产生充足的预期财务回报。在此情形下,常规融资活动通过满足三个核心条件来开展影响力投资,即用于非投机性活动、提升福利以及促进共同利益。这就是我们在本文第一部分中所阐述的影响力投资类型。只要满足这些条件,即使没有金融创新,投资活动也可以开展实施。

共享资源定价

在第二种情境中(位于右上角象限),个人购买力被用于为集体福利支付(额外)费用。在此情形下所制定的战略是将维护我们共同利益的成本纳入产品与服务的价格中,并要求公司及消费者以个人身份支付该笔成本费用。我们将列举两个示例来阐明这一战略。首先,创建市场的目的是为外部性贴上价格标签,例如二氧化碳或二氧化硫气体的排放量。公司根据自身的污染水平进行碳信用交易,从而通过制定价格将(减少的)排放量纳入经济核算中(MacKenzie,2009)。这便将我们共同利益的可持续治理成本转化成了以货币计价的价格(例如欧元、美元)。

其次,尽管尚未有市场能够交易此类影响力,但是那些可以为集体福利带来积极影响的成本已经被生产者自行量化,并纳入产品价格中。还有一些产品,虽然既不会给集体福利带来负面影响,也不会给其带来积极影响,可是消费者却仍被要求为此支付额外费用,例如生物制品肉蛋奶、碳补偿航班、通过购买经认证木材来维护热带雨林、公平贸易巧克力等。另外,生产者通过将产品的此类附加信息以制度化的方式传达给消费者,令其信服并借此要求其支付额外费用。该战略的成功主要取决于个人是否有能力及意愿为这一积极影响支付额外费用(De Pelsmacker et al. ,2005)。

开创公私合作融资新模式

在第三种情境中(位于左下角象限),集体购买力被用于提升个人福祉。当某一产品或服务可以提升个人福祉,但个人购买力却不足以实现此类投资时,该象限内的举措就显得尤为重要。如果缺乏某种类型的购买力,常规金融机构便无法为此类生产活动提供资金。在传统上,这属于政府支出象限(即福利性支出)。通过开创公私合作投资新模式,私人部门融资也可以发挥重要作用,并且比起那些只通过政府机关开展的投资,其极有可能使投资活动产生更大的影响力。其中,最主要的示例便是社会影响力债券。在此类别中,私人投资主要是为了实现某一社会目标,例如通过启导计划提升青年就业水平。如果投资活动最终获得了预期效果(即由于干预介入而提升了就业水平),那么政府机关便会向私人资金提供者支付以效果为导向的财务回报。通过这种方式,政府机关集体购买力的使用前提将只包括以下三点,分别是达成效果、节省不必要成本,以及同时获得社会影响力。此外,投资风险与部分回报也将转移到金融行业。因为年轻人不再领取失业津贴,而是着手为自己创造收入,所以其个人福祉将得到进一步提升。另外,由于无须为失业津贴支付过多费用,因此也为政府机关节省了成本。

这些类型的投资活动允许那些购买力低下的群体通过**解决问题或预防问题**来提升福祉(例如投资培训、研发疫苗),而不是整个集体为没有解决的问题支付费用(例如高昂的失业津贴与医疗费用)。金融行业借助集体购买力来提升个人福祉,以此创新方式使得投资活动能够以效果为导向,并给予财务回报。其通过提高公共基金使用效率,将提升个人福祉与财务回报联系在一起,否则还需要持续处理顽瘴痼疾,从而导致效率低下。

社区融资

在第四种情境中(位于右下角象限),集体购买力被用于促进共同利益。以政府机关为例,其经常提供资金来改善我们的共同利益,比如基础设施建设或生态系统治理。然而,由于在政治上不属于优先事项且缺乏公共基金,因此对于诸多能够提升集体福利的举措,政府机关并没有为此提供资金,即使从长远来看,其极有可能会导致公共支出需求下降。此外,政府机关并不总是能够在社区层面识别并实施最具影响力的投资。在个人层面上,人们可能不愿意或无法达到组织共同利益所需的投资门槛。

通过社区融资,金融行业能够实现个人与政府无法开展的影响力投资。众筹便是此类创新举措的主要示例,即通过网络或社区进行资金融通。其指的是创业型个人与群体,包括文化性、社会性以及营利性团体,从人数较多的个体那里募集数额较小的资金,在线资助其项目,以换取财务回报和/或实物回报(改编自 Mollick,2014)。尽管众筹可以用于资助各种类型的项目,但其结构中的部分要素似乎能够提升对共同利益的投资意愿(改编自 Toxopeus & Maas,2016):

- 其盈利结构的多样性为那些致力于共享资源领域,且基于混合型定制盈利、双向信息流以及成本与利益具体匹配的合作投资模式提供了发展空间。由于能够提供实物回报或产生"社区利益",因此,哪怕预期财务回报较低,其也更容易说服利益相关者提供资金(理论模型可参见 Belleflamme et al.,2013)。

- 其项目导向型投资结构极具柔性,能够根据需要进行调整,以适应不同水平及规模的合作模式,从而产生集体影响力。在收到实物利益或者(根据偏好)认为实物利益极其重要的层面上,令利益与成本彼此匹配、保持一致,是打造"公平份额"融资结构的一种方式,在这一结构中,每个人都在为提供更大利益做出自己的贡献。

- 其投资过程的公共性质允许潜在投资者查看已有哪些投资方,此举可以提升个人在共享资源融资方面的合作倾向。行为研究表明,可以被描述为"有条件合作者"的群体几乎占到总人口的一半,这就意味着该群体会模仿周围其他个体的合作水平(Levine & Prietula,2013)。因此,公开之前投资者的名单便能够影响其他人的投资行为。

由于此类投资活动完全是自愿行为,因此并非所有受益人都会出资资助。只要群体中大部分人能够一同承担共同利益的投资成本,那么一些"搭便车"行为也是可以容忍的。然而,如果出现的"合作者"数量不够多,则合作就有可能瓦解(Vollan & Ostrom,2010)。借助行为经济学观点,打造智能型金融结构,从而提升共同利益融资意愿，最终增加影响力投资活动的数量。

结论与讨论

世界运转需要金钱，但金钱并不能自动产生其最佳影响力。常规金融机构往往将资金分配给那些能够对世界产生积极影响的投资活动，在本篇文章中，我们对其必须满足的条件进行了概述。然而，由于金融机构当前所具形式，其参与影响力投资会受到一定限制。因此，我们也在文中呈现了金融创新举措（例如社会影响力债券和众筹）提升金融行业能力的过程，令其以极具影响力的方式进行资本配置。

但是，对常规金融机构和创新型金融机构开展实施影响力投资的方式加以阐述仅仅是一个起点。下一个问题是如何在其基础上进一步推陈出新、扩大规模并精益求精。综上所述，对于未来的主要进展方向，我们提出了以下两项建议：

1. 创建组织良好、条理有序的学习循环，以优化其影响力。金钱拥有天然的学习循环（如果我们的目标是赚更多金钱，那么在采取措施之后，我们就能够知道是否获得了成功）。如果我们的目标是提升投资活动的影响力，那么在采取措施之后，我们需要知道哪些投资活动才是真正的影响力投资（以及原因）。通过评估与研究，建立、分享以及应用影响力相关知识，将使投资活动更具影响力。这些影响力相关知识将有助于常规金融机构和金融创新举措（例如社会影响力债券和众筹）完善其资本配置决策与影响力实际效果之间的因果关系。

2. 持续发展金融创新，增加并完善信贷服务及资本配置，以产生更具影响力的效果。例如，影响力投资也可以在其他货币体系中开展实施，而非局限于我们熟知惯用的货币体系（例如欧元、美元）。补充货币和互助信贷系统已经存在了数十年之久，其目的通常是向那些在主流货币体系、现金匮乏地区或经济低迷时期缺乏购买力的个人及公司提供购买力（Stodder，2009）。替代性货币体系通过创建一种替代性信托形式，使生产活动得以开展实施。信息技术的进步以及随之而来交易成本的降低，大大推动了多种替代性货币体系与信贷系统的发展，例如基于区块链的比特币（Nakamoto，2008）和互助信贷系统 Sardex（Littera et al.，2014）。意大利撒丁岛的 Sardex 系统以及历史更为悠久的瑞士经济圈协作组织(Wirtschaftsring, WIR)等区域性互助信贷系统在设计伊始即侧重于开展区域性的生产活动(Littera et al., 2014; Stodder, 2009)。直觉告诉我们,其中一些信贷系统可能会支持那些符合我们核心条件的生产与交易活动,即用于非投机性活动、提升福利并且能够对共同利益产生积极影响。投机性活动从设计伊始即被排除在外。生产与交易活动均是区域性的,这就意味着福利效应对于买方和生产者来说将更加明显,从而导致对于个人福祉和集体福利的考量有可能更加周全。比特币等其他创新型货币目前波动幅度较大,投机性极强。我们需要开展更多研究以确定新型创新举措是否有助于进行影响力投资活动,以及能够在什么条件下开展实施。

尽管我们试图说明金融机构通过智能创新,可以为范围广泛的影响力投资活动配置资本,但仍然有部分影响力投资活动未被包含在内。在这种情况下,就需要慈善机构或政府机关出面作为(共同)投资人。虽然我们努力吸引那些有购买力的利益相关者加入以便承担投资成本,但毋庸置疑的是,仍然会存在以下情况:某一国家、地区或行业确实缺乏具有购买力的利益相关者,因此,政府机关、公民社会以及慈善机构就需要,或者说最适合出面开展实施投资活动。然而,在如今这样一个联系日益紧密的世界中,网络机会逐渐增多,技术手段越发智能,因此,金融所能发挥的作用也在朝着创新、有影响力的方向不断发展演变,其将要填补的空白可能远远超出我们现有的想象。

参考文献

Amalric, F. (2006) Pension funds, corporate responsibility and sustainability. *Ecological Economics*, 59(4), 440–50.

Belleflamme, P., Lambert, T., & Schwienbacher, A. (2013). Crowdfunding: tapping the right crowd. *Journal of Business Venturing*, 29, 585–609

Borgers, A.C., & Pownall, R.A. (2014). Attitudes towards socially and environmentally responsible investment. *Journal of Behavioral and Experimental Finance*, 1, 27–44.

De Pelsmacker, P., Driesen, L., & Rayp, G. (2005). Do consumers care about ethics? Willingness to pay for fair trade coffee. *Journal of Consumer Affairs*, 39(2), 363–385.

DNB (De Nederlandsche Bank) (2014). *Overview of Financial Stability in The Netherlands. Amsterdam: De Nederlandsche Bank*. Retrieved from http://www.dnb.nl/en/binaries/OFSuk_tcm47-306230.pdf

GIIN (Global Impact Investing Network) (2015). *What You Need to Know About Impact Investing*. Retrieved from http://www.thegiin.org/impact-investing/need-to-know/#s1

Graham, B., & Anderson, E. (2015). *Impact Measurement: Exploring Its Role in Impact Investing*. Melbourne: National Australia Bank/The Difference Incubator/Benefit Capital. Retrieved from http://cr.nab.com.au/docs/impact-measurement-exploring-its-role-in-impact-investing_final.pdf

Levin, I.P., Gaeth, G.J., Schreiber, J., & Lauriola, M. (2002). A new look at framing effects: distribution of effect sizes, individual differences, and independence of types of effects. *Organizational Behavior and Human Decision Processes*, 88(1), 411–429.

Levine, R. (2005). Finance and growth: theory and evidence. In P. Aghion & S.N. Durlauf (eds), *Handbook of Economic Growth*, Volume 1 (pp. 865–934). Amsterdam: Elsevier.

Levine, S. S., & Prietula, M.J. (2013). Open collaboration for innovation: principles and performance. *Organization Science*, 25(5), 1414–1433.

Littera, G., Sartori, L., Dini, P., & Antoniadis, P. (2014). *From an Idea to a Scalable Working Model: Merging Economic Benefits with Social Values in Sardex*. Paper presented at the Inaugural WINIR Conference, Greenwich, UK, 11–14 September 2014.

MacKenzie, D. (2009). Making things the same: gases, emission rights and the politics of carbon markets. *Accounting, Organizations and Society*, 34(3–4), 440–455.

Mehrling, P. (2011). *The New Lombard Street: How the Fed Became the Dealer of Last Resort*. Princeton, NJ; Oxford, UK: Princeton University Press.

Mollick, E. (2014). The dynamics of crowdfunding: an exploratory study. *Journal of Business Venturing*, 29(1), 1–19.

Nakamoto, S. (2008). *Bitcoin: A Peer-to-Peer Electronic Cash System*. London: Cryptovest. Retrieved from https://bitcoin.org/bitcoin.pdf

Ostrom, E. (2010). Beyond markets and states: polycentric governance of complex economic systems. *American Economic Review*, 100(3), 641–672.

Palazzo, G., & Richter, U. (2005). CSR business as usual? The case of the tobacco industry. *Journal of Business Ethics*, 61(4), 387–401.

Rajan, R.G. (2006). Has finance made the world riskier? *European Financial Management*, 12(4), 499–533.

Reinhart, C.M., & Rogoff, K. (2009). *This Time Is Different: Eight Centuries of Financial Folly*. Princeton, NJ: Princeton University Press.

Scholtens, B. (2006). Finance as a driver of corporate social responsibility. *Journal of Business Ethics*, 68(1), 19–33.

Scholtens, B., Cerin, P., & Hassel, L. (2008). Sustainable development and socially responsible finance and investing. *Sustainable Development*, 16(3), 137–140.

Schumpeter, J.A. (1912). *Theorie der Wirtschaftlichen Entwicklung*. Leipzig,: Duncker & Humbolt.

Stern, N. (2008). The economics of climate change. *The American Economic Review: Papers and Proceedings of the One Hundred Twentieth Annual Meeting of the American Economic Association*, 98(2), 1–37.

Stiglitz, J., & Weiss, A, (1988). Banks as social accountants and screening devices for the allocation of credit. *Greek Economic Review*, 12 (Supplement), 85–118.

Stodder, J. (2009). Complementary credit networks and macroeconomic stability: Switzerland's Wirtschaftsring. *Journal of Economic Behavior & Organization*, 72(1), 79–95.

Toxopeus, H.S., & Maas, K.E.H. (2016). *Does Capital Allocation Governance Matter for the Commons?* Impact Centre Erasmus (ICE) Working Paper.

Tversky, A., & Kahneman, D. (1981). The framing of decisions and the psychology of choice. *Science*, 211(4481), 453–458.

Vollan, B., & Ostrom, E. (2010). Cooperation and the commons. *Science*, 330(6006), 923–924.

Williams, G. (2007). Some determinants of the socially responsible investment decision: a cross-country study. *The Journal of Behavioral Finance*, 8(1), 43–57.

World Economic Forum (2013). *From the Margins to the Mainstream Assessment of the Impact Investment Sector and Opportunities to Engage Mainstream Investors*. Geneva: World Economic Forum. Retrieved from http://www3.weforum.org/docs/WEF_II_FromMargins-Mainstream_Report_2013.pdf

World Health Organization (2002). *The Tobacco Atlas*. Geneva: World Health Organization. Retrieved from http://www.who.int/tobacco/resources/publications/tobacco_atlas/en

十二、影响力驱动型投资组合的发展

埃米莉·古道尔（Emilie Goodall）

引 言

布里奇斯风险投资是一家专业且可持续发展的影响力基金管理公司。其成立于2002年，通过一个多基金平台管理着将近10亿美元的资金，在英国和美国均有投资。布里奇斯风险投资利用影响力驱动型方法为投资者和整个社会创造更高的回报，并重点关注成长机会。无论是支持在高失业率地区创造就业机会的小企业，还是兴建环保护理院以应对人口老龄化问题，抑或是为创新型青年就业计划提供柔性融资，只要把握住成长机会，这些投资活动均能够通过应对紧迫的社会和环境挑战，产生极具吸引力的财务回报。

布里奇斯风险投资的投资出发点是识别出亟待应对的社会或环境挑战都带来了哪些可供投资的机会。自布里奇斯风险投资成立以来，该公司已经认识到不同的商业模式可以以不同的方式来应对相同的挑战，从而使其**多基金方法**得以长足发展。该方法将在本篇文章第一部分加以探讨。本文第二部分考察了所

【作者简介】 埃米莉·古道尔，Impact＋咨询公司主管。

有投资团队在评估投资机会时所采用的**影响力方法**,尽管这一分析过程主要是通过其各自的基金棱柱模型来进行。这两部分共同阐明了随着时间的推移,布里奇斯风险投资团队是如何对以下内容形成了深入的理解,即哪类商业模式能够在何种条件下表现出色,以及从财务与影响力的角度来看,哪些投资战略会给投资者带来最佳效果。

布里奇斯风险投资多基金方法的长足发展

布里奇斯风险投资的目标一直都是鼓励提出创业型解决方案以应对社会挑战。随着时间的推移,这些机会主要围绕以下四个影响力主题而展开:教育和技能、健康与福利、可持续生活以及服务滞后的市场。在这些主题中,有大量类型各异的商业模式,能够提供一系列风险调整后的财务回报——这一点也已经反映在基金平台的发展历程中。

布里奇斯风险投资在成立伊始即希望表明,商业投资战略可以在创造影响力的同时产生极具竞争力的财务回报,从而吸引机构资本持有人为获得影响力而进行投资。这就是于2002年推出的布里奇斯可持续增长基金所持有的观点。该基金将风险资本投资营利性商业模式,同时在其产品、地点或实践中嵌入影响力要素。[1]

布里奇斯风险投资首只可持续增长基金一经启动就筹集了价值4 000万英镑的资金,其中2 000万英镑来自私人部门,2 000万英镑以英国政府配套投资的形式发放。布里奇斯风险投资的创始人与其他个人投资者以及众多蓝筹机构一道,都投资了该基金。

前两只可持续增长基金主要投资一些靠房地产支持运营的企业(参见案例研究一:办公室集团),这有助于布里奇斯风险投资团队了解在设法处理影响力主题方面,房地产所能够发挥的重要作用。例如,英国40%-50%的碳足迹是由其现有建筑存量造成的。因此,为符合可持续生活这一影响力主题,利用环境特征减少碳排放的投资战略显然极具潜力,同时还能够随着时间的推移增加房地产价值。作为首批基金,这些投资活动说明了在服务滞后地区,经过改造重建

---

[1] 本文第二部分将对布里奇斯风险投资所采用的影响力方法及其选择标准作以阐释。

的建筑可以产生强大的影响力且效果极为显著。

专栏12.1　案例研究一:办公室集团(The Office Group)

　　由于中小企业能够推动竞争并刺激创新,因此,布里奇斯风险投资一直支持此类企业的发展,且认为其是促进经济增长的关键因素。中小企业也为创造就业机会做出了巨大贡献,其占到私人部门60%以上的就业人数,以及将近一半的成交量。然而,如果缺乏技能与支持,这些中小企业将很难进行创新和发展。在企业"中心"地带,与他人近距离工作可以促进创意共享、加强合作并鼓励竞争,最终提高生产力。办公室集团成立于2002年,是一家提供柔性办公空间的专业公司,这一办公模式由该公司管理人员与布里奇斯风险投资共同创立。办公室集团擅长创建风格独特、设计简约、考虑周详的办公场所,致力于帮助小型企业获得成功。为了与布里奇斯风险投资的使命保持一致,即在其所有投资活动中都努力创造积极的社会及环境影响力,办公室集团的全部房地产均位于改造重建地区,包括六栋永久产权建筑和一栋租赁建筑。这些建筑在设计上还非常注重通过雨水收集、回收计划、风力发电、太阳能电池板、低能耗照明、蠕虫养殖以处理垃圾等措施,确保办公场所逐步减少对环境的影响。布里奇斯风险投资最初投资了60万英镑,加上后续投资,在2010年最终退出投资之前其价值高达4 330万英镑,投资资金增值两倍。目前,该企业已经发展壮大到能够为大约900名员工提供工作空间,包括为20余家初创企业提供工作场所以及聘用近90名员工。

　　资料来源:本文作者。

　　布里奇斯风险投资开始着手开发那些位于改造重建地区的房地产待投资项目[1],并在环境保护方面显示出卓越的领导能力。2009年,布里奇斯可持续房地产基金正式成立,旨在吸引房地产投资者支持影响力投资模式。房地产基金团队与技能娴熟的合资合伙人一道工作,在其帮助下识别利基行业的场外机会。

---

[1] 这些项目主要按照英国政府多维贫困指数定义而进行划分,该指数是市政委员会对贫困地区所开展的一项定性研究。该研究涵盖了贫困的七个方面,分别是收入、就业、健康状况欠佳与残疾、教育和技能培训、住房困难及服务障碍、犯罪行为,以及生活环境。在布里奇斯可持续增长基金的当前投资与已实现投资中,约有88%的投资活动居于该指数的后1/4。

布里奇斯房地产替代基金Ⅲ继续沿用这一方式,并且在2016年以2.12亿英镑的价格关闭。综上所述,正是因为有潜在的社会需求,一些领域才得以蓬勃发展,而房地产团队与可持续增长基金一样,通过采取创新举措以及投资上述领域,最终成功在业已饱和的市场中发现了新的成长机会。

布里奇斯风险投资看到了房地产在处理健康与福利影响力主题方面的潜力,因此于2012年开始着手筹备CarePlaces基金合资企业,合作方是医疗保健行业的领军研发公司Castleoak。该专项基金致力于为老年人创建更多高质量的护理院,这对于那些要求产品满足结构合理、预先出租、受收入驱动且租期极长等条件的投资者而言,将极具吸引力(参见专栏12.2)。

专栏12.2　案例研究二:老年人护理院

到2027年,英国60岁以上人口将增加20%,其中85岁以上人口的增长速度最快,因此,对高质量护理院的需求正在迅速上升。由于目前70%以上的建筑存量房龄超过15年,所以护理院的设施供应有一定风险变得过时。为了应对这一紧迫的社会挑战,布里奇斯风险投资与在该行业拥有20余年专业经验的研发公司Castleoak通力合作,成立了CarePlaces基金,主推价值1亿英镑的护理院投资组合,致力于为老年人(通常是高危患者)提供标准更高的护理院住房条件。

布里奇斯风险投资与Castleoak公司已经合作建造了14家护理院,其中有11家是通过该专项基金修建的。无论是设计布局还是施工修建,每家护理院都极为注重可持续性,并能够提供一流的护理设施。护理院的设计规范要求有适当规模的员工专用培训区域,这一点反映了持续培训员工的重要性,以此确保高质量的护理水平。此外,Castleoak公司在倡议制定"您的护理评级"方面也发挥了重要作用。这一项独立进行的年度调查于2011年启动,使护理院住户能够秘密发表其对于所接受服务的意见。该调查结果将作为评估基准,并公之于众,旨在帮助护理院运营商推动改进工作,提高服务水平。这一志愿活动补足了英国护理质量委员会(Care Quality Commission)对于护理院的管理检查。2014年,对于管理检查的五项要求,护理院投资组合全部达到平均水平。这五项要求分别是:尊重住户并让其参与自身护理;提供满足住户需求的护理、治疗与支持;关照住户安全,保护其免受伤害;人员配备;管理质量及其适用性。

其中一家叫做杜松之家的护理院(Juniper House)坐落于英国布拉克利(Brackley),是英国首家通过被动式节能屋(Passivhaus)认证的护理院,拥有高标准的能源效率、高效的供暖系统以及先进的节水技术。该建筑在施工过程中使用了 A 级可持续建筑材料,实现了高水平热效率:投入使用后第一年,相对于基线方案,其碳足迹整整降低了 30%,二氧化碳排放量共计减少了 72 吨之多。2014 年,该基金以 2 520 万英镑的价格售出了三家高质量护理院,产生了 31%的净内部回报率和 5.5%的净初始收益率;2015 年,该基金又以 2 050 万英镑的价格售出了另外两家护理院,显示出其净初始收益率为 5.4%。

被动式节能屋建筑在设计上不仅大大降低了对空间供暖与制冷的要求,而且还提供了绝佳的室内空气质量以及居住舒适度。

资料来源:本文作者。

在对四个影响力主题的相关子行业有了更为深入的了解之后,布里奇斯风险投资发现,一些社会问题要求投资者采取更加柔性的方式来获得财务回报,因为所涉及的模式需要优先考虑影响力因素。支持这些商业模式不仅为我们提供了绝佳的新方式来开展影响力投资,而且还能够深化布里奇斯风险投资对其目标行业的理解。

2009 年,布里奇斯社会企业家基金正式启动。该基金获得了少数进步基金会、个人以及政府的支持,且所有投资者都愿意放弃一些财务回报,以支持整个投资活动中最关键的部分(参见专栏 12.3,通过具体示例了解该基金如何使用)。

专栏 12.3 案例研究三:哈克尼社区交通集团(Hackney Community Transport, HCT)

英国经济众多行业之间的技能差距长期以来都是国家经济复苏道路上的绊脚石。2014 年,约有 22%的职位空缺因为这一差距而未被填补,该数据比两年前增加了 6%。另外,为残疾人提供交通工具也带来了新的挑战:在英国,大约有 1/5 的残疾人表示在使用交通工具方面存在一定困难。

哈克尼社区交通集团是一家运输公司,主要经营伦敦红色巴士商业路线、黄色校车路线以及停车换乘服务。该公司利用其结余为那些因行动不便而无法使用传统公共交通工具的人士提供社区交通服务,同时投资其运营地区的教育项目。另外,其结余还为失业人员或那些没有正式任职资格的人士提供了额外的培训计划。

2010年,布里奇斯社会企业家基金与社会投资企业共同投资,促成了一轮价值420万英镑的投资,以资助哈克尼社区交通集团社区交通业务的增长。部分投资采取了创新型准股权融资结构的形式,旨在增加哈克尼社区交通集团的柔性,同时将投资者所获得的回报与成交量增长及社会影响力联系在一起。

这笔发展资本帮助哈克尼社区交通集团大大提升了自身影响力,且在投资期间增收显著,涨幅高达60%。这使得该组织在2014—2015年间,每年都为志愿者群体或社区团体提供超过40万载客人次的客运服务,减少乘车出行次数共计超过6.7万次。在同一时期,哈克尼社区交通集团还聘用了900余名员工,另有114名前失业人员因其提供的培训计划或教育项目而获得了新的工作机会。准股权形式同时具有债务及股权的部分特征,其按照投资对象未来收入的百分比来计算投资者将会获得的财务回报,以使投资者与投资对象双方能够一同分担更多风险。通常情况下,回报会设有封顶上限和时间限制。

资料来源:本文作者。

尽管社会企业家基金最初支持的是社会企业交易模式,但也有一些表现出色的慈善机构产生了一定影响力,却并未进行任何交易,其所解决的社会问题要么需要公共部门资助,要么需要他人捐赠。传统上,多由非营利性组织与慈善机构以按服务收费的方式提供服务项目和干预措施,然而令人振奋的是,社会影响力债券的出现使得布里奇斯风险投资也得以资助此类活动及举措。

社会影响力债券至少牵涉到三方利益相关者,分别是发行方(可能是某地政府机关或某位捐赠者)、服务提供方以及投资方。按照每项社会效益或每系列社会效益议定财务价值之后,三方的共同任务便围绕"如何交付预先约定的系列效益"这一问题而展开。其核心是一份以获得社会效益为基础的合同,允许政府机关或捐赠者直接为成功实现的社会效益支付费用,且只能在交付效益之后再付费。投资者作为第三方,主要负责预先提供资金以支付干预措施的成本,其所能获得的回报取决于效益能否成功交付。通过在彼此之间建立联系,社会影响力债券的主要任务就是激励投资者与服务交付合伙人,使双方步调保持一致,以期最大限度地交付指定的社会效益。[1]就其本质而言,社会影响力债券大大激发了慈善机构的创业精神,前提是有私募股权式管理支持作为后盾,而这正是布里奇斯风险投资多基金方法的一大特点(参见专栏12.4)。

专栏12.4 案例研究四:青少年与幼儿(teens and toddlers, T&T)

目前有将近100万16—24岁的年轻人(约占年轻人总人口的15%)被归类为"啃老族(NEET)"(指不升学、不就业、不进修,终日无所事事的人)。许多潜在问题可能会导致年轻人脱离学校,例如低自尊、受教育程度不高以及缺乏正面行为榜样。哪怕只当了一段时间的啃老族,也有可能会长期产生负面结果,包括随之而来的失业风险日渐增加以及健康状况持续恶化。此类负面轨迹给社会带来的潜在成本极为高昂。

青少年与幼儿创新计划就是一只社会影响力债券,主要为大曼彻斯特(Greater Manchester)地区14—16岁的青少年弱势群体提供资金支持,目的是防止他们变成啃老族。该计划由英国国内慈善机构"青少年与幼儿"负责交付,该机构鼓励年轻人弱势群体担任当地保育学校幼儿的启导者,将双方结为合作伙伴。让年轻人成为行为榜样有助于培养其责任感及同理心,这可以为年轻人的人生带来翻天覆地的变化。

如果参加青少年与幼儿创新计划的年轻人能够提高出勤率、改善其在校行为、顺利取得学历,并选择继续深造或工作就业,那么,英国就业和退休保障部(Department of Work and Pensions)的创新基金就会向该计划支付款项。这一基金为社会影响力债券效益给付提供了3 000万英镑的资金,旨在提升年轻人弱势群体的就业水平与教育背景。

青少年与幼儿创新计划在签订合同时承诺对1 152位年轻人提供支持。截至2015年7月,受益人数已超过该原定目标100余名。这一干预措施在三年内已经帮助这些年轻人取得了至少2 700项积极成果,其中包括改善行为、提高出勤率以及获得国家资格证书。

青少年与幼儿创新计划这只社会影响力债券是世界上首批有望成功完成的

---

[1] 若想获知有关社会影响力债券的更多信息,可以参见Bridges Ventures, 2014b。

社会影响力债券之一,也是首批重新发行的社会影响力债券之一。这一债券已经获得了一份为期三年的政府合同,以期在英格兰西北地区推进该计划,使38所学校的1 400余名学生从中受益。

资料来源:本文作者。

布里奇斯风险投资于2014年推出了社会影响力债券基金,专门投资那些以获得社会效益为基础的合同。社会影响力债券基金作为一款创新产品,虽然尚未建立业绩记录,却仍然能够获得启动资金,主要因为其投资者愿意且有能力资助这一未经证实但极有潜力产生重大影响力的模式。随着时间的推移,社会影响力债券可能会被证明是一个绝佳的投资机会,其不仅能够提供极具竞争力的、风险调整后的财务回报,而且还有可能脱离经济周期的影响。

布里奇斯风险投资的部分所有权属于其自己的公益信托。该信托由布里奇斯风险投资团队从其他基金中出资助,捐赠数额占到其利润的10%,全部用于该信托开展组织的各项慈善活动。此举进一步强调了布里奇斯风险投资所持有的观点,即可持续投资和影响力投资并非试图取代慈善机构,而是要引入大量工具来解决社会问题,以便将赠款资金用于最需要的地方。

一些投资机会可能涉及多种商业模式,主要通过帮助应对紧迫的社会或环境挑战而为投资者带来回报。正是布里奇斯风险投资的多基金平台方法让此类投资机会进入大众视野,并成为关注焦点(参见图12.1各行)。

大量社会问题可以通过完善营利性商业模式实践来得到解决。如今,越来越多的企业正在通过不断进步的环境、社会和公司治理实践(例如环境管理或社区参与),力图提升股东和利益相关者的价值。同样地,营利性企业如果能够利用其核心产品或所在地理位置来解决社会或环境问题,并认识到其中蕴藏着重要的成长机会,那么也可以作为一个强有力的解决方案。对于一些营利性商业模式来说,所能产生的影响力与其商业成功密不可分。布里奇斯风险投资通过可持续增长基金和可持续房地产基金对此类企业进行投资,在这些投资机会中,财务回报与影响力回报并行不悖、相辅相成,且不断进步的环境、社会和公司治理实践也同样是关注焦点(参见案例研究一"办公室集团"和案例研究二"Care-Places基金")。

对于其他企业来说,可能需要在利润与目的之间协调平衡,其社会目的会受

十二 影响力驱动型投资组合的发展

资本投资范围

	财务回报至上投资	责任投资	可持续投资	影响力投资			影响力至上投资
		提供具有竞争力的财务回报					
			降低环境、社会和公司治理的风险				
				寻求环境、社会和公司治理的投资机会			
				重点关注能够产生可评估重大影响力的解决方案			
关注重点:	对环境、社会和公司治理实践的重视有限或根本不重视	为保护价值而减少有风险的环境、社会和公司治理实践	采纳不断进步的环境、社会和公司治理实践，因其有可能提升价值	设法解决社会问题，为投资者带来具有竞争力的财务回报	设法解决社会问题，但其财务回报至今仍未得到证实	设法解决社会问题，且对于投资者财务回报的要求低于市场水平	设法解决社会问题，但无法为投资者带来任何财务回报
示例:		·私募股权公司将环境、社会和公司治理纳入投资分析 ·按伦理标准筛选后的投资基金	·"同类最佳"社会责任投资基金 ·只做多头公共股权基金通过将环境、社会和公司治理要素进行深度整合来创造附加价值	·致力于可再生能源项目（例如风力发电厂）的上市基金 ·小额信贷结构性债务基金（例如向小额信贷银行贷款）	·社会影响力债券/发展影响力债券	·向社会企业或慈善机构提供准股权或无担保债务的基金	

（示例框内容：）

营利性商业模式中，大部分投资活动采纳了不断进步的环境、社会和公司治理实践方式和/或既定的社会效益目标

营利性商业模式将影响力要素嵌入其核心产品、服务或地理位置中

营利性商业模式需要在影响力记录与利润之间进行平衡或权衡，一般通过治理来保护其社会使命

社会企业模式将部分或全部结余进行再投资以获得影响力，包括交易型慈善机构、成员群体以及社区利益公司

不通过销售产品或服务获得收入的慈善机构

布里奇斯可持续增长基金
布里奇斯可持续房地产基金
CarePlaces基金
布里奇斯房地产替代基金III

布里奇斯社会影响力债券基金

布里奇斯社会企业家基金I

布里奇斯公益信托

资料来源：Bridges Ventures，2015。

图 12.1 布里奇斯风险投资的多基金平台

到组织治理的保护。还有一些社会问题可以通过以下商业模式得到最妥善的解决，即将部分或全部财务结余进行再投资，例如交易型慈善机构、使命驱动型合作社或交叉补贴模式。布里奇斯社会企业家基金已经提供了创新型融资机制来支持此类企业，哈克尼社区交通集团就是一个很好的示例（参见案例研究三）。

最后，还有一些社会问题需要由那些并未进行任何交易的慈善机构来解决。

这些创新型组织此前从未有机会获得风险资本,如今则由社会影响力债券基金为其提供企业成长资本。此举将使得这些创新型组织无法签订那些以获得社会效益为基础的合同,尽管根据其对于目标群体的了解程度和业绩记录可知,这些组织极有可能是实现所追求效益的最佳人选,正如大获成功的青少年与幼儿创新计划一样(参见案例研究四)。

投资者对影响力投资的兴趣越发高涨,而布里奇斯风险投资的多基金平台方法恰恰能够量身定制产品开发,以满足投资者的不同需求。如今,有越来越多的投资者正在将环境、社会和公司治理因素纳入分析过程,并愈加青睐那些有潜力超越市场表现的商业模式,因为其运营方式的可持续性更高。"责任"投资专注于保护价值免受风险影响,而此类"可持续"投资则侧重于为股东和社会创造附加价值。

影响力投资者并不局限于此,他们专注于寻求解决方案以应对紧迫的社会或环境挑战。一些投资者希望其重点关注的社会或环境解决方案能够产生与市场水平持平(或高于市场水平)的财务回报。而另一些投资者则愿意围绕影响力主题展开投资活动,哪怕该投资有可能(但不一定)带来低于市场水平的财务回报。由于影响力投资方法对财务回报的要求远低于市场水平,因此,另一些投资者愿意采用该方法进行投资。最后,还有一些资金提供者仅以影响力为动机,在筹措资本以解决某些社会问题方面持续发挥着重要作用。

通过了解资本的投资范围(参见图12.1各列),就有可能设计出能够为社会问题提供创业型解决方案的投资战略。布里奇斯风险投资的每一只基金都被设计成需要与不同投资者的财务及影响力期望值"保持一致",以期使众多资产持有人能够为了影响力而进行投资。这一多元化平台不仅使得布里奇斯风险投资能够运用尽可能多的工具来实现社会变革,而且还能让投资活动变得更加高效。

布里奇斯风险投资所采用的影响力方法

布里奇斯风险投资的投资团队会把投资周期每个阶段的影响力分析加以整合。这一方法包含四个关键要素:专业的重点("主题法")、统一的流程("选择、参与及跟踪")、明确的标准("影响力雷达")以及绩效评估与管理工具("影响力计分卡")。

主题法

布里奇斯风险投资的投资范围涵盖高速成长的中小企业、房地产企业以及社会企业。但是,所有基金都重点关注以下四个影响力主题:服务滞后的市场、健康与福利、教育和技能以及可持续生活。每个主题都代表了一系列社会效益,且其交付均能够通过可供投资的模式得以高效实现。

随着时间的推移,在这些影响力主题的重叠之处出现了一个投资"最有效点(sweet spot)",也就是那些集质量、可及性、可负担性和效率于一体,且能够产生重大影响力的产品或服务。因此,对于服务滞后的市场而言,此类产品或服务成为满足其需求的理想选择(参见图12.2)。

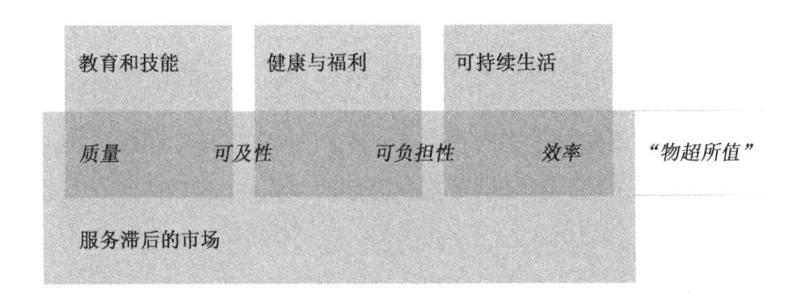

资料来源:Bridges Ventures,2013。

图 12.2　布里奇斯风险投资的影响力主题

选择、参与及跟踪

所有基金都遵循"选择、参与及跟踪"这一统一的三阶段流程,其整合了整个投资周期内的影响力分析(参见图12.3)。如前所述,选择影响力投资活动涉及确认其产品、地理位置与商业模式,以及其所交付的效益是否符合(至少一个)影响力主题。除了产生具体的目标效益之外,所有投资组合公司在管理影响力风险以及优化环境、社会和公司治理实践方面,都将得到大力支持。布里奇斯风险投资团队与投资对象通力合作,共同参与到对上述领域的完善改进中。此举被称为商业/社会"双赢":无论是通过加强能源管理、提升员工或客户参与度,还是通过改进治理实践,那些运营方式可持续性更高的企业不仅可以产生与日俱增的影响力,而且还能保护并提高其商业绩效。为了跟踪及管理投资进展,布里奇斯风险投资团队与投资对象一道,专门为此制定了一系列关键绩效指标(key performance indicators, KPI)。

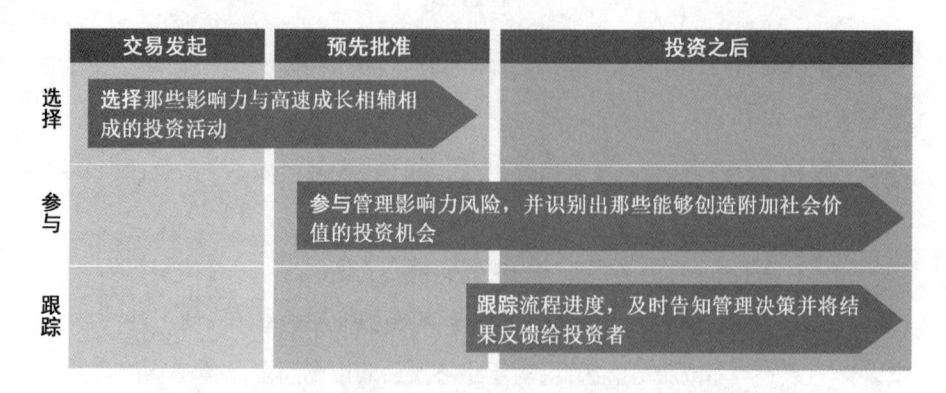

资料来源：Bridges Ventures，2013。

图 12.3　选择、参与及跟踪流程图解

影响力雷达

虽然该方法是针对每种类型的基金量身定制而成，但其中某些标准对于布里奇斯风险投资所有的投资活动而言都是通用的，并且有助于整体全面地审视了解某项投资活动推进积极社会变革的能力。在确定一项投资活动是否具有投资潜力时，需要重点考察以下四个关键领域：目标效益、额外性、一致性，以及环境、社会和公司治理因素(参见图12.4)。

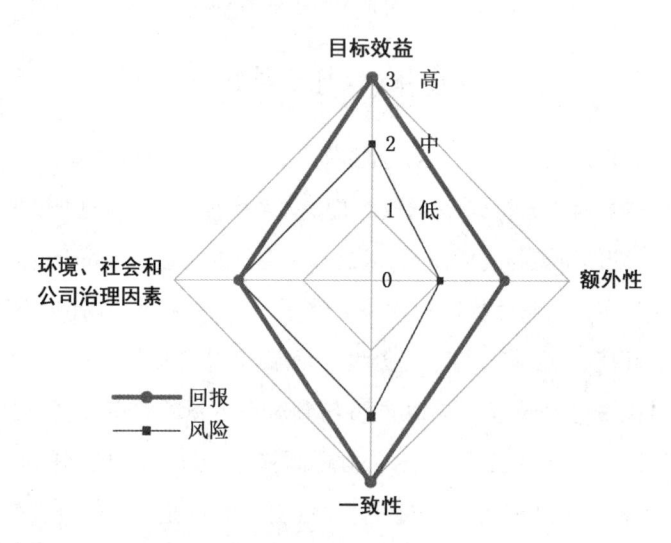

资料来源：Bridges Ventures，2013。

图 12.4　布里奇斯风险投资的影响力雷达

在布里奇斯风险投资,了解投资活动潜在的影响力风险与了解其潜在的影响力回报同等重要。因此,在上述四个关键领域中,要同时考察风险与回报。在投资之前,此举将为探讨潜在的投资理论提供有益的依据。在投资之后,其可以作为投资组合管理工具,对每一项投资活动(以及每一只基金)的影响力风险—回报情况进行持续监测。

关键是该计分方法并非绝对,而是主观的、指示性的。其为团队提供了框架以供讨论,有助于在实际范围(即按照比例且负担得起)和有用范围(即允许我们选择并管理那些每天都能创造社会价值的投资活动)内告知决策信息。

目标效益:有效的解决方案不仅能够满足紧迫的社会需求,还蕴藏着重要的成长机会

分析"目标效益",首先要确定是谁受到问题的影响(目标受益人)、其需求有哪些、改进过程将面临何种阻碍,以及当前的应对措施是什么(参见图 12.5)。根据这一背景分析,有可能从中提炼出"改变理论",即应对挑战所需要完成的各个理论阶段。为了了解一项投资活动如何将理论转化为行动,需要用到逻辑模型来说明该投资活动的具体步骤是如何将改变理论应用至每一阶段的。上述过程能够指导我们对投资活动在规模、深度及系统性变革方面的潜在影响力进行关键性分析(该分析表明确实存在潜在的"影响力回报")。

这种方法还有助于对投资活动逻辑模型中的因果关系进行"压力测试",也就是说,对"秘诀"的理解程度以及因果关系证明结果的可信程度提出疑问(可信程度即表示"影响力风险"的等级)。无论是内部因素还是外部因素,都有可能对因果关系的证明产生干扰。例如,采取措施之前,强有力的科学证据已经证明某项投资活动极有潜力产生影响力,然而,由于(新任)管理层无力运用成功秘诀,从而导致证明结果可能与预期大相径庭。

▶ 深度

通常情况下,规模可以测量,而深度则更加主观,难以测量,因为对一个人而言必不可少的东西,对另一个人来说却可能并不重要。由于缺乏客观定义,因此,久期和杠杆可以作为有效测量深度的评估指标。所交付的效益是否持久(久期)?所交付的效益能否为个人生活带来许多积极变化(杠杆)?例如,有些人认为,成功收养一个孩子会为其余生带来积极的变化(正如手术能够拯救生命一样),同时还能产生大量其他的积极益处,例如提升身心健康、降低被归类为啃老

目标效益如何计分?

	关键问题	计分	计分标准
回报分析	投资活动是否扩展了影响力的深度,或拓宽了影响力的规模,或两者兼而有之? 投资活动是否使服务滞后的受益人群体或整个社会从中获益? 投资活动将产生何种系统性/更为广泛的影响力?	3 高	拓宽规模和/或扩展深度,而且额外关注服务滞后的受益人群体和/或推进系统性变革的潜力
		2 中	整个社会实现规模拓宽和/或深度扩展
		1 低	既没有拓宽规模,也没有扩展深度
风险分析	对逻辑模型中的因果关系进行测试,其结果如何?	3 高	案头调研结果可信,能够证明因果关系(背景虽然不同却类似)
		2 中	案头调研结果可信,能够证明因果关系(背景虽然不同却类似),而且第一手资料研究能够支持这一因果关系(即组织自有的定量与定性评估)
		1 低	科学研究(例如对照试验或纵向追踪研究)不仅能够证明因果关系,还能表明投资活动正在产生影响力

资料来源:Bridges Ventures,2013。

图 12.5 目标效益

族的可能性等。

▷ 包容性

在健康与福利以及教育和技能两项影响力主题中,还采用了额外的"包容性"视角,以确保这些投资活动至少能够为广大民众,而不仅仅是为社会中最富有的阶层,带来一些积极变化。社会部门基金之所以能够走得更远,多是因为其支持的模式主要以服务滞后的受益人群体为目标。

▷ 系统性变革

除了投资活动所交付的直接效益之外(例如,毕业生在毕业之后可以继续享有可持续生计,或是老年人能够拥有更好的护理质量),布里奇斯风险投资还希望通过投资组合来产生更为广泛或系统性的积极变化,例如为社会节约额外成本、对政策产生积极影响,或是在交易更加活跃的市场上产生"连锁反应"(包括价格干扰与山寨模式)。

环境、社会和公司治理因素:积极管理对主要利益相关者的影响,既可以保护价值又能对其有所提升

虽然企业被选中是为了产生预期效益(通过提供那些能够产生重大影响力的产品或服务,或是为服务滞后社区带来经济增长),但同样重要的是,每一项投资活动都极具潜力产生其他社会效益,既包括积极的也包括消极的。这些效益多与环境、社会和公司治理因素有关,积极也好,消极也罢,通通考虑在内以便了解一项投资活动的总影响力(或"净"影响力)。

在进行投资之前,投资团队与潜在投资组合公司的管理层会展开合作,目的是识别出环境、社会和公司治理风险,包括负面意外后果,或是负外部性(参见图12.6)。这一讨论以内部风险评估筛选为指导,并以全球最佳实践为基础,但同时也经过一些调整,以便满足投资对象的需求。这些投资对象的运营领域均涉及布里奇斯风险投资设置的重点影响力主题。对环境、社会和公司治理进行风险筛查,其目的是尽可能让投资活动变得切实可行,即找到自身与卓越运营之间的差距。从重要性的角度将每一项风险划分为高、中、低三个等级,并将结果记录在风险登记单上。针对每一项重大风险,投资委员会文件中都会列出对应的风险缓释计划,这样一来,制定投资决策时就能从整体上考虑预期影响力,并

环境、社会和公司治理效益如何计分?

	关键问题	计分	计分标准
回报分析	是否存在能够实现双赢的环境、社会和公司治理投资机会?	3 高	存在大量环境、社会和公司治理投资机会
		2 中	存在一些环境、社会和公司治理投资机会
		1 低	没有/极少环境、社会和公司治理投资机会
风险分析	是否可以缓释环境、社会和公司治理风险?	3 高	无法缓释环境、社会和公司治理风险
		2 中	可以缓释环境、社会和公司治理风险
		1 低	环境、社会和公司治理风险极低

资料来源:Bridges Ventures,2013。

图12.6 环境、社会和公司治理效益

且在投资之后立即拟订后续百日计划。此后，无论是在与投资对象公司共同参加的董事会会议上，还是在布里奇斯风险投资自身公司层面的投资组合评审会议上，都会对环境、社会和公司治理问题进行定期审查。

涉及环境、社会和公司治理的投资机会往往被认为会实现"双赢"，因为其在改善社会或环境绩效的同时，也在提升企业业绩。虽然每项投资活动都有自己的投资机会范围，关乎环境、社会和公司治理，但是，布里奇斯风险投资对影响力主题(以及影响力主题相关子行业)的专业关注使得"经验法则"得以形成，以识别出那些可能存在的投资机会。例如，通过医疗保健公司的独立临床顾问委员会，最大限度地提升对患者的护理质量；在服务滞后的市场，企业通过学徒训练计划创造就业机会；或是在房地产(以及靠房地产支持的)投资活动中，最大限度地减少能源和水的使用。虽然一些环境、社会和公司治理投资机会可以在投资之前即得到确定，但实际上许多机会是通过与公司及其利益相关者定期互动(并向其学习)，才能够在投资期间得以显现。综上所述，我们为每项投资活动都创建了一个环境、社会和公司治理矩阵，以便记录环境、社会和公司治理因素与商业成功因素是如何做到并行不悖、相辅相成的。

一致性：借助多基金平台，布里奇斯风险投资能够将投资机会与各类投资者的财务及影响力期望值进行匹配

本篇文章第一部分说明了布里奇斯风险投资所推出的基金，无论是在其支持的商业模式类型方面，还是在其产生的风险调整后财务回报水平方面，均不同于其他基金，然而，这些基金都以创造影响力为己任。通过研发这一囊括不同基金类型的平台，每只基金都被仔细"对标"给不同投资者的财务及影响力期望值，以便使两者彼此匹配、保持一致。如图12.1所示，多基金平台方法也意味着，会有越来越多的资产持有人倾向于将其投资组合的不同部分分配给多只基金。

从回报的角度来看，一项投资活动既有能力产生影响力，也有能力提供极具竞争力的、风险调整后的财务回报，两者之间具有一致性且需要对此进行评估(参见图12.7)。布里奇斯可持续增长基金和布里奇斯房地产基金都希望投资活动所产生的影响力能够与其具有竞争力的财务回报保持"步调一致"，也就是说，如果投资者获得的财务回报极具吸引力，那么影响力范围也将随之扩大。相较之下，布里奇斯社会部门基金则希望投资活动能够在创造影响力的同时，产生可持续的而非完全商业化的财务回报，或者如本文第一部分所述，致力于测试创新型融资机制,例如发行社会影响力债券,此举可能会为投资者带来极具竞争力的、风险调整后的财务回报。

一致性效益如何计分?

	关键问题	计分	计分标准
回报分析	投资活动既有能力产生影响力,也有能力提供极具竞争力的、风险调整后的财务回报,两者之间步调一致的程度有多高?	3 高	投资活动所产生的影响力与其具有竞争力的、风险调整后的财务回报之间能够保持"步调一致"
		2 中	能够产生可持续的、风险调整后的财务回报
		1 低	无力偿还资本
风险分析	从根本上来说,投资活动的商业模式与其产生的影响力之间,一致程度有多高?	3 高	大多数商业成功因素与影响力成功因素之间并不一致
		2 中	部分商业成功因素难以与影响力成功因素达成一致
		1 低	所有/大多数商业成功因素与影响力成功因素相一致

资料来源:Bridges Ventures,2013。

图 12.7　一致性效益

从基础商业模式的角度来分析投资风险:该模式的商业成功因素与其试图创造的影响力之间,一致程度有多高? 尽管布里奇斯风险投资旗下每只基金为投资者带来的财务回报各不相同,但所有基金都专注于发现那些能够产生影响力从而形成竞争优势的商业模式。

额外性:认识到真正的附加价值对社会绩效与商业绩效而言至关重要、不可或缺

无论布里奇斯风险投资开展何种投资活动,其目标效益是否总会实现? 额外性分析对此提出了疑问。从这个意义上来说,额外性体现了布里奇斯风险投资所独有的影响力,即能够向投资者传达其资金是否正在创造社会价值。回报分析对投资者层面的额外性提出了疑问,而风险分析则仔细考虑了企业层面的额外性,即投资对象是否能够交付原本不会实现的效益,并且数量更多、质量更高(参见图 12.8)。

额外性效益如何计分？

	关键问题	计分	计分标准
回报分析	布里奇斯风险投资是不是投资活动发展/绩效的重要组成部分？	3 高	布里奇斯风险投资正在对企业进行内部孵化
		2 中	对于被主流投资者忽视的企业而言，布里奇斯风险投资是唯一的投资者或领投方
		1 低	尽管企业已经与其他(竞争)投资者确认了合作关系，但布里奇斯风险投资所提供的非货币支持仍然可以大幅提升其影响力
风险分析	投资活动是否交付了原本不会实现的效益？	3 高	社会效益有可能会取代类似社会收益（例如，轻易窃取那些没有影响力附加价值的市场份额）
		2 中	由于解决当前市场失灵问题的社会效益数量或质量均有所提升，因此不太可能会取代其他类似社会收益
		1 低	由于解决当前市场失灵问题的社会效益数量或质量均有所提升，因此取代类似社会收益的可能性非常低

资料来源：Bridges Ventures，2013。

图12.8　额外性效益

部分基金期望获得市场水平的财务回报，在进行投资者层面分析时，将仔细考虑布里奇斯风险投资对其投资活动发展与成长的重要程度。对于"服务滞后的市场"这一影响力主题而言，布里奇斯风险投资的额外性主要体现在将资本引入英国最贫困的地区，且所开展的投资活动居于多维贫困指数的后1/4，并投资那些与社区建立起紧密联系的企业，具体方式包括为当地创造大量就业机会、增加供应链支出或是将当地消费者列为目标市场。在可持续增长基金开展的投资活动中，多达1/4投资英国前10%最贫困的地区。之所以制定重点投资贫困地区这一决策，根源在于企业成长资本注入不足，难以为此类市场中的公司提供支持。也就是说，将开发服务滞后的市场作为首要的影响力主题，其驱动力正是投资者的额外性。对于其他影响力主题,额外性分析主要考虑的是,布里奇斯风险投资能够与投资对象的社会或环境议题保持一致,这是否意味着至少会创造出可以产生附加社会价值的非货币利益。更常见的情况则是,由于布里奇斯风险投资在从头开始构建甚至创建投资活动时发挥了至关重要的作用,因此其额外性才得以形成:在每一只基金中,都有一些企业被内部孵化(在这种情况下,投资者层面与投资活动层面的额外性即合而为一,不做区分)。

布里奇斯社会部门基金专门为那些具备盈利能力的可持续商业模式提供柔性资本,这些商业模式之所以无法吸引商业资本,主要是因为其结构或目标市场,或两者兼而有之。从这个意义上来说,投资者的额外性更容易被假设,因为此类投资对象无法依靠主流资本市场来支持其成长。然而,在共同投资的情况下,布里奇斯风险投资的考虑重点就变为其究竟在多大程度上引领了投资活动的发展(从而带动了追加资本的杠杆作用),这表明投资者层面的额外性明显具有更高级别。

在企业层面,主要评估基础投资产生的社会效益是否能够为社会带来积极的净收益(通常是通过提升社会效益的质量或数量,或两者兼而有之),或者反过来评估投资活动产生的社会效益是否具有取代类似社会收益的风险。

影响力计分卡

为了更好地借助影响力雷达来跟踪投资活动绩效,布里奇斯风险投资在投资之前便着手与各家投资组合公司展开合作,以便确定最合适的关键绩效指标。这些指标通通被记录在影响力计分卡上,与基准及目标一一对应。作为管理层和董事会报告的一部分,每个月或每个季度都要审查部分特定的关键绩效指标。此外,布里奇斯风险投资每年都会对所有的关键绩效指标进行再次审查,以确保数据能够正确显示出投资活动对社会做出的积极贡献,以及向投资者提供的价值保护与价值提升。

该影响力方法根植于日常经验,以十余年的学习反思为基础,较好地结合了理想主义与实用主义。尽管布里奇斯风险投资所采用的影响力方法还在不断发展改进,但是其团队仍然希望将现有想法进行共享,以期为后续探索做出有益贡献,并随时欢迎各方反馈。

结 论

布里奇斯风险投资多基金平台的出现表明人们已经认识到，许多商业模式能够创造出积极的社会影响力。通过对这一"范围"内的资本进行投资，布里奇斯风险投资得以集中精力，针对同一社会问题提出不同解决方案，并最大限度地实现其影响力。布里奇斯风险投资围绕四个影响力主题开展投资活动，其经验已积累14年之久，正因为如此，该公司才能逐渐掌握以下问题的答案：在各个主题相关领域，无论是从财务回报角度来看，还是从影响力角度审视，能够产生最佳效果的商业模式或投资战略有哪些。

影响力的评估与管理不仅是成功回答上述问题的本质关键，也是影响力投资的核心特征。本篇文章所描述的影响力方法能够随着时间的推移不断发展改进，最终适用于不同的资产类型（包括营利性企业、建筑、慈善机构以及社会企业），并且针对布里奇斯风险投资的投资战略以及亲力亲为的投资方法，专门据此量身定制而成。布里奇斯风险投资团队的成员通常会加入投资组合公司的董事会，其中包括众多经验丰富的企业家。他们娴熟的运营技能外加久经考验的投资专业知识，能够帮助投资组合公司在3—7年内最大限度地产生积极影响力，同时提升其自身价值。其他投资战略可能需要采用不同的影响力方法。

然而，布里奇斯风险投资坚信，其投资方法的核心原则同样适用于其他形式的影响力投资，而且这些投资工具均可以进行调整以反映不同的企业使命与投资战略。事实上，关于这一方法，该公司长期以来都从未遮掩，而是确保其公开透明，并希望能够对他人提供帮助，履行了当年许下的承诺之一，即支持可持续投资和影响力投资领域扩大规模、发展成长。布里奇斯风险投资于2013年将其方法公布于众，自此以后，其他基金经理和资产持有人都已经着手对选择、参与及跟踪这一流程以及影响力雷达的各个版本进行了调整与应用。

当企业需要通过筹集不同的资金以适应不同的创业型解决方案时，布里奇斯风险投资已经能够做到从不同来源吸引到适当资本。从该公司投资者群体的多元化可以看出，市场对于影响力投资的兴趣日益浓厚。对于那些能够产生社会影响力的投资活动，布里奇斯风险投资希望继续拓宽其产品范围，力求鼓励更多投资者为获得影响力而注入资本。

免责声明：首先，布里奇斯风险投资旗下基金只提供给那些可以被归类为专业客户的人士。其次，布里奇斯风险投资仅为其所管理的资金配备代理服务，并不为任何其他人士提供代理或咨询服务，也不向他人提供其专为客户资金配备的保护服务。最后，过往绩效并不代表未来绩效。

参考文献

Bridges Ventures (2013). *Bridges' Impact Report 2013: A Spotlight on Our Methodology.* London: Bridges Ventures.

Bridges Ventures (2014a). *Impact Report 2014: Learning from a Multi-Fund Approach.* London: Bridges Ventures.

Bridges Ventures (2014b). *Choosing Social Impact Bonds: A Practitioner's Guide.* London: Bridges Ventures. Retrieved from http://www.bridgesventures.com/wp-content/uploads/2014/12/SIB-report-DPS.pdf

Bridges Ventures (2015). *The Bridges Spectrum of Capital: How We Define the Sustainable and Impact Investment Market.* London: Bridges Ventures. Retrieved from http://bridgesventures.com/wp-content/uploads/2015/11/Spectrum-of-Capital-online-version.pdf

十三、社会影响力：从捐赠到投资

安娜—玛丽·哈林（Anna-Marie Harling）

克里斯托夫·库尔茨（Christoph Courth）

洛伦佐·皮奥瓦内洛（Lorenzo Piovanello）

西尔维娅·巴斯坦特·德翁弗豪（Silvia Bastante de Unverhau）

引 言

财富管理公司和金融机构正处于全球经济资本供需的交叉点，因此非常适合而且也确实有责任帮助管理资金，使其不仅有利于投资者，也有利于整个社会。本篇文章将重点关注财富管理公司所持观点，并试图就以下三个方面展开讨论：

- 为什么金融行业应该涉足这一领域？
- 瑞士联合银行集团是如何进入这一领域的？
- 活跃在这一领域的财富管理公司将面临哪些挑战和机遇？

【作者简介】 安娜—玛丽·哈林，瑞士联合银行集团慈善咨询部门主管。克里斯托夫·库尔茨，瑞士联合银行集团慈善咨询部门主管。洛伦佐·皮奥瓦内洛，瑞士联合银行集团慈善咨询部门主管。西尔维娅·巴斯坦特·德翁弗豪，瑞士联合银行集团慈善咨询部门负责人。

为什么金融行业应该涉足这一领域?

在社会影响力领域,之间相互关联的两大趋势不仅提升了财富管理公司提供产品与服务的兴趣,还将提供形式由捐赠改为了投资。

趋势一:应对未来的挑战和机遇

关于当今社会面临的主要挑战和未来可能面临的主要挑战,已有很多文献对此进行了阐述。也有越来越多的公众对当前全球主流经济模式中存在的问题明确表示了担忧,包括人类活动对自然环境的明显影响、全球经济扩张造成的资源稀缺以及许多传统商业模式所固有的浪费滥用,还有很多其他问题就不再一一列举了。

联合国千年发展目标(Millennium Development Goals, MDGs)行动计划自2000年9月启动以来,一直是国际发展领域大多数政策制定的焦点所在。该计划共分为8项目标,且均有时间限制与量化指标。这8项目标取代了之前单独的联合国倡议,并且在世界范围内针对全球发展优先事项组织开展工作。鉴于其到期时间是2015年12月,人们普遍认为该计划已经取得了部分成功。虽然自2000年以来,某些目标和指标业已实现,但我们仍然有许多工作要做,例如,极端贫困问题尽管已显著减少却仍未根除。

在这一背景下,联合国制定了一套新的目标和指标,以此推动全球发展议程进入2015年之后的阶段。全新的联合国可持续发展目标试图在千年发展目标的基础上继续前行,以完成其尚未实现的目标(参见专栏13.1)。可持续发展目标共有17项,远超千年发展目标的个数,这表明前者的发展优先事项规模更大、范围更广,并且在若干关键方面也与后者有所区别。可持续发展目标除了强调发展需求以外,还极为重视可持续性,并且能够适用于所有国家,而不仅仅是发展中国家。这些目标的关注重点是人类、地球、繁荣、和平以及伙伴关系,我们普遍认为这些要素之间息息相关且密不可分。虽然联合国可持续发展目标的表述术语较为笼统,但是其中所附带的169项具体指标能够使得整个议程同时具有可执行性和可监测性。联合国可持续发展目标旨在引领指导政府发展优先事项,并从公共来源及私人来源等渠道调集资源。

> **专栏 13.1　17 项联合国可持续发展目标**
>
> 1. 在世界各地消除一切形式的贫困。
> 2. 消除饥饿、实现粮食安全、改善营养以及促进可持续农业。
> 3. 确保健康的生活方式,促进各年龄段人群的福祉。
> 4. 确保包容、公平的优质教育,促进全民享有终身学习的机会。
> 5. 实现性别平等,将权利赋予所有妇女和女童。
> 6. 确保所有人能够享受到可持续管理的清洁用水与卫生设施。
> 7. 确保人人都能获得可负担的、可靠的以及可持续的现代能源。
> 8. 促进持久、包容、可持续的经济增长,达成充分就业和生产性就业,确保人人实现体面劳动(decent work)。
> 9. 建设有复原力的基础设施,推动包容、可持续的工业化并促进创新。
> 10. 减少国家内部和国家之间的不平等。
> 11. 建设包容、安全、有复原力以及可持续的城市与人类住区。
> 12. 确保可持续的消费和生产模式。
> 13. 采取紧急行动以应对气候变化及其影响。
> 14. 对海洋及海洋资源加以保护并坚持可持续利用,以促进可持续发展。
> 15. 保护、恢复并促进陆地生态系统的可持续利用、森林的可持续管理、荒漠化的防治、土地退化的制止和扭转,以及生物多样性丧失的遏制。
> 16. 建设和平、包容的社会,促进可持续发展,为所有人提供诉诸法律的途径,并在各级建立有效、负责和包容的机构。
> 17. 加强执行手段,重振可持续发展全球伙伴关系。
>
> 资料来源:UN,2015。

联合国可持续发展目标所针对的诸多挑战也有可能转化为潜在的长期投资机会,例如,水荒、能效、废弃物循环利用、自动化和机器人技术、清洁空气与碳减排、新兴市场医疗保健、过度肥胖、大容量铁路交通,以及农业产量。事实上,随着投资者逐渐了解上述挑战以及许多其他问题对全球市场和众多企业所造成的大范围影响,投资界并未袖手旁观,反而是走在了最前列。可以说,可持续投资行业的发展就是为了从投资的角度来应对这些挑战。

特别是在影响力投资领域,为了支持投资者投资该领域,三种长期性趋势就此展开了强有力的商业论证。

在发展中国家和前沿市场中出现低收入消费者

根据麦肯锡咨询公司(McKinsey & Co.)数据可知,到2025年,全世界一半以上的人口将加入消费阶层,在新兴市场所能推动的年消费量预计达到30万亿美元(这一数据在2010年仅为12万亿美元)[1](McKinsey,2012)。该需求水平意味着,以这一新兴消费阶层为目标群体的商品和服务,迫切需要大量低成本的创新型解决方案。

出现拥有可持续生活方式的消费者

"乐活"(Lifestyles of health and sustainability, LOHAS)是一种新兴的健康可持续生活方式。拥有这一生活方式的消费者更加倾向于消费那些能够反映其个人价值观的产品。事实上,据说美国消费者已经将乐活产品的市场规模扩大到3 000多亿美元,并以每年超过10%的速度持续增长[2](LOHAS,2010)。上述数据为投资这一领域提供了强有力的商业论证。

实现联合国可持续发展目标出现资金缺口

虽然许多政府有望将联合国可持续发展目标的目标及指标纳入其国家发展与预算战略,然而,由于许多国家面临着政府债务高企这一现实问题,因此,由公共部门组织动员私人资本这一需求日渐增加,以期实现联合国可持续发展目标。这种情况从根本上为投资者创造了机会。

然而,当前这种从边缘到主流的转变完全是由一个根本性的附加因素所推动,这就意味着,那些想要站稳脚跟并致力于满足客户需求的财富管理公司需要积极主动地调整其商业模式。

趋势二:社会影响力对于投资者的重要性日益增加

无论投资活动是否将财务回报嵌入在内,投资者该如何在社会影响力方面最大限度地做出贡献?关于这一问题的答案,投资者自己也越发好奇。这种日益增长的兴趣一部分是由上述挑战和机遇所引发,但同时也受到其他因素驱动。

---

[1] 参见网址:http://www.mckinsey.com/business-functions/strategy-and-corporate-finance/our-insights/winning-the-30-trillion-decathlon-going-for-gold-in-emerging-markets。

[2] 参见网址:http://www.lohas.com/research-resources。

财富创造与日俱增

白手起家创造的财富和在发展中国家创造的财富正在引起投资者们日益高涨的兴趣,以解决如何回馈和/或嵌入社会影响力这一问题。创业者回馈社会的倾向往往较高,那些来自发展中国家的创业者更是目睹过各种贫困及不平等现象。近期发布的一份报告(UBS,PwC,2015)以1 300多位亿万富翁在过去19年间的数据为基础,通过采访其中30位富翁,作者预计,财富创造蒸蒸日上、与日俱增,紧随其后必将出现"前所未有的慈善浪潮",且形式多样,包括基金会、捐赠基金、社会重点投资等。

"千禧一代"日渐崛起

"与众不同、有所作为"是"千禧一代"的身份特征标识之一。这一不争的事实,再加上相应的财富转移(据埃森哲咨询公司估计,在未来几十年内,财富转移数额将达到30万亿美元)[1](Accenture,2016),意味着社会影响力的重要性不容小觑,尤其是对于那些希望将客户保留做到代代相传的财富管理公司而言。

彼此联系越发紧密

尽管并非亲身经历,然而不可否认的是,由于科学发展、技术进步,世界已经变得越来越小,彼此间联系也越发紧密,因此实在让人难以忽视人类正在面临的无数挑战。

瑞士联合银行集团是如何进入这一领域的?

在竞争日益激烈的市场中,财富管理公司不仅要在"传统"财富管理(wealth management,WM)方面提供卓越的服务,还要全面参与财富管理的方方面面,尤其是提供更具个性化的服务内容。在此背景下,瑞士联合银行集团已经着手发展艺术顾问、家庭咨询、慈善行为以及可持续投资等多个领域的服务。本篇文章的关注重点主要放在后面几个领域,其中大多涉及社会影响力相关讨论,已逐渐深入整个财富管理方法中。

15年来,瑞士联合银行集团一直活跃在社会影响力领域,并专门为客户制定开发了其核心产品,强调金融机构也必须在支持社会全面发展方面发挥应有

---

[1] 参见网址:http://fsblog.accenture.com/capital-markets/wealth-transfer-why-its-a-more-timelytopic-now-than-ever-before。

的作用。对其实际提供的产品进行解释说明只不过是本文的部分内容,除此之外,本文还收录了一些案例研究,以展示诸如瑞士联合银行集团这样的财富管理公司与客户之间的对话类型,以及如何在实践中应用这些产品。

长期为客户提供核心产品

瑞士联合银行集团首席投资办公室(Chief Investment Office, CIO)业已制定出了一个方法框架,用来指导投资者如何将实现社会影响力的不同路径融入投资建议的总体形势中。

首席投资办公室所制定的框架一共包括三种主要方法:**排除法**、**整合法**和**影响力投资法**。之后,可以将这些方法纳入传统战略与可持续投资所共有的资产配置及投资组合构建过程中。除此之外,可持续投资还包括两种方法,即以可持续发展为主题的投资方法和股东参与式投资方法,也可以合并入上述三种主要方法中。

可持续投资与慈善行为的利润动机明显大不相同。虽然一些可持续投资活动也在追求实现积极的社会和/或环境影响力,但其利润动机却始终存在。而慈善行为则显然不受此动机驱动。因此,对于投资活动所带来的社会影响力,瑞士联合银行集团的理解如下:"承诺资本旨在实现积极的社会和/或环境影响力,无论是否对财务回报抱有期望值。"综上所述,社会影响力既包括影响力投资,也包括战略性慈善行为。

可持续投资

作为全球最大的财富管理公司,瑞士联合银行集团深知其所需承担的社会责任。也正是因为这个原因,在撰写本文时,该公司超过20%的总投入资产均采用了可持续投资标准。如图13.1所示,瑞士联合银行集团将可持续投资定义为一整套投资战略(包括排除法、整合法和影响力投资法),将环境、社会和公司治理等重要因素也纳入投资决策中。通常情况下,可持续投资战略力争实现以下一个或几个目标:

- 实现积极的环境或社会影响力,同时获得财务回报
- 开展符合个人价值观的投资活动
- 改善投资组合的风险/回报特性

典型投资		
很少或没有明确关注社会影响力/ 环境、社会和公司治理标准		产生积极的财务回报 **财务回报至上**

可持续投资战略

排除法	筛选并排除那些不符合某些社会、环境或伦理标准的公司或行业	例如烟草、酒精、博彩、色情、动物试验、转基因生物(genetically modified organisms,GMO)、军事接触	通过有意识地排除那些不属于可持续投资的投资活动来产生财务回报(但绝不是不惜任何代价) **财务回报优先**
整合法	结合极具吸引力的财务基本面因素,专注于那些环境、社会和公司治理特性较强的证券	例如整合财务因素与非财务因素(即环境、社会和公司治理因素)的基金;上市股票的主题,包括水资源短缺、清洁技术等	与那些具有社会责任感的组织合作,共同产生财务回报 **财务回报优先**
影响力投资法	意向明确,即产生可以评估的社会及环境影响力,同时获得财务回报	例如那些旨在产生影响力的公司、结构、组织以及基金投资	产生社会或环境影响力,并以获得富有吸引力的财务回报为目标 **财务回报与影响力同等重要**

慈善行为

利他无私的慈善捐赠,旨在提升人类福祉	例如瑞银慈善基金会(UBS Optimus Foundation)	产生积极的影响力,对于财务回报没有期望值 **影响力至上**

资料来源:瑞士联合银行集团。

图 13.1 瑞士联合银行集团可持续投资框架

▶ 排除法

如果个人企业乃至整个行业的活动领域与投资者的价值观相悖,那么,排除法这一传统的、可能仍然是最常见的方法便会将其排除在投资组合之外。该过程被称为排除性筛选或负面筛选,实际操作时柔性极高,既可以依据成套的排除标准,也可以根据投资者偏好进行定制。例如,一些公司5%或以上的销售额来自酒精、武器、烟草、成人娱乐或博彩,即所谓的"罪恶股票",投资者可能希望将其排除在外。另外,部分投资者基于自身信仰,还排除了那些涉及避孕和堕胎相关活动的公司。

▶ 整合法

整合法所运用的技术能够将环境、社会和公司治理因素与传统的财务因素相结合,最终制定出投资决策。该方法范畴涉及面很广,主要包括两种具体方法,且在实践中常常合并使用。与排除法相比,这两种方法通常会使得投资组合

的行业构成更加平衡:

● **正面筛选法**(也称为同类最佳筛选法)运用环境、社会和公司治理绩效标准以及企业财务特征来选择某一行业或领域内表现最佳的公司。

● **环境、社会和公司治理整合法**与正面筛选法不同,其力图将涉及环境、社会和公司治理的重大风险与成长机会直接纳入传统的证券估价(例如通过收益率、增长速度或贴现率等录入数据来进行估价)以及投资组合构建中。

● 通过授权咨询,客户可以自行决定是采用排除法还是整合法。秉持整合可持续性标准这一理念,瑞士联合银行集团自行创建了专有的评级工具,可以指导客户对其投资组合的可持续性资质进行评估(参见图13.2)。该工具主要对公司的可持续性绩效与风险进行评估和评级:

● **可持续性绩效**:与业内同行相比,管理环境风险与社会风险的战略和绩效。

● **可持续性风险**:部分特定行业及特定公司需要直面可持续性挑战,由此产生运营风险敞口和信誉风险敞口。为此,该工具重点对以下两个主要领域进行报告:

—投资组合的碳足迹;

—争议性业务活动的数量。

▷ 影响力投资法

对于其他可持续投资方法而言,在社会和环境问题方面取得的进展可能只是碰巧得来,不过是金融企业的附带产物而已。与之不同,影响力投资法力求产生积极的社会或环境影响力,同时获得财务回报。

这一战略相当明确,能够开展跨资产类别的投资活动。无论是将风险资本投资应用程序研发,以便为资源不足的学校提供教育材料,还是用于资助社会影响力债券,以期降低少年犯重新犯罪率,这种投资方法都在试图为应对社会和/或环境挑战提供商业解决方案。

瑞士联合银行集团对影响力投资的定义如下:为公司、组织和基金提供资金,目的是产生社会或环境影响力,同时获得财务回报。影响力投资在传统投资的基础上增加了第三个考量维度,即在评估投资机会时将非财务标准纳入其中。投资活动在实践中不仅要斟酌如何才能产生理想的财务回报,还要考虑到三项标准,以便阐释自身为何有资格被称为影响力投资。

影响力投资

敬启者：

投资组合评级报告

❊ UBS

评级说明：

S1	可持续的
S2	高于平均水平
S3	平均水平
S4	低于平均水平
S5	不可持续的

公司拥有良好的或非常出色的可持续性绩效，并且不属于特定行业及特定公司，无须要本通过一流的战略缓释特定行业风险。因此可持续性风险敞口较小

公司拥有平均水平或高于平均水平的可持续性绩效，从而所属行业及战略缓释行业风险低于平均水平的可持续性绩效，或是由于所在行业相关方面管理不足，因此可持续性风险敞口较大

由于所属行业及公司具有特定风险，因此可持续性风险敞口极大

公司在可持续性方面管理不善，并且由于所所属行业及公司具有特定风险，因此可持续性风险敞口较大或极大

整体投资组合的可持续性评级

整体投资组合在可持续性方面的评级可以被归为平均水平。

在本投资组合中，有35.8%的资金被投资于那些在管理其环境与社会风险方面难有作为的公司，以及那些投资在可持续性领域且正在利用商机的公司 (S1, S2)；有14.2%的资金被投资于那些风险较高的公司，以及那些在环境与社会问题方面风险管理不善的公司 (S4, S5)。

- S1 13.4%
- S2 22.4%
- S3 31.4%
- S4 6.6%
- S5 7.6%
- 未评级 18.6%

争议性业务活动（Controversial Business Activities, CBA）

对于争议性业务活动，据其设定采用排除法对已评级的投资组合进行筛选，最终挑选出属于此类业务活动的部分

在本投资组合中，高达93.5%的资金不涉及争议性业务活动

挑选出的争议性业务活动包括：

- 成人娱乐（以收入的5%作为门槛）
- 转基因生物（以收入的5%作为门槛）
- 酒精（以收入的5%作为门槛）
- 博彩（以收入的5%作为门槛）
- 核能（以收入的5%作为门槛）
- 烟草（以收入的5%作为门槛）
- 武器（以收入的5%作为门槛）

涉及争议性业务活动的特例立场

瑞士先正达公司 (Syngenta) 活跃在转基因种子领域，贡献了大约20%的销售额，同样符合瑞士银行集团制定的排除标准。

资料来源：瑞士联合银行集团。

图13.2　瑞士联合银行集团投资组合可持续性报告示例

为了能够进一步描述金融行业这一快速发展的领域,瑞士联合银行集团认为,可以根据投资机会的范围及规模,将影响力投资进一步划分为"催化型"和"主流型"。催化型投资机会往往未经测试且结构复杂,能够将看似不同的利益相关者之间(例如政府、银行、慈善机构以及私人投资者)所存在的非常规投资关系整合到同一个结构中,并交付不同效益。另外,催化型投资机会的目标往往较为狭隘,只针对某一重点区域或问题设法做出改变。这些特征使得催化型投资与主流型投资相比,不太容易被复制且难以扩大规模。主流型投资机会通常在常规资金结构中运营,例如普通合伙人—有限合伙人(general partner-limited partner,GP-LP)私募股权结构。就投入资产而言,主流型投资机会往往规模较大,并且能够提供与类似投资活动相当的回报。在未来的影响力投资中,两者都可以发挥出重要作用。

部分客户希望通过影响力投资直接产生积极的影响力,为了支持这些客户,瑞士联合银行集团特意推出多只基金,不仅能够产生可以评估的社会或环境影响力,还能同时获得财务回报。例如,"影响力投资中小企业焦点基金"就是一项多元化投资工具,投资者借助该基金工具投资发展中国家的中小企业,主要投资领域包括教育培训、医疗保健、农业生产以及金融服务等。与此类似,投资者还通过投资瑞士联合银行集团推出的"肿瘤学影响力基金",专门资助癌症治疗方法的研究。

专栏 13.2 案例研究一

将亲手创办的公司出售之后,这位人士获得了大量的速动资产,随后便开始考虑自己和孩子们的未来,以及如何充分利用其新获财富来支持社会公益。

在创立和经营公司期间,他几乎没有时间和可支配资金用来参与慈善活动,因此对于如何开展相关活动,其经验较为缺乏。

在了解了瑞银慈善基金会的概况之后,他开始着手资助与其家人关系密切的项目。自此,他意识到慈善行为能够给自己及家人带来快乐,因此便开始向瑞士联合银行集团慈善咨询团队寻求建议,以期更好地了解如何才能将其慈善行为发展至下一阶段。

通过了解影响力投资与社会创业的概念,他将两者视作利用投入资本来推动社会变革的一种方式。随后,他将自己的部分财富投资瑞士联合银行集团所推出的影响力投资中小企业焦点基金,该基金主要聚焦于新兴市场和前沿市场。这一段经历让他坚信,确实能够利用投资活动来推动社会变革。

在会见了一位鼓舞人心的社会企业家之后,他决定直接资助这位企业家,并向瑞士联合银行集团影响力投资团队寻求建议。该团队在整个尽职调查过程中一直为其提供帮助。之后,由于想与社会企业家进一步接洽合作,因此,他便作为启导者/教练加入了瑞士联合银行集团加速器项目,为那些志向远大的社会企业家提供帮助。

资料来源:瑞士联合银行集团。

专栏 13.3　瑞士联合银行集团影响力投资标准

1. **意向**:构建投资解决方案的各方均已正式表明其明确意向,即创造积极的社会和/或环境影响力,同时产生可持续的财务绩效。

2. **影响力评估**:投资活动的效益应该与具体的评估指标挂钩,并根据基本情况或相关基准来加以衡量。具体评估指标的示例可以是创造的就业机会数量,也可以是净化水的升数。

3. **验证**:应该找出证据,并证明投入资本本身与预期效益之间存在正相关。将影响力与效益联系起来的证据需要经过科学测试和/或统计检验的验证。例如,如果正式表明所获利益之一是更加清洁的饮用水,且评估指标包括可用清洁饮用水的升数,那么,能够证明投资活动(即投资建设质量更高的输送管道)与效益之间存在因果关系的支持性数据就变得非常重要。

资料来源:瑞士联合银行集团。

专栏 13.4　案例研究二

一位投资者及其妻子长期从事慈善活动,并采用传统的拨款赠与方式来支持项目。随着可持续投资开始获得更多关注及宣传,这对夫妇认为该投资方式能够有效地将其专业知识与慈善志向结合在一起。

于是,他们开始着手进行市场测试,根据可持续性标准,采用"排除法"投资其部分个人资产。当这些投资活动的表现开始与其常规投资持平,甚至在某些情况下优于其常规投资时,这对夫妇便会受到激励,改为使用"整合法"来投资这些资产。

如果这对夫妇对于能够获得的财务回报再次感到满意,便会继续采取行动,将其私人基金会的全部投资组合转化为可持续投资战略和影响力投资战略。

对其基金会而言,重要的是影响力投资所产生的实际财务回报应该与正常私人债务及私募股权的财务回报相类似。目前,其基金会投资与慈善捐赠正在相互支持,朝着同一个目标而努力。

资料来源:瑞士联合银行集团。

战略性捐赠/慈善行为

尽管可持续投资产品更加符合传统的财富管理活动,但是在这一领域中,战略性捐赠及慈善行为能够作为有效工具帮助客户实现社会影响力,因此其重要性也不容小觑。瑞士联合银行集团为该领域提供的产品主要集中在以下两个方面:瑞银慈善基金会和慈善咨询服务。

▶ 瑞银慈善基金会

瑞银慈善基金会成立于1999年,是一家独立的资助型基金会,致力于打破重重障碍,帮助儿童充分发挥自身潜力。该基金会多与龙头组织展开合作,资助并实施那些处于早期阶段的创新型项目,力图在全球"优先级"较高的特定国家和地区[1]改善当地儿童的健康状况、教育条件以及保护措施。

虽然该基金会的活动能够脱离银行独立存在,但其仍然得益于与这段特殊关系有关的专业知识,从而对其为所有捐赠者提供的价值有了更加深入的了解,这些捐赠者包括银行本身、客户以及员工。在向客户提供特定的产品与服务方面,该基金除了积极接洽捐赠者、提供机会参与全球方案并定期发布进度报告之外,还经常被要求在其重点领域为财富管理客户提供关于高效慈善活动的见解、分析和建议。

▶ 慈善咨询服务

一些客户希望通过参与慈善活动,将其部分财富贡献给社会影响力。自2004年以来,针对这部分客户专门开设了慈善咨询服务,致力于为瑞士联合银行集团最富有的客户提供量身定制的解决方案,无论其身处慈善之旅的哪个阶

---

[1] "优先级"较高的特定国家和地区包括墨西哥、秘鲁、巴西、利比里亚、塞拉利昂、科特迪瓦、加纳、南非、印度、尼泊尔、孟加拉国、中国、菲律宾、印度尼西亚、英国、瑞士、德国以及美国。

段。该服务主要包含以下两个关键部分：

- **战略咨询**：在私人咨询会议中，团队成员帮助客户就其慈善志向制定出合理决策，具体包括选定捐赠方式、捐赠地点与合作形式，商定活动规模扩大举措，拟定影响力评估指标，为基金会定位最佳利基市场，创建社会投资体系，以及重新调整基金会战略等各个方面。
- **交流专业知识与最佳实践**：团队成员还通过专门的调查研究帮助客户习得最佳慈善理念，同时提供多语言全球网络平台，以便让慈善家们可以在此交流思想。

瑞士联合银行集团认为，无论是常规的金融性投资还是慈善基金投资，自己都有责任帮助客户获得最大投资回报（参见专栏13.5）。该集团旗下的瑞银慈善基金会被客户称为同类最佳资助型基金会，慈善咨询团队也被客户认为有助于自身慈善工作尽可能有效、高效地开展。

专栏13.5　案例研究三

一家第五代家族企业的企业主下定决心，希望能够为社会带来比目前更大、更具战略意义的影响力。其愿景是投身于一项社会回报最大，且所作所为能够代代相传的慈善事业。

该企业认为，教育培训领域能够使其愿景成真。然而，他们对投资内容、投资地点、投资方式以及投资对象却一无所知。因此，该家族企业便着手寻求瑞士联合银行集团慈善咨询团队的支持，以帮助企业朝着最适合自己的方向前进。

通过举行研讨会及咨询会议，团队成员与家族成员一道，确立了投资目的，完善了投资目标，并一致决定了前进方向。另外，他们还共同规划制定出了投资活动的"内容"、"地点"、"方式"以及真正的"对象"。

然而，该企业随后便意识到，时间才是稀缺商品，在他们希望投身的领域内，早已有许多其他组织在其中运营。因此，该企业决定不再建设自己的项目，而是直接与现有的非营利性组织展开合作，前提是这些组织业已实现其所追求的影响力。

瑞银慈善基金会作为一个具有战略意义的资助型实体，专注于效益衡量与影响力评估，其专门与该企业家族成员碰头会面，以分享这一方面的心得体会。

随后,瑞士联合银行集团慈善咨询团队还专门筹划安排了一次双方见面会,并指导该企业家族成员与其所选中的组织展开讨论。

这便促成了一个专为该家族企业量身定制的项目。该项目由瑞银慈善基金会负责管理,并由所选中的组织作为合作伙伴进行交付。目前,该家族企业正在与瑞士联合银行集团可持续投资团队展开合作,以确保家族基金会的投资活动符合其慈善目的。

资料来源:瑞士联合银行集团。

支持行业发展

除了为客户提供核心产品之外,还有以下三个关键领域对促进该行业发展至关重要,分别是创新金融、社会影响力生态系统发展以及影响力合作。

创新金融

瑞士联合银行集团等财富管理公司所拥有的全球号召力、关系网络以及融资渠道意味着其可以扮演创新金融产品孵化器的角色,在社会影响力领域发挥作用。这一想法具体如下:生产出来的产品可以作为"概念验证",一旦被证明成功,即可在该领域内进行更大规模的复制与扩大。有两大创新金融产品值得进一步阐释,分别是发展影响力债券(development impact bond, DIB)和社会投资减免税基金(英国)。

▶ 发展影响力债券

发展影响力债券致力于提供新的资金来源,以提升发展中国家的社会效益。投资者负责提供外部融资,并且只有在达到预先约定的效益时才能够获得回报。支付投资者报酬的资金均来自效益付款人——通常是某位捐赠者或某地政府机关。向投资者提供的财务回报水平应该与成功程度相匹配。投资效果会由独立的评估机构进行查证核实,以确定投资项目是成功结项还是有待偿还。

2014年,瑞银慈善基金会和儿童投资基金会(Children's Investment Fund Foundation, CIFF)在教育培训领域首次推出了发展影响力债券。该债券目前正在资助的计划旨在帮助印度拉贾斯坦邦的女童入学,并提升所有入学儿童的学习效果。在这项计划中,瑞银慈善基金会是投资者,而儿童投资基金会将根据学校录取结果和学习效果来支付回报。

希望该发展影响力债券能够成为"概念验证",并通过推广以效果为导向的"按绩效付酬"教育结构,来改变政府机关分配其教育预算的方式。该模式还努力成为在财务回报方面对投资者具有吸引力的投资方式,以期产生社会影响力。如果发展影响力债券能够证明投资者可以通过可评估效益得到偿还,那么其就能帮助创建一种资产类别,令投资者将风险资本投资女童教育,并看到其投资活动所产生的回报。关于如何构思未来的社会投资机会,此类产品的成功可能标志着一个转折点。

▶ **社会投资减免税基金(英国)**

瑞士联合银行集团是第一家利用英国社会投资减免税新政策的银行,其方式是推出一只基金,为那些支持扶贫项目的客户提供财务回报。自2015年8月以来,见多识广且又腰缠万贯的英国客户已经能够投资这只专用基金。该基金由影响力投资专业机构Resonance社会影响力投资公司负责管理,使客户能够支持英国的社会企业,并在承诺金额的基础上提前获得减免税优惠。

尽管节税型社会投资基金仍处于起步阶段,但此类基金的推出已然表明,社会投资在英国正在开始进入主流市场。该举措旨在为这一变化带来更多助力。

社会影响力生态系统发展

瑞士联合银行集团等财富管理公司的全球号召力可以从以下两个方面为社会影响力生态系统发展提供特别支持,即社会创业与思维领导。

▶ **支持社会创业**

"Visionaris"是瑞士联合银行集团与全球社会创业组织阿苏迦基金会(Ashoka)联合设立的社会创业奖。该奖项创立于2004年,旨在表彰巴西和墨西哥的社会企业家领袖以极具创新性与突破性的想法解决社会问题。由10—15位客户及瑞士联合银行集团代表所组成的奖励委员会每年会评选出一名获奖者,并且将在当地慈善家与公民社会领导者出席的特别仪式上为其颁发奖项。

除了Visionaris奖项之外,瑞士联合银行集团还与施瓦布基金会(Schwab Foundation)开展合作,以期为瑞士联合银行集团加速器项目寻找到合适的社会企业家。该项目不仅为那些被选中的社会企业家提供机会,以便从经验丰富的企业家客户那里获得专业的指导及启导,而且还能够让这些企业家接触到社会创业这一新兴领域。

瑞士联合银行集团在全球范围内都在开展社区事务活动,其长期以来就有鼓励员工与社会企业家及中介机构接洽合作的悠久传统,例如瑞士影响力及天使投资组织网络 Seif、中国香港社会创投基金以及英国杨氏基金会(The Young Foundation)。尽管这些项目计划的应用范围各不相同,但通常情况下都会授权其员工志愿者利用自身技能和专业知识为社会企业家发展提供支持。

> 思维领导

通过可持续投资以及战略性慈善行为,瑞士联合银行集团对社会影响力主题的覆盖面之广可以达到世界范围,由此便为这一专题提供了一个嵌入式全球知识库——这在整个领域都实属罕见。瑞士联合银行集团坚信,其理应大规模地分享自身所拥有的专业知识与关系网络,这不仅仅是为了激励其他人参与其中,更是为了推动这一领域的发展成长。

以瑞士联合银行集团首席投资办公室为例,该全球团队由 200 多名投资专家组成,负责定期发布可持续投资白皮书,以确保无论是在集团内部还是在集团外部,该主题都始终在议事日程中占有一席之地。与此类似,瑞士联合银行集团慈善咨询团队也定期在对外发行出版物上撰稿发文,并已经将《瑞士银行慈善指南》(UBS Philanthropy Compass)免费发布在其网站上,该手册能够帮助慈善家在开展实施慈善活动的同时提升自身影响力。此外,该团队还会关注那些在传统上并非研究重点的地区,并定期发布关于当地慈善活动及社会投资情况的研究报告,例如拉丁美洲(Harvard Business School, UBS, 2015)和非洲(Trust Africa, UBS, 2014),从而帮助这些地区提高参与程度、加强沟通对话(参见专栏13.6)。

专栏13.6　案例研究四

2014 年,瑞士联合银行集团慈善咨询团队与非洲信托基金会合作,着手对非洲的慈善捐赠情况展开研究。该研究报告以来自非洲南部、西部和东部地区将近 100 名富人与专家的访谈内容及调查答复为基础,重点关注肯尼亚、尼日利亚以及南非的慈善捐赠情况。尽管关于非洲的外国援助情况已经开展了许多研究工作,但这份报告却是首次从以下视角切入,即研究非洲慈善活动是如何由非洲人自己推动的。

研究报告得出的结论之一就是需要为非洲慈善家量身定制知识共享慈善网络,以帮助慈善家们在此沟通交流彼此关于最佳实践的思想理念,取长补短,从而通过社会投资建立起更强大的战略伙伴关系。

这份报告直接开创了以下大好局面:一群非洲慈善家正在联合起来携手向前,致力于在国家和大陆层面上建立以知识为基础、以效果为导向且受到影响力驱动的非洲慈善生态系统。

资料来源:瑞士联合银行集团。

影响力合作

瑞士联合银行集团的全球号召力意味着其不仅有能力集合个人的力量,也有本领召集汇聚各个组织。

▶ 召集汇聚组织

瑞士联合银行集团发起了多个专注于可持续发展的团体、项目、文件及倡议等,例如,沃尔夫斯堡集团(Wolfsburg Group)、图恩银行集团(Thun Group of Banks)、碳排放披露项目(Carbon Disclosure Project, CDP)、苏黎世能源模型(Zurich Energy Model)、伦敦金银市场协会(London Bullion Market Association, LBMA)《负责任黄金指南》(Responsible Gold Guidance)中涉及人权的部分,以及社区商业协会(Business in the Community, BITC)倡议。瑞士联合银行集团时任首席执行官塞尔吉奥·埃尔默蒂(Sergio Ermotti)作为集团最高管理层代表,对世界经济论坛发起的影响力投资主流化倡议表示大力支持。另外,全球资产配置主管马斯·佩德森(Mads Pedersen)还代表瑞士联合银行集团参加了八国集团"影响力分配"资产配置工作小组。

▶ 集合个人力量

作为全球最大的财富管理公司,瑞士联合银行集团独有一项特殊能力,可以将人们集合在一起并且为了共同的事业而团结努力,无论这一事业是关乎商业利益还是与社会/环境利益有关。因此,瑞士联合银行集团利用其全球平台优势,将专家、思想领袖以及客户集合在一起,共同致力于社会影响力事业。无论是通过大型全球事件还是较小规模的引见介绍,该集团都有能力将人们集合在一起以实现共同的目标,并且将此视为自己应该为客户和社会承担的责任。

专栏 13.7　案例研究五

全球慈善家社区（The Global Philanthropists Community）是由瑞士联合银行集团支持的独家会员专属网络，旨在将志趣相投、积极活跃的慈善家和社会投资者集合起来，分享彼此最佳实践，并鼓励开展项目合作，以期产生更大的影响力。

全球慈善家社区成立于2014年12月，旨在响应人们对方法手段的迫切需求，因为有越来越多的慈善家及社会投资者希望与其同行进行更好的互动。该社区为志同道合的超高净值（Ultra High Net Worth，UHNW）慈善家们提供了一个独家空间，供其分享最佳实践、观点理念以及创新举措，最终促成具有合作潜力的伙伴关系。

资料来源：瑞士联合银行集团。

活跃在这一领域的财富管理公司将面临哪些挑战和机遇？

如今，众多走向大有趋同之势，以支持财富管理公司提高参与度并增强行动力，尽管事实确实如此，但是，在这一领域要想取得进展却也并非一帆风顺，所面临的困难主要包括领域层面的系统性挑战以及财富管理公司内部的组织性挑战。

系统性挑战

在可持续投资及慈善活动领域中，较之影响力投资法这一新方法，人们对于排除法和整合法的理解程度及接受程度普遍更高。因此，在考虑影响力投资时，围绕系统性挑战的讨论相对而言会更有意义。下文列出了几种最常见的挑战，其中大部分是新兴领域中存在的典型问题。

- 生态系统仍处于早期阶段

主流投资者身处的生态系统往往较为成熟。相较之下，影响力投资环境仍在发展演变，其智力资本、风险投资、顾问服务、加速器以及公司成功案例等"必要组成部分"相对较少。

- 规模较小

影响力投资组合及交易规模往往小于传统投资活动。虽然较小的投资规模可以吸引到更多投资者,但是对于那些固定成本较高的大型投资者而言,这一点则可能构成障碍。

- 与传统资产配置框架不符

要想使影响力投资成为主流投资战略,投资活动就必须符合传统的资产配置框架。这种框架的主要特征包括风险与回报、波动率、流动资金、投资组合匹配程度以及退出时间线。

- 影响力评估体系尚不成熟

考虑到影响力投资在关注可评估社会及环境回报的同时也在关心财务回报,因此,影响力评估的重要性属实不容小觑。然而,大多数情况下,在私募股权和小额信贷影响力投资之外的领域,对社会及环境影响力的系统评估才刚刚开始出现。

- 与慈善行为相混淆

投资者对影响力投资的适用范围普遍存在不确定性。作为该领域的先驱者,基金会和慈善机构首次发起影响力投资并为其提供种子基金以及第一笔资本损失准备金,以帮助这一投资风格正式起步。正因为如此,一些人始终认为,影响力投资只不过是慈善行为的一种强化形式而已。这些人可能希望两者能够在理念秉持与资金支出方面做到泾渭分明。

要想克服这些挑战,就需要采取以下两种方法:

- 建立信心并耐心等待

处于早期阶段的生态系统中,每个行业都会面临"先有鸡还是先有蛋"的因果难题。由于缺乏业绩记录、知名公司以及成功案例,因此建立信心将变得极为困难。重中之重是要编织出能够激发投资者想象力的故事,重点是突出投资成功的可能性以及提升投资质量的决心。一旦市场呈现出良好的业绩记录,投资成交量就会随之增加。

- 重新审视传统的投资框架与金融框架

当前的投资决策是建立在为传统投资领域提供优质服务的框架之上,但其并非一成不变,也需要根据不断变化的环境需求来持续更新。以风险为例,可以说,传统的风险框架往往会高估其不了解的风险,并对其所熟知的风险、地区及行业掉以轻心。另外,传统的风险框架也并未对影响力投资可能产生的积极风险和利益进行解释说明。例如,影响力投资领域的公司几乎没有杠杆,而且影响力投资活动与常规投资组合之间的相关程度也相对较低。

与之类似,影响力投资领域在社会影响力评估方面所取得的部分进展需要被更加系统地嵌入扩展之后的投资框架(例如,八国集团社会影响力投资特别工作组下属影响力评估工作小组所采用的多方利益相关者方法)。

行业团体和金融机构需要更好地了解各种风险,并提供更加相称的权重,同时,其也需要对积极风险及社会影响力作出更为详尽的阐释。然而,这些机构团体并不能单枪匹马孤军奋战,金融作为一个整体,牵一发而动全身。另外,最佳实践标准需要重新定义哪些行为符合信托责任、哪些行为违反信托责任。

组织性挑战

在组织层面,影响力投资法等方法所面临的挑战与在大型组织中引入任一"新"举措时所面临的挑战是一致的。

- 客户顾问对产品的熟悉程度和信任程度不同

财富管理公司通过其客户顾问专属团队来联系客户,这些客户通常按照地理位置和/或财富状况来组织划分。这些客户顾问团队均由专家团队提供支持,例如,在投资分析、投资组合构建及财富规划等领域给出指导,或是对可持续投资和慈善行为等议题进行指点。然而,尽管专家团队能够完全理解并充分认识到,客户从捐赠改为投资即能从产品中获得社会影响力,但是并非所有客户顾问都对此产品拥有同样的熟悉程度和信任程度。这是财富管理公司所要面临的一大主要挑战,这样一来,其与客户之间的对话类型就有可能千差万别、不尽相同。

- 语言复杂程度过高

尤其是那些与可持续投资及影响力投资领域密切相关的特定术语和语言,往往会让这些领域显得艰涩难懂,从而使得首次接触该领域的人一头雾水、望而却步。这也导致与客户顾问及客户之间的对话将更具挑战性,因为整个领域都让人感到困惑、难以理解。

瑞士联合银行集团希望通过采取以下两种方法来克服这些挑战:

- 专门为客户顾问提供培训

定期培训与终身学习是瑞士联合银行集团人才培养的关键支柱。为了强调集团对该领域作出的承诺,在客户顾问的专项培训中特意引入了社会影响力议题。确保整个组织都对该领域有一定程度的了解，意味着客户顾问在与客户就这一议题进行对话时将更有信心。与内部沟通团队的合作也意味着，无论是可持续投资领域还是慈善领域，均以社会影响力议题为特色，从而借此对客户顾问进行教育培训，以使其始终对该领域保持敏感。

- 降低语言复杂程度

瑞士联合银行集团在整个领域范围内的多个论坛中发挥了重要作用（如上所述），因此得以参与多方行动者讨论，从而在语言方面推动该领域向前发展。此外，内部沟通旨在以通俗易懂的方式来探讨社会影响力这一议题。

结　论

联合国千年发展目标到期之后，为继续指导全球发展工作，联合国各成员国于2015年9月正式通过了联合国可持续发展目标，这标志着世界各国再次承诺，会继续努力，共同建设一个可持续性更强、包容性更佳、公平性更高的未来。然而，仅靠公共基金将难以实现联合国可持续发展目标，只有当私人部门大幅增加其贡献时，才能够填补资金缺口。

联合国可持续发展目标所面临的诸多挑战为私人投资者创造了大量投资机会，其中包括受影响力主题驱动的传统股票及债券投资，这些投资活动可以在投资组合中以主流方式出现并占据重要席位。其重点投资领域包括能源效率、气候变化调节、水和粮食供应、发展中经济体的基础设施建设等，还有很多其他领域就不再一一列举了。此外，近年来，旨在解决特定问题的创新投资已经出现，并将日渐普及，具体包括为环保项目提供资金的绿色债券，以及资助社会服务和发展项目的社会影响力债券与发展影响力债券，并且只有在投资项目实现预期目标后，投资者才会获得报酬。最后，在私募市场中，私募股权、私人债务以及实物资产等专项资金专门用来资助那些目标明确且能够产生重大影响力的项目，这些项目同样有可能获得投资者更多关注。

如今，有此倾向的投资者已经着手在其投资组合中运用可持续投资方法，以使效率有所提升。瑞士联合银行集团所追求的目标是与所有客户进行有关可持续投资及战略性慈善行为的对话，从而继续将可管理资产用于可持续投资，并重新做出更具战略意义的慈善承诺。为此，产品适用范围就需要进一步扩大，尤其是那些致力于社会影响力投资但投资金额相对较少的客户。规模这一要素在该领域可谓至关重要,为实现上述目标还专门酝酿筹划了多项倡议举措。

越来越多的金融机构需要并正在接受普遍意义上的社会影响力,尤其是其中的影响力投资范畴以及为其客户提供投资产品。财富管理公司和投资银行是整个生态系统中的重要参与者,因为其在全球号召力、融资渠道和资产负债表方面均表现出色。然而,无论财富管理公司和投资银行的客户是个体人员、家族办公室还是机构投资者,其产品保有量仍然相对较低。

诚然,在将社会影响力及影响力投资推向主流的过程中,仍然存在一些内部挑战,而本篇文章也已对此进行了探讨。

本文已清楚表明,瑞士联合银行集团等财富管理公司已经并且理应在分配及增加社会影响力投资机会方面发挥重要作用。瑞士联合银行集团以及其他财富管理公司既有能力和资源,又有号召力,足以令这一投资理念崭露头角、脱颖而出,并使之成为主流。在那些行业欠发达领域,特别是影响力投资领域,参与分配影响力投资活动的中介机构需要进一步扩大规模。这一点至关重要,是产品保有量在主流投资者群体中达到实质性增长的基础。

综上所述,考虑到瑞士联合银行集团等财富管理公司正处于全球经济资本供需的交叉点,因此有必要也有责任来帮助管理资金,使之不仅有利于投资者,也有利于整个社会。

参考文献

Accenture (2016). *The "Greater" Wealth Transfer*. Retrieved from http://fsblog.accenture.com/capital-markets/wealth-transfer-why-its-a-more-timely-topic-now-than-ever-before
Capgemini (2015). *RBC Wealth Management*. World Wealth Report.
Harvard Kennedy School, UBS, (2015). *From Prosperity to Purpose: Perspectives on Philanthropy and Social Investment among Wealth Individuals in Latin America*. Retrieved from http://cpl.hks.harvard.edu/prosperity-purpose-perspectives-philanthropy-and-social-investment
Koh, H., Karamchandani, A., & Katz, R., (2012). *From Blueprint to Scale: The Case for Philanthropy in Impact Investing*. Retrieved from http://acumen.org/content/uploads/2013/03/From-Blueprint-to-Scale-Case-for-Philanthropy-in-Impact-Investing_Full-report.pdf
LOHAS (2010). *LOHAS Market Size*. Retrieved from http://www.lohas.com/research-resources
McKinsey (2012). *Winning the $30 Trillion Decathlon: Going for Gold in Emerging Markets*. Retrieved from http://www.mckinsey.com/business-functions/strategy-and-corporate-finance/our-insights/winning-the-30-trillion-decathlon-going-for-gold-in-emerging-markets
Trust Africa, UBS (2014). *Africa's Wealthy Give Back: A Perspective on Philanthropic Giving by Wealthy Africans in Sub-Saharan Africa with a Focus on Kenya, Nigeria and South Africa*. Retrieved from http://www.issuelab.org/resource/africas_wealthy_give_back_a_perspective_on_philanthropic_giving_by_wealthy_africans_in_sub_saharan_africa_with_a_focus_on_kenya_nigeria_and_south_africa

UBS (2014). *Furthering the Fight against Poverty.* Retrieved from https://www.ubs.com/global/en/bank_for_banks/news/topical_stories/edition_103.html

UBS (2015a). *Adding Value(s) to Investing.* Retrieved from https://www.ubs.com/global/en/wealth_management/uhnw/philanthropy-sustainable-investing/sustainable-investing/research-and-videos.html

UBS (2015b). *To Integrate or to Exclude: Approaches to Sustainable Investing.* Retrieved from https://www.ubs.com/global/en/wealth_management/chief-investment-office/investment-views/sustainable-investing.html

UBS (2015c). *In Challenge Lies Opportunity: Investing for Sustainable Development.* Retrieved from https://www.ubs.com/global/en/wealth_management/chief-investment-office/investment-views/sustainable-investing.html

UBS (2016). *Doing Good by Doing Well: Impact Investing.* Retrieved from https://www.ubs.com/global/en/wealth_management/chief-investment-office/investment-views/sustainable-investing.html

UBS, PwC (2015). *Billionaires: Master Architects of Great Wealth and Lasting Legacies.*

UN (2015). *Sustainable Development Goals.* Retrieved from https://sustainabledevelopment.un.org/index.php?menu=1300

World Economic Forum Investors Industries (2013). *From the Margins to the Mainstream: Assessment of the Impact Investment Sector and Opportunities to Engage Mainstream Investors.* Retrieved from http://www3.weforum.org/docs/WEF_II_FromMarginsMainstream_Report_2013.pdf

十四、打造影响力投资生态系统

阿底提·什里瓦斯塔瓦(Aditi Shrivastava)

乌莎·加内什(Usha Ganesh)

引 言

生态系统的支持对于初创企业而言至关重要,尤其是在社会企业领域,因为许多第一代创业者在基于双重底线思维模式创立企业时,往往会面临诸多挑战。此类支持性生态系统所包含的要素形式多样,主要分为财务支持(来自影响力基金、天使投资人及银行)和非财务支持(来自网络平台、孵化器、加速器、研究智囊集团和学术界)。

印度的影响力投资领域在过去十年间取得了重大进展,目前已拥有大量生态系统要素来支持社会企业领域蓬勃发展。本篇文章追溯了这一生态系统的演变过程,具体步骤为将该系统分解成几大关键组成部分,进而论述其重要性,最后详述其如何随着时间的推移而发展,并为印度社会创业领域提供支持。

【作者简介】 阿底提·什里瓦斯塔瓦,特许金融分析师(Chartered Financial Analyst,CFA),Intellecap影响力投资网络顾问及前任负责人。乌莎·加内什,Intellecap咨询服务私人有限公司商业咨询与研究部门首席顾问。

印度影响力投资生态系统

印度人口超过12亿,其中约有一半具备受雇条件,是可以收获人口红利的发展中经济体之一。然而,该国的特点是收入不平等,并且在获得基本服务方面存在巨大差距,尤其是对于那些位于经济金字塔底层的人们而言。

在印度兴起的私人部门社会企业,专门以解决需求迫切领域的产品或服务缺口为己任,具体包括教育培训、医疗保健、清洁用水、卫生设施、能源获取以及农业生产等,这些领域的公共服务对于那些位于经济金字塔底层的人们来说,要么难以获得,要么负担不起。在目睹并多次亲历这些差距之后,从当地社区内部涌现出一大批创业者,试图找到负担得起且易于获得的解决方案。通常情况下,这些第一代创业者忙于创办自己的公司,尽管专注于应对挑战,却往往只凭直觉知识来解决问题。最近,有越来越多受过教育的印度年轻人成为志向远大、雄心勃勃的创业者,力图借助自身技术及研究能力将产品服务受众范围扩大至低收入阶层。

创业者创办公司需要历经构思设计、规模拓展、企业扩张等阶段,在这一创业过程中,印度社会企业和影响力投资生态系统能够为其提供财务支持和非财务支持,帮助他们应对商业及社会影响力方面的挑战(参见图14.1)。

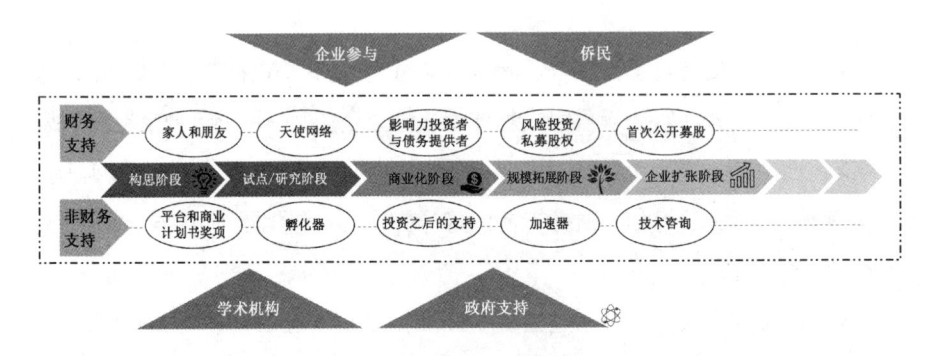

资料来源:Intellecap Analysis。

图14.1 创业过程与影响力投资生态系统参与者之间映射图

在构思阶段和试点阶段,创业者需要更多非财务支持来验证及完善其设计构思,并围绕解决方案建立自身商业模式,以减轻获取渠道或负担价格方面的挑战压力。他们还得益于同伴学习和财务支持,从而能够补充投入个人资金以便在小范围内初步对其想法理念进行试验。之所以颁发商业计划书奖项并召开社会企业集体会议，其目的不仅是为了将社会创业这一运动加以集体化，同时也是为"企业成长将会面临哪些最为紧迫的挑战"这一话题提供讨论及辩论平台。

印度社会企业领域刚刚起步，大多数企业的成立年限不超过十年。因此，其在将自身想法理念从试点研究阶段推进至商业化阶段乃至可持续投资阶段的过程中，也将面临诸多挑战。在早期阶段，其急需财务支持和非财务支持来助力启航并确保航行顺利，避免陷入举步维艰的境地。由于既没有业绩记录也没有抵押物，因此，这些企业往往难以获得资金。孵化器与天使投资人通常是其首批支持者。随着这些企业的商业模式日益完善、逐渐成形，一些早期阶段影响力投资者也会为其提供支持。

在印度，大多数影响力投资者倾向于以风险投资的方式进行影响力投资，主要支持那些具有可扩大及可持续商业模式，并且处于早期阶段至成长阶段之间的企业。这些投资者为其投资组合公司提供财务支持和非财务支持，从而引导投资对象拓展规模并提升盈利能力。当企业在规模拓展方面遇到障碍时，加速器与技术顾问就会助其将棘手问题一一解决，例如产品定价、分销战略以及供应链管理等。

最后，企业将步入扩张阶段，届时其势必需要更多资金注入，以进军新的领域，满足新客户的需求，以及提供更加多样化的产品。在这一阶段，这些企业将从主流参与者处寻求财务支持和非财务支持，例如私募股权公司、风险投资公司或商业咨询公司。

有越来越多的人意识到，主要由外资提供资金的财务支持极有可能无法持续。政府机关也逐渐认识到，创业不仅能够促进就业，还可以增加收入。公司企业同样看到了经济金字塔底层市场的巨大潜力，甚至是家族基金会以及侨民慈善家都在寻求各种方式方法以便与社会企业展开更加深入的合作。虽然这些利益相关者并非影响力投资生态系统的直接组成部分，但其仍然能够为该领域做出大量贡献，并全力推进国家发展议程。

一、社会企业平台

社会企业平台、网络和论坛在很多方面能够发挥重要作用，具体包括确立构思设计和商业模式、建立企业家与启导者及投资者之间的联系，以及增进关于该领域主要挑战与关键创新的对话、交流及辩论。此外,其还通过调查研究及其他知识产品,向那些身处影响力投资生态系统之外的人士传授该领域相关知识,从而使影响力投资领域成为公众关注的焦点。

国际上,在影响力投资和社会企业领域内有数家网络和平台极具号召力,能够通过各种活动及会议将利益相关者召集在一起。这些活动和会议不仅提供了建立关系网络的机会,还配备了有理有据、受到研究结果支持的议程计划,以鼓励在领域内部开展合作。这些网络和平台还常年与其成员进行合作,致力于在投资者及领域促成者与企业家之间牵线搭桥。以下是一些居于全球领先地位的网络、平台和论坛:

● **SOCAP网络**是一家由Mission Hub有限责任公司负责运营的平台。该平台成立于2009年,总部设立在旧金山,是一家由投资者、企业家以及社会影响力领域内佼佼者所构成的网络组织,其所有成员都主张经济理应具有包容性并承担社会责任。SOCAP平台自2009年创建以来,社会影响力领域内的佼佼者均能够借此建立良好关系并向全球受众展示自身想法理念。

● **阿斯彭发展企业家网络**是一家国际网络组织,致力于在发展中国家推进创业。阿斯彭发展企业家网络的成员主要为小型企业和成长型企业提供财务、教育及业务支持服务。其投资项目具体涉及领域包括宣传教育、资助机会和筹资渠道、知识共享及知识网络、监测与评估、调查研究、进修培训以及人才培养。

● **斯考尔基金会**是一家总部设立于加利福尼亚州的社会创业基金会,旨在通过投资社会企业家及其他创新者,并与之建立关系网络来推动大规模变革,以解决世界范围内的紧迫问题。斯考尔基金会通过多种渠道,在全球投资数额约为5亿美元,例如向112名社会企业家及91家组织颁发斯考尔奖(Skoll Award)。此外,斯考尔基金会还组织创办了斯考尔世界论坛(Skoll World Forum),定期召开关于社会创业的会议。

● **全球影响力投资网络**成立于2009年,是一家力求深度参与影响力投资的网络组织。该网络为其成员提供投资工具及投资项目,并大力支持开展调查研究,以增进公共消费,同时将各类投资项目逐步引入影响力投资领域。

印度实施的各项举措

在印度,各大平台及论坛发挥了独特的作用,使得社会企业这一概念进入公众意识,并成为众人关注的焦点。考虑到社会企业尚没有明确法律定义,且常常登记注册为常规小型企业,因此,主要由社会企业平台发起引领这场运动,以表彰印度社会企业家所做出的卓越创举和巨大贡献。印度社会企业与影响力投资者常用的一些重要平台包括 Sankalp 论坛、肯卡论坛(Khemka Forum)、Deshpande 基金会发展对话和 Dasra 慈善论坛。

Sankalp 论坛

在 2004—2005 年间,印度出现了几家社会企业,其所提供的关键产品和关键信息对于那些位于经济金字塔底层的人们而言,既非难以获得,也非过于昂贵以致无法负担。在这些模式中,立竿见影、显而易见的两大关键影响力效益就是致力于创造谋生方式,以及专注于改善低收入人群的弱势地位。这些模式多由创新者主导,而他们往往是来自当地社区内部的第一代创业者,在其发展商业模式的过程中,既无法借助利用同伴学习,也不能分享交流相关经验。

当时的 Intellecap 公司自身就是一家初创企业,正在学习如何直接或间接地与低收入人群建立友好关系。随着时间的推移,其领导团队逐渐意识到,一个致力于将权利赋予社会企业的模式也许会产生更加强烈的连锁反应。通过与社会企业家接洽合作,该公司得以了解到生态系统面临的最大挑战就是创业者必须克服巨大的时间障碍及地理屏障,才能够被当时为数不多的生态系统促成者和投资者所发现、启导以及投资。创业者们需要一位斗士,能够助其获得所需资本,为其提供启导以研发出可以经受主流市场严苛审查的稳健商业模式,支持其扩大经营规模,联系媒体以讲述分享其故事,并在其与范围更广的生态系统之间牵线搭桥(主要由政府机关、公司企业、开发性金融机构与学术界构成)。

如此一来,Intellecap 公司作为领域内参与者,最早认识到需要通过生态系统方法来弥合识别确认、关系网络以及集体行动之间的差距。作为构建生态系统的关键步骤,该公司力图建立一个平台,以便将社会企业、影响力投资者以及其他利益相关者集合在一起。得益于洛克菲勒基金会和印度国家农业与农村发展银行(National Bank for Agriculture and Rural Development, NABARD)的支持,Intellecap 公司启动了合作平台 Sankalp 论坛,该论坛为同类首创,旨在建立一个富有凝聚力的生态系统,并且在促进系统成长发展的过程中,推动所有利益相关者积极参与,最终为社会企业打造出一片美好前景。

Sankalp 论坛已经举办了七届,目前每年在印度尼西亚、肯尼亚和印度举办三次峰会,一共吸引了2 000多名与会者,展示企业多达200余家,为这些企业提供的投资金额超过1.5亿美元。Sankalp社区由社会企业构成,这些企业尽管融资渠道受到限制、管理结构刚刚起步、商业计划书杂乱无章,但创始人团队却始终充满热情,渴望与弱势社区展开合作。另外,还有别的投资者也有意于此,具体包括慈善机构(洛克菲勒基金会、EdelGive基金会)、多边组织(亚洲开发银行、国际金融公司)、政府机关(印度国家农业与农村发展银行、印度小型工业发展银行)、创业资本供给主体(聪明人基金会、Bamboo Finance影响力投资平台、种子基金)、孵化器以及生态系统促成者(Villgro风险投资公司、阿斯彭发展企业家网络、阿苏迦基金会)。其他利益相关者包括学术界、研究人员、政策制定者以及媒体代表。

专栏14.1

卢旺达基加利林业与农业投资管理机构(Forestry and Agricultural Investment Management,FAIM)成员史蒂夫·琼斯(Steve Jones)指出:"Sankalp论坛所带来的主要益处就是在投资者及影响力投资与当地社会企业家之间建立联系,以供各方在此沟通交流思想理念,取长补短并展开合作,从而将美好愿景变为现实。"

坦桑尼亚莫希KARIBU太阳能公司前运营副总裁米根·卡西迪(Meaghan Cassidy)表示:"科技部将全力支持Sankalp论坛提出的倡议,关注创新力量,改善贫困人口的生活条件。"印度联邦部长哈什·瓦尔登博士(Dr. Harsh Vardhan)赞叹道:"一个组织为了一项活动、一纸倡议,居然能够将这么多志趣相投、志同道合的人士从世界各地召集在一起,真是让人感到不可思议。"

除了提供关系网络以及同伴学习机会,Sankalp论坛还制定了内容翔实的领域建设议程,以期鼓励对话交流并支持社会企业发展(参见图14.2)。综上所述,Sankalp论坛能够带来以下几点益处:

● 通过启导式学术会议以及针对特定行业的跨领域主题式知识会话来培养企业能力,以期交付更好的产品与服务。

● 通过精心筹划的关系网络来加强企业与投资者网络之间所建立的联系。

● 通过举办以利益相关者为中心的圆桌会议来提升资金提供者(包括投资

者、慈善家、赞助者以及政府机关)对于实际困难的了解程度。

● 通过设置Sankalp奖项来实现自身社会影响力,并建立一个强大的平台以供知识广泛传播,同时完善人们对于各家企业的认识;另外,Intellecap公司也借助该平台寻找并启导那些极具潜力且可扩大规模的社会企业,为其介绍筹资渠道、合伙人孵化器、咨询顾问以及关系网络。

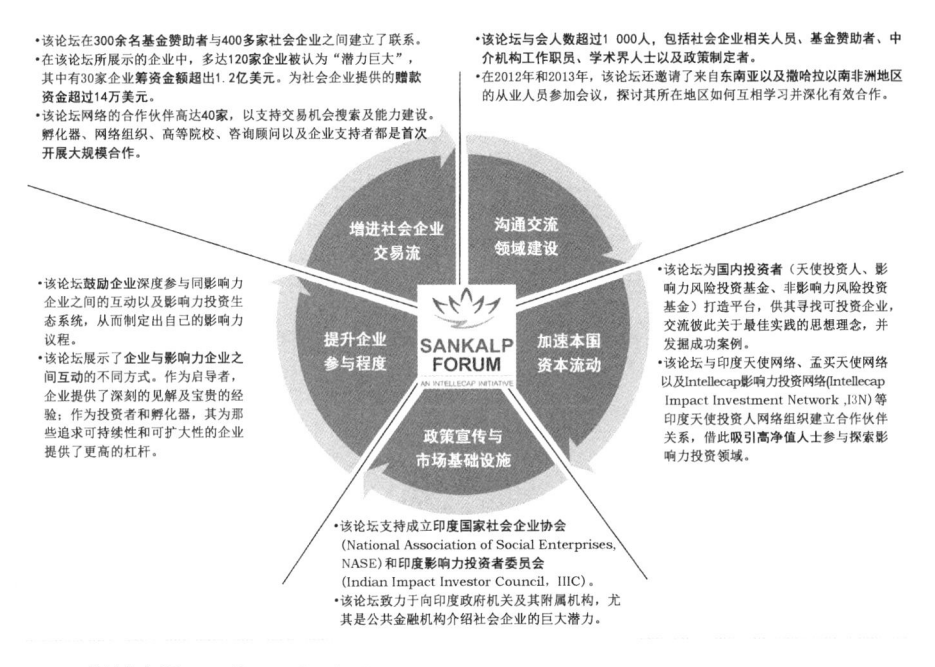

- 该论坛在300余名基金赞助者与400多家社会企业之间建立了联系。
- 在该论坛所展示的企业中,多达120家企业被认为"潜力巨大",其中有30家企业筹资金额超出1.2亿美元。为社会企业提供的赠款资金超过14万美元。
- 该论坛网络的合作伙伴高达40家,以支持交易机会搜寻及能力建设。孵化器、网络组织、高等院校、咨询顾问以及企业支持者都是首次开展大规模合作。

- 该论坛与会人数超过1 000人,包括社会企业相关人员、基金赞助者、中介机构工作职员、学术界人士以及政策制定者。
- 在2012年和2013年,该论坛还邀请了来自东南亚以及撒哈拉以南非洲地区的从业人员参加会议,探讨其所在地区如何互相学习并深化有效合作。

- 该论坛鼓励企业深度参与同影响力企业之间的互动以及影响力投资生态系统,从而制定出自己的影响力议程。
- 该论坛展示了企业与影响力企业之间互动的不同方式。作为启导者,企业提供了深刻的见解及宝贵的经验;作为投资者和孵化器,其为那些追求可持续性和可扩大性的企业提供了更高的杠杆。

- 该论坛为国内投资者(天使投资人、影响力风险投资基金、非影响力风险投资基金)打造平台,供其寻找可投资企业,交流彼此关于最佳实践的思想理念,并发掘成功案例。
- 该论坛与印度天使网络、孟买天使网络以及Intellecap影响力投资网络(Intellecap Impact Investment Network,I3N)等印度天使投资人网络组织建立合作伙伴关系,借此吸引高净值人士参与探索影响力投资领域。

增进社会企业交易流　沟通交流领域建设　加速本国资本流动　政策宣传与市场基础设施　提升企业参与程度

SANKALP FORUM AN INTELLECAP INITIATIVE

- 该论坛支持成立印度国家社会企业协会(National Association of Social Enterprises, NASE)和印度影响力投资者委员会(Indian Impact Investor Council, IIIC)。
- 该论坛致力于向印度政府机关及其附属机构,尤其是公共金融机构介绍社会企业的巨大潜力。

资料来源:Intellecap Analysis。

图14.2　Sankalp论坛

其他活动类与会议类举措

过去十年间,也涌现出了其他类型的社会企业平台及会议,在推进各项议程以期促进该领域发展方面发挥了重要作用:

● **南德及吉特·肯卡基金会**(Nand & Jeet Khemka Foundation)创办了**肯卡社会创业论坛**,以解决社会企业家在扩大其商业模式时所面临的诸多问题,例如金融资本获取、人才管理、利益相关者参与以及标准化评估指标。该论坛还方便了与会者就以下领域交流解决方案,具体包括可再生能源、经济适用房、医疗保健、技能发展及就业能力。该论坛上一次会议召开于2013年。

● **Deshpande基金会**创立了"**发展对话**"平台,专供社会企业家展示那些久经考验、已证实能够改善当地社区及国际社区现状的构思设计、商业模式以及创新举措。该平台讨论了发展过程中以及非政府组织/非营利性组织内部所要面临的挑战,并允许这些组织通过慈善行为和/或积极行动来探索参与的其他替代形式。

● Dasra 基金会发起的 **Dasra 慈善论坛** 旨在推动印度本土的战略性慈善行为,同时加强与国际捐赠者之间的联系,因为这些捐赠者承诺会解决印度国内最紧迫的难题。该论坛讨论了应对印度发展挑战的战略,了解了战略性慈善行为以及特定领域的融资情况,还调查了其他基金赞助者所执行的最佳实践。

SOCAP 网络和 Sankalp 论坛等平台将咨询、资本及知识能力汇集在一起,以建立影响力投资生态系统。这些平台能够大力推动生态系统参与者之间开展高效合作,具体包括投资者、孵化器、政策制定者以及其他参与者,以支持那些在主流商业边缘领域及市场中运营的社会企业。如此一来,在这些平台的帮助下,该领域便能够更好地确保那些处于早期阶段的企业家得以跨越关键资源与地理位置的障碍,最终将心目中的美好愿景变为现实。

二、孵 化

众所周知,印度是一座崛起中的创业中心,每天至少有两家初创企业成立,却只有 1/10 的公司能够撑过第三年(Julka, 2014)。因此,大多数企业在实现其成功梦想的过程中将面临艰巨的挑战。

如果这就是主流企业所要面对的现实,那么,社会企业的情况将更加令人沮丧,因为主流企业至少还建立在更为健全的市场中,服务的也是更加成熟的消费者,相较之下,许多社会企业则主要在边远偏僻、服务滞后的地区运营,而这些地区的市场要么缺乏,要么欠发达。虽然大多数影响力投资者扮演了先驱者的角色,致力于搜索投资对象企业,为其提供支持并协助其进行能力建设,然而,大多数社会企业要么被认为不具备"投资条件",要么就根本没有被投资者发现。

为了响应对于高接触式支持与建议的需求,孵化器和加速器应运而生,旨在为处于早期阶段的企业家提供培养环境,以期防止许多伟大的构思设计胎死腹中。虽然它们的目的是为尽可能多的企业提供支持,但其确实难以为地处偏远地区的企业提供持续支持。一些孵化器试图在其运营城市中定期为同辈企业提供孵化服务。然而这样一来,就只有那些位于城市中的企业才能够真正从高接触式全年孵化服务中获利。

孵化器提供各种类型的支持服务,具体包括使用联合办公空间与实验室设施、给予财务支持(例如初始种子基金和赠款资金)、共享技术工艺及特定产品的专业知识,并且提供专业启导与业务支持。一般而言,被选中进行孵化的企业尚处于构思设计阶段并有其特定需求,孵化器往往通过多阶段诊断工具来对此进行评估。这些需求缺口通常存在于以下几个方面,包括商业计划书制定、法律支持(例如申请专利与保护知识产权)、市场调查、技术支撑,以及识别、评估并获取市场渠道相关支持服务。接下来,会由资格审查委员会进行尽职调查,并做出最终选择。孵化团队将与企业家共同制订商业计划,确定成熟程度基准及相应预算。在孵化期间,企业将试销其产品与服务,并根据反馈信息在价格点、产品设计以及交付渠道方面做出必要的改变。如果企业需要追加投入资本以确保未来运营可以持续且能够盈利,那么,孵化团队便会帮助其识别并获得风险投资基金、天使基金或其他类型的基金。孵化团队会根据孵化计划来监测每家在孵企业的进展情况(参见图 14.3)。

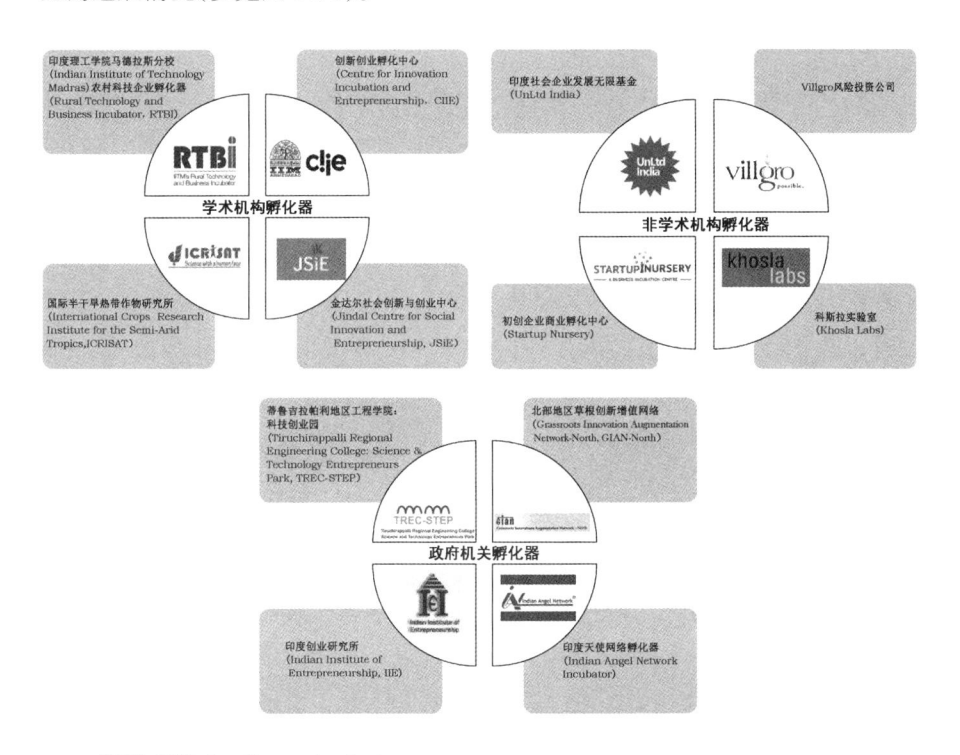

资料来源:Intellecap Analysis。

图 14.3　学术机构孵化器、非学术机构孵化器和政府机关孵化器

印度的创业中心包括金奈、班加罗尔、德里、海得拉巴及孟买等大都会与小型城市,在这些地区中,大多数孵化器能够同时为主流企业及社会企业提供有效支持。事实上,经 Intellecap 调查研究可知,大都会中 80% 的孵化器能够提供全面的投资条件能力建设服务。然而,在三线城市中,这一数字却锐减至 45% 左右,更糟糕的是,在许多社会企业运营的农村地区,这一数字甚至屡创新低(Intellecap Research,2014b)。

因此,所有生态系统的参与者都必须认识到,将孵化规模扩大到大都会以外的地区极其必要。一些行动者已经开始尝试扩大服务范围并采用特许经营模式,以支持更多企业家投身于此(Intellecap,2014a):

● Villgro 风险投资公司在印度 15 座城市开展了一项名为"Unconvention|L"的计划,旨在通过实施各项举措吸引来自不同地区的影响力企业家,分享行业领袖专业知识,并为相关人士提供渠道以获取投资机会和投资资源。

● 印度社会企业发展无限基金业已开始采用特许经营模式,并创建了一个附属网络组织,目前主要在孟买、海得拉巴及印度曙光村奥罗维尔(Auroville)等地区提供支持。

● Aarohan Ventures 风险投资公司同德国国际合作署(GIZ)一道,帮助全国各地的孵化器进行能力建设,并致力于改善当地的社会企业生态系统,例如哥印拜陀、斋浦尔以及马杜赖等城市。

虽然上述项目正在高歌猛进,但由于社会企业家的人数在不断增长,因此对于为数不多的孵化器而言,其仍将面临长期挑战。近期出现的最新现象表明,虚拟孵化器所采用的商业模式专注于通过技术与数字平台传播其服务,以便与那些原本难以接触到的企业之间建立联系。这些虚拟孵化器在起步阶段常常以启导平台的形式发挥作用,致力于为企业家提供渠道,以接触到由顾问及投资者组成的现有在线网络(infoDev,2014)。infoDev 是一项由世界银行支持的全球计划,其借助技术力量为那些远离创业中心的企业家打造出了前景广阔的虚拟孵化模式。正如其近期盘点结果所示,这些模式已然发展成为"网络助推器"和种子资本提供者,有助于促进商业人士与投资者及初创企业之间展开更有意义的接触,并大大缩减为企业家和投资者进行尽职调查以及完成投资活动所需要的时间及资源成本(Sarkar,2015)。

Intellecap 公司试图利用无处不在的数字技术,致力于在印度大都会之外的地区孵化更多企业。于 2014 年推出的 StartupWave 虚拟孵化平台已经服务了 500 多名企业家,并且在 7 000 余位利益相关者之间建立了联系。StartupWave 虚拟孵化平台在卢旺达的试点运行也足以证明其不仅有能力在全球范围内进行扩张,还能够为发展中国家的农村市场提供机会以便从强劲的初创企业生态系统中获益(参见图 14.4)。StartupWave 虚拟孵化平台主要填补了以下三个方面的空白:

- 为那些地处小城镇或农村等大都会之外地区的企业提供支持
- 进一步提升自身支持能力,较之目前服务的企业家人数,将这一数字再创新高
- 有效管理稀缺资源,提供优质业务支持

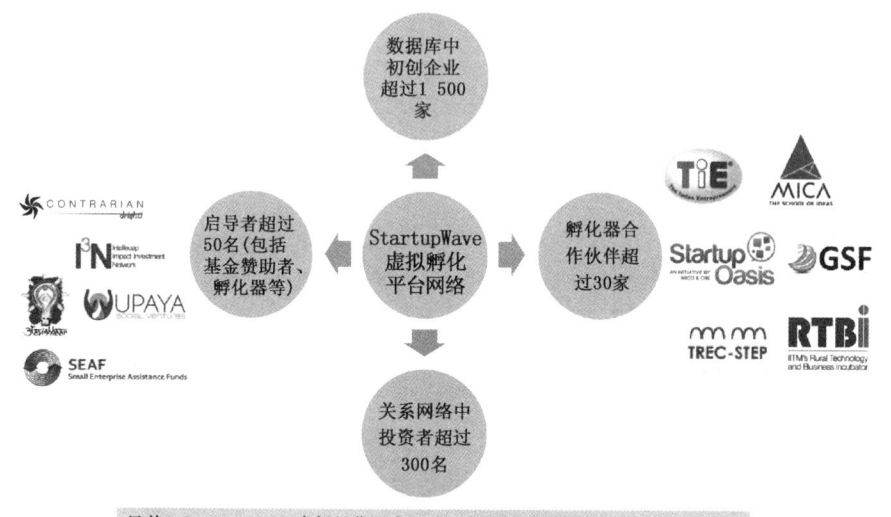

目前,StartupWave 虚拟孵化平台正处于设计孵化服务的早期阶段,并且已着手与其所选中的合作伙伴一道,提供孵化之前的各项服务。

资料来源:Intellecap Analysis。

图 14.4　StartupWave 虚拟孵化平台

专栏 14.2

IKP 投资管理公司主管安努斯卡·卡利塔(Anuska Kalita)表示:"StartupWave 虚拟孵化平台提供的启导会议给了我一个了解创新途径的机会,而我们的基金恰恰对此抱有极大兴趣。无论是对企业家来说,还是对启导者而言,我认为启导讲座都为其增添了许多价值。"

尽管这些模式的成功已经证明，在那些通常被排除在外的领域，确实可以利用技术来提升企业家的能力，但是，对于以技术为基础的平台而言，则只有在通过关键社会网络、伙伴关系、政策环境、技术专长以及其他基础设施因素得到强化之后才能起效。现有实体孵化器与虚拟孵化器所提供的基本上都是竖井式服务，独立收费运营并尝试各种服务模式。此外，由于企业家往往无力承担孵化服务的费用，所以通常由赠款资金进行补贴。因此，为负担其运营成本，孵化器需要持续不断地寻求赠款，从而导致资金筹集变成了一项全年性工作，占用了实际孵化活动的宝贵时间。极少数模式会将血汗股权作为提供孵化服务的前提，即利用时间和技能来换取股权，并根据是否达到预先约定的重要阶段来收取费用，尽管如此，这些模式仍然属于高接触式和沉浸式，从而使得扩大规模成为一大难题。最后，如果在城市中展开孵化活动，那么就必须在远离实际操作的教室里进行，且时间范围也需受到限制，而这种做法却往往被认为不太有效。如果孵化器要提供现场启导，那么其就需要一个规模庞大的团队，能够时时出差并与企业家及其团队保持长时间接触（参见图14.5）。

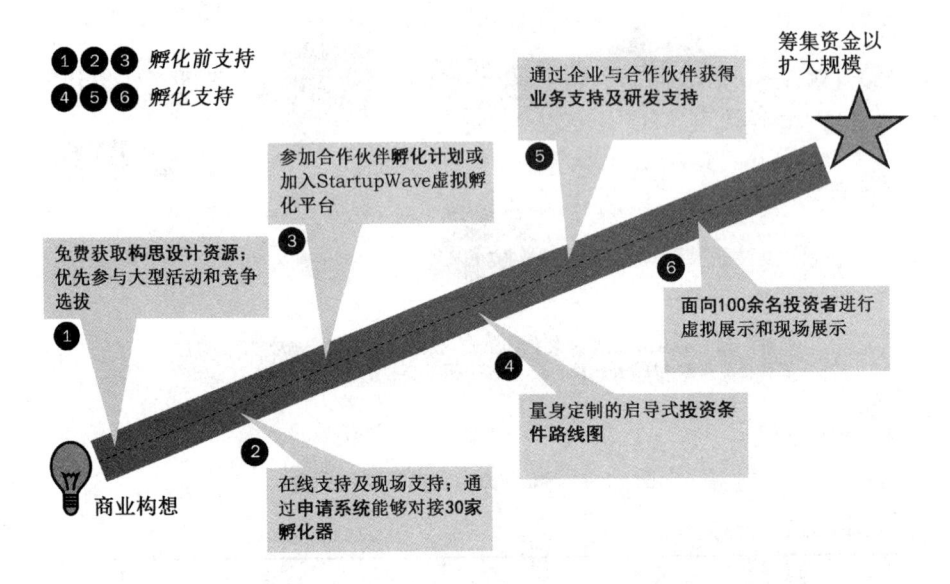

资料来源：Intellecap Analysis。

图14.5 孵化支持周期

考虑到每年都有大量新企业成立，因此，现有孵化服务显然不能胜任为所有社会企业提供启导这一任务。为了吸引更多孵化器入驻这一领域，就需要对其进行激励,例如提供资金以支持其开展活动,以及与那些能够投资其在孵企业的影响力投资者建立紧密联系、形成强大合力。印度的影响力投资者认为,孵化器并不是企业获取信息的最佳途径,而由于影响力投资者对营利性、可扩大及可持续模式的重点关注,孵化器自身也感到颇为受限。如果能够在纠正错位失调以及解决资金难题方面取得重大进展,那么便极有可能释放这一领域的潜能,从而提升该生态系统中的孵化效率。

三、增加种子基金和天使基金的国内资本供应

可以说,一个充满活力的创业生态系统最重要的组成部分之一就是在早期阶段获得知情资本。尽管在试点阶段及概念验证阶段之前,自力更生才是企业最为健康的融资方式,然而,大多数社会企业的商业模式要经历很长时间的酝酿阶段,因此,如果没有外部资本注入,就无法产生足够的超额现金流量来维持运营。根据2010年发布的"超越利润社会企业现状调查(Beyond Profit Social Enterprise Landscape Survey)"可知,印度约68%的社会企业成立年限不超过5年。约有90%的受访企业年度收入低于50万美元,超过30%的企业目前处于亏损状态。而在那些社会企业生态系统比印度起步更晚,且更加不成熟的国家,这些数字甚至还要糟糕。缺乏资金阻碍了实验研究及劳动力增长,并为适应能力的发展带来了诸多困难,最终将致使企业破产倒闭。

对硅谷(Silicon Valley)发展的研究证实,其之所以能够成为今天的创新中心,除了技术与文化要素之外,因掌握内情而进行投资(引自投资百科)这一因素也是功不可没、不可或缺。通过更加深入地研究硅谷风险投资的历史,就会发现此类资本来源的重要性。第一批为硅谷初创企业提供资金的基金本身就诞生于硅谷,具体包括红杉投资公司和美国KPCB风险投资公司(Kleiner Perkins Caufield & Byers),其都是由晶体管巨头仙童半导体公司(Fairchild)的资深校友创立的,而该公司正是硅谷首批依靠技术获得成功的企业之一(Tradecraft,2015)。这些投资公司早早将赌注押在亚马逊、苹果(Apple)、思科、多宝箱(Dropbox)、脸书、谷歌、照片墙(Instagram)、财捷集团(Intuit)、领英(LinkedIn)等公司上。斯坦福大学硅谷档案室(Silicon Valley Archives at Stanford University)硅谷历史学家莱斯利·柏林(Leslie Berlin)曾就此指出:

一代创业者获得成功之后便转身为下一代创业者提供财务支持及管理经验,这种模式是硅谷获得持续成功最重要却未得到充分认识的秘诀之一。这一点在早期阶段尤为关键(Berlin,2015)。

莱斯利·柏林(2015)坚持认为,关于所提议的投资机会或是所要解决的问题,了解其背景对于评估建议解决方案的有效性而言可谓举足轻重。这一点在影响力领域尤其重要,相信大多数人对此不会持有异议,因为在影响力领域,根深蒂固的文化、社会及政治背景在决定解决方案的设计与实施方面均发挥着巨大作用。

将其与全球社会企业生态系统早期阶段所发生的情况进行比较即可略知一二。注入该领域的大部分资本并非来自那些受到投资影响的国家。以印度为例,Intellecap公司发布的报告《投资、催化、主流:印度影响力投资纪实》就发现,注入社会企业的资金中,95%以上来自印度之外的国家及地区,例如国际基金会、开发性金融机构以及美国和欧洲的慈善家(Intellecap,2014a)。尽管这些资本就如同催化剂一般,能够对印度社会企业生态系统起到巨大的推动作用,但由于缺乏必要的当地背景,因此,对于企业家思维模式、基本现实、消费者目标群体、风险和挑战等方面难以进行直觉性理解。基于这些原因,大部分资本并未直接注入社会企业,而是被安置在影响力风险投资基金中,作为有限合伙人资本。世界经济论坛发布的报告《从边缘到主流:对影响力投资领域的评估以及对主流投资者富有吸引力的机会》对此进行了补充,指出这些投资者也会向影响力投资基金进行投资,因为其单项交易的规模过于庞大,难以直接进行投资(World Economic Forum & Deloitte Touche Tohmatsu,2013)。

正是因为拥有这些有限合伙人资本,影响力风险投资基金从一开始就成为社会企业生态系统中至关重要的组成部分。但是,大多数基金却发现,为多项处于早期阶段的企业投资活动提供额外的非财务支持将极富挑战性,因为这些投资活动需要近乎持续的战略指导、与整个价值链上参与者的接洽联系,以及职能范围内的支持援助(例如财务事务、会计工作与报告汇报)。此外,随着获得成功的影响力风险投资基金筹集到更多资金,其便常常会将投资重点从那些刚刚起步且单项交易规模较小的投资活动中转移出来。被高频引用的研究报告《聚焦市场:影响力投资者调查》(J. P. Morgan Chase & GIIN,2014)也证实了这一点,该报告指出,多达89%的国际影响力投资者更喜欢投资处于成长阶段的企业,从而导致那些处于种子阶段等早期阶段的企业存在大量投资缺口,资金资助明显不足。

同样的情况也发生在东非社会企业生态系统的早期阶段。虽然聪明人基金、萨凡纳基金(Savannah Fund)、草根商业基金(Grassroots Business Fund)以及LGT公益创投基金等影响力基金在该地区极为活跃,但大多数社会企业仍然处于刚刚起步的阶段,需要一步一步手把手式的帮助指导。Total Impact咨询机构创始人兼执行合伙人、美国驻非洲联盟(African Union)前任大使、乌干达林业与农业投资管理机构投资者约翰·西蒙(John Simon)从另一个角度对此进行了补充说明:

> 由于大多数企业处于其早期阶段,因此,如果当地投资者能够预先告知企业背景知识并提供投资之后的监测服务,那么,我进行投资时就会感觉更加安心。在尽职调查过程中缺乏当地支持,这为那些在困难地区押注资本的大部分外国投资者带来了巨大障碍。

显然,目前迫切需要一家处于早期阶段的影响力投资者机构,不仅要拥有强大的当地背景,而且能够有效管理多项处于早期阶段的投资活动。近期出现的影响力优先型天使网络在填补上述空白方面取得了一定进展。Toniic[1](范围遍及美国、欧洲、拉丁美洲和东亚)、Intellecap影响力投资网络[2](范围遍及印度和东非)与ClearlySo(范围主要在英国)等网络组织均为个中翘楚,在建立知名度以及动员当地高净值人士和家族办公室投资初创社会企业方面做出了卓越贡献。

天使网络模式以会员制为基础,在此模式下,个人投资者集合在一起对企业进行评估及共同投资。投资者类型通常包括已扩大规模并退出企业的成功企业家、企业主、大型公司C级高管以及家族办公室。这一团体的异构性质给天使投资人带来了独特的投资机会,可以有效利用彼此不同的专业知识来评估各类

---

[1] Toniic(网址:http://www.toniic.com)是一家全球行动社区,主要面向那些对全球金融生态系统怀有美好愿景的影响力投资者,旨在产生积极的社会及环境影响力。

[2] Intellecap影响力投资网络(网址:http://www.i3n.co.in)是全球规模最大的天使网络,致力于推动高净值人士和家族办公室对社会企业进行投资。Intellecap影响力投资网络会对企业进行搜索与筛选,并且在向成员展示企业之前,还会为其提供内容广泛的咨询服务。目前,该网络组织旗下成员超过85名,一共投资过13家处于早期阶段的营利性企业,涉及领域包括农业生产、清洁能源、教育培训、金融服务、医疗保健、清洁用水以及卫生设施。

投资活动,并使得投资对象公司在投资之后有所增值。单项交易的规模一般在5万—50万美元,非常符合早期阶段各家企业之间的差距。由于天使资本多为自有且几乎不用承担任何外汇风险,因此,投资期限、投资工具以及回报期望值都极为灵活、柔性较高。有一篇文章专门聚焦"影响力投资领域天使投资人中的大人物",其揭示了印度影响力天使投资人中那些先驱者所具有的思维模式:

> 虽然一些天使投资人可能乐于接受表现并不出色的财务回报,但是另一些天使投资人则会将影响力投资视作投资组合多元化的一种方式,并坚信存在于经济金字塔底层市场的巨大投资缺口能够让社会企业在产生影响力的同时获得极具吸引力的财务回报(Shrivastava, 2015)。

天使网络的领导团队会为天使投资人提前搜索及筛选企业,并与企业家密切合作以使其符合投资条件,同时协助构建交易结构。每家企业都会被分配到一位斗志昂扬的天使投资人,负责深入挖掘企业错综复杂的业务,并评估所需尽职调查的基本性质。这一模式允许同时评估多项投资活动,大大提高了工作效率。Intellecap影响力投资网络作为印度及东非规模最大的天使网络,一共拥有100余名投资者成员。通过这种方式,在过去三年间,该网络已经帮助14家初创社会企业获得了超过400万美元的资金资助。投资对象公司类型涉及初级医疗保健、医疗器械、职业培训、可负担的就业指导、涉农供应链、太阳能水泵、正面新闻报道、废物管理以及众筹融资。由于网络中各位天使投资人所具有的专业知识内容广泛、各不相同,因此,此类投资活动的多元化将极有可能实现;而在影响力风险投资机构中,情况则恰恰相反,多元化常常难以实现。因为天使投资人投资的均为其个人资本,所以势必要对投资活动进行密切监测。天使投资人的资格履历及领域专长也意味着,在Intellecap影响力投资网络这样的网络组织中,有多达100名合伙人级别的人员有能力担任企业董事会成员并指导企业成长。

除了本地专业知识与关系网络之外,当地天使资本还能为创业者带来许多其他好处:

- 这些资本均来自国内富有的投资者,其中大部分人士在企业运营及扩大规模方面拥有丰富的第一手实践经验,并且可以作为启导者和董事会成员令企业大幅增值。

- 这些资本多为自有,因此,单项交易规模、投资期限以及回报期望值都极为灵活,柔性较高。
- 这些资本可以通过各种各样的投资工具获得,包括零回报资本、拨款赠与等,这对那些影响力巨大且执行任务繁重的商业模式而言至关重要。
- 大多数国家对当地资本的监管规范相对宽松,对外国资本的监管则较为严格,不仅约束限制投资工具的种类,还需要额外完成大量文书工作,从而导致交易成本大幅增加。

释放当地资本还能够为生态系统带来长期利益。影响力天使投资人的出现可以更容易示范如何成功退出,而影响力风险投资基金也会在随后几轮投资中助其完成项目退出。如果当地资本能够为社会企业提供支持,那么就可以从多边组织那里获得风险等级更高的风险资本,并集中精力治理那些需要数年时间以及层层干预才能解决的严峻发展问题。

四、加 速

"加速"一词在《韦氏词典》中的定义为:

名词,表示行动更加快速或发生更为迅速的行为或过程,其在物理学中特指运动物体的速度随着时间过去而产生由低到高的变化量(Merriam-Webster,2015)。

即便有投资者的大力支持,企业家在创业 3—5 年之后也往往会遭遇"高原期",从而停滞不前。在获得初步成功后,其通常会经历一段困难时期,在以下诸多方面均遭遇重重挑战,具体包括为扩大规模而进行人才招聘、发展下一级别客户以保持收入增长的势头、建立流程、核对检查、保持收支平衡,以及制订完善的销售计划和营销计划。

《韦氏词典》将"加速"一词描述为提高速度。初创企业加速器的目的正是帮助处于早期阶段的企业实现这一目的。加速可以采取以下形式,包括针对发起人或二线管理人员的领导力培训、投资条件准备计划、企业发展/销售/营销培训、点对点学习等。尽管加速与孵化经常被混为一谈,但两者之间仍然存在诸多区别,既包括所服务企业身处的阶段,还包括所提供的服务。事实上,如前所述,加速器往往在企业生命周期更为成熟的阶段发挥作用,以帮助提高企业效率、加强市场联系、获得特定技能以及发展扩大规模。表 14.1 应该有助于澄清两者之间的主要区别。

表 14.1   孵化器与加速器:关键差异点

孵化器	加速器
·通常隶属于某一高等院校 ·成立伊始即作为非营利性实体 ·为构思阶段提供帮助 ·一般能够提供实体空间/联合办公空间 ·提供全时服务,时长 6 个月至 2 年不等 ·帮助构思及制定商业计划书 ·协助企业完成公司成立、登记注册以及合规工作 ·不开设正式课程 ·提供启动 ·通常持有公司股权以代替所提供的服务/空间	·通常由公司企业或中介机构作为独立项目管理运作 ·为投资之后的阶段提供帮助,至少帮助完成概念验证阶段 ·提供极具深度的商业计划书 ·帮助构建投资平台与财务模型 ·集体培训与一对一培训相结合,可以实现点对点评审 ·开设业余课程,时长 3~6 个月不等 ·在项目结束时与投资伙伴展开合作

资料来源:Intellecap Analysis。

这些服务有时也被称为技术援助(technical assistance,TA),而其他参与者也会提供同样的服务,例如影响力风险投资基金向其投资组合公司提供的服务,以及捐赠者或开发性金融机构向其受让人提供的服务。由于提供技术援助服务的参与者之间彼此有别,因此在执行方式上也是各不相同。例如,大多数加速器项目是将同一领域的企业召集在一起,以集体模式进行。这对同伴学习以及建立伙伴关系极为有利,却只能给予有限的一对一支持。然而,尽管大多数影响力基金所提供的技术援助作为投资之后持续支持的一部分,且通常采用一对一形式,却从未把重点放在创建一个由志同道合创业者所构成的社区上。捐赠者所提供的技术援助通常直接应用于企业的实地场所/现场位置,以协助应对特定的商业挑战。

在主流创业生态系统中,有几家加速器是公认的金字招牌,例如分布在美国及欧洲的 Y Combinator、TechStars、Startupbootcamp 和 SeedCamp,印度的 Microsoft Accelerator、Target Accelerator、GSF Accelerator、Morpheus 与印度软件和服务业企业行业协会(National Association of Software and Services Companies,NASSCOM)旗下的 10 000 家初创企业,非洲的 88 mph、Grindstone 和 Startup90。然而,专注于支持社会企业的加速器却寥寥无几,即使是在印度这样影响力生态系统相对发达的国家也是如此。图 14.6 列出了几家全球范围内口碑最好的影响力优先型加速器,但需要指出的是,该列表并非囊括无遗。

图 14.6　影响力优先型加速器示例

专家们一致认为,加速是生态系统中的一个重要组成部分,甚至可以说比孵化更为重要,这一观点并非有失公允,因为加速能够弥补软技能的不足,而一家企业如果忽视了软技能,则毫无疑问将会毁于一旦。然而,尽管全球范围内的加速器在成立伊始即作为非营利性组织,但其仍然一直质疑自身的可持续性以及商业模式。孵化器通常隶属于高等院校,并持有公司股权以代替所提供的服务,但是当企业需要加速器提供支持时,其往往处于更加成熟的阶段,因此并不希望在此时放弃股权。虽然大部分企业愿意付费参加加速器项目,但这一笔款项却不足以支付 3—6 个月的密集课程费用,包括特邀发言人与启导者的酬金以及后勤组织工作花销。另外,加速器每年能够提供帮助的企业数量也受到一定限制,通常是一年帮助一至两批企业,每批数量约有 10 家。其本身有潜力成为影响力风险投资基金主要的交易机会搜索渠道,然而上述限制却阻碍了这一能力的发展。

Village Capital 风险投资公司致力于在印度、非洲及美国等地区开展社会企业加速器项目,其创始人兼首席执行官罗斯·贝尔德(Ross Baird)认为:

> 对于那些尽力解决全球范围内重大社会挑战的创业者而言,其身处的生态系统并不完善,也就是说,投资者并不知道去哪里才能找到他们,他们在招聘人才时也会遇到重重困难,而且扩大规模的路径几乎总是不清不楚。加速器可以减少与投资者之间的分歧摩擦,帮助团队快速成长,并指明一条通往胜利的道路。然而在通常情况下,加速器本身就是初创企业,所以它们不仅要找到适合自己的商业模式,还需要为他

人提供帮助。无论是关乎原型开发、投资条件，还是涉及客户合作，最好的加速器都能够确定自身特定的价值主张，然后，它们会找到合适的第三方利益相关者来为此支付费用。

对于加速器来说，评估其项目是否成功也并非易事。孵化器可以根据在孵企业的运营启动来评估其项目是否成功，但对于加速器而言，其有效增值最常见的形式则是人才招聘质量更好、企业发展成果转化率更高、盈余持续增加或是与整个价值链上的参与者建立新联系，如此种种很难用具体有形的方式加以评估。一些加速器试图在不同阶段设置里程碑以作为项目成功的标志，例如，企业与之前建立联系的交易对手（比如其他公司集团）签署合作谅解备忘录（memorandums of understanding, MOU），但其交易对手往往对此并不看好。也许正是出于这一原因，加速器会在其学员集体毕业典礼上专门为投资者隆重举行"演示活动"。投资者所展现出的浓厚兴趣可以被视作实实在在的成功，企业也将对此给予高度重视。这也表明，一般而言，与其他类型的援助相比，企业对援助资金筹集的重视程度过高，稍后我们将在后文看到更多证据。

总而言之，建立加速器非常必要，其是创业生态系统中不可或缺的重要组成部分。这一领域有待更多参与者加入，但同时也需要更加先进的商业模式，以确保其项目具有可持续性并且能够对项目成功与否加以评估。

五、从影响力基金处获得主权资本或债权资本

虽然影响力基金在生态系统需求排序中仅排第五，但是，如果按照时间顺序排列，在打造全球影响力领域的各股力量中，其实际上应该排名第一。2000年前后推出的第一批影响力优先型风险投资基金通常被视作影响力投资的正式启动。事实上，影响力投资这一术语是在第一批影响力风险投资基金推出几年之后才被创造出来，例如聪明人基金（即如今的聪明人基金会）、Aavishkaar基金等。

在推出之初的几年时间里，这些开路先锋基金身兼数职，同时扮演着生态系统中好几名参与者的角色，除了签发最初几张支票外，还能够识别出所要投资的社会企业，并对其进行孵化及加速。在影响力投资短暂的历史中，这些投资者的风险偏好表现为风险爱好型，同时还创造出了该领域特有的词汇术语，以及制定

出了相关标准并将最佳实践落实到位。另外,投资者必须向捐赠者、基金赞助者以及政策制定者等其他利益相关者证明,确实有可能在收获社会和/或环境回报的同时,还能够获得可观的财务回报。这些影响力投资者致力于识别并帮助建立首批营利性社会企业,其付出的不懈努力为影响力投资领域在全球范围内的发展铺平了道路。根据凯斯基金会数据所示,到 2020 年,该领域的市场规模或达万亿美元(The Case Foundation, n. d.)。图 14.7 列出了全球范围内部分知名度最高的影响力基金(包括主权资本与债权资本)。

资料来源:Intellecap Analysis。

图 14.7　全球范围内部分口碑最好的影响力基金(包括主权资本与债权资本)

如图 14.8 所示,在一个成熟的筹资生态系统中,来自影响力风险投资基金的主权资本或债权资本一般会在后期阶段注入。通常情况下,当企业能够达到其商业模式的第一个稳定版本(Ernst & Young Global, 2014),并且证实具有 1－2 年的创收经验,同时拥有增长强劲的消费者目标群体,在此之后,影响力基金主权资本或债权资本才会注入。这笔资本的作用就是,证明在拓宽运营规模以扩大实际影响力的同时,仍然有可能获得可观的财务回报。此外,该资本还有一个作用就是,通过推动标准化流程、实施最佳实践、加强核对检查、保持收支平衡以及制定影响力评估指标来提升运营水平,并使公司摆脱初创企业模式,以便为其扩大模式做好准备。

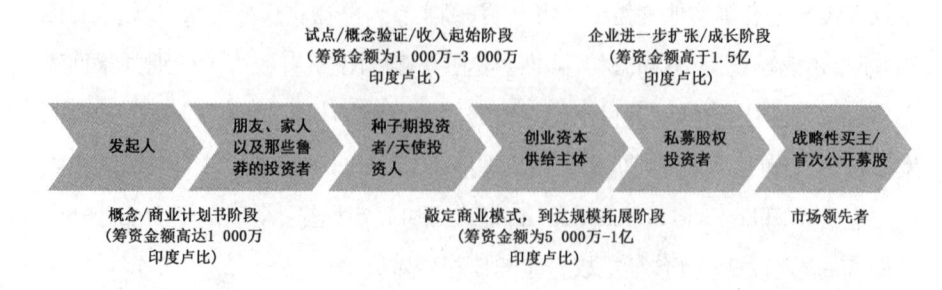

```
                  试点/概念验证/收入起始阶段         企业进一步扩张/成长阶段
                  （筹资金额为1 000万-3 000万          （筹资金额高于1.5亿
                         印度卢比）                      印度卢比）

  发起人 →  朋友、家人 → 种子期投资 → 创业资本 → 私募股权 → 战略性买主/
            以及那些鲁     者/天使投     供给主体      投资者      首次公开募股
            莽的投资者      资人

  概念/商业计划书阶段           敲定商业模式，到达规模拓展阶段       市场领先者
  （筹资金额高达1 000万          （筹资金额为5 000万-1亿
       印度卢比）                     印度卢比）
```

资料来源：Intellecap Analysis。

图 14.8　企业生命周期不同阶段的筹资情况

多年以来，此类资本一直采取股权或准股权投资工具的形式，例如强制性可转债（compulsorily convertible debt，CCD）或是强制性可转换优先股（compulsorily convertible preference shares，CCPS），均由影响力风险投资基金提供。近期出现了一些新的投资工具，主要以与市场利率持平或高于市场利率的创投债务这一形式出现，均由债务基金或非银行金融机构（non-banking financial companies，NBFC）提供。另外还出现了部分成本较低的投资工具，多以软贷款[1]或可退还资助的形式出现，均由项目相关投资基金会、开发性金融机构、多边组织等提供。表14.2列出了影响力风险投资领域中目前口碑最好的投资工具，并描述了其在支持企业成长方面所发挥的作用。

表14.2　　　　影响力风险投资领域中常用的投资工具

资本类型	投资工具	说明	单项交易典型规模
主权资本	·普通股权益 ·强制性可转换优先股 ·强制性可转债	·通常来自影响力风险投资基金 ·作为企业所有权的交换而注入 ·预计进行5—7年长期投资 ·投资者不同，其回报期望值也有差异 ·投资时即确定估值，或者根据所实现的阶段性里程碑或未来几轮筹资情况而延期估值 ·资金典型用途：运营费用（例如人才招聘、企业发展、产品销售以及市场营销）；由于无法获得其他形式的资本，因此主要被用于营运资金、资本性支出等	20%—50%的单项交易规模在100万—500万美元

---

〔1〕 与市场上其他类型的贷款相比，软贷款具有相对宽松的条款和条件（*The Economic Times*，2015）。

续表

资本类型	投资工具	说明	单项交易典型规模
债权资本	・创投债务(所承担的风险与股权风险类似)	・来自非银行金融机构 ・占用期通常为1—3年 ・以未来现金流量为基础,无须抵押物 ・利率通常在17%—25% ・资金典型用途:营运资金、项目融资、资本性支出	单项交易规模在25万—150万美元
债权资本	・软债务	・来自基金会开发性金融机构、政府机构或精选影响力基金的项目相关投资 ・占用期通常为5—10年,且多头贷款本金延期偿付期限为3—4年 ・利率通常在0%—5% ・资金典型用途:试点研究、原型开发	单项交易规模在25万—150万美元

资料来源:Intellecap Analysis。

如表14.2所示,来自早期阶段影响力风险投资基金或软资本的主权资本单项交易规模通常都在100万美元以上,最高可达500万—1 000万美元,虽然这些数额对于主流风险投资及私募股权领域来说可谓微不足道,但是在影响力投资领域却被认为是一笔巨款。注入资本达到上述金额之后,影响力基金往往可以获得企业20%—50%的股权所有权。债权资本单项交易的规模通常较小,一般介于25万—150万美元不等。债权融资通常依靠对未来现金流量的分析来确保还款偿付,其资本注入很少与任何股权所有权挂钩。影响力基金主权资本的资金用途多种多样,具体包括新产品试验、收入流试点、产品研发及产品销售、市场营销与人才招聘等运营费用。主权资本有时也会被用于资本性支出,因为那些运营历史较短或是缺乏实物抵押物的企业往往无法获得银行贷款。债权资本更适用于项目融资、应收账款融资或者其他形式的营运资金融资。

不难看出,用于向社会企业注入主权资本与债权资本的投资工具都是直接自主流风险投资领域借入而来。但是专家们则认为,当务之急是研发出更多适合社会企业成长路径的创新型投资工具和融资方式。由摩根大通与全球影响力投资网络联合发布的《聚焦市场:影响力投资者调查》研究报告也承认,"在风险/回报范围内缺乏适当资本"是一个严重缺陷(J. P. Morgan Chase & GIIN,2014)。为此,公共利益项目正在尝试使用社会影响力债券等投资工具,而私营社会企业的投资者也开始试行以收入为基础的融资模式,在这一模式下,投资者的现金流量与公司收入密切相关。此类模式非常适合那些收入可见度不错,但从股权所有权角度来看风险较高,且无法承担创投债务高利率的企业(Riley, 2015)。

企业在获得影响力风险投资基金的第一笔投资之后,会发生什么事情?在大多数影响力风险投资基金注入资本的阶段,企业的市场接受度风险已经在很大程度上有所缓释,然而其执行力是否大规模提升仍然有待证实。正如我们在下一节"投资之后的支持"中将要看到的那样,通常情况下,影响力风险投资基金也必须与发起人展开密切合作以便促进企业发展,并在后续几轮融资中主导对话。已经有数个示例表明,社会企业在获得风险投资基金第一轮投资之后就一落千丈或停滞不前,从而无法吸引到更多资本。若遭遇这种情形,现有投资者要么注销其投资,要么在极少数情况下,通过公司或发起人回购来拿回其一小部分资本。

如果社会企业在获得影响力风险投资基金第一轮投资(通常被认为是A轮融资)之后发展得很好,那么接下来的一到两轮融资通常也会由较为大型的影响力基金注入资本。在小额信贷领域之外,能够完成C轮或D轮融资的社会企业屈指可数。此时,如果企业能够充分证实其商业模式的有效性,并且将重点放在地缘扩张上,那么主流私募股权公司和多边组织都将表现出强烈的投资意愿(例如世界银行的附属机构国际金融公司)。以印度Aavishkaar风险投资公司为例,该公司旗下投资组合公司已经吸引到了一些鼓舞人心的主流投资,包括美国富达投资集团(Fidelity Investment Group)对乳制品企业Milk Mantra高达1 300万美元的投资(这也使得Aavishkaar风险投资公司得以完全退出该项目),以及美国国际数据集团风险投资公司(International Data Group Venture, IDG Venture)对农业供应链企业AgroStar多达400万美元的投资。其他主流投资资助社会企业的示例还包括印度基础设施发展金融公司(Infrastructure Development Finance Company, IDFC)旗下私募股权基金对农业仓储公司Start-Agri高达3 000万美元的投资、美国富达投资集团对太阳能产品公司Greenlight Planet多达1 000万美元的投资,以及肯尼亚电信运营商狩猎通讯(Safaricom)对沃达丰移动支付平台的战略收购。

六、投资之后为扩大规模而提供的支持

许多报告与研究致力于描述梳理寻找投资者以及完成投资交易的过程,然

而在这些文献中,仅有不到1/10的资料内容涉及投资者加入之后的具体情况。

在为投资活动筹集资金的过程中,大部分创业者总是需要没完没了地回答那些关于自己和公司的细节问题,然而,很少有创业者知道或者记得反过来问投资者一个问题:"您能否告诉我,在投资之后,您和您的团队将在我们公司身上投入多少时间,以及能够为我们提供哪些增值服务?"股东协议中通常包含企业必须达成的阶段性里程碑以及必须汇报的评估指标,但是,我们却鲜少看到协议中提及投资者将如何为董事会成员或其他人员提供增值服务。恰恰相反,大多数创业者喜欢将与投资者的互动降到最低,以严格维持两者之间专业称职、不带个人感情色彩的关系,但这却有可能使其处于严重劣势。连续创业者及投资者帕特里克·赫尔(Patrick Hull)在其文章《与投资者持续沟通所能带来的五大优势》中,也对此观点表示支持,认为那些把投资者称为朋友的创业者,较之其与投资者之间并无同样情谊的同侪,不仅能够在投资者群体中享有极高回忆度,还可以获得更多增值服务(Hull, 2012)。

投资者所注入资本的智慧(引自投资百科)要在投资之后才能体现出来,其在企业的发展历程中发挥着强有力的决定作用。一家处于早期阶段的企业不仅需要更多启导,而且有必要与投资者展开更加频繁的互动,一个季度一次的频率显然无法满足需求。虽然这一点是所有初创企业的共同需求,但是对社会企业而言尤其如此,因为其正致力于在困难地区实施实验性商业模式,并且较之主流初创企业或技术型初创企业,其通常需要更多利益相关者的支持配合,例如非政府组织以及地方政府机关。除了填补社会企业生态系统早期阶段中存在的其他缺口之外,投资者在加强利益相关者之间联系方面也能够发挥重要作用。那些团队规模更大、经验更加丰富,且投资数量相对较少的投资者可以更好地管理这一时间密集型活动。定期与投资者展开用心互动能够为创业者带来诸多益处:

- 由于人才招聘是社会企业所面临的主要"瓶颈"之一,因此拥有一位积极活跃的投资者就可以在财务事务、会计工作、市场营销以及企业发展等方面提供专业知识以作为重要帮助。
- 通过利用投资者所处有利位置,获得该领域及其他参与者的鸟瞰图,有助于对此进行全面了解。
- 就额外收入流、垂直整合或横向合并等议题协助开展头脑风暴,集思广益。

- 有助于加强与同侪之间的联系，获得高知名度奖项的提名，成为加速项目的候选人，以及接洽到那些难以接触的利益相关者，例如公司企业、政府机关和未来的投资者。

- 在财务进度、运营进展、困难挑战、危机风险、缺口漏洞等方面，协助各方达成共识，并尽力确保在董事会会议之前避免发生任何意外。

- 有助于对库存现金的了解更加清楚，以便确定下一轮融资的时机与形式。

在目前情况下，社会企业生态系统仍然处于这样一个阶段，即开展影响力投资活动的行为被过度美化，然而投资之后的踊跃支持却尚未得到应有重视。随着投资者与生态系统日趋成熟，希望人们的关注焦点将从仅仅资助那些有前途的企业转向以绩效为重，以期创造出可扩大的、影响深远的且具有盈利能力的商业模式。

专栏14.3　为打造生态系统而实施的创新举措（由Intellecap公司汇总）

影响力投资领域的独到之处在于，其既能够主动生成有利于生态系统发展的创新举措，同时又能因为受到生态系统影响而被动催生出创新举措。在生态系统中，不同行动者聚集在一起，共同应对他们为社会企业提供支持时所感受到的挑战。

影响力报告评估指标：其中包括影响力测量工具与评估指标，这些工具及指标专门经过量身定制，以满足影响力投资领域不同利益相关者的需求。

《影响力报告和投资标准》：洛克菲勒基金会、聪明人基金会和共益实验室在日立集团（Hitachi）、德勤以及普华永道会计师事务所（PricewaterhouseCoopers）的技术支持下，于2008年开始着手研发《影响力报告和投资标准》。自2009年以来，该工具一直由全球影响力投资网络负责管理。《影响力报告和投资标准》是一套接受程度较高的影响力绩效评估指标，能够为评估影响力效果提供一组常用标准。《影响力报告和投资标准》中所包含的这套评估指标能够帮助用户比较投资活动和评估投资组合。超过5 000家组织使用《影响力报告和投资标准》来对其社会绩效与环境绩效进行评估、交流及管理。

全球影响力投资评级系统：该评级系统由共益实验室负责研发，作为影响力评级工具，主要用于评估、认证及管理影响力投资活动。该工具专为营利性投资基金和公司而设计，使其能够评估自身项目相关投资，并重点评估投资活动的社会及环境绩效。

PRISM：PRISM在德国国际合作署和国际金融公司的支持下，由Intellecap公司负责研发，旨在为影响力投资者提供一套合适的绩效评估指标，以便从多个方面考察分析基金的影响力绩效。该工具的核心是致力于评估并改善用户投资组合的风险、影响力以及可持续性。

缩小资本供需差距：缺乏资本是社会企业所面临的主要障碍之一，正是因为这个原因，社会企业往往被视作有风险的投资选择。一些创新举措能够有效缩小这一差距，具体包括：

- **Kiva**：Kiva是一家非营利性组织，通过与五大洲的小额信贷机构展开合作，为那些服务滞后地区的人员提供金融服务。Kiva的资金筹集渠道包括贷款人的可选捐赠，以及来自开发性金融机构、公司企业和基金会的赠款与投资。自2005年成立以来，Kiva已经筹集了总计7.5亿美元的贷款，并在超过83个国家进行发放。

- **HelpingB**：HelpingB是一项近期推出的创新举措，旨在帮助那些在财务方面具有可持续性的社会企业通过众筹来筹集无风险基金和种子资本。尤其是对于那些力图筹集种子资本、通过市场验证、预售产品服务以及获得早期客户的社会企业而言，该举措能够为其提供财务援助。HelpingB将收取筹集金额3%—5%的费用作为收入来源。

- **Creditree**：Creditree平台在阿斯彭发展企业家网络的支持下，由Intellecap公司负责研发，旨在增加女性创业者获得正规金融的机会。该平台有助于在女性创业者与那些最适合其目标的金融机构及金融产品之间建立联系。除此之外，该平台还能够为女性创业者提供启导与支持服务，以便建立高效有序的贷款申请流程，使其能够专注于自身企业，而非陷于步骤手续规范以致无法抽身。

资料来源：Intellecap Analysis。

七、其他利益相关者

上述小节详细介绍了印度影响力投资生态系统中各式各样的行动者，以及

Intellecap公司为填补创业者所需服务这一缺口而做出的贡献。另外,还有一些其他利益相关者,虽然尚未完全归入该领域,却有极大潜力来推进社会企业活动,并鼓励开展影响力投资以期满足印度发展议程。虽然平台、网络(例如Sankalp论坛和Intellecap影响力投资网络)和行业协会(例如影响力投资者委员会和印度国家社会企业协会)已经开始着手以不同方式深化与这些利益相关者之间的接洽联系,但如果其参与方式能够更为直接,那么一定可以取得更大成就。

深化积极合作所面临的重要挑战之一便是理念上的脱节。对于影响力投资生态系统以外的许多行动者来说,创业无疑是营利性活动,而社会创业却被本能地视作一项非营利性活动。社会企业家也往往将自己的公司视为常规企业,其中绝大多数企业家缺乏自我认同,也甚少向自己独有的市场基础或客户群体进行宣传。因此,要么是疏忽失察,要么是约定俗成,只要这些其他利益相关者支持创业,最终支持的都一定是社会企业家,因其能够认识到这一挑战,并调整自身以满足标准,进而获得所需支持。

政 府 机 关

政府机关在指导印度发展议程方面所发挥的作用极为关键,同时也是各个领域规模最为庞大的资金提供者。然而,从监管角度来看,人们对社会企业的认识及认可程度尚属有限。目前,那些更为主流且认可程度较高的中小微企业(micro, small and medium enterprises, MSME)已然形成了一个领域,对这一领域而言,社会企业通常构成其中一个子集。中小微企业占制造业产出的45%,占工业单位数量的95%,占出口的40%,并为将近6000万人提供就业机会(Bank of India, n. d.)。为了支持中小企业和中小微企业,印度中小微企业部(Ministry of MSME)专门为这一领域的发展制订了详细方案和项目计划,其通过遍布全国各邦的中小微企业发展研究院这一庞大网络来执行实施这些方案和计划。部分规划如下所示:

● 小微企业信用担保基金以无抵押信用贷款的形式,通过银行与金融机构向中小微企业提供资金支持。

● 建立新的创业发展机构(entrepreneurship development institutions, EDI),并通过提供财务援助促进创业发展机构的基础设施建设。创业者技能发展计划一共提供四类培训计划,具体包括激励活动计划、创业发展计划、创业技能发展计划以及管理发展计划(Ministry of Micro, Small & Medium Enterprises, n. d.)。

由于认识到中小企业在资本获取方面面临着极大挑战,因此,政府机关也试图放宽其获取股权的标准规范。在2011－2012年间印度证券交易委员会(Securities Exchange Board of India, SEBI)批准并鼓励专为中小企业设立证券交易所,且孟买证券交易所和印度国家证券交易所都专门设立了中小企业证券交易所(帮助中小企业挂牌上市)。截至2015年7月,通过这些证券交易所挂牌上市的公司就超过了100家。20世纪90年代末期,印度曾试图专门为小型企业设立交易所,即印度场外交易所(Over-the-Counter Exchange of India, OTCEI),但由于成交量过低而以失败告终。证券交易所使得创业者能够获得用以成长及扩张的主权资本,并帮助那些分散在印度各地的中小企业聚集在一起,一改往日组织涣散的面貌,形成一个组织有序且受到监管的新领域(Ashish Rukhaiyar, 2015;Barbora, 2012)。

专栏14.4　行业协会

在全球范围内,全球影响力投资网络与阿斯彭发展企业家网络均为知名行业机构。在印度,影响力投资领域的不同行动者业已共同成立了行业协会,以便携手帮助重要参与者增进自我认同,建立对于该领域独有特征的认识,与政府机关展开接洽并且提升自身的受认可程度。

影响力投资者委员会(Impact Investors Council, IIC)是印度影响力投资领域内一家自我监管机构和游说组织。该团体成员由来自印度各地的30多位影响力投资者构成。影响力投资者委员会与监管机构及政策制定者之间均建立起了友好关系,且专门设立论坛以供探讨所面临的挑战以及相应解决方法,同时创造出大量知识信息以期促进该领域发展并赋予其独有特征。

印度国家社会企业协会是印度首家专为本国影响力企业而设立的游说平台,旨在制定公司治理健全与否的相关标准,优化报告框架与评估指标,并鼓励企业将其应用至社会影响力报告中。印度国家社会企业协会通过实行启导及能力建设举措,为帮助培育扶持社会企业做出了巨大贡献。

资料来源:Intellecap Analysis.

2015年2月的年度预算中，包含了好几项可以有效推动创业的倡议举措。例如，自主创业与人才使用(Self-Employment and Talent Utilization, SETU)计划将专门建立一个平台，以便为印度初创企业提供全方位的支援，具体包括技术援助、财务支持以及孵化服务，并确保实现投资便利化。全国改革印度协会(National Institution for Transforming India, NITI)将负责实施这项耗资高达100亿印度卢比的计划。预算还提议设立微型单位发展与融资机构(Micro Units Development Refinance Agency, MUDRA)银行，其总金额规模预计达到2 000亿印度卢比，其中信用担保部分约为300亿印度卢比。该方案旨在通过对小额信贷机构进行再融资，从而为小型企业提供资金。除了财务支持以外，该预算还宣告会提供其他非财务支持，例如推进电子商务门户网站建设，以期简化创业过程(IndiaFilings, 2015)。

学术界

关于社会创业以及为企业提供生态系统支持的论述与研究，其中有一部分最早是由学术机构所做。印度许多一流的教育机构设有孵化中心，专门培养扶持那些尚未成熟的构思设计，并为创业者提供启导。最近，许多学术机构宣布开设社会创业研究生课程，以期培养印度青年的学习技能。

虽然学术界对这一领域表示大力支持，但其支持活动(例如研究、教育及孵化)却往往与领域内活跃板块相距甚远，有可能是其间地理距离过大所致。通过与学术界人士展开更为密切的互动，并大力宣传推广以实践者为导向的服务及研究，创业者势必会从中获益良多。学术界中一些主要参与者包括：

- 印度理工学院(Indian Institutes of Technology, IIT)和印度管理学院(Indian Institutes of Management, IIM)是印度首屈一指的教育机构，均设有卓越中心及创业孵化中心。印度理工学院马德拉斯分校下设农村科技企业孵化器，旨在支持那些通过利用信息和通信技术(Information and Communication Technologies, ICT)来满足农村地区与服务滞后社区需求的初创企业。而印度管理学院艾哈迈达巴德创新创业孵化中心则负责提供专业知识、咨询支持、种子资本、孵化服务、专业启导、人员培训、知识传播以及最佳实践研究。创新创业孵化中心所提供的加速器服务进一步拓展了知识学习、网络建设、规模扩大和资金筹集的结构化机制。

- 印度科学理工学院(Indian Institute of Science, IISc)下设**创新与发展协会**，专门孵化那些基于知识产权的初创企业，这些企业致力于实现科学技术商业化以期造福社会。该协会负责提供基础设施、种子资本以及来自生态系统参与者的专业启导，例如天使投资人、机构投资者、行业专家与启导者等，从而使得公司(指初创企业及其他企业)与印度科学理工学院院系之间的互动变得更为便捷，最终推动促进应用研究。

- 国家工业工程研究所(National Institute of Industrial Engineering)业已成立了一家名为 Empresario 的创业中心，专门设立平台以供与成功企业家、行业启导者及资助机构展开互动。该中心不仅与其他商学院下设的类似机构进行合作，还试图与非营利性创业组织建立合作伙伴关系。除此之外，Empresario 创业中心还与 TiE、NEN 及孟买天使网络等组织联系密切。

公司企业

在印度社会企业与影响力投资领域，公司企业的参与形式过去主要局限于慈善活动及志愿服务。然而近期，随着公司企业在社会企业领域参与程度的不断加深，其吸引力和多元化程度也有所提升。政府机关要求企业必须将其盈利的 2% 用于企业社会责任活动，这一规定使得许多企业开始重新审视其投资战略，转而与社会企业展开合作。此外，公司企业也意识到经济金字塔底层市场拥有巨大潜力，同时积极寻求入市支持以便大举进军各类服务滞后的市场。最后，公司企业还认识到社会企业极具潜力，能够利用当地知识及背景条件来推行创新举措。然而，由于这些互动仍然是零零散散、不成规模，因此尚无法实现其真正潜力。一些由公司企业所实施的举措极富吸引力，具体包括：

- **阿苏迦基金会和麦肯锡咨询公司**于 1996 年共同创办了社会创业中心，并将总部设立在巴西。麦肯锡咨询公司顾问能够为阿苏迦基金会成员提供公益性管理服务以帮助其提升机构能力，同时在商业计划书撰写及市场营销战略制定方面为社会企业家提供培训服务。反过来，阿苏迦基金会也能够为麦肯锡咨询公司及其客户创造机会以产生社会影响力。该平台为解决社会及环境问题提供了创新型解决方案，通过这一平台，上述组织得以加快变革进程，并激励其他行动者也参与到社会变革中。

- **谷歌**推出了"初创企业启动计划(Start-up Launch)"，以鼓励并帮助初创企业发展成长。该计划实际上就是一个孵化平台,能够为初创企业提供启导,甚至是工作空间所需的各项设施,旨在将处于各个阶段的初创企业(即从概念阶段一直到资金筹集阶段)全部覆盖在内。另一项名为"发射台(Launch Pads)"的计划允许初创企业推出它们自己的产品。还有一个平台名为"谷歌创业者(Google for Entrepreneurs)",能够为初创企业群体提供财务支持和谷歌最佳资源,以便培养扶持创业者,助其发展壮大。该平台致力于同初创企业群体展开合作,并建设学校场地以供创业者在此学习知识、建立联系及创办公司。

- **德国博世集团(Robert Bosch GmbH)推出的初创企业计划**旨在利用公司自身优势为初创企业提供合适的环境。一些初创企业致力于开发具有可持续性和盈利能力的新业务,该计划不仅可以提供专业基地供其使用,还能够在行政管理、企业发展和专业启导等方面给予大力支持。

- **日用消费品公司与保险公司**也逐渐意识到,其可以通过与基层组织及社会企业合作,携手打破最后一公里地理屏障,深化服务范围,覆盖整个偏远区域、农村地区以及低收入社区。而这一点恰恰是其入市战略的重要组成部分,并且对于确保未来小型企业与大型企业之间的合作而言,极有可能大有裨益。

- **宝洁公司(Procter & Gamble)推出的联系+发展计划**旨在鼓励开放式创新。该计划能够在器材设备、关系网络和专业知识方面为创业者提供支持,助其在宝洁公司的监督管理之下,推销及研发自身产品。除此之外,该计划还能够帮助创业者推进产品商品化,建立对于消费者的理解认识,并培养发展市场营销专长。宝洁公司的开放式创新战略大获成功,已经顺利与创新合作伙伴签订了2 000多份协议。

八、侨民

印度侨民分布在世界各地,人数超过2 500万,仅次于中国(侨民人数约为4 600万)(ICD Academy for Cultural Diplomacy, n. d.;Lakshmi, 2015)。在中国、印度、爱尔兰与以色列等国家的发展进程中,侨民的角色都极为关键,其不仅为贸易网络、技术转让以及知识转移提供了风险投资,还在其原籍国经济特区的发展过程中发挥着重要作用。

实践者和研究人员强调了侨民创业者所起到的重要作用:他们能够将投资

活动引向原籍国，从而促进经济增长。加之侨民创业者对当地政治、经济及文化环境有所了解，因此其在创业时可能会具有一定优势。另外，较之侨汇或侨民债券，创业投资能够使侨民得以直接控制资金。

然而，并非所有发展中国家都能够成功地吸引侨民成为直接投资者和创业者，这主要是由于内部矛盾及社会动荡所致。因为大多数侨民投资者已经习惯于复杂程度较低的制度体制，所以对于复杂程度较高的印度商业环境常常望而却步，拒绝参与。因此，大部分侨民慈善家的工作模式具有一定局限性，即均以捐赠为基础。好在政府机关已经意识到，一定要吸引侨民对于国家发展规划的兴趣，其重要性不可小觑，由此也实施了一些极富吸引力的举措，具体包括：

● 卡尔弗特基金会与美国国际开发署（United States Agency for International Development, USAID）合作，共同发起了印度投资计划（India Investment Initiative, III），以期为印度中小企业提供财务支持。这一计划将为印度裔美国人带来首个零售影响力机会，并帮助侨民群体获得财务回报。卡尔弗特基金会希望通过该计划向印度投资基金和金融机构提供高达1 000万美元的贷款，并将引导贷款资金投向医疗保健、教育培训、清洁能源、金融包容性以及农业生产等领域。这两家机构将其首笔投资投向了IntelleGrow公司，其作为Intellecap旗下集团公司，旨在为印度社会企业提供债权融资。

● 阿苏迦基金会启动的全球侨民计划致力于对那些来自侨民群体的投资者及创业者施加影响，从而与自己展开合作，最终产生社会影响力，并在此过程中推进社会变革。对侨民群体的包容接纳有助于了解其在原籍国社会变革中所能发挥的作用，这无疑进一步提升了阿苏迦基金会的能力，即为了应对社会挑战而制订出有效的解决方案。该计划不仅与来自不同侨居群体的领导者及影响者展开接洽合作，以期催生出多项创新理念来解决社会问题，而且为群体成员开拓了多条渠道，以供投资能够产生社会影响力的议题，同时还对那些专注于创建生态系统的社会企业家给予大力支持。

九、投资是否成功？退出阶段见分晓：影响力投资领域的退出

影响力投资深深根植于以下理念，即以市场为基础的方式方法与解决方案也能够适用于社会影响力领域，以应对发展进程中的重要挑战。影响力投资对

于传统的赠款资金及捐赠者慈善行为来说,是补充而非取代;对于获得影响力资金的商业模式类型而言,是扩充而非限制,即将可扩大的社会企业模式纳入以可持续性为重、私营、营利性和非营利性等各类商业模式中。

虽然用于评估影响力投资活动的指标与主流市场有所不同,但是在传统上,影响力投资最终的概念验证就是要获得主流市场的认可和接纳。理想情况下,当越来越多的主流投资者认为社会企业切实可行、事业有成、回报可观,并且根据农村地区与欠发达市场相关评估指标及背景条件,将自有资金投资社会企业时,便意味着影响力投资作为一种投资方法,不仅有助于实现发展目标,还具有可持续性且能大获成功,最终在市场上赢得公信力。

总的来说,从2001年到2014年,尽管大约有16亿美元被投资于220多家企业,但在印度影响力投资生态系统中,选择退出项目的投资却寥寥无几。在此期间,仅有15起退出记录,其中有10起集中在金融包容性领域,其余5起主要集中在谋生生计、农业企业以及清洁能源等领域。另外,新的投资者往往更加倾向于部分退出,因为其渴望确保所注入的资本能够真正被用于发展企业的商业模式,由此导致种子阶段投资者往往在企业中停留更长时间。迄今为止,该领域已经有两家企业在公共市场挂牌上市,分别是2010年的SKS小额信贷公司和2016年的Ujjivan小型金融银行,不过目前已经有多家企业希望在次年提交申请以进行首次公开募股。影响力投资领域也出现了一些通过管理层收购及战略性出售途径退出的案例,尽管对投资者而言,大部分退出案例实际上会造成亏损。

尽管大多数退出案例集中在金融包容性领域,但是,该领域在最初几年仍然获得了绝大多数影响力资本。然而在金融包容性领域之外,却是印度微型风险投资基金Aavishkaar的退出案例数量最多(共计有3次完全退出和2次部分退出),其交易范围涉及谋生生计、清洁能源以及农业企业等多个领域。影响力投资领域之所以退出案例数量较少,部分原因在于该领域的自身性质及其所针对的目标市场,即服务滞后群体与服务滞后地区。此外,比起传统的风险投资,影响力投资者进入这一系统的时间往往更早,且通常投资那些刚刚起步的构思设计与试点研究,并助其进一步发展成长。因此,需要长期酝酿的商业模式、缓慢的规模拓展进程以及不太理想的宏观经济状况无不影响了社会企业对于主流投资者的吸引力,而主流投资者的退出也恰恰可以为影响力投资者提供机会。再则,大部分基金成立年限较短也是退出案例数量较少的原因之一。印度绝大多数影响力基金的成立年限尚不足3年,且超过50%的社会企业在2010年之后才获得第一轮融资。

最后,对于印度影响力投资者而言,在投资价值链下一个阶段缺少足够多的买方将成为其退出阶段所要面临的巨大障碍。因此,由于后期阶段投资者无法提供现成的后续资本,从而导致影响力投资的资产流动性相对较低。尽管风险投资所面临的诸多风险与此相差无几,但影响力投资的一些独有特征却将其置于风险曲线连续体上更高的位置。

2012年在印度启动的中小企业证券交易所是小型企业(适用于主流企业和社会企业)寻求进入公共市场的一个渠道。与之类似,最近还实施了其他多项举措,例如加拿大SVX社会证券交易所(Social Venture Connexion)、社会股票交易所(欧盟)以及亚洲影响力投资交易所(Impact Investment Exchange,IIX)(亚洲和非洲)。亚洲影响力投资交易所近期与毛里求斯股票交易所联合推出了影响力交易所,以期帮助社会企业在毛里求斯挂牌上市。

印度的影响力投资与社会企业领域仍然处于起步阶段,考虑到其所坚持的双重底线思维模式,社会企业从一个阶段发展到另一个阶段确实需要花费较长时间,尤其是在规模拓展阶段更是举步维艰。这些社会企业专注于在短期内保持自身可持续性及稳定性,同时认真考虑规模拓展与企业扩张的可行性,做好应对各项挑战的准备。有不少企业,特别是那些涉足医疗保健、能源获取及农业企业等领域的公司,在看到非洲与南亚利润丰厚的市场、服务滞后的社区以及其他类似挑战时,甚至在其起步不久就跳过数个阶段,直接考虑如何推进地缘扩张。Intellecap公司近期致力于打造一条知识走廊,旨在利用知识产品来支持企业在世界范围内拓展扩张,并最终形成诊断框架,以助其识别合适的市场以及制定能够复制的商业模式(Intellecap,2013)。

因此,对于印度生态系统参与者而言,接下来的阶段性里程碑将包括研究出相应方法来帮助社会企业扩大规模并吸引主流投资,即使其专注于自身使命且坚持双重底线思维模式也是如此。这便需要有更多加速器和企业顾问参与进来,以帮助指导企业进行扩张。此外,还需要引导更多本国资本投入影响力投资活动,多来自公司企业、家族基金会、高净值人士以及印度侨民,以期完善影响力资本供应并提升其多元化程度。

参考文献

Rukhaijar, A., & Laskar, A (2015, June 23). *HT Media*. Retrieved from http://www.livemint.co/Politics/D0y6WtNNQBr3sSxq8KUoQI/Sebi-may-ease-IPO-rules-for-startups-after-its-board-meets.html

Bank of India (n.d.). *Bank of India*. Retrieved from http://www.bankofindia.co.in/english/smepolicy.aspx

Barbora, L.P. (2012, October 9). *HT Media*. Retrieved from http://www.livemint.com/Money/DwAaibo78JJzmI17WDMxEM/What-SME-exchanges-bring-to-the-table.html

Berlin, L. (2015, May 1). *Backchannel*. Retrieved from https://backchannel.com/why-silicon-valley-will-continue-to-rule-c0cbb441e22f#.l3qx8oau8

Ernst & Young Global (2014). *Big Data: Changing the Way Businesses Compete and Operate*. Retrieved from http://www.ey.com/Publication/vwLUAssets/EY_-_Big_data:_changing_the_way_businesses_operate/$FILE/EY-Insights-on-GRC-Big-data.pdf

Hull, P. (2012, September 27). 5 advantages that flow from consistent investor communication. *Chief Executive Magazine*. Retrieved from http://chiefexecutive.net/5-advantages-that-flow-from-consistent-investor-communications

ICD Academy for Cultural Diplomacy (n.d.). *Chinese Diaspora Across the World: A General Overview*. Retrieved from http://www.culturaldiplomacy.org/academy/index.php?chinese-diaspora

IndiaFilings (2015, March 1). *2015 Budget Highlights for Startups and Entrepreneurs*. Retrieved from http://www.indiafilings.com/learn/2015-budget-highlights-for-startups-and-entrepreneurs

infoDev (2014). *Reaching Entrepreneurs through Alternate Models: Lessons from Virtual Incubation Pilots*. Retrieved from http://www.infodev.org/articles/reaching-entrepreneurs-through-alternate-models-lessons-virtual-incubation-pilots

Intellecap (2013). *South–South collaboration: Corridors for shared prosperity*. Retrieved from http://intellecap.com/publications/south-south-collaboration-corridors-shared-prosperity

Intellecap (2014a). *Invest. Catalyze. Mainstream: The Indian Impact Investing Story*. Retrieved from http://www.intellecap.com/publications/invest-catalyze-mainstream-india-impact-investing-story

Intellecap (2014b). *Analysis of Incubators in India*.

Investopedia (n.d.a). *Smart Money*. Retrieved from http://www.investopedia.com/terms/s/smart-money.asp

Investopedia. (n.d.b). *Investopedia, LLC*. Retrieved from http://www.investopedia.com/terms/s/smart-money.asp

J.P. Morgan Chase & GIIN (Global Impact Investing Network) (2014). *Spotlight on the Market: The Impact Investor Survey*. Retrieved from https://www.jpmorganchase.com/corporate/socialfinance/document/140502-Spotlight_on_the_market-FINAL.pdf

Julka, H. (2014, March 14). Why failed entrepreneurs can't legally close startups in India and start afresh. *The Economic Times*. Retrieved from http://articles.economictimes.indiatimes.com/2014-03-14/news/48222455_1_new-company-startups-entrepreneurs

Lakshmi, R. (2015, February 18). India wants to turn 25 million in the diaspora into global ambassadors. *The Washington Post*. Retrieved from https://www.washingtonpost.com/world/asia_pacific/india-wants-to-turn-25-million-in-the-diaspora-into-global-ambassadors/2015/02/17/908ee6ff-a650-42bc-ac58-0a2c91530a26_story.html

Merriam-Webster (2015). *Merriam-Webster Dictionary*. Retrieved from http://www.merriam-webster.com/dictionary/acceleration

Ministry of Micro, Small & Medium Enterprises (n.d.). *MSME Schemes & Programmes*. Retrieved from http://msme.gov.in/web/portal/Scheme.aspx

Riley, D. (2015, September 9). *Capria Ventures LLC*. Retrieved from http://capria.vc/updates/introduction-to-revenue-based-financing

Sarkar, R. (2015, April 9). An alternate platform for angel investing. *Business Standard*. Retrieved from http://www.business-standard.com/article/companies/an-alternate-platform-for-angel-investing-115040900017_1.html

Shrivastava, A. (2015, October 11). The mogul angels of impact investing. *YourStory*. Retrieved from http://social.yourstory.com/2015/10/the-mogul-angels-of-impact-investing

SME Listing (n.d.). *SME Exchange*. Retrieved from http://www.smelisting.net/sme_exchange.php

The Case Foundation (n.d.). *Impact Investing*. Retrieved from http://casefoundation.org/program/impact-investing/?nabe=6232213679505408:1

The Economic Times (2015) *Definition of "Soft Loans"*. Retrieved from http://economictimes.indiatimes.com/definition/soft-loans

Tradecraft (2015, June 30). *Silicon Valley 101*. Retrieved from https://medium.com/@Tradecraft/silicon-valley-101–24346f95fd1a#.5eu16ig03

World Economic Forum & Deloitte Touche Tohmatsu (2013). *From the Margins to the Mainstream Assessment of the Impact Investment Sector and Opportunities to Engage Mainstream Investors*. Retrieved from http://www3.weforum.org/docs/WEF_II_From-MarginsMainstream_Report_2013.pdf

十五、利用生态系统实现企业成长：印度企业个案研究

阿底提·什里瓦斯塔瓦

引 言

如本书第十四篇文章所述，印度拥有全世界非常先进的社会企业生态系统之一。在过去 15 年间，该生态系统通过苦心研发，不仅稳步缩短了社会企业的上市时间，而且还通过记录可行模式及最佳实践，实现了更为强劲的增长。归功于这一生态系统，目前有数个影响力主题相关子行业展现出了扩大规模以及吸引投资者兴趣的巨大潜力，并由此成为进军主流市场的掌舵者。

本篇文章将介绍两家极具潜力的企业，分别是社会企业 LabourNet 和农业供应链企业 AgroStar。这两家企业在所服务的领域、发起人团队的背景、启动方式以及所面临的挑战等方面都相去甚远、极为不同。然而，在深入了解其发展历程之后，便会发现两者之间存在诸多共同之处，均坚持不懈、孜孜以求，同时又能

【作者简介】 阿底提·什里瓦斯塔瓦，特许金融分析师，Intellecap 影响力投资网络顾问及前任负责人。

够做到灵活调整,最终找到适合自身发展的商业模式,为扩大规模做好准备。这两家企业之所以被选入本篇文章,是因为其能够巧妙娴熟地吸引各类投资者,并充分利用生态系统中不同参与者及利益相关者,才最终取得如今的成就。对于那些即将迈入规模拓展阶段的创业者,以及那些致力于帮助投资组合公司成长的投资者而言,这两者的故事可以有效地起到借鉴作用。

案例研究一:LabourNet[1]

简　介

印度是世界上青年人口最多的国家之一。在接下来的20年里,该国劳动年龄人口将增加2.5亿,相较之下,巴西与中国劳动年龄人口的增加数量分别仅为1 800万和1 000万。然而,印度还有8 450万青年生活在极端贫困中,这一数字在世界范围内排名最高,且占到全球青年人口的44%。如果这些青年的潜力得不到开发利用,则不仅会减缓增长,还会造成贫穷困顿、缺乏教育、犯罪率飙升这一恶性循环(Intellecap,2011)。因此,数十年来,技能培训一直列在政府的议程中,并成立了国家技能发展协会(National Skill Development Corporation, NSDC)等多家组织。另有一些大型企业,例如印度软件巨头印孚瑟斯技术公司(Infosys)、印度基础设施租赁和金融服务有限公司(IL&FS)、民族工业典范印度塔塔集团(Tata)以及印度埃萨集团(Essar),也认识到这将是一个巨大缺口,从而通过其企业社会责任部门与国家技能发展协会携手展开合作。除此之外,许多致力于谋生生计、职业培训及技能发展的社会企业也推出了多项计划,以期从基层着手解决这一问题。

大部分影响力投资者会承认,技能发展是一个对运营要求很高但盈余却较低的领域。然而,在小额信贷领域之外,LabourNet已经成为规模扩大速度最快的影响力企业之一,真正展示了如何正确坚持双重底线思维模式,收获积极的社

---

[1] 除非另有注释,所有关于LabourNet的数字与图表均来自对LabourNet创始人兼首席执行官加娅齐里·瓦苏德万(Gayathri Vasudevan)博士的采访,数据则由LabourNet企业团队共享,或自其网站获得(网址:http://labournet.in)。所有信息时期限截至2015年7月,且在本文发表之时均已获得公开许可。

会回报及财务回报。当然,明确的目标、坚定的决心和幸运的机遇等因素也都促成了其如今的成功。另外,LabourNet创始人兼首席执行官加娅齐里·瓦苏德万博士还对整个生态系统中的各位利益相关者表示赞许,认为其在这一过程中发挥出了微小却不可或缺的重要作用。

2009年4月,LabourNet凭借其可扩大性极高的社会模式,第一次荣获由Sankalp颁发的新兴成长奖项[1],自此以后,该企业又获得了多个知名奖项,具体包括印度家电巨擘戈德瑞吉与博伊斯(Godrej & Boyce)2015年度最佳合作伙伴、《企业家杂志》评选出来的2015年服务行业年度企业家、国家技能发展协会2014年度最佳实践表彰奖,以及国家技能发展协会2014年度最具可持续性倡议奖(LabourNet,2015)。在制定了若干行业标准及框架之后,LabourNet现已成为政府机关与大型企业最值得信赖的技能开发合作伙伴之一。

旅程伊始:思维模式的迭代

20世纪90年代初,印度发生了几次重要的政策变化。在经济自由化进程中,第73次宪法修正案批准了通过潘查亚特制度(Panchayati Raj)[2]建立分权治理的体制,也就是将原有的中央与邦两级政府体制改变为中央、邦、潘查亚特三级政府体制。无论是作为农村地区潘查亚特的一员,还是作为城市未来工人阶级的一分子,女性至少已经开始获得表面上的社会经济独立地位。这对于年轻的加娅齐里·瓦苏德万博士来说,无疑是激动人心的时刻,那时她刚刚在德里大学(University of Delhi)完成了本科教育。性别与劳工问题一向都是加娅齐里最感兴趣的议题,而她也一直在寻找最有效的方法来做出贡献以求扭转形势。

政策行动主义似乎是能够影响中央行动的有力武器,但一个接一个事件的发生,却让加娅齐里精疲力尽,并且远未看到任何切实成果。而且,她在政策方面付出的努力越多,就越觉得自己必须实地体验经济落后地区的真实情况,这样才能够了解当地人员的真正需求。因此,在1997年,加娅齐里决定将实地研究作为其获得亲身体验的上佳途径,随后便搬到了印度南部卡纳塔克邦库格附近的一个小村庄。加娅齐里在棚屋里与当地社区群体一起生活了6个多月,这不仅给她带来了极高的成就感,还能够真正帮助她了解这些社区的社会环境。如

---

[1] Sankalp所颁发的奖项旨在表彰印度与东非最具潜力的社会企业。
[2] 在印度,潘查亚特制度属于一种治理体制,其中村级潘查亚特是地方行政的基本单位。

果加娅齐里仅从外围研究,没有实地参与,那么她是无论如何也做不到这一点的。但是,仍然有一个问题深深困扰着加娅齐里,那就是在理论上已经探索出帮助这些社区进行能力建设的最佳方法,然而在实践中推进实施执行却总是遭遇重重困难,成为一条难以逾越的鸿沟。更糟糕的是,加娅齐里作为一名研究人员,对此无能为力。

出于参与执行实施工作的愿望,加娅齐里于 1999 年加入了国际劳工组织(International Labour Organization,ILO)。在接下来的 8 年里,她在印度 250 个地区从事童工政策、K-12 教育(即基础教育)以及职业教育等方面的工作。与此同时,加娅齐里还在德里大学攻读发展经济学和国际发展的博士学位。国际劳工组织不仅向加娅齐里传授了丰富的执行实施经验,而且还给予她一项学术荣誉,允许其创造提出职业教育领域的新术语。但是,加娅齐里对当地的变革质量仍然感到不满,因为就算是在最好的情况下,本地人员的学习成果也并不理想,而且不符合就业市场的实际情况。

积累了这些经验之后,加娅齐里决定离开以政策为导向的德里,转而前往班加罗尔,在那里她加入了为替代和提高青年认识的运动(Movement for Alternatives & Youth Awareness,MAYA),这是一家专注于优质教育、劳动和生计权利的非营利性组织。该组织一共由三家机构构成,其中一家是名为"MAYA 有机支持服务(MAYA Organic Support Services)"的第 25 条款公司(Section 25 company)[1],旨在为卡纳塔克邦的工匠技工提供援助;一家是名为 Prajayatna 的非营利性信托机构,其合作伙伴包括 6 万多所学校以及 400 余所社区幼儿中心;还有一家是名为 LabourNet 的私人有限公司,致力于为年轻人提供社会包容、教育培训和就业联系等服务。加娅齐里迅速晋升为 LabourNet 的领导者,并在 2008 年将其分离出来,成为一家独立的营利性社会企业。

专栏 15.1

"为替代和提高青年认识的运动"所采用的混合型结构(非营利性+营利性)使得 LabourNet 能够从福特基金会、国际援助组织合作住宅基金会(Cooperative

---

〔1〕 第 25 条款公司是印度非营利性组织的一种形式。1956 年颁布的印度《公司法》规定,第 25 条款公司的成立是为了促进改善商业、艺术、科学、宗教、慈善或任何其他有益领域的现状。

Housing Foundation,CHF)、美国印度基金会(American India Foundation)以及草根商业基金等渠道获得资助资本。

加娅齐里坚持认为,"混合型结构或是获得赠款或软资本的能力对于处在早期阶段的社会企业而言至关重要。因为你正在做的事情,别人从没做过,并无经验可循。所以,你需要有一个安全基础,以便通过各种解决方案进行迭代;同时,面对失败,你还需要拥有柔性;另外,你在投入资本的时候,不仅要直接投资自己的企业,而且还要帮助建立支持服务生态系统,这决定着你的解决方案能否成功实施"。

所有社会企业都采用混合型结构是不可能的,也是不可取的,尽管如此,我们却已经看到,与非营利性组织之间的战略合作能够大获成功。非营利性组织可以先行批准提供资助资本,然后雇用营利性企业作为服务供应商,以负责交付特定产品或服务,并收取一定费用,然后,该资助资本可以被认定为营利性企业的收入。

在这一阶段,充分利用了生态系统中下列参与者:非营利性组织、基金会。

我们的目标是通过改变组织内部的非营利性方法,使其具有可持续性和可扩大性,并形成思维模式,在此思维模式下,影响力必须与高质量、透明度、节俭原则以及盈利能力相结合。

愿景与使命

印度劳动人口共有5.1亿,其中高达92%的人口,也就是4.6亿人受雇于非正规或无组织领域,或者是作为按日计酬的散工工作。这些领域的需求正以疯狂的速度增长,每年新增工作岗位数量多达3 000余万,然而这些工作岗位却存在诸多问题,包括难以长期供职,缺乏成长计划、职业路径或员工福利(参见图15.1)。因此,当印度大多数技能发展组织专注于在信息技术、业务流程外包(business process outsourcing,BPO)或零售领域为青年弱势群体提供英语和计算机技能培训时,LabourNet的愿景则是成为印度最大的职业教育供应商,以端到端服务的形式为非正规领域提供服务。其使命是到2020年为100余万劳动者带来多项好处,具体包括提供理想的成长路径、增加实际收入、提高生产力以及促进社会包容。作为一家混合联合企业,"为替代和提高青年认识的运动"一直专注于完善就业市场体系,并成为非正规就业市场与劳动力之间的整合者。然而,作为独立实体,LabourNet 意识到,能力建设与技能提升至关重要,而校企合作教育作为一项不断发展的解决方案,其重要性也是不言而喻。

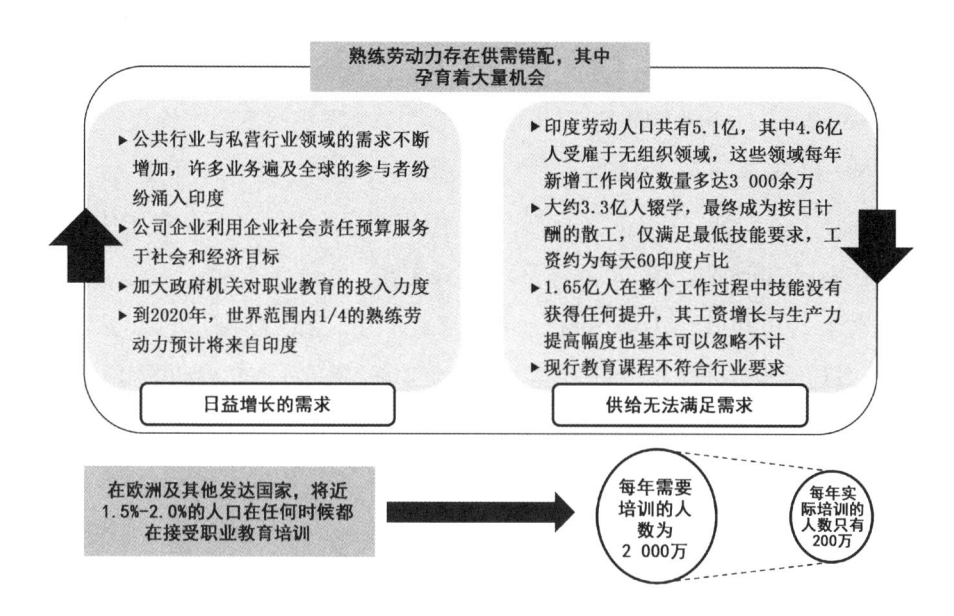

```
┌─────────────────────────────────────────────────────────┐
│          熟练劳动力存在供需错配,其中                      │
│              孕育着大量机会                              │
├──────────────────────────┬──────────────────────────────┤
│ ▶ 公共行业与私营行业领域的需 │ ▶ 印度劳动人口共有5.1亿,其中4.6亿 │
│   求不断增加,许多业务遍及全 │   人受雇于无组织领域,这些领域每年 │
│   球的参与者纷纷涌入印度    │   新增工作岗位数量多达3 000余万   │
│ ▶ 公司企业利用企业社会责任预 │ ▶ 大约3.3亿人辍学,最终成为按日计  │
│   算服务于社会和经济目标    │   酬的散工,仅满足最低技能要求,工  │
│ ▶ 加大政府机关对职业教育的投 │   资约为每天60印度卢比            │
│   入力度                   │ ▶ 1.65亿人在整个工作过程中技能没有 │
│ ▶ 到2020年,世界范围内1/4的熟 │   获得任何提升,其工资增长与生产力 │
│   练劳动力预计将来自印度    │   提高幅度也基本可以忽略不计       │
│                          │ ▶ 现行教育课程不符合行业要求       │
│    ┌──────────────┐      │    ┌──────────────┐           │
│    │ 日益增长的需求 │      │    │ 供给无法满足需求 │           │
│    └──────────────┘      │    └──────────────┘           │
└──────────────────────────┴──────────────────────────────┘

┌─────────────────────┐              ┌──────┐   ┌──────┐
│ 在欧洲及其他发达国家,将近│              │每年需要│   │每年实 │
│ 1.5%-2.0%的人口在任何时候都│  ────────▶  │培训的人│   │际培训的│
│ 在接受职业教育培训    │              │数为   │   │人数只有│
└─────────────────────┘              │2 000万│   │200万  │
                                      └──────┘   └──────┘
```

资料来源:LabourNet。

图 15.1 非正规劳动力供需存在严重错配,急需大量职业培训专业供应商

获得第一轮融资

由于全球一些最大的技能发展组织在成立伊始即作为非营利性组织,因此,技能发展作为一种营利性可投资模式,无论是过去还是现在,即使是影响力投资者也对此表示难以理解。投资者主要对以下几个方面持怀疑态度,包括培训生生源、创收增幅、实际执行情况以及影响力评估。另外,加娅齐里身为行动主义者兼研究人员,又曾在非营利性组织任职,其背景也让投资者们质疑她是否能够形成具有可持续性和可扩大性的思维模式。加娅齐里深知,自己必须抓住参加行业活动的机会来进行宣传,因为在这些活动中,她可以重新讲述 LabourNet 作为营利性独立实体的发展故事。正是因为这一原因,加娅齐里决定参加由 Intellecap 影响力投资网络主办的 Sankalp 全球峰会 2009 年度颁奖典礼,该峰会是目前社会企业领域内规模最大的全球性会议,一共汇集了 1 800 余名利益相关者,包括企业员工、投资者、公司职员、基金会成员、政府工作人员、政策制定者以及新闻界人士。在与 100 多位申请者的竞争中，LabourNet 脱颖而出，与 DesiCrew 公司一道，凭借可扩大性极高的社会模式，共同获得了由 Sankalp 颁发的新兴成长奖项。DesiCrew 公司是一家通过成立农村业务流程外包中心，致力于帮助印度农村地区进行能力建设并为其带来就业机会的社会企业（Sankalp Enterprise & Investment Forum, 2009）。有趣的是，尽管采用了截然不同的模式，但 LabourNet 和 DesiCrew 公司都在试图解决技能发展与就业能力的问题。这一奖项不仅让 LabourNet 在投资者面前大放异彩，获得了大量关注，而且还迫使投资者们重新评估其对投资该领域所持有的怀疑态度。

截至 2010 年底，LabourNet 已经在 6 家生计中心登记注册了 18 000 余名培训生，并提供服务以提升其金融包容性，还为建筑工地的工人们启动了幼儿中心和医疗保健中心的建设项目。然而，该公司却面临着收入微不足道、盈余微薄、现金严重短缺等重重困难，迫切需要资本注入，除了用于企业扩张之外，还要对各种商业模式进行实验与试点研究，以便找到其中最适合自身发展及规模拓展的商业模式。

大约在同一时期，印度政府采取积极措施，成立了国家技能发展协会，取得了巨大进步。国家技能发展协会采用了独特的政府与社会资本合作模式，旨在推动促进日益增长的印度劳动力进一步发展技能、升级技术，其目标是到 2022 年在印度培训 5 亿人（*Times of India*, 2012）。国家技能发展协会通过提供赠款或长期低息债务、技术援助以及能力建设来支持其合作伙伴（National Skill Development Corporation, n. d.）。国家技能发展协会的及时出现拯救了 LabourNet，该公司申请购买由国家技能发展协会提供的债务，并成为国家技能发展协会首批植入合作伙伴之一。国家技能发展协会团队对投资 LabourNet 兴趣浓厚，但同时要求其发起人也要在自己经营的企业中投资，以确保利益绑定、风险共担。具体而言，国家技能发展协会要求 LabourNet 也要注入资本作为发起人出资，且金额不得低于其投入资本的 1/4。加娅齐里与团队成员并没有足够资本用以出资，因此，这意味着他们必须联系接洽外部投资者。

由于不想稀释过多股权，加娅齐里决定只筹集 20 万美元，以满足国家技能发展协会要求的最低股权金额。加娅齐里承认，自己尚未做好获得影响力基金的准备，因为此类基金的投资数额往往接近 100 万美元，且多以获得企业大部分所有权作为交换条件而注入,因此,她决定与 Intellecap 影响力投资网络展开合作,该网络刚刚成立不久,是印度首个专注于扶持社会企业的天使网络。Intellecap 影响力投资网络有史以来第一次动员高净值人士和家族办公室考虑投资那些处于早期阶段的社会企业,此举不仅是对自身投资组合的多元化补充,同时也可作为一种可持续的回馈方式。[1] 在 2012 年召开的 Sankalp 峰会上,正当加娅齐里向 Intellecap 影响力投资网络的投资者团体进行推介时,她遇到了华尔街高管里纳·米塔尔(Reena Mithal)。里纳最近才回到印度,也渴望参与到新兴的影响力投资生态系统中。后来,里纳不仅成为 LabourNet 第一位正式股权投资者,还与加娅齐里变成了密友和知己。投资者与创业者之所以能够合作无间,主要在于双方自接触伊始便一拍即合,加娅齐里与里纳也不例外。两人探讨了双方的个人生活目标和价值体系、对 LabourNet 的愿景以及实际完成的工作,随后,里纳很快就飞往班加罗尔进行实地考察。短短一个半月之后,里纳就成为 LabourNet 的天使投资人,这有可能是完成速度最快的交易之一。事实证明,里纳作为董事会成员相当活跃积极,并且能够利用自身以往经验为财务事务和会计工作提供手把手式的帮助指导。另外,由于里纳是以个人身份进行投资且任期并未严格受限,因此,她还能够给予加娅齐里及团队成员迫切需要的自主权,供其维持运营、进行迭代以及灵活调整。

专栏 15.2

由于股权投资已被锁定,因此,加娅齐里得以结束与国家技能发展协会之间的合作伙伴关系,并获得了约 80 万美元的软贷款,这也增强了里纳的信心,并降低了其投资风险。虽然股权允许 LabourNet 将资金用于企业发展、人才招聘以及团队能力建设,但是,对于处理营运资金事宜、试行不同培训模式、制定评估指标以跟踪运营进展及影响力进程而言,债务才是解决以上种种问题的关键。事实证明,国家技能发展协会对政府项目极为有利。另外,国家技能发展协会还与

---

〔1〕 Intellecap 影响力投资网络(网址:http://www.i3n.co.in)是全球规模最大的天使网络,致力于推动高净值人士和家族办公室对社会企业进行投资。Intellecap 影响力投资网络会对企业进行搜索与筛选,并且在向成员展示企业之前,还会为其提供内容广泛的咨询服务。截至 2016 年 5 月,该网络组织旗下成员超过 120 名,一共投资过 17 家处于早期阶段的营利性企业,涉及领域包括农业生产、清洁能源、教育培训、金融服务、医疗保健、清洁用水以及卫生设施。

LabourNet 一道，共同为多个行业制定了资格预审框架和国家职业标准，具体包括皮革行业、重型设备业、建筑工业与安保产业等。这些框架确立了 LabourNet 资深参与者的行业地位，并将其认证计划设立为行业标准。

在这一阶段，充分利用了生态系统中下列参与者：行业活动、颁奖典礼、咨询公司、政府机关、天使投资人。

商业模式的演变

在技能发展领域，所面临的最大困难之一就是获得服务报酬，尤其是当消费者属于低收入人群时更是如此。在印度，多年来普遍存在以下三种模式：

1. 由培训生支付
2. 由政府机关支付
3. 由植入合作伙伴支付或是由聘用受训培训生的公司企业支付

无论哪种模式，都面临着重重困难。目标培训生尽管非常渴望提升自身技能，但其家庭却常常入不敷出，无力支付相关费用。政府机关虽然有能力支付费用，但其付款周期却往往太长，且过度依赖来自政府的收入会使企业陷入营运资金不足的困境。而想要争取付费公司客户，则需要不懈推进企业发展，确保业绩记录优秀可观，以及提升自身能力以显示出与大型参与者的区别。

如同所有聪明的创业者都会做的那样，加娅齐里也试行了多种模式，并最终确定了多元化收入模式，也就是将上述每一位利益相关者都算作付费客户。建筑、电工、管道、焊接、皮革、安保、美容护理等行业鲜少有其他参与者涉足，而 LabourNet 却专注于此。该企业所持核心理念为：一次性的培训并不能解决问题，并以此使自己与其他参与者有所区分。相反，要想真正维持生计，就必须采取连续统一的干预措施。

目前，LabourNet 的交付方式以培训生为中心，其所提供的服务由多项计划组成，最终构成了连续统一体中的一部分，具体包括：慧眼识珠、识别人才；为其提供职业相关知识及培训；定期助其提升技能，以确保增加收入并改善生计。虽然政府机关极度渴望能够资助优质合作伙伴来开展具体实施工作，以帮助其完成技能培训人数要求，但公司企业也非常乐意为经过认证的熟练劳动力支付费用，因为他们完成工作的质量与效率更高，行为礼仪也更加规范，同时还配有身份证明、银行账户以及保险。如图15.2所示,目前,LabourNet各项计划的设计初衷都是能够接触到大量培训生,并在各个层次为其提供多种形式的技能培训,以创建一个学习与成长的连续统一体,从而让所有涉及的利益相关者都参与进来,最大限度地产生影响力。

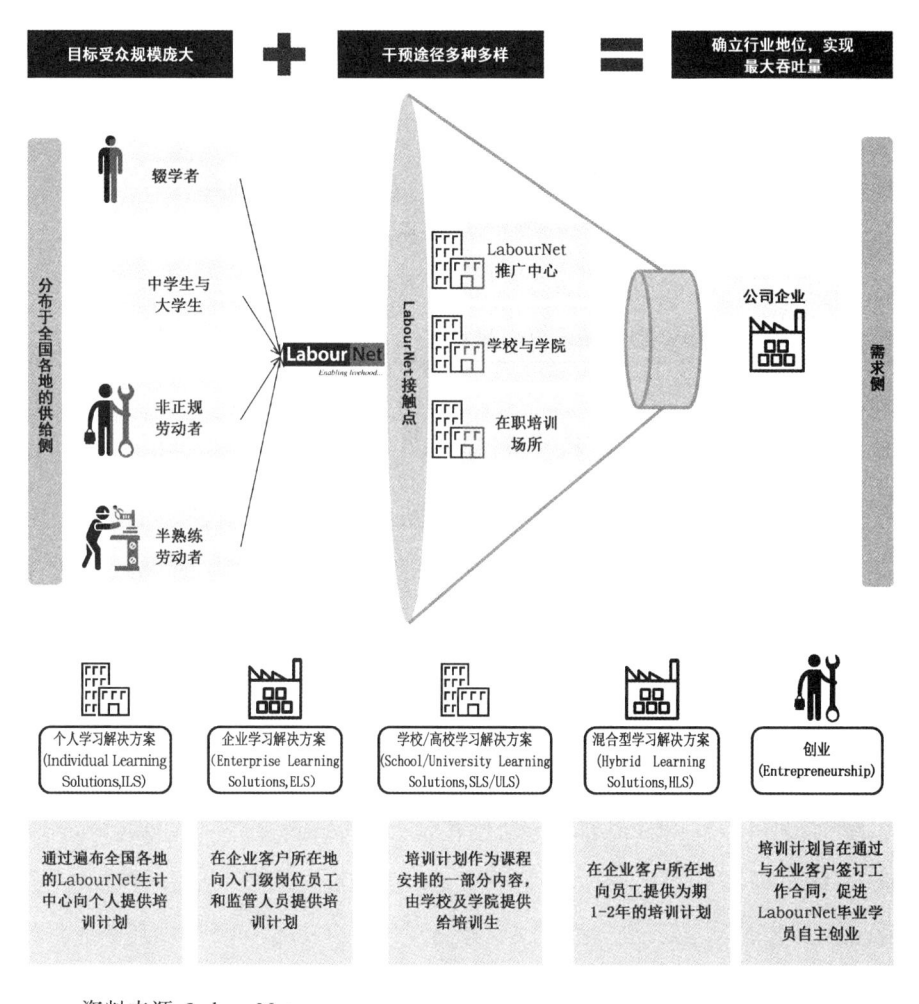

资料来源:LabourNet。

图15.2 LabourNet的交付方式可以确保各利益相关者能够定期干预及参与

专栏15.3

虽然到目前为止,公司企业仍是LabourNet收入的最大贡献者,但其模式依然为我们提供了一个绝佳示例,阐明了如何充分利用生态系统中的不同参与者,无论是作为合作伙伴还是客户,共同创造出一个既有益于影响力产生又有利于规模拓展的良好模式。另外,至关重要的一点是要将自身使命与其他利益相关者的目标相结合以实现综效。例如,大部分教育公司会发现将学校发展为付费客户较为困难,而 LabourNet 的目标客户却恰恰锁定为公立学校与学院,因为这些学校不仅能够提供绝佳的培训场所,而且还得到了各邦政府的明确授权以展开合作。另一个值得注意的地方是,LabourNet 所采取的干预措施不仅连续而且统一,这使其得以对客户应用基于长期合作伙伴关系的方法,同时也确保其能够在每位培训生技能发展与技能提升的整个生命周期中实现盈利,还能将学校、学院及企业发展为回头客,再次获得合作机会。

在这一阶段,充分利用了生态系统中下列参与者:政府机关、学术界、公司企业(直接通过企业社会责任部门与之接洽)。

通过 A 轮融资扩大规模

获得天使投资与国家技能发展协会资助一年之后,LabourNet 的运营及收入情况都远远超过了预期。其已经将多家大型企业发展为回头客,例如印度戈德瑞吉集团(Godrej)、德国博世集团、施耐德电气公司(Schneider Electric)、金门建筑(Gammon Construction)以及上市公司 Jubilant Industries 等。现在,LabourNet 急需更多资本注入以维持这一势头并继续引领增长。由于迄今为止只有一位天使投资人对 LabourNet 进行了投资,因此可供其选择的影响力投资者范围相当之广。迈克尔和苏珊·戴尔基金会(Michael & Susan Dell Foundation, MSDF)明显是必选项,因为其不仅是印度技能发展领域最有经验的投资者,而且目光长远,打算进一步巩固自身在该领域的投资。再则,由其资金性质可知,该基金会最为看重的是社会影响力,因此,商业上的谈判并不是一个非常棘手的问题。此外,LabourNet 也曾与聪明人基金会(即当时的聪明人基金)接触过一段时间,该基金会是全球起步最早且最负盛名的影响力投资者之一。经过长达数月的讨论、尽职调查与谈判,迈克尔和苏珊·戴尔基金会以及聪明人基金会于 2013 年底共同向 LabourNet 投资了约 200 万美元。该笔投资吸引了国家技能发展协会追加注入更多资本,从而使得债务总额的资金杠杆达到约 350 万美元。基金资本可用于建立财务系统以及发布月度管理信息系统(management information system，MIS)报告,除了提供此类技术援助之外,其还能够加强决策制定过程中的纪律性与严谨性。更重要的是,A轮融资提升了实现增长的信心。团队致力于提升质量、健全流程、加强问责制,并反复灌输模块化成长型思维模式,即每家培训单位都必须在一定时间范围内实现独立自主、保持收支平衡并兼具可持续性。

专栏15.4

如今,LabourNet团队规模业已超过1 000人,分布范围遍及印度16个邦。通过与超过95家自有培训中心、100多所流动培训中心以及180多所公立学校建立合作伙伴关系,在100多个地区约有30万名培训生从中受益。LabourNet开设了170多门课程,涉及15个领域的相关技能,将100余家公司企业发展为回头客。2014—2015财年间,该企业收入超过700万美元,且利用税息折旧及摊销前利润(Earnings Before Interest, Taxes, Depreciation and Amortization, EBITDA)指标进行评估衡量可知,其已实现收支平衡。

在这一阶段,充分利用了生态系统中下列参与者:影响力投资基金、政府机关。

未来之路

尽管LabourNet已经取得了一定成绩,但未来之路漫漫,仍然不容自满。其团队业绩再次远超预期,并在市场上寻求下一轮融资(B轮融资)。图15.3概述了该企业扩张计划。由于LabourNet运营规模较为可观,加之纳伦德拉·莫迪(Narendra Modi)政府对技能发展问题日益重视,因此,主流投资者对该企业的投资兴趣也在不断增加。除了拓宽培训生受训渠道以及深化培训质量之外,优化流程和创建技术平台以提升效率也将成为B轮融资的使用重点。本着诚信、负责、透明、尊重与节俭的核心原则,LabourNet正朝着既定目标稳步前进,到2020年预计将为超过100万非正规领域劳动者的生活带来积极影响。

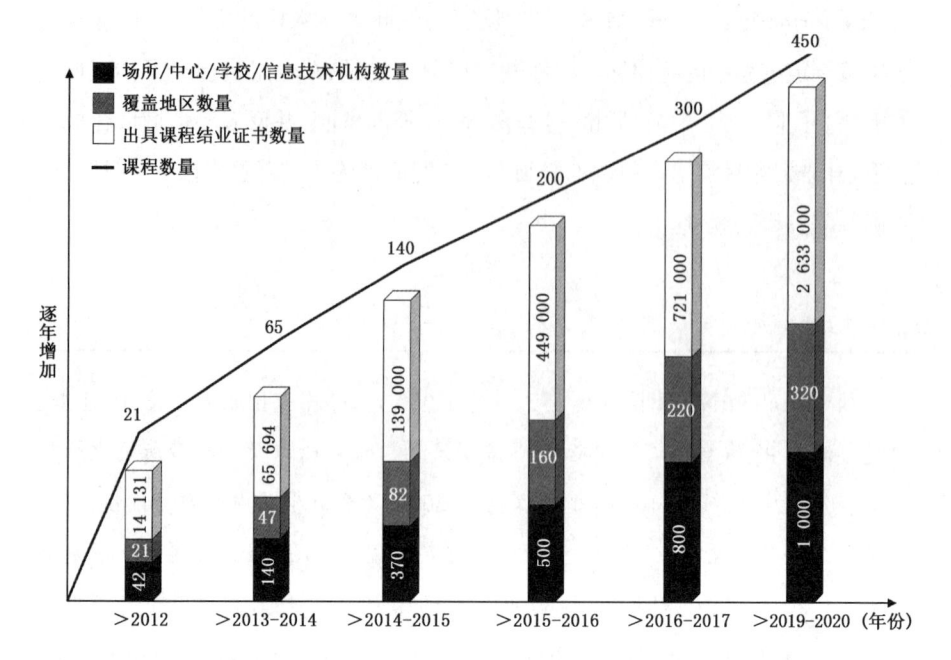

资料来源：LabourNet。

图15.3　LabourNet的目标：到2020年，在320个地区开设450余门课程，为超过100万非正规领域劳动者提供技能培训机会

重重挑战

尽管LabourNet的成长之旅相当鼓舞人心，但其沿途也曾遭遇重重挑战。通常情况下，大多数挑战对于社会企业来说很常见。加娅齐里指出，当今印度社会企业生态系统仍然亟待完善，主要存在以下缺口：

● **在早期阶段即获得赠款/低成本债务**：如果不是通过为替代和提高青年认识的运动获得赠款，或者得到由国家技能发展协会提供的软债务，那么LabourNet就不会大获成功。除非其具有混合型结构，否则大部分处于早期阶段的社会企业很少有机会获得赠款。然而，混合型结构往往被投资者所轻视，因为其高度怀疑这一结构是否能够尽心维持可持续性。大部分领域没有国家技能发展协会这样的机构来提供资本与支持，因此，大多数处于早期阶段的社会企业只有极少数银行计划和非银行金融机构可供选择。因此，银行债务需要很长时间才能获得批准，而非银行金融机构由于自身资本成本过高，从而导致其利率也居高不下。

- **定义"初创企业"的规章制度**：作为一家独立的私人有限公司，LabourNet在成立三年之后才获得了天使投资。进行迭代和灵活调整对于那些处于早期阶段的企业而言极其必要，但是某些规章制度却规定，在投资日期前注册成立超过三年的企业，不允许专门资助早期阶段企业的资金对其进行投资。例如，由印度证券交易委员会所定义的第一类另类投资基金中，"天使基金"子类别不能投资那些成立超过三年的企业(Securities Exchange Board of India, 2013)。

- **对社会企业和常规企业的认可程度有所不同**：《公司法》需要将营利性企业的严谨性应用于社会企业，但同时也要为其提供一些适用范围扩及非营利性企业的利益好处。另外，采取以下措施将对社会企业生态系统产生巨大的推动作用，即减免税收以及培养获得企业社会责任资助的能力。

- **在进行企业价值评估时将社会评估指标包括在内**：虽然社会企业有望秉持双重底线思维模式，实现并报告其财务底线和社会底线，然而，在进行企业价值评估时，却并未考虑社会评估指标。全球影响力投资者委员会(Global Impact Investor's Council)等机构业已制定出社会影响力评估指标(例如全球影响力投资评级系统)，亟须进一步研制出标准方法或公式，以期在进行企业价值评估时将社会底线纳入其中。

案例研究二：AgroStar[1]

简介

印度以农业经济为主，一半以上人口依靠农业为生。印度是世界上农作物灌溉总面积最大的国家，同时也是许多农作物的全球三大生产国之一，具体包括小麦、水稻、豆类、棉花、花生、水果和蔬菜。截至2011年，印度领有最大的水牛群和家牛群，是最大的牛奶生产国，同时也拥有规模最大且增长最快的家禽产业之一(USDA Economic Research Service, n.d.)。

---

[1] 除非另有注释，所有关于AgroStar的数字与图表均来自对AgroStar创始人兼首席执行官沙杜尔·谢思(Shardul Sheth)的采访，数据则由AgroStar企业团队共享，或自其网站获得(网址：http://www.agrostar.in)。所有信息时间期限截至2015年7月，且在本文发表之时均已获得公开许可。

尽管如此,在 2014 年全球饥饿指数(Global Hunger Index)中,印度在 76 个国家中仅排名第 55。基础设施薄弱、供应链不足、难以获得优质投入资源、市场联系受限、农民接收信息不及时、缺乏最佳实践以及监管过度等因素都是导致这一结果的原因。由于供应链管理效率低下,从而造成大量浪费,致使将近 40% 的水果蔬菜和 20% 的粮食作物白白损耗(India FoodBanking Network, n. d.)。欧洲及美国农民至少能够获得消费者支付价格的 60%,与之形成鲜明对比的是,印度农民却只能得到印度消费者支付价格的 10%-23%,造成这一差额的主要原因包括铺张浪费、效率低下以及中间商得利(USDA Economic Research Service, n. d.)。

印度农民平均要走 15 公里才能采购到种子、肥料、化肥以及农药等常规农业投入资源。正是这一发现让谢思兄弟感到困惑,从而着手创业,AgroStar 就此诞生。与其等待道路得到修葺,农民能否直接在家门口便采购到农业投入资源?他们能否绕过那些将价格大幅提高 75% 的分销商?在低调运营了 4 年之后,AgroStar 最终开发出了一个让农民、供应商以及投资者都感到满意的模式。我们将再次看到,生态系统中不同参与者及利益相关者在这一过程中是如何被巧妙地加以充分利用。

旅程伊始:创立 ULink 生物能源私人有限公司

加娅齐里曾在非营利性组织任职,与其背景形成鲜明对比的是,沙杜尔·谢思和西坦舒·谢思两兄弟属于那种辞去公司工作从而开始创业之旅的企业家。2010 年,沙杜尔定居美国,在计算机零售巨头百思买集团(Best Buy)的企业战略部门工作,而西坦舒则在孟买毕马威会计师事务所(KPMG)任职,且有望步步晋升。尽管兄弟俩的生活相当舒适,但由于出身商界,他们认识的大多数人在经营自己的企业,因此,两人过去曾常常探讨自己内心深处的不安躁动。兄弟两人清楚地知道,他们并不想回到父亲苦心经营的家族纺织企业,因为那里虽然资金充裕,却几乎没有创新空间。那么,兄弟俩还能做什么呢?与其同时代众多企业家一样,兄弟两人也有工程技术和财务技能傍身,而且内心坚信自己无所不能。西坦舒在毕马威会计师事务所的工作为其提供了一个研究不同领域的难得机会,长期以来,这位问题解决者兼创新者都在寻找市场上有待填补的缺口。沙杜尔渴望举家迁回印度,他需要一个很好的理由来摆脱当前困境,只有西坦舒拿出一个切实可行的计划才能助其梦想成真。

创业之旅：ULink 生物能源私人有限公司

　　清洁燃料一直是农业生产和清洁能源领域最受欢迎的子行业。煤炭价格的上涨使得生物质颗粒燃料的潜力看起来极其巨大。该产品已经被证明在热值指标方面表现良好，而与煤炭之间的价格差异则成为其主要卖点。由于各大能耗工厂对此需求量巨大，因此，该产品的市场需求看起来前景一片光明。通过与几位商界人士进行交谈，西坦舒发现，在古吉拉特邦（他们的家乡）农村地区有一家已经停产的工厂，该工厂可以利用农业废弃物制造生物质颗粒燃料。西坦舒制订了一个3年计划，辞职并创立了ULink生物能源私人有限公司，同时说服沙杜尔也辞去了工作。

　　在接下来的6个月里，大量个人资本被用于租赁并恢复已经停产的工厂、产品研发以及招聘一些重要人员。沙杜尔的岳父在孟买设有办公室，谢思兄弟在此租了一小块地方，就开始营业了。2010年1月，沙杜尔在搬回印度之后第一次去了位于古吉拉特邦的工厂。西坦舒第一次对话的商界人士同时也是兄弟俩的潜在客户，通过与其再次进行交谈，兄弟两人意识到，自首次谈话之后，煤炭价格急剧下跌，情况已然发生了巨大变化。如果煤炭价格再次上涨，客户将仍然热衷于采购这一产品，却并不能确保需求量稳定不变。这种产品生产不易，只靠价格竞争无疑会大大压缩利润空间。实际上，客户并不关心生物质颗粒燃料在环保方面所具有的优势，这只不过是一个附加优势，而非真正的购买理由。兄弟两人又花了两个多月的时间试图生产该产品并发展新客户，但在2010年3月，他们最终决定要采取措施以减少亏损。

　　沙杜尔和西坦舒仍然致力于经营工厂，他们恢复了工厂的原有业务，即生产不含化学成分的天然肥料并将其出口到东南亚国家。蓖麻是天然肥料中最重要的组成成分，世界上80%的蓖麻产于印度，而印度90%以上的蓖麻又产自古吉拉特邦。由于附近地区即有廉价原材料，而且工厂员工也已经接受过培训，知道如何制作这种产品，因此投入生产并不困难。谢思兄弟赢得了第一笔100吨的订单，足以支付他们两个月的固定成本。兄弟两人知道有机农业在欧洲广受欢迎，于是开始参加各大贸易展览会，以接洽发展潜在客户。虽然有很多客户向兄弟俩抛出了橄榄枝，但欧盟却对此类产品制定了严格的规章制度，且对价格极为敏感。在欧盟的要求下，ULink生物能源私人有限公司的产品获得了欧盟Ecocert有机认证，并且向多家产品演示单位寄送了样品。然而，9个月过去了，该公司仍未获得来自欧洲的第一笔订单。

虽然之前的工厂企业主从未试图从拥挤的国内市场中分一杯羹，但谢思兄弟面对其下一步行动究竟该何去何从，几乎别无选择。国内市场与欧洲市场的利润空间不相上下，且前者的交易速度可能还会更快。为了维持生计、避免负债，兄弟两人再次利用自己的关系网络，着手与古吉拉特邦的分销商建立联系。他们知道自己是城里人，因此必须设身处地站在农民角度考虑问题，不仅需要了解农民的想法，还要了解其如何做出购买决定。兄弟俩挨家挨户奔走，直接与农民对话，解释不含化学成分的农业投入资源如何为其带来长期利益。他们为农民进行了多次产品演示，并与农民合作社以及相关机构展开合作，例如古吉拉特邦农用工业公司(Gujarat Agro Industries Corporation, GAIC)，该公司拥有值得信赖的农民及分销商网络。古吉拉特邦农用工业公司是由当地政府设立的机构，旨在促进本邦农业活动与农基工业进一步发展。

说服分销商是件难事，而在农民购买农业投入资源所在的200平方英尺零售商店中获得货架空间则更是难上加难。此外，应收款项周期极长，零售商的信用期间已长达90天，却仍然不能按时付款。但即使困难重重、进展缓慢，也阻挡不了谢思兄弟继续前进的脚步。他们为自己的产品设计了极富吸引力的包装，并在当地报纸上刊登大量广告。兄弟两人花了6个月的时间完成这项实地工作，很快他们的产品就在300多家零售商店上架了。与此同时，其出口业务已经扩张至中国台湾、迪拜、丹麦和伊朗，一年内仅向伊朗出口的产品就超过600吨。不出所料，国内分销商很快便开始要求ULink生物能源私人有限公司提供更多产品。然而，仅仅为了投放一个产品就大动干戈、全力推进企业发展，实际上并不明智。加之产品缺少后续研发，因此从长远来看，在与大型供应商的竞争中，该公司将很难胜出。有鉴于此，谢思兄弟联系上了大型有机产品制造商Pratishtha Industries私人有限公司。该公司虽然拥有一流的产品，但较之ULink生物能源私人有限公司，其新型高端有机液体肥料的分销网络规模却要小得多。

专栏 15.5

沙杜尔·谢思表示："直到那时我俩才意识到，我们的核心竞争力并不在于研发农产品，而是在于打通最后一公里，把农产品销售到农民手中。我们不费吹灰之力就与 Pratishtha Industries 公司签订了合同，负责建立其 10 种产品的分销渠道，打通最后一公里。就这样，我们的产品组合规模从 1 种产品增加到 10 种产品，并通过建立更多此类合作伙伴关系而得到进一步扩张。"

在田间地头所花费的时间如此之多，以至于谢思兄弟对于农民的需求、农民可购产品/服务方面所存在的不足、农业投入资源供应链的运作方式等方面都形成了独到的见解。兄弟两人已经与供应商、分销商和零售商建立起了紧密联系。未来，他们丰富的制造经验将助其制定实施高质量控制标准。

在这一阶段，充分利用了生态系统中下列参与者：商界关系网络、贸易展览会、合作社、政府机关。

AgroStar 的诞生

在田间地头工作期间，沙杜尔和西坦舒意识到，一旦农民购买了他们的产品，那么启动产品零售的唯一途径就是在零售商店上架，然而对大部分农民来说，离其最近的零售商店也要至少走 15 公里才能到达。此外，在各级分销商和零售商之间有高达 75% 的加价，从而使得产品价格大幅上涨，而这一涨幅实则并无必要。再则，当农民步行 15 公里去采购囤积化肥、农药等大宗商品时，其目的绝不是想买来做试验，因此，他们更愿意购买久经检验的老牌产品来降低风险。但是对农民来说，购买这些老牌产品也并非全无风险，因为打开包装之后往往会发现产品要么是已经过期，要么是假冒伪劣，且包装一经打开也无法做退换货处理，而农民又不容易接触到供应商。

然而，随着手机在农民群体中得到普及，ULink 团队经常接到农民的电话，说自己在报纸上看到了他们的广告。供应链上存在的这些明显缺口，以及能够与农民直接对话所带来的一线机会，使得谢思兄弟的创业热情再次高涨，AgroStar 品牌也由此诞生（注册名称至今仍为 ULink 生物能源）。该团队将致力于发展移动电子商务（M-Commerce）业务，其愿景看似简单，即成为农民家门口首选的一站式商店，但同时也肩负着为印度 1.2 亿农民打造快速响应网络的崇高使命。

- 制造商与农民之间存在的多级中间商层层得利，导致成本增加两倍以上

- 供应链每一级都积累了大量存货：即使某一级脱销缺货，农民也无法按时收到产品

- 多级中间商还导致农民采购的农业投入资源存在假冒伪劣、产品污染、价格过高等问题

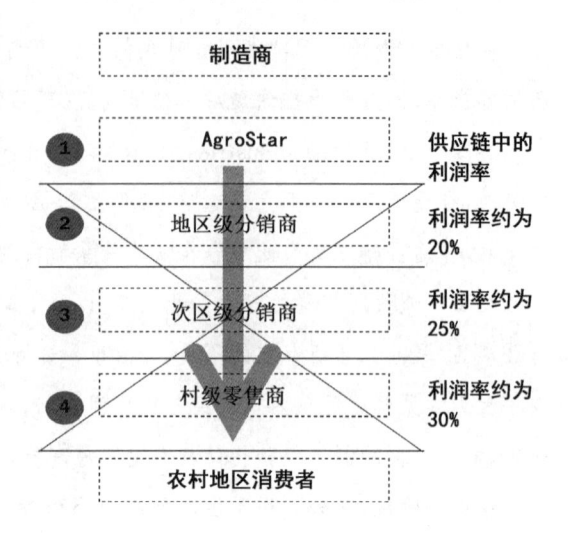

	制造商	
①	AgroStar	供应链中的利润率
②	地区级分销商	利润率约为20%
③	次区级分销商	利润率约为25%
④	村级零售商	利润率约为30%
	农村地区消费者	

资料来源：AgroStar。

图15.4　AgroStar旨在建立自有分销渠道，将供应商提供的产品直接销售给农民

获得第一轮融资

既然贸易展览会能够用来销售他们的产品，那么其他活动为什么不能用来兜售他们的创业故事？实际上，在转向创办 AgroStar 之前，沙杜尔和西坦舒就已经开始频繁参加各类活动，例如由印度信息服务集团 VCCircle 主办的农业峰会等。沙杜尔·谢思曾就此指出：

> 我们很早就认识到，参加这些行业活动极有必要，这不仅是为了从活动内容中学到东西并且在投资者面前亮相，更是为了与不同利益相关者汇聚一堂、集思广益。有一些创业者对自己观点理念的保护意识非常强，较少与他人进行交流，反而错失了获得宝贵反馈意见的机会。

通过参加这些行业活动，谢思兄弟一共接洽了十余家风险投资基金以及数位天使投资人，但他们都想先看看新模式的试行情况。因此，AgroStar 团队在古吉拉特邦两个地区开展了为期3个月的试点研究，其间接到了1 000多位农民来电，从而证实农民对此确实需求巨大。

正是在这样的一次活动中，兄弟两人遇到了来自 Intellecap 影响力投资网络的团队成员，双方一拍即合。Intellecap 团队正在寻找那些想法独特、充满干劲

的创业者,例如所创办的制造企业能够对社会及环境产生积极影响,所研发的创新型移动电子商务模式极具潜力扩大规模。有趣的是,AgroStar 从不认为自己是一家影响力企业,其之所以与农民做生意,只不过是看到了市场缺口并将其转化为商机而已。然而,兄弟两人仍然很高兴能与所见略同的团队展开合作。Intellecap 影响力投资网络团队同样兴奋不已,因为通常情况下,正是这类企业将影响力深深融入自己的血脉中,以至于在财务回报与社会回报之间并无任何权衡取舍的空间。

2012 年 12 月,AgroStar 团队成员参加了在印度商学院(Indian School of Business)举办的南德及吉特·肯卡论坛(Nand and Jeet Khemka Forum),在一场由 Intellecap 影响力投资网络组织举办的推介会上发表了公开演讲。在演讲中,AgroStar 团队成员展现了企业愿景并强烈呼吁扩大规模,整个房间的投资者都对此印象深刻。同年,电子商务零售商 Flipkart 和在线交易平台 Snapdeal 等电子商务(E-Commerce)公司也刚刚起步,且致力于将同一逻辑原理应用于庞大的经济金字塔底层市场,以便为市场中已经在使用的各类产品提供电子商务服务。这一做法影响深远、意义重大。

活动结束之后,Intellecap 影响力投资网络团队携沙杜尔和西坦舒与 Aavishkaar 风险投资公司进行了详细会谈。Aavishkaar(印地语中意为发明创造)风险投资公司成立于 2001 年,其愿景是促进印度服务滞后地区的发展。作为致力于投资早期阶段的创新者,Aavishkaar 风险投资公司是其旗下 90% 以上投资组合公司的首位投资者,通常在商业计划书阶段即为公司提供资金,并与其一道白手起家,从头建立运营模式。

专栏 15.6

Aavishkaar 风险投资公司团队立刻就能理解移动电子商务模式对农民带来的影响。另外,谢思兄弟花费大量时间、付出巨大努力,只为与客户进行实地接触,Aavishkaar 公司团队同样对此印象深刻。有鉴于此,双方合作可谓相当完美,该公司团队毫无疑问选择加入。与 LabourNet 案例的情况类似,当双方愿景产生共鸣时,后续讨论就会迅速展开。由于该业务事关重型物流配送,因此,Aavishkaar 风险投资公司还说服 Snapdeal 公司创始人昆瑙·巴尔(Kunal Bahl)

和罗希特·班萨尔(Rohit Bansal)一同加入。当时，Snapdeal 是印度发展最快的公司之一，如今则是该国规模最大的电子商务公司之一。历经数轮对话及实地考察之后，AgroStar 于 2013 年 3 月获得了 Aavishkaar 风险投资公司和 Snapdeal 公司创始人高达 80 万美元的第一轮融资。

在这一阶段，充分利用了生态系统中下列参与者：行业活动、咨询公司、天使投资人、影响力投资基金。

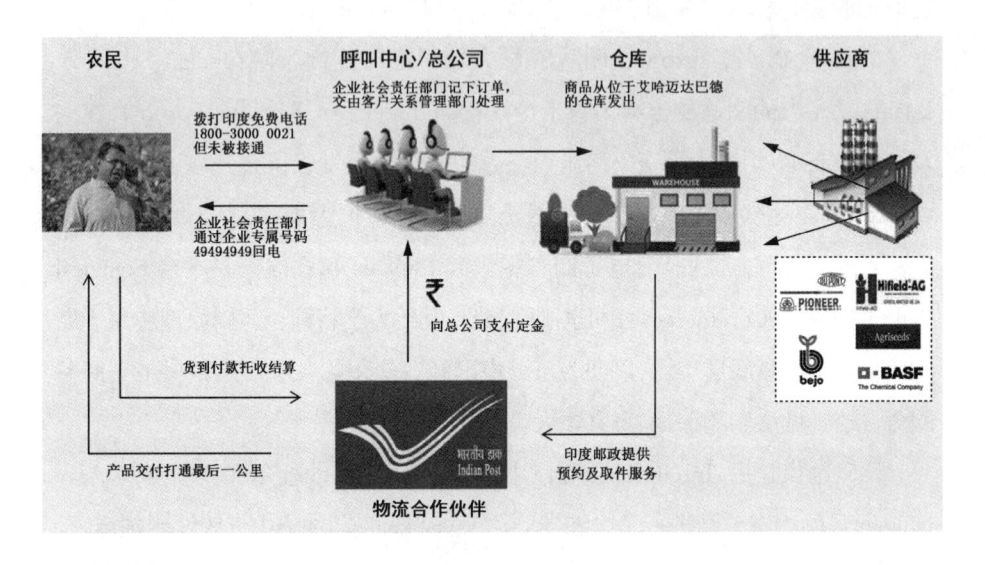

资料来源：AgroStar。

图 15.5 　AgroStar 的交易循环始于某位农民拨打印度 1800 号免费电话但未被接通，销售主管后续回电并记下订单；订单履行由集中仓库完成，产品交付及托收结算则由印度邮政负责

优化商业模式

锁定融资渠道之后，是时候言归正传来证明团队有能力实现其制定的各项要求。谢思兄弟及其家人将生产基地搬到了普纳，以削减固定成本并确保企业能够充分利用投资者资本，尽可能地发展壮大。在试点研究期间，共计有 1 000 余位农民致电，沙杜尔和西坦舒亲自接听了其中大部分来电。兄弟两人本想制订一项为期 120 天的计划，即在正式推出服务之前将以下措施落实到位，具体包括成立专门的呼叫中心团队、建立一间仓库以及开展一些游击营销活动。然而，Snapdeal 创始人却强烈建议迅速入市，认为等待 120 天之后才正式推出服务耗

时太久,因为兄弟两人完全能够通过市场反馈来提升服务质量。因此,AgroStar 在 30 天内即组建完毕呼叫中心双人团队,在 60 天内即建设完工一间 5 000 平方英尺的小型仓库并外包给一家物流公司,迅速完成入市。事实证明,这种迅速入市的做法使得 AgroStar 受益匪浅:正是由于缩短了等待时间,AgroStar 才有机会在播种季节伊始尝试销售种子,而种子这一产品类别目前已成为其最主要的收入来源。

在入市之前的准备阶段,AgroStar 团队犯下了两个令人惋惜的错误。其一,沙杜尔和西坦舒只招聘执行级别的员工,然而近期以来,企业各方面的规划、战略及决策责任都落在了他们肩上,因此常常造成诸多"瓶颈"问题。其二,兄弟两人考虑到在公司内部发展技术能力需要花费大量时间精力,因此改为购买一款广受欢迎且已预先设置好的电子商务客户关系管理(customer relationship management,CRM)软件,但是该软件却几乎无法根据需求来进行定制。经过几个月的苦苦挣扎,谢思兄弟终于改用一款开源软件,并交由外包开发人员对其进行定制。

如图 15.6 所示,在年初筹集资金的 4 个月间,AgroStar 每天要处理 50 笔订单,在接下来的 2 个月里,这一数字翻了一番,达到每天 100 笔订单。农民们已经开始请求 AgroStar 提供更多产品,甚至包括农业硬件设备。兄弟两人也渴望扩大已有的产品组合,而不仅仅是销售棉花种子及农作物养料,于是,他们走遍印度各地,与最大的供应商会面并向其解释自己的价值主张。大多数供应商有其专门的分销渠道,然而,由于 AgroStar 对利润率要求不高,因此,供应商多增

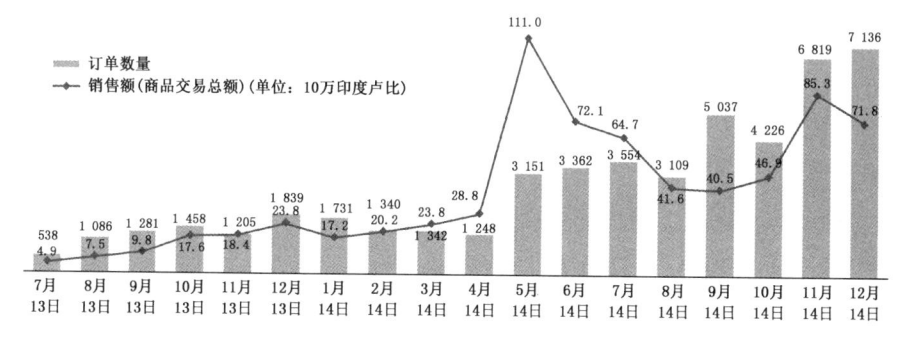

资料来源:AgroStar。

图 15.6 AgroStar 订单数量与销售额环比增长情况(续订订单数量及客户渗透率的增加促使环比大幅增长,但由于产品需求是以作物生长周期为基础,深受季节影响,因此企业收入环比有变)

加一位分销渠道合作伙伴并不会造成什么损失。此外,电子商务革命在印度进行得如火如荼,谁都不想错过这一机会。

现有电子商务模式形式多样、各不相同,从中可知,产品交付及物流运输确实会挤占企业的利润空间。当印度大部分电子商务公司选择与德国敦豪快递服务公司(DHL)、印度蓝色飞镖快递公司(Blue Dart)等快递巨头进行合作时,AgroStar却另辟蹊径,决定将由政府运营的邮政系统——印度邮政(India Post)——发展为合作伙伴。虽然大多数人认为由政府运营的实体存在效率低下、准确度不高等问题,但AgroStar团队深知,印度邮政不仅价格最低,而且受到政府委托,必须在全国范围内打通产品投递的"最后一公里",解决配送难题。

通过债务和A轮融资扩大规模

2014年4月,AgroStar参加了由Intellecap影响力投资网络主办的Sankalp全球峰会,并在一场投资组合更新会议上发表公开演讲。与会人员包括天使投资人、股权创业资本供给主体与其他各界人士。AgroStar再一次出现在市场上,这一次兄弟俩想要筹集的资金数额更大。随着订单数量不断增加,团队计划将业务扩展至古吉拉特邦其他地区以及周边另外3个邦。要想落实这一计划,AgroStar就必须加强自身运营,具体而言,其需要聘请高级管理人员,并建立强大的技术后台以便为企业成长提供支持。此外,农民开始拥有智能手机,AgroStar可以通过多种方式对这一点加以充分利用,此举不仅可以提升效率,还能够向农民提供更多产品选择以及资料信息,例如天气预报、实时市场价格等。

由此可见,AgroStar这次明显需要一个与以往类型完全不同的投资者。对AgroStar而言,理想的投资者必须经验丰富,能够利用大量数据提高客户渗透率,并且打造面向消费者的病毒式零售技术。

专栏15.7

很快,AgroStar就推出了四类产品,包括各类作物种子、农业硬件设备、农作物养料以及作物保护制品,其服务范围覆盖了整个古吉拉特邦。为了降低成本、便于掌控,他们搬到了占地约为1 000平方英尺的储存场所,还在公司内部建立了仓储管理系统,并且开始大量收集客户数据,具体包括所购产品、购买频率、续订产品、其他属意产品等。在旺季,订单数量很快就达到每天将近250笔,兄弟两人意识到,AgroStar急需更多资本注入。

在这一阶段,充分利用了生态系统中下列参与者:公司企业、政府机关。

专栏15.8

其中一个投资者就是美国国际数据集团风险投资公司,该公司旗下投资项目众多,在全球范围内管理着40亿美元的资产。当美国国际数据集团风险投资公司印度团队看到AgroStar展现的愿景、迄今为止所做的工作以及对于利用技术手段和数据分析推进企业扩张的渴望时,他们被深深吸引。经过数次艰难谈判,AgroStar于2015年7月获得了高达500万美元的B轮融资,其中美国国际数据集团风险投资公司为主要投资人,另外Aavishkaar风险投资公司也追加了部分投资。值得注意的是,在不同阶段加入的不同类型投资者,能够为企业增加巨大价值。

在这一阶段,充分利用了生态系统中下列参与者:创投债务、天使投资人、影响力投资基金、主流风险投资基金/私募股权基金。

Snapdeal公司创始人与主流科技基金的良好关系派上了大用场,很快,AgroStar团队就与一些最受欢迎的风险投资基金进行了会谈。AgroStar聘请投资银行o3 Capital作为其投资银行家。o3 Capital团队与技术投资者保持着长期合作伙伴关系,同时展示出将所筹资金落到实处、取得成果的信心及进取心。虽然AgroStar入市之时所持现金足够维持数月,但是资金筹集需要时间,而农作旺季又使得该公司陷入营运资金短缺的困境中。为了解决这一问题,Intellecap公司利用其关系网络,向IntelleGrow公司抛出了橄榄枝。IntelleGrow是Intellecap旗下集团公司,也是为数不多的几家资金提供者之一,专门为那些缺乏其他债务来源的小型企业及成长型企业供应高度定制化贷款。这笔贷款不仅能够大大缓解AgroStar每天所要面临的现金短缺问题,而且还能帮助团队专注于增加客户数量以及提高企业收入,此举进而又为大型股权投资者敞开了大门。

未来之路

如果 AgroStar 能够以较为保守的方式使用 B 轮融资资金,那么将足够维持两年之久。然而,兄弟两人并不认为做任何事情都应该保守。在接下来的 18 个月里,公司计划将业务扩展至邻近 4 个邦。目前,公司团队由 100 人组成,未来计划增至 350 人,包括聘请部分高级管理人员主管工程建设、市场营销、财务事务、呼叫中心运营以及供应链运作等业务。

兄弟两人计划建立强大的技术后台并研发出一款面向消费者的应用程序,以使 AgroStar 成为每位农民拨打电话订购产品时的首选,从而朝着履行企业崇高使命这一目标稳步前进,最终为印度 1.2 亿农民建成实现快速响应的销售网络。

重重挑战

谢思兄弟承认,公司一路成长至今,离不开坚持、努力和运气,但他们也很快指出,未来仍有很长的路要走,绝不能掉以轻心。两人列出了创业之旅中所要面临的一些主要挑战,其对于大部分社会企业来说相当常见:

- **人才招聘**:这是当今全球影响力投资领域所要面临的一项巨大挑战,尤其是在印度这样的国家,因为此类国家往往将职业成功定义为在大型跨国公司任职且薪酬很高。由于担心创业失败带来耻辱,因此,人们普遍选择远离初创企业生态系统。"影响力企业领袖"计划、IDEX 奖学金项目、聪明人基金会奖学金项目、Villgro 奖学金项目以及美国印度基金会克林顿奖学金项目等多项举措为青年人才提供了大量机会以接触了解社会领域,所做工作可圈可点、值得称赞。另外,Third Sector Partners 猎头公司、Jobs For Good 人才招聘服务机构、Opportune Jobs 求职网络、Sattva 咨询公司、Karmany 求职平台等人力资源专业公司专门为社会领域提供服务,然而殊感遗憾的是,大部分社会企业对这些公司仍然较为陌生。

- **营运资金**:与加娅齐里所持观点一致,沙杜尔也指出,用于营运资金及其他需求的债权融资是存在于生态系统中的一个巨大漏洞。虽然一些新兴的非银行金融机构正在慢慢填补这一空白,例如 IntelleGrow 公司、Capital Float 在线借贷平台、Kinara Capital 金融服务公司等,但仍有较大进步空间,政府机关亟待推行各项举措,为那些处于早期阶段的企业提供便利,简化银行贷款流程。印度中小微企业部和印度小型工业发展银行(Small Industries Development Bank of India,SIDBI)已经共同成立了小微企业信用担保基金信托(Credit Guarantee Fund Trust for Micro and Small Enterprises,CGTMSE),以期实施小微企业信用担保基金计划。尽管此举已然迈出了良好的第一步,但想要彻底解决问题,仍然任重而道远。

● **合规与法律**:2013年颁布的《公司法》使得私募融资的整个过程(PricewaterhouseCoopers India,2013;Malhan,2014)变得更加烦琐复杂,如果不按照时间节点归档文件,就有可能导致巨额罚款。虽然这些规章制度背后的意图是保护公司及投资者,然而,倘若这一过程缺少中介机构从中斡旋协调,则可能会导致创业者将时间精力都耗费在文书工作中,从而难以精进自身业务。

● **同伴学习机会**:AgroStar团队认为,对处于早期阶段的企业而言,其之所以成长受阻,最主要的原因之一就是缺乏同伴学习机会。如果执掌这些企业的创业者能够与那些身处类似领域或服务类似客户的其他创业者进行定期互动,那么,他们极有可能更加迅速地掌握并落实企业运营的方方面面,例如客户关系管理软件、人力资源实务、员工持股计划(Employee Stock Ownership Plans,ESOP)以及运营方面的其他最佳实践。完善补充生态系统的最佳途径之一就是为创业者提供会面机会,以便讨论其所面临的重重挑战。另外,风险投资基金也可以通过为旗下投资组合公司举办类似会议来迈出良好的第一步。

表 15.1　LabourNet 和 AgroStar 对生态系统中的所有要素加以有效利用,最终实现强劲增长

生态系统各项功能要素	LabourNet	AgroStar
平台/行业活动	是	是
孵化	由"为替代和提高青年认识的运动"进行非正规孵化	否
天使基金	是	是
加速	未知	未知
影响力投资股权	是	是
创投债务	是	是
成长所需投资组合管理	是	是
其他利益相关者——政府机关	是	是
其他利益相关者——公司企业	是	是
其他利益相关者——学术界	是	是

以资借鉴

虽然加娅齐里·瓦苏德万博士与谢思兄弟的背景截然不同,但他们都能够有效利用印度影响力投资生态系统中的各项要素,最终实现规模扩大。具体而言,双方都利用平台以及参加行业活动的机会进行宣传,都对国内天使投资人的专业知识加以参考借鉴,都需要赠款或债务形式的非稀释性融资,也都在早期阶段获得了由影响力投资基金提供的资金。另外,至关重要的一点是要与那些处于价值链上的不同利益相关者展开合作,因此,当时机成熟时,LabourNet 和 AgroStar 两家企业都非常自觉地与政府机关、学术界以及其他公司企业建立起了合作伙伴关系。

影响力领域内的某一学派将"成功"定义为实现影响力投资主流化,也就是说,如果一家企业能够获得主流投资者的青睐,那么这不仅意味着该企业已经可以克服与地域及消费市场相关的某些风险,而且还明显呈现出极具可持续性和可扩大性的发展潜力。另外,影响力投资主流化还能够放开影响力资本供应,以便那些其他投资者没能力或者不愿意支持的企业提供资助。这无疑实现了双赢的结果。美国国际数据集团风险投资公司对 AgroStar 的投资就是一个绝佳的例证。

参考文献

India FoodBanking Network (n.d.). *Food Security Foundation India*. Retrieved from http://www.indiafoodbanking.org/hunger

Intellecap (2011, May 20). Skills Training for India's Youth. *Searchlight South Asia*. Retrieved from https://searchlightsa.wordpress.com/2011/05/20/skills-training-for-india%E2%80%99s-youth

LabourNet (2015a). *LabourNet*. Retrieved from http://labournet.in

LabourNet (2015b). *Milestones*. Retrieved from http://labournet.in/about-us/milestones

Malhan, Y. (2014, April 9). *India: Private Placement Under Companies Act, 2013*. Retrieved from http://www.mondaq.com/india/x/305626/Securities/PRIVATE+PLACEMENT+UNDER+COMPANIES+ACT+2013

National Skill Development Corporation (n.d.). *National Skill Development Corporation*. Retrieved from http://www.nsdcindia.org

PricewaterhouseCoopers India (2013). *Companies Act, 2013 Key Highlights and Analysis*. Retrieved from https://www.pwc.in/assets/pdfs/publications/2013/companies-act-2013-key-highlights-and-analysis.pdf

Sankalp Enterprise & Investment Forum (2009). *Elements Akademia*. Retrieved from http://www.elementsakademia.com/picgal/awards/Sankalp_awardees.pdf

Securities Exchange Board of India (2013). *Securities and Exchange Board of India (Alternative Investment Funds) (Amendment) Regulations.* New Delhi: Securities Exchange Board of India

Times of India (2012, January 9). *Govt sets target to skill 500 million people by 2022.* Retrieved from http://timesofindia.indiatimes.com/home/education/news/Govt-sets-target-to-skill-500-million-people-by-2022/articleshow/11420731.cms

USDA Economic Research Service (n.d.). *Economy Overview.* Retrieved from http://www.ers.usda.gov/topics/international-markets-trade/countries-regions/india/basic-information.aspx

十六、跻身主流的先驱者：印度影响力投资生态系统中的经验教训

乌莎·加内什

引言：印度影响力投资生态系统

　　印度发展强劲的社会企业和影响力投资领域吸引了来自印度及国外众多富有才华的各类利益相关者，通过构思、创造以及培育新式方法来产生极具影响力的积极成果，最终使得位于经济金字塔底层的人们也能够参与进来并从中受益。在这一过程中，印度取得了巨大进步，但同时也吸取了一定教训，两者可以用于假设社会影响力生态系统在全球新兴市场中最终有可能形成的发展演变轨迹。

　　本书第十四篇文章描述了印度影响力投资生态系统的主要组成部分，以及其如何随着时间的推移而发展。第十五篇文章对两家极具吸引力的社会企业展开了案例研究，重点阐释了两者所采用的不同商业模式，还描写了其创业者是如何在不同利益相关者的支持下找到正确发展方向，最终实现自身成长。本篇文章聚焦印度影响力投资领域内的先驱投资者，因为其出现填补了处于早期阶段

【作者简介】　乌莎·加内什，Intellecap咨询服务私人有限公司商业咨询与研究部门首席顾问。

的企业无法获得其他正规金融工具这一融资缺口。具体而言,本文重点介绍了印度的影响力投资领域,包括该行业在过去十年间的发展演变、影响力投资的主要方法,以及其在推动社会企业领域从边缘地带发展至主流市场这一过程中所发挥的重要作用。

印度社会企业领域的发展

影响力投资领域的兴起及持续盛行与人们对社会创业的热情长期高涨这一现象有着内在联系。虽然"社会创业"一词最近才被收录进主流词典,但私营企业在印度的发展历史却极为悠久。早在20世纪90年代,经济改革导致对私人部门的监管规范相对宽松,从而使得创业人数在印度激增(Intellecap,2013)。

小额信贷机构作为社会创业领域内首家正规机构,其出现解决了以城市为中心的传统金融机构无法向农村地区用户提供信贷服务这一难题。SKS小额信贷公司、Share小额信贷公司、Spandana小额放贷机构以及后来加入的Equitas小型金融银行、Ujjivan小型金融银行和Janalakshmi金融服务公司等多家组织对孟加拉国专为农村地区贫困人口提供信贷服务的格莱珉银行(Grameen Bank)模式进行了改良。经过改良之后的新模式具有极强的可扩大性且易于复制,同时创造出了一个增长强劲的新领域。从政策角度来看,20世纪90年代成立的印度国家农业与农村发展银行、印度小型工业发展银行以及全国妇女信贷基金(Rashtriya Mahila Kosh,RMK)等机构也对此提供了支持。

小额信贷领域的成功让人们认识到以下事实:第一,将位于经济金字塔底层的人们作为客户群体能够产生巨大潜力(仅可支配收入一项就超过3 580亿美元);第二,商业利润与社会影响力可以以一种意义深远且具有可持续性的方式结合在一起(Commission,2013)。很快,自下而上的创新型社会创业模式便开始如雨后春笋一般在各行各业以及地方背景下迅速涌现。20世纪90年代末至21世纪初,在清洁能源、医疗保健、教育培训、清洁用水、卫生设施等其他需求迫切的领域中,出现了一大批发展缓慢但正在不断加速的营利性社会企业,例如Aravind眼科医疗机构、印度太阳能电子照明公司(The Solar Electric Light Company,Selco)和印度便携式卫生设施及废物管理公司3S Shramik(即如今的Saraplast私人有限公司)。

印度影响力投资领域发展的驱动力

这些社会企业渴望获得发展成长机会,而资本却往往成为主要制约因素,由于主流金融机构和投资者既缺乏专业知识,又没有风险偏好,因此难以为此类特立独行的创业者提供恰当服务。正因为如此,又涌现出了一批新的投资者。在 21 世纪初,这些早期影响力投资者主要在印度国内 Aavishkaar 风险投资公司以及国外聪明人基金会的带领下开展投资活动,专门为那些致力于服务经济金字塔底层市场与偏远困难地区的企业提供支持。这些企业所采用的模式均根植于当地文化背景,急需资本注入及咨询服务支持,以期发展并扩大自身模式。由此可知,印度影响力投资领域的成长发展确实受到一些关键因素的驱动。

经济金字塔底层市场人口众多,但缺乏获得服务的途径

印度经济金字塔底层市场的人口数量排名世界第一,人数超过 8 亿,在假想情况下足以构成世界第三大国。世界银行数据显示,32.6% 的印度人口生活在国际贫困线以下,每天生活费仅为 1.25 美元,69% 的人口每天生活费不足 2 美元。35% 的社会底层人员构成了极端贫困人口,主要依靠政府福利计划、补贴和补助来维持生计。低收入家庭的日均生活费略微高于贫困线,其同样渴望能够进一步摆脱贫困,并获得用于改善生活质量的产品及服务。社会企业家认为,在清洁用水、能源获取、卫生设施、医疗保健以及教育培训等领域向这部分人群提供其负担得起的产品与服务,将成为一个利润丰厚的商业机会。大多数影响力投资者也已经发现,部分企业专门为人均日收入超过 1.25 美元的低收入社区提供服务,而投资这些企业将成为不二之选,前景一片光明。

社会部门公共支出较低

在为贫困人口提供社会服务的各国政府中,印度政府所要面对的服务对象规模最为庞大。2012—2013 年间,其此项支出约为 1 000 亿美元,尽管如此,这笔支出在改善该国贫困人口生活条件方面却几乎没有取得任何具有可持续性的进展,而且在比例上也远远低于其他类似国家在相同项目上的支出(参见图 16.1)(Government of India Planning Commission,2013—2014)。印度政府一

直未能有效利用必要的财务资源及人力资源为那些位于经济金字塔底层的人们提供全方位服务,更遑论进一步激励创业与影响力投资以作为完成这一任务的手段。

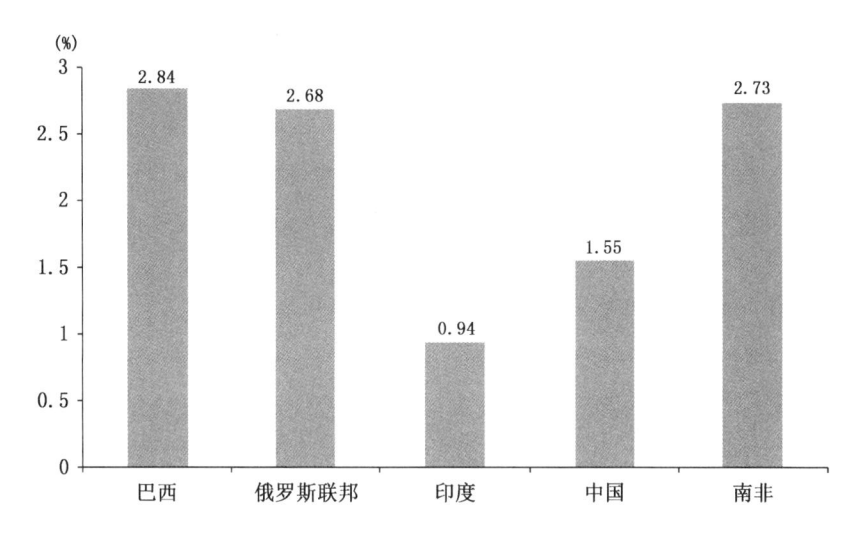

```
(%)
巴西        2.84
俄罗斯联邦   2.68
印度        0.94
中国        1.55
南非        2.73
```

资料来源:世界银行。

图16.1　年平均公共卫生支出占国内生产总值的百分比(2004年9月)

私人部门的参与

在小额信贷领域大获成功之后不久,各行各业涌现出一大批新兴企业,由于其所采用的模式更加高效且具有较强的可持续性,因此较之政府机关,能够为那些位于经济金字塔底层的人们提供更好的服务。这些社会企业致力于扎根当地环境,与位于经济金字塔底层的贫困人口之间联系密切,不仅将其视作客户,而且还聘请其为企业员工甚至是发展为合作伙伴。贫困人口现有基础设施极为有限,比起政府机关,社会企业在这方面的适应性更高也更加灵活。另外,这些企业通过在数个领域与政府机关直接进行交锋,最终实现破除定势、促进竞争、迸发活力,从而更好地服务贫困人口。最近,出现了诸多采用政府与社会资本合作模式的组织机构,以国家技能发展协会为例,其目标是到2022年为大约5亿印度人口提供技能培训服务(Intellecap,2014)。诸如此类的合作伙伴关系框架模式已然证实,支持这些社会企业将带来巨大机会,因为其作为媒介载体,不仅可以促进经济发展,还能够大大提升贫困人口的生活水平。

优秀基金经理的出现

随着社会创业领域的蓬勃发展,其能够吸引到更加优秀的人才来制定创新型战略,以满足经济金字塔底层市场的需求;同时,其也拥有相关技能以确保获得专门定制的资源,尤其是资本,最终实现自身潜力并完成主流化。考虑到该领域与主流投资活动之间存在巨大差异,有兴趣对此深入探究的基金经理普遍认为,该领域所需的资本类型属于"耐心资本",因其提供方式不仅将时间线作为参考,而且与社会企业之间的相关性更高。其中大量资金来自一个全新的利益相关者群体,其主要由开发性金融机构和基金会构成,尚不熟悉如何通过基金进行影响力投资。

印度影响力投资领域的主要利益相关者

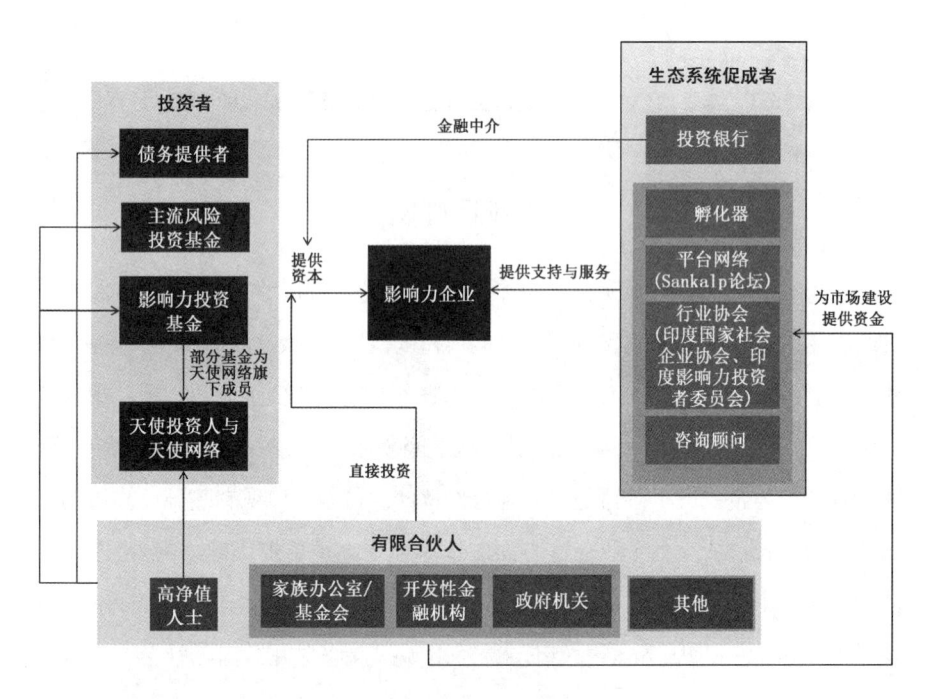

资料来源:Intellecap Analysis。

图 16.2　印度影响力投资生态系统

在过去十年间,出现了一批与影响力投资领域密切相关的利益相关者,具体包括以下三类:第一类是公司企业,其专注于制订以市场为基础的解决方案,旨在解决经济金字塔底层市场所面临的可及性与可负担性问题;第二类是投资者,其通过注入资本为这些企业提供支持;第三类是生态系统促成者,其致力于在领域内不同利益相关者之间建立联系,并提供多条途径以推动政府参与。本书第十四篇文章已对这些利益相关者进行了详细描述。

从数字视角解读印度影响力投资领域现状

从 2000 年到 2014 年,印度 220 余家社会企业一共获得了约 16 亿美元的投资。第一轮投资占到投资总额的 30%,约为 4.87 亿美元,后续几轮投资数额约为 11 亿美元(Intellecap,2014)。在第一轮投资中,影响力投资者所参与的投资虽然单项交易规模较小,但数量更多,而主流投资者则为影响力投资运动贡献了自己的强大力量,专门投资那些专注于支持服务滞后市场及其客户同时处于早期阶段的公司企业,且单项交易规模较大。

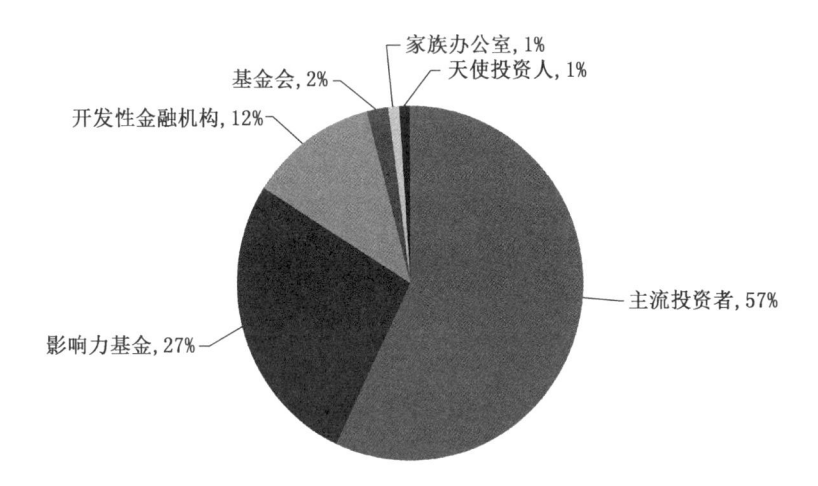

资料来源:Intellecap Analysis,VCC Edge,Venture Intelligence,Deal Curry。
图 16.3　各类投资者之间的投资分配

鉴于小额信贷机构是印度影响力投资领域内最早出现的影响力企业之一,加之其模式具有较强的可扩大性且易于复制,因此获得了大部分投资者的兴趣。在所有影响力投资活动中,大约 70% 的投资集中在金融包容性领域(包括小额信贷机构和非小额信贷机构),超过 50% 的投资集中在小额信贷领域。在金融包容性领域之外,部分投资活动注入的资本相对集中:15 家社会企业所获得的投资占到全部影响力投资活动的 67%(Intellecap,2014)。然而,对余下的社会企业来说,尽管所获投资数额较小,但仍然起到了鼓舞人心的重要作用,也正是这一点使得影响力投资明显有别于主流投资。

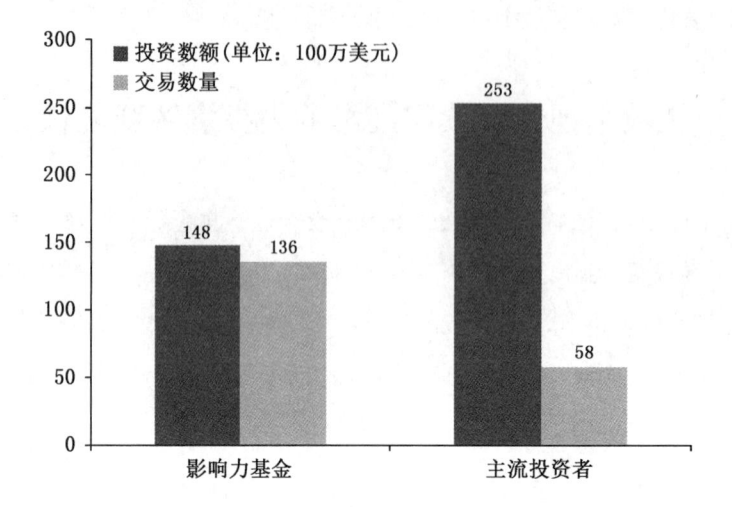

资料来源：Intellecap Analysis,VCC Edge,Venture Intelligence,Deal Curry。

图 16.4　第一轮投资

印度影响力投资领域的独有特征

利用投入资本来推动社会变革这一概念在世界各地有着多种多样的呈现形式。之所以形式各异,多是因为影响力投资领域特征的形成往往受到当地背景因素的驱动。通过研究生态系统中的主要参与者(包括影响力投资者、社会企业家以及生态系统促成者)并与之进行互动,可以凸显出印度影响力投资领域所独有的一些有趣特征。

印度影响力投资根植于当地背景

研究显示,印度绝大多数社会企业的成立初衷是为了提升印度低收入人群可及产品与服务的质量。印度社会创业的特点是自下而上推行俭约创新,其影响力投资领域也能够充分认识到创业者的需求,即循序渐进、逐步发展、聚焦使命,最终实现可持续发展。

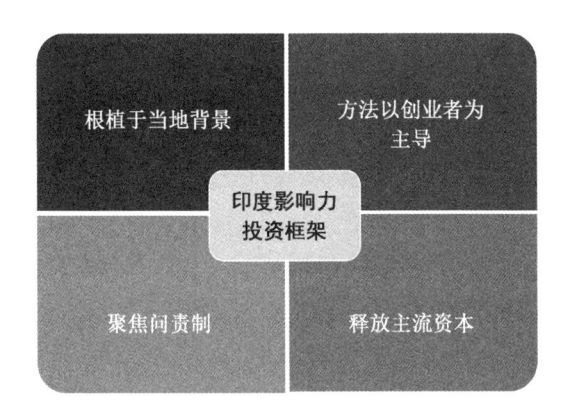

资料来源：Intellecap Analysis。

图 16.5　印度影响力投资框架

印度影响力投资所遵循的方法以创业者为主导

由此可见，创业者是该领域的核心关键。影响力投资者主要由那些最了解其企业成立背景的创业者来进行引导。随着时间的推移，投资战略从投资特定领域转变为投资不确定领域，且投资决策标准往往以创业者所拥有的具体品质和所采用的企业管理方式为中心，上述观点的支持证据由此可见一斑。

印度影响力投资释放主流资本

印度影响力投资领域最不寻常的特征或许是其能够推动主流资本资源进入社会企业生态系统。影响力投资者作为先驱者，勇于承担相应风险，并负责提供耐心资本和必要的技术援助，这一点成功吸引了主流资本的注意力，虽然这些资本对于影响力理念不甚了解，却对富有才华的创业者以及企业应具有可扩大性这一观点抱有极大兴趣。另外，影响力投资者不仅能够让主流投资者感受到久违的安心，而且还在两者之间建立起强有力的合作伙伴关系。放眼全球，也只有印度存在上述现象。

印度影响力投资确保聚焦问责制

虽然追求产生社会影响力是开展所有社会创业活动的根本原因，但无论是影响力投资者还是创业者，在报告活动效益和评估影响力的过程中，都会秉持

"安全意识",贯彻落实问责制并确保较高的透明度。自2010年印度发生小额信贷危机以来,该领域内部一直保持着谨慎警惕的状态,从而使上述安全意识得以进一步加强。印度国家社会企业协会和影响力投资者委员会等行业机构的成立,旨在整合巩固领域内部取得的各项努力成果,形成一套行业惯例及标准并坚决贯彻执行,推动落实政策优先事项,最终促进领域成长发展并实现规模扩大。

印度影响力投资领域的主流方法

虽然该领域形成之初有多种投资方法,然而如今的情况却是:就算不是所有影响力投资者都会采用符合主流风险投资模式这一投资方法,大部分影响力投资者也会将该方法作为首选,因为其认为财务可持续性、利润以及社会公益三者同等重要。影响力投资者的投资组合遍布全国各地,但在区域分布上较为偏向于投资印度西部及南部各邦,例如马哈拉施特拉邦、卡纳塔克邦和泰米尔纳德邦。一些基金能够解决全国范围内投资支持分布不均的问题,以Pragati基金和Samridhi基金(由国际发展部、印度小型工业发展银行以及SIDBI风险投资有限公司组成)为例,前者专注于投资印度北部及中部,后者致力于投资印度北部和东部。

对于那些处于早期阶段的企业而言,影响力投资者往往是第一批加入的投资者,不仅能够及时满足投资对象迫切的投资需求,还能确保其虽然不受主流金融机构和咨询机构的青睐,仍能获得所需认可及资源,并最终吸引主流市场的兴趣。迄今为止,影响力投资者主要从外国投资者那里筹集资金,因为国内资本来源对于采用风险投资方法来实现社会影响力兴趣寥寥,反而更倾向于慈善活动这一方式。

然而,这种情况正在发生变化,本国资本提供者对于探索影响力投资领域的兴趣日益增加。事实上,以影响力基金Omnivore Partners为例,其专注于农业与食品行业,资金筹集全部源自国内。另外,本届政府及上一届政府都积极采取各项措施以支持社会创业(参见本书第十四篇文章第七部分"其他利益相关者")。2014年1月,团结进步联盟(United Progressive Alliance, UPA)[1]领导下的印度政府联合国家创新委员会(National Innovation Council, NInC)和印度

---

〔1〕 团结进步联盟由不同政党组成,受印度国民大会党领导,自2004年至2014年执掌印度政府。

中小微企业部,共同推出了印度包容创新基金(India Inclusive Innovation Fund, IIIF)。政府承诺建立初始本金规模约为 8 330 万美元的资金池,其中由印度政府出资 20%,其余部分自公共部门银行、金融机构、保险公司以及开发性金融机构处筹集(Intellecap,2014)。虽然该基金尚未声明下一步新动作,但本届政府已经公开宣布,将促成社会企业在印度进一步发展壮大。

从纯粹的慈善活动转变为基于风险投资的影响力投资,这一变化不仅出现在印度非影响力金融机构,也发生在诸多基金会与家族办公室,其已经开始着手分配部分资金用于投资具有可持续性的企业模式。赠款赞助者试图通过以下方式来改进其投资战略,即开展项目相关投资,以便将其影响力资本直接投资企业,或是借助影响力投资基金来进行部署。在过去十年间,开发性金融机构也扮演着重要投资者的角色,最初是在小额信贷领域进行投资,后来是作为多只影响力基金的有限合伙人进行投资。影响力投资也得到了越来越多高净值人士的支持,其作为天使投资人,希望通过企业驱动型方法来支持社会公益。

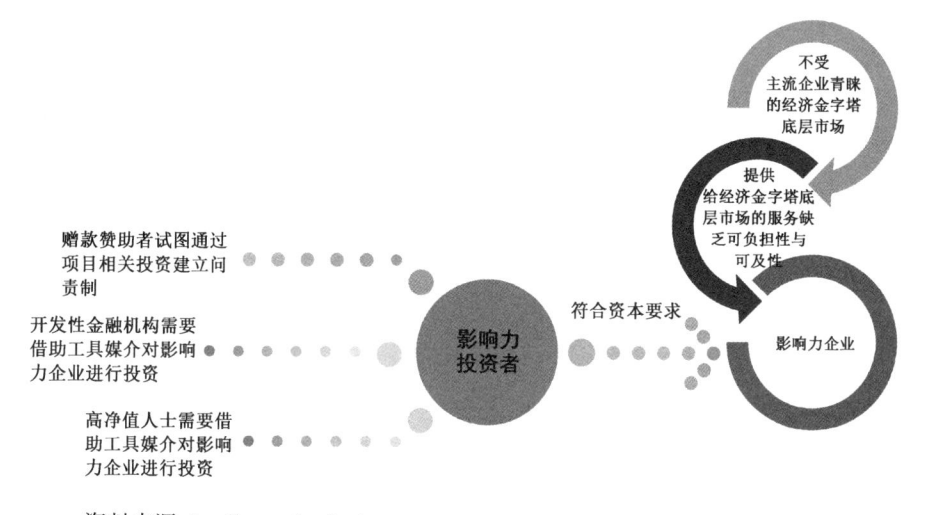

资料来源:Intellecap Analysis。

图 16.6　从赠款资助转变为影响力投资

印度影响力投资领域的风险投资方法

印度当前的影响力投资模式主要是以主流风险投资方法为基础。然而,确切地说,影响力投资领域所采用的风险投资方法与主流方法稍有不同,其倾向于对那些在服务滞后市场及需求迫切领域运营、与低收入消费者联系紧密,且处于早期阶段的营利性企业进行投资。影响力投资者作为先驱者,勇于承担相应风险,致力于追求可扩大性及可持续性兼具的长期回报而非短期回报,并且在给予财务支持的同时还向企业提供非财务支持。

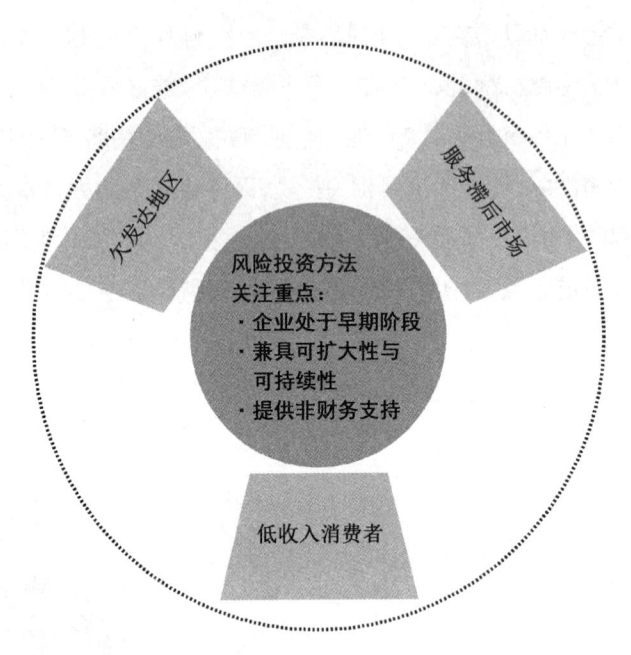

资料来源:Intellecap(2014)。*Invest. Catalyze. Mainstream:The Indian Impact Investing Story*. Mumbai:Intellecap。

图 16.7 风险投资方法

印度影响力投资者作为先驱者所承担的风险

风险投资本身就具有一定风险。然而,主流投资者与影响力投资者之间的一个关键区别在于,前者倾向于投资那些能够吸收更多资本且在地理位置上通常更靠近基金实际办公地点的影响力企业,而后者则倾向于投资偏远困难地区,且投资数额相对较少。鉴于影响力投资者的投资对象都是那些服务于未开发市场的企业,且多处于早期阶段,因此,他们必须具备承担更高风险的能力。通常情况下,当影响力投资者决定为服务滞后市场中某家企业提供支持时,其常常会选择与该地区出现的第一家正规企业进行合作,而该地区市场则往往如在襁褓之中一般，甚至是一片空白，尚待孕育(Intellecap，2013)。因此，企业扩大规模并获得成功所必需的重要因素，包括周边基础设施、受过教育的客户群体以及技能型人才库等，作为影响力投资者投资对象的这些企业却通通不具备。

印度影响力投资者关注重点：可扩大性与可持续性

主流利益相关者有可能会认为影响力与回报之间互相排斥，与之不同，影响力投资者深知，为了在社会企业所处的市场和领域中实现真正的社会及经济变革，就必须对利润以及在当地背景下产生的影响力一视同仁，绝不能区别对待。因此，影响力投资者更愿意投资长期资本，以便让企业循序渐进地成长壮大、扩大规模，而不是追求速战速决，只想快速完成投资并退出项目。由主流投资者发起的后续投资是衡量企业规模化潜力的一项绝佳评估指标，除此之外，还能够增加影响力投资者的公信力，为其提供佐证以证明自身有能力识别并培养这些能够产生巨大现金流量的企业。

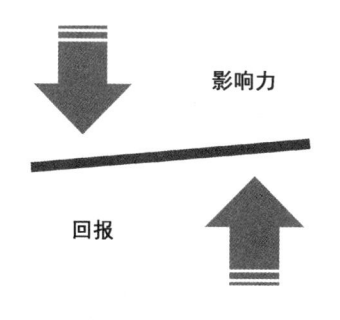

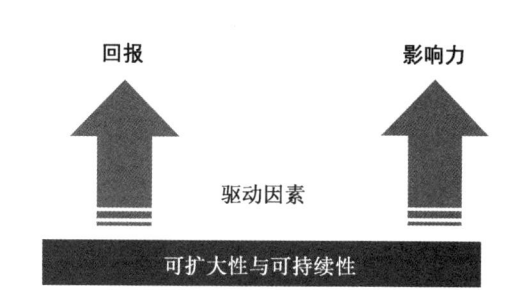

资料来源：Intellecap Analysis，与业内人士之间的互动。

图 16.8　印度影响力投资者关注重点：可扩大性与可持续性

印度影响力投资者对企业模式的全方位支持

鉴于社会企业获得咨询服务、业务来源、基础设施以及技术援助的机会要少于一般性初创企业，因此，影响力投资者实际上肩负着双重责任，其不仅要向处于早期阶段的企业投入财务资源，还要优化影响力企业的商业模式、完善内部流程、构建社会网络并提升能力以吸引人才加入。此外,影响力投资者还是社会企业推进其使命的有效渠道,并且在可行情况下,足以将企业规模扩大至全国范围乃至世界范围。

影响力基金的催化作用

除了在促进社会企业发展成长方面所发挥的重要作用之外,影响力投资者还肩负着更加艰巨的任务,即推动主流财务资源用于解决那些涉及可及性、可负担性、社会公益以及公平发展的问题。在影响力投资者与社会企业领域出现之前,只有政府机关、私人基金会和开发性金融机构等利益相关者看到了以兼容方式同时实现经济增长与社会发展这一倡议中所蕴含的价值。然而,通过展示社会企业商业模式的可行性,影响力基金在吸引主流资金注入影响力投资领域方面起到了更加重要的催化作用。随着私人部门所发挥的作用愈加显著,其他利益相关者得以重新调整其优先事项,并采用更具成本效益的方式集中资源,以应对社会及环境所面临的严峻挑战。

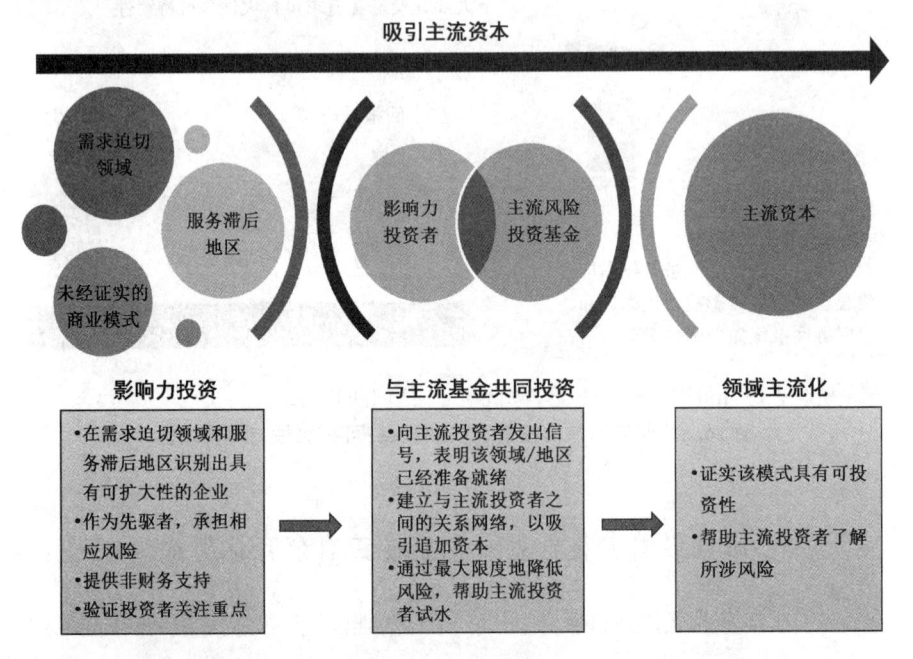

资料来源:Intellecap Analysis。

图 16.9 印度影响力投资者关注重点:催化作用

社会企业领域主流化过程中的不同阶段

影响力投资者在为主流投资者解读影响力企业商业模式所具风险方面发挥着重要作用。其在完全退出投资项目之前,会通过共同投资发出该企业及其所在领域具有可投资性这一信号。

第一阶段:部署风险资本用于资助早期阶段

考虑到可用影响力资本的潜在数额,尽管社会企业兼具可持续性与可扩大性,但其获得资本的渠道途径却仍然相当匮乏。因此,影响力投资者花费了大量时间用于考察二、三线城市及小城镇,以期寻觅到极具潜力的创业者与企业理念,借此打造自身的投资组合。当影响力投资者发现处于早期阶段的企业时,会为其提供非财务支持并确认关注重点。除了通过部署自身资源以建立社会企业生态系统之外,影响力投资者还是在社会企业家与主流市场之间建立联系的先行者。另外,影响力基金投资期限较长,其基金生命周期可达 10 年乃至更久。在 220 余家企业中,一半以上企业获得其第一轮融资的时间不超过 3 年,因此,现在评估影响力投资者的投资期限还为时过早。然而,其仍然坚持继续投资,甚至在任何主流资本尚未投资之时,又向 53 家影响力企业注入了 2.17 亿美元作为后续资本(Intellecap,2014)。通过保持耐心沉着、持之以恒,同时为企业提供有效培训,影响力投资者已经成功转变了人们对于社会企业领域涉及风险所持有的传统观念。

第二阶段:与主流基金共同投资

影响力投资者是引导主流基金注入社会影响力领域的媒介。向主流投资者二次出售股权是衡量影响力投资者成功与否的关键评估指标之一,因此,许多影响力基金在企业投资生命周期的初始阶段即开始着手与主流投资者展开接触。经过极富耐心的投资,影响力基金向主流投资者发出信号以表明其投资对象企业已然准备就绪,即使在主流基金决定资助这些企业之后,其通常情况下仍然选择继续投资。迄今为止,影响力投资者已经与主流投资者一道,向影响力企业共同投资了 1.85 亿美元。

小额信贷机构是共同投资过程中最为明显的示例。在 SKS 小额信贷公司(2006 年与 Unitus 股权基金 Ⅰ 及印度小型工业发展银行进行共同投资,2007 年与 Unitus 股权基金 Ⅰ、Odyssey Capital 资产管理公司、红杉投资公司及 Kismet

影响力投资者与主流投资者在各个领域的共同投资情况

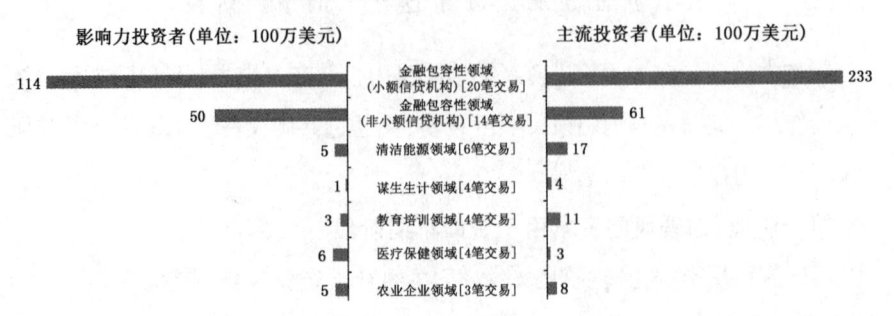

影响力投资者（单位：100万美元）	领域	主流投资者（单位：100万美元）
114	金融包容性领域（小额信贷机构）[20笔交易]	233
50	金融包容性领域（非小额信贷机构）[14笔交易]	61
5	清洁能源领域[6笔交易]	17
1	谋生生计领域[4笔交易]	4
3	教育培训领域[4笔交易]	11
6	医疗保健领域[4笔交易]	3
5	农业企业领域[3笔交易]	8

资料来源：Intellecap Analysis，VCC Edge，Venture Intelligence。

图 16.10　影响力资本与主流资本在各个领域的共同投资情况

Capital私募股权投资公司进行共同投资）、Spandana小额放贷机构（与J. M. Capital抵押贷款经纪公司及影响力投资机构Lok Capital进行共同投资）以及Share小额信贷公司（与Legatum投资管理公司及Aavishkaar Goodwell基金Ⅰ进行共同投资）与影响力投资者达成几笔共同投资交易后，此类投资活动的数量便呈现指数级增长。这些投资大获成功之后，影响力投资者及其共同投资合伙人在2008—2014年间，通过23笔交易向小额信贷机构累计投资约3.5亿美元。

第三阶段：实现社会影响力领域主流化

当影响力企业在不需要借助影响力投资者共同投资的情况下，就能够独立吸引纯主流资本，这便意味着催化作用实现了其最佳效果。

在2000—2014年间，小额信贷领域已经能够从主流投资者那里吸引到2.25亿美元的后续资本（参见图16.11）。尽管其他领域尚未迎头赶上，但是，纯主流资本投资小额信贷机构这一趋势已然形成且仍在不断发展。例如，SKS小额信贷公司于2010年7月在孟买证券交易所公开上市，并继续通过公共市场筹集资金，数额超过1.6亿美元。另一个示例是2013年摩根士丹利亚洲私募股权基金（Morgan Stanley PE Asia）、塔塔集团旗下金融服务公司塔塔资本（Tata Capital）以及印度QRG企业有限公司等主流投资者对Janalakshmi金融服务公司的投资超过了5 000万美元。另外，在主流资本流动的同时，那些传统上并不关注经济金字塔底层市场的其他大型公司也逐渐对此产生了投资兴趣。如此一来，由大型企业或是全球跨国公司结成的联盟或发起的战略收购便形成了新的途径渠道，以供影响力投资者在实现影响力领域主流化的过程中发挥催化作用。

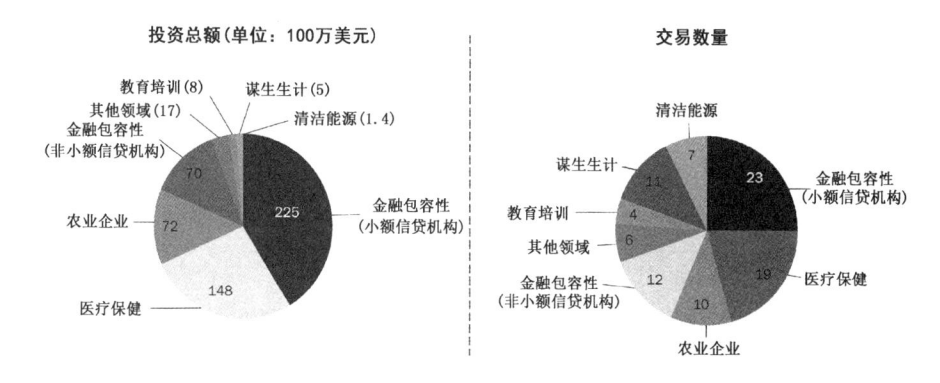

资料来源：Intellecap Analysis，VCC Edge，Venture Intelligence。
图 16.11　影响力资本只将主流资本作为共同投资合伙人的影响力投资交易

影响力投资领域的趋势

与其他社会影响力领域相比，小额信贷领域无疑是金融性投资规模最大、媒体报道次数最多的领域。但是近年来，非小额信贷领域的交易数量也逐渐发生了变化。通常情况下，企业第一轮投资的平均规模约为170万美元，而影响力投资者在其第一轮交易中，平均投资数额一般会达到110万美元左右（Intellecap，2014）。由此可见，早在首轮交易中，开发性金融机构和主流投资者就在支持影响力企业方面发挥了重要作用。

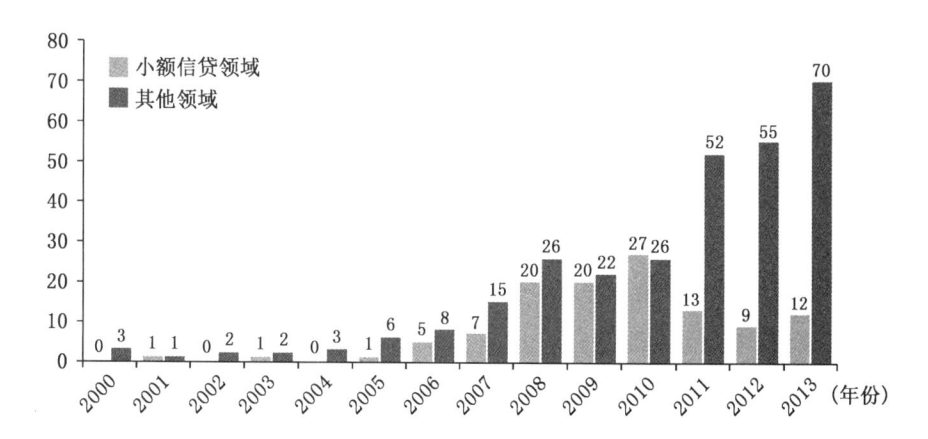

资料来源：Intellecap Analysis，VCC Edge，Venture Intelligence。
图 16.12　影响力投资交易数量比较（小额信贷领域与非小额信贷领域）

印度影响力投资生态系统中的经验教训

自 2000 年以来,流向影响力领域的资本数额涨幅明显。自 2010 年以来,融资规模的扩大加上创业活动的持续激增,共同造就了一个强劲而繁荣的环境。新的基金不断涌现,而 21 世纪初的那些冠军基金在其影响力投资关注重点方面也日渐趋于成熟。在此背景下,随着生态系统在印度及世界各地不断发展,有一些重要的经验教训需要铭记在心。

退出阶段的业绩记录

与主流风险投资基金一样,若想证明影响力投资基金获得的成功、投资期限以及对有限合伙人所负起的责任,重中之重就是要在退出阶段取得良好的业绩记录。尽管除了小额信贷领域之外,社会企业领域仍然处于发展历程的初始阶段,然而在影响力领域已经有 15 起退出记录登记在册,其中就包括许多新近推出的影响力基金(Intellecap,2014)。虽然从统计学角度来看,这一数字似乎微不足道,但其趋势是倾向于部分退出,也就是需要向其他投资者,通常是主流投资者,进行二次出售,因为这些投资者渴望确保所注入的资本能够真正被用于支持企业成长发展。因此,许多种子阶段投资者停留在企业中的投资期限比起主流领域所建议的期限要长得多。按照定义可知,影响力基金就是耐心投资外加深度参与,致力于推进生态系统及相关领域建设。为应对这一流动资金挑战,印度最近出台了一些调整措施,其中就包括于 2012 年成立的中小企业证券交易所,以供中小企业借此进入公共市场。与之类似,近期还实施了其他多项举措,具体包括专为加拿大企业设立的加拿大 SVX 社会证券交易所、针对欧盟企业建立的社会股票交易所,以及为亚洲和非洲企业创办的亚洲影响力投资交易所等。更具体地说,亚洲影响力投资交易所与毛里求斯股票交易所联合推出了影响力交易所,以期帮助社会企业在毛里求斯挂牌上市。

基金规模

随着社会企业可行模式数量的不断增加,加之主流市场对该领域兴趣的日益浓厚,影响力投资者得以创建资产规模更大的新基金。乍看之下,这表明该领域正在健康成长,主要体现在基金交易数量增多、影响力企业可吸收资本数额增大、投资者收取基金费用金额上涨,以及组建团队规模扩大。然而,考虑到影响力投资领域的风险投资方法常常涉及处于初始阶段的企业以及投资数额较小的交易,并且需要规模较大的团队在互联不足的市场中搜寻企业并为其提供扶持,因此,基金规模较大也许会使得影响力投资团队难以驾驭,超出其有效管理大量交易的能力范围。随着影响力基金的不断发展,其会努力克服困难,调整自身增长速度和资金分配,以期在投资质量与投资速度及范围之间实现平衡。

如此一来,投资基金的增长可能会使得影响力投资者的投资兴趣转向那些处于后期阶段的社会企业,由此可能会导致企业在早期阶段出现资金缺口。尽管这一转变为其他小规模影响力基金、高净值人士以及 Intellecap 影响力投资网络等天使网络提供了投资机会,但是在这一领域尤为关键的成长期,其也确实改变了企业在早期阶段能够获得的资本数额。

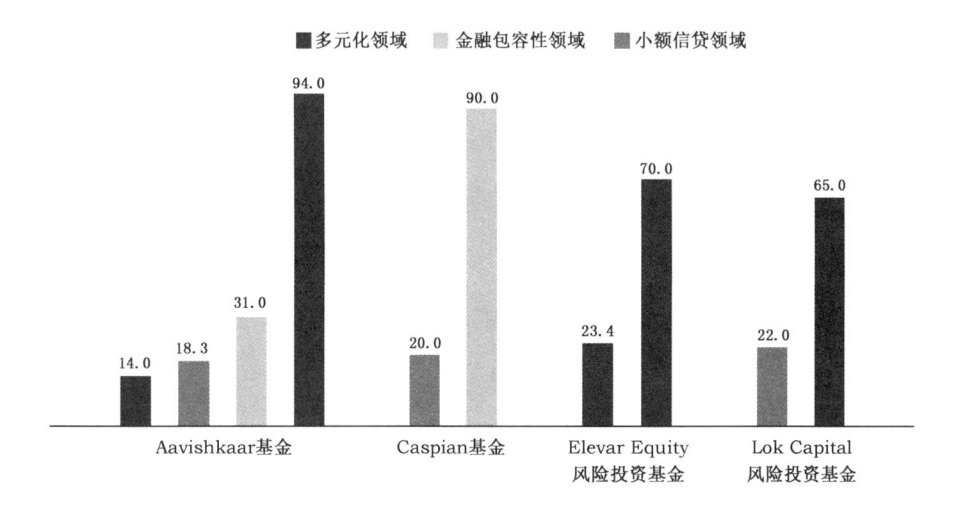

注:Elevar Equity 风险投资基金专注于小额信贷领域,只有少量交易涉及非小额信贷领域。

资料来源:VCC Edge,Venture Intelligence。

图 16.13　基金规模趋势(单位:100 万美元)

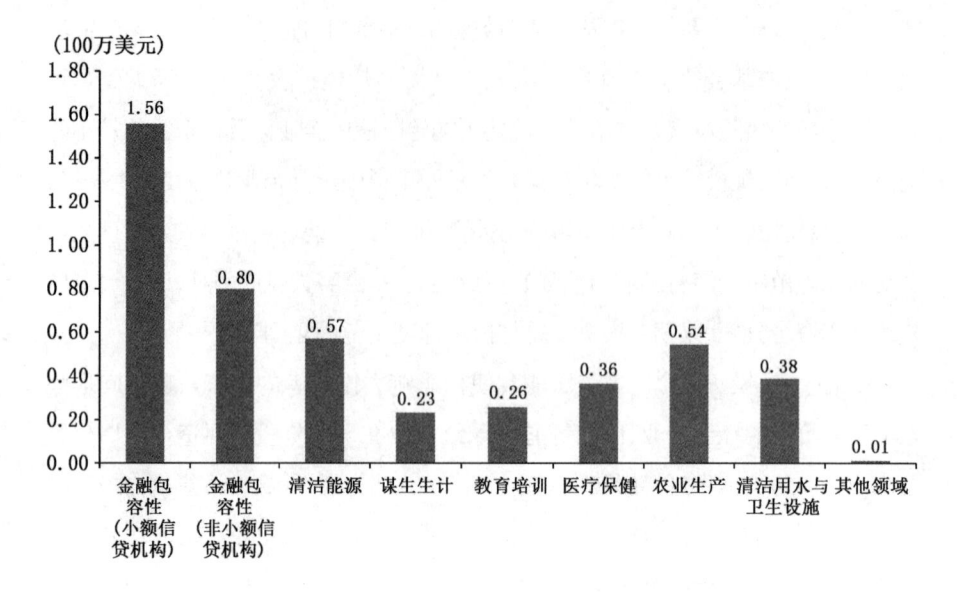

资料来源：Intellecap Analysis。

图16.14　影响力基金第一轮投资平均规模

债务需求

对于许多处于金融包容性领域之外的社会企业来说，由于获得债权融资的渠道有限，因此其财务可行性以及成长发展仍然受到一定制约。社会企业需要在不同轮次的股权注入之间获得债权融资，以便满足营运资金短期需求并为自身成长发展提供支持。债务能够帮助企业在多轮股权注入之间拉开差距，并限制创业者在估值较低时期股权受到过多稀释。债权融资对于社会企业而言尤为重要，因为这些企业最担心的就是由于企业主股权稀释过多以致出现"使命漂移（mission drift）"这一后果，即组织行为前后不一从而导致组织行为不符合组织形象。

商业银行是债权融资的主要来源，为身处主流领域及影响力领域的企业提供了80%的正规贷款。但是，银行贷款需要抵押物，而这却往往是早期阶段企业所缺乏的，加之银行还款计划相当死板，因此使得企业难以合理获批债务。政府曾经试图通过建立替代性债权融资模式来改善这一状况，例如由印度小型工业发展银行推出的信用担保基金计划，然而殊感遗憾的是，迄今为止，这些举措均收效甚微。相反，专为社会企业提供债务的组织应运而生。IntelleGrow公司、Kinara Capital 金融服务公司、Vistaar Livelihoods 金融服务公司及 Varthana 金融服务公司等企业大批涌现,专门为早期阶段企业和成长型影响力企业设计定制的金融产品以满足其需求。这些公司所提供的贷款大多有现金流量做基础,且不需要抵押物。在缺少业绩记录及其他文件佐证的情况下,背景调查、同行评价、亲自尽职调查以及个人/公司担保等措施均可作为补充手段,以供贷款人用来评估企业偿还债务的能力和意愿。

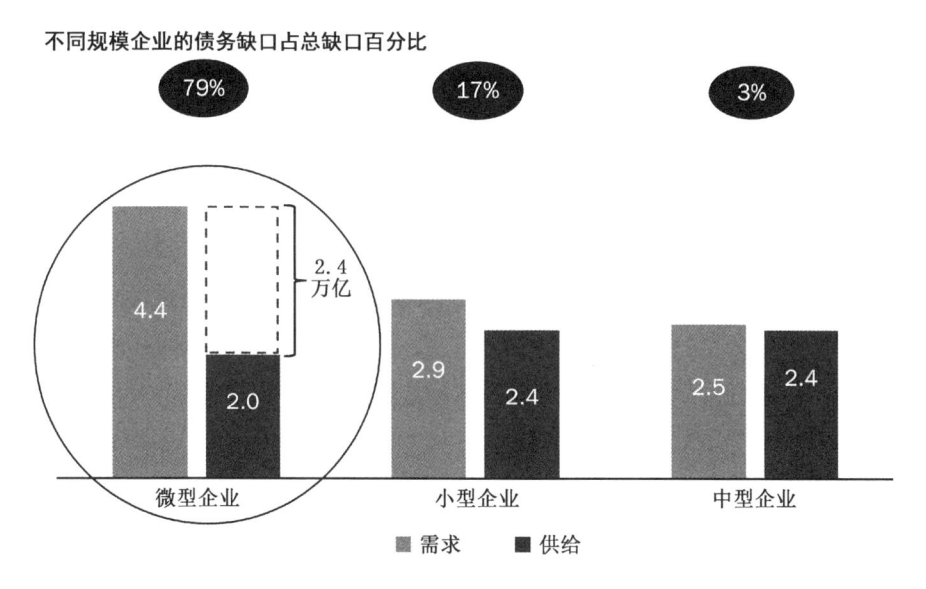

不同规模企业的债务缺口占总缺口百分比

企业规模	占比	需求	供给
微型企业	79%	4.4	2.0
小型企业	17%	2.9	2.4
中型企业	3%	2.5	2.4

（微型企业缺口:2.4 万亿）

资料来源:*Micro Small and Medium Enterprise Finance Market in India*, Intellecap and IFC,2012。

图 16.15　按照企业规模划分的债务缺口(单位:1 万亿印度卢比)

展望未来

影响力投资领域的成长发展表明,私人部门资本可以通过根植于当地环境并采用具有财务可持续性的方式,投资那些致力于满足经济金字塔底层市场需求的企业。随着该领域不断发展演变,极有可能会出现以下趋势,即为全球未来强劲的影响力投资市场开创先例。

建立创新型融资机制

除了创新型债权融资和持续盛行的股权融资之外,影响力投资领域还将采用专为企业要求量身定制的替代性方法以解决日益增长的融资需求。综上所述,极有必要推行慈善创新举措,例如低成本债务贷款、可收回赠款以及与市场挂钩的变体等,这些措施将不同于那些传统的金融解决方案。随着各方利益相关者汇聚一堂,共同研发新型融资工具,整个领域都将以一种更具可持续性的方式继续发展成长。

改进传统的赠款模式

许多基金会和开发性金融机构已经着手从赠款资助转变为影响力投资,且该趋势无疑将继续发展壮大,因为这些机构都在尝试采用新方法为各项举措提供支持,例如发行发展影响力债券等,旨在针对资助资本使用问题进一步推行问责制。

营造适当的政策环境

印度中小微企业对国内生产总值的贡献每年大约增长 11.5%,而国内生产总值年度整体增长率约为 8%(Dun & Bradstreet,2013)。因此,人们普遍认为,以成长为导向的中小微企业是目前制订解决方案的关键驱动因素,这些方案能够解决印度所面临的一些最大挑战,创造更多就业机会并为更多人带来收入。诸如影响力投资者委员会这样的行业协会可以通过宣传及游说来营造适当的环境,以使该领域得到更多认可与支持。

促使企业发挥更大作用

强制执行企业社会责任相关措施已逐渐成为一种趋势,同时,越来越多的公司也在寻求与社会企业进行合作,以便将其服务范围扩大至农村地区。在此背景下,公司企业将致力于拓宽领域边界,并且在建立影响力投资生态系统方面发挥更重要的作用。

增加本国资本

其一,国内金融机构的风险偏好在不断提升;其二,由于社会企业领域大获成功,因此,影响力投资领域能够更好地阐述其投资关注重点。由此可知,流向社会企业的本国资本将会大大增加。大量本国资本注入社会企业不仅能够确保该领域得以稳步发展，还能大力推行投资活动问责制，并且为瞬息万变的环境形势提供更加有力的当地背景作为坚强后盾。

参考文献

Dun & Bradstreet (2013). *MSMEs in India.* Retrieved from https://www.dnb.co.in/Nashik2013/PDF/MSMEsInIndia.pdf

Government of India Planning Commission (2013, July 22). *Press Note on Poverty Estimates for 2011–12*. Retrieved from http://planningcommission.nic.in/news/pre_pov2307.pdf

Government of India Planning Commission (2013–2014*). Annual Report 2013–14 on State and Centre Expenditure*. Planning Commission, Government of India. Retrieved from http://planningcommission.nic.in/reports/genrep/ann_e13_14.pdf

Intellecap (2013). *Pathways to Progress: A Sectoral Study of Indian Social Enterprise*. Mumbai: Intellecap

Intellecap (2014). *Invest. Catalyze. Mainstream: The Indian Impact Investing Story*. Mumbai: Intellecap.

十七、影响力投资在中美洲：分析研判新兴市场现行投资战略的成长速度、多元化程度以及市场潜力[1]

阿尔瓦罗·A. 萨拉斯（Alvaro A. Salas）

路易斯·哈维尔·卡斯特罗（Luis Javier Castro）

威廉·尼尔森（William Nielsen）

引言

我们关注投资活动所带来的积极影响，是因为我们关心社会能否可持续发展。我们关心社会能否可持续发展，是因为我们深知，企业绝无可能在衰败的社会中获得成功，而当社会难以为继时，其必然会走向衰落。经济学为我们指明了

【作者简介】 阿尔瓦罗·A. 萨拉斯，民主实验室（The Democracy Lab），雪城大学（Syracuse University）马克斯维尔公民与公共事务学院冲突与协作研究中心（PARCC）。路易斯·哈维尔·卡斯特罗，中美洲投资有限公司（Mesoamerica Investments）。威廉·尼尔森，民主实验室。

[1]特别感谢本杰明·加西亚（Benjamin Garcia）和卢卡斯·阿克尔克内希特（Lucas Ackerknecht）对本项研究给予的大力支持。

通向成功企业的道路,但同时其也承认,忽视或未能妥善处理企业的负面影响[1]将导致一系列问题。此外,我们看到的都是与整个社会发展成长有关的数据,例如国内生产总值增长、住房市场增长、股票市场增长等,但这些增长却往往方向不明、毫无目的。正如著名经济学家恩斯特·弗里德里希·舒马赫(E. F. Schumacher)在其著作《小即是美》中所说:"朝着一个既定目标实现有限'增长'是可行的,但绝无可能存在毫无限制的全面增长"(Schumacher,1978)。由此可见,我们必须指明增长方向,制定具体方针,以便将实现社会可持续发展作为现实目标加以推进。尽管尚处于发展之中,但影响力投资这一投资形式已然开始着手通过企业运营来产生其所独有的积极影响。[2]此举表明影响力投资业已取得了重要进展,因其已逐渐意识到需要更加充分地了解企业对社会产生的影响,并且有必要为增长指明方向以确保社会能够可持续发展。

由于认识到了影响力投资所具有的巨大潜力,即利用市场力量实现特定的社会影响力目标,因此,该领域开始受到全世界各方利益相关者的关注,包括基金会、政府机关、投资公司、多边组织以及高等院校。[3]尽管越来越多的资源被用于了解及开展影响力投资活动,但仍有诸多事宜尚待分晓。尤其是我们已经意识到,成功的影响力投资活动并无现成模式可供参考。因此,目前正在行使运用多种投资工具并贯彻执行各类支持机制,旨在帮助影响力导向型企业成长发展,即那些秉持社会/环境明确使命的企业。

如何决定合适的投资形式?这在很大程度上取决于投资对象当前所处的社会经济、政治、法律与金融环境,以及其对企业自身动机的深刻理解。当这些因素在影响力投资者所运营的地区呈现出显著差异时,投资者要么必须下定决心,专攻某种单一形式的影响力,例如"清洁技术";要么必须具有极高的柔性、充足的知识以及对其影响力目标的清晰愿景,以便能够围绕影响力主题展开投资活动,例如,通过投资那些向贫困客户提供基本服务的企业,或是投资研发清洁技

---

〔1〕 在经济学中,无论是负面影响还是积极影响,当其未被计入交易成本时,通常称之为外部性。该影响之所以能够产生并传播,原因通常被归纳为所获信息不完全和/或解决负面影响需要高额交易成本。

〔2〕 需要重点指出的是,企业产生的影响和生成的外部性在数量上几乎是无限的,但用于衡量投资活动影响力的评估指标却往往数量有限,且只能对少数相关项予以评估。

〔3〕 具体示例包括洛克菲勒基金会、英国政府、美国海外私人投资公司(Overseas Private Investment Corporation, OPIC)、摩根大通、世界银行、康奈尔大学(Cornell University)以及哈佛商学院(Harvard Business School)。

术的企业来实现其影响力目标。尽管每一领域均有其独特的企业结构和不同类型的客户，却仍然能够产生大量的社会和/或环境利益，同时也具有较强的财务盈利能力。

中美洲地区由一众小国构成，各国环境条件千差万别，投资机会多元化程度极高。从投资角度来看，这无疑构成了一项艰巨挑战，但同时也向那些能够切实制定投资框架以供识别并支持各类影响力企业的投资者展现出了巨大潜力。在过去十年间，随着影响力投资精品公司、社会企业加速器、以可持续性为导向的机构投资者等投资方日渐崛起，该地区对于那些影响力导向型企业的投资也在不断增加。在本篇文章中，我们将讨论影响力投资领域在中美洲地区的发展现状、成长过程、未来潜力，以及如何将迄今为止所吸取的经验教训应用于世界其他地区。

影响力投资要点：有所为，有所不为

本文主要采纳世界经济论坛对社会影响力的定义："社会影响力必须是企业确切表示将会交付的积极成果，而非仅仅是其核心业务活动的附带产物"（WEF, 2013）。我们认为这一定义既明确具体又切实可行。有鉴于此，世界经济论坛对影响力投资所下定义也同样被予以采用："影响力投资是一种投资方法，旨在同时产生财务回报与可以评估的社会和/或环境积极影响力"（WEF, 2013）。需要注意的是，社会和/或环境影响力必须具有可评估性。倘若影响力无法评估，就难以跟踪所取得的进展。这源自一句古老的格言，即学会评估重要工作才是最重要的。因为我们一旦掌握评估标准，就意味着可以将其付诸实践。所以，影响力投资的一个核心要素就是强调要将评估方法扩展至社会及环境影响力领域，而非仅仅局限于财务绩效领域。关于企业如何影响社会这一议题，在有了新的评估指标之后，我们便可以从中提炼出经过改良之后的最新信息。目前，我们正在朝着具备完全信息条件这一目标逐步努力，过程中将有效减少甚至消除为社会带来的净负面影响。

另外，影响力投资是一种投资"方法"，而不是一项资产类别。其可以应用于各种资产类别，具体包括私募股权、公共股权、实物资产等。然而，在影响力投资领域中，往往是创业层面所取得的进展最为显著，在风险投资与公益创投的大力推动下,涌现出了一大批成长型新兴企业,此类企业所采用的商业模式能够将实现社会和/或环境影响力作为企业运营的核心任务,而不仅仅是作为其履行企业社会责任的一项措施。

中美洲企业:社会经济与政治环境

在 2011 年为美洲开发银行撰写的一份报告中,比韦斯和佩纳多(Vives & Peinado,2011)明确指出,发达国家的公司企业通常都制定有长期企业战略,相较之下,发展中国家的公司企业应该对此进行更加全面的构想与展望。因为在发达国家,经济社会发展并不是公司企业需要承担的责任,然而在发展中国家,公共部门及公民社会却往往深受公司企业影响。

因此,当政府机关缺乏资金,以致无法提供必要的社会保障或环境保护时,企业便需要挺身而出,积极参与影响力投资。这一点在中美洲等地区体现得尤为明显,由于此类地区法治尚不完善,因此,传统的纯利润驱动型公司更加能够将执法力度薄弱这一点加以充分利用。中美洲各国政府可能需要数十年的文化调整,才能够在没有私人资本援助的情况下照顾好本国公民。综上所述,鉴于政府有可能缺乏维护及改善环境条件的能力,因此,位于中美洲地区的公司企业必须努力提升社会建设水平,以确保自身能够长期存续。然而,通过将中美洲各国集合为一个单一的影响力投资地区,以便为现有的影响力导向型企业提供有效支持,尽管这一举措无可厚非,却说起来容易做起来难。因为虽然每个国家都相对较小且毗邻另一个国家,但各国社会经济及政治环境却是千差万别。

从位于中美洲最南端的国家开始一一进行阐述。首先是巴拿马,该国政治环境相对稳定,并且被公认为所在地区最主要的金融贸易中心,这在很大程度上得益于其境内具有重要战略地位的运河以及与美国等外国投资者之间所保持的长期关系。下一个国家是哥斯达黎加,政治环境同样较为稳定,其于 20 世纪 40 年代末宣布废除武装力量,成为世界上第一个不设军队的国家,由此得到高度认可。此外,在环境政策制定方面,该国也处于世界领先水平。如图 17.1 所示(World Bank,2015),与巴拿马类似,哥斯达黎加人均国内生产总值相对较高。尼加拉瓜是中美洲地区最贫穷的国家之一,贫困率高达 42.5%(World Bank,2015)。其饱受政局动荡及战乱频发之苦长达数十年之久,直到 20 世纪 90 年代才略微有所好转。目前,该国贫困程度极高,同时政局相对稳定,这两点使其成为外国慈善团体开展工作的首选之地。

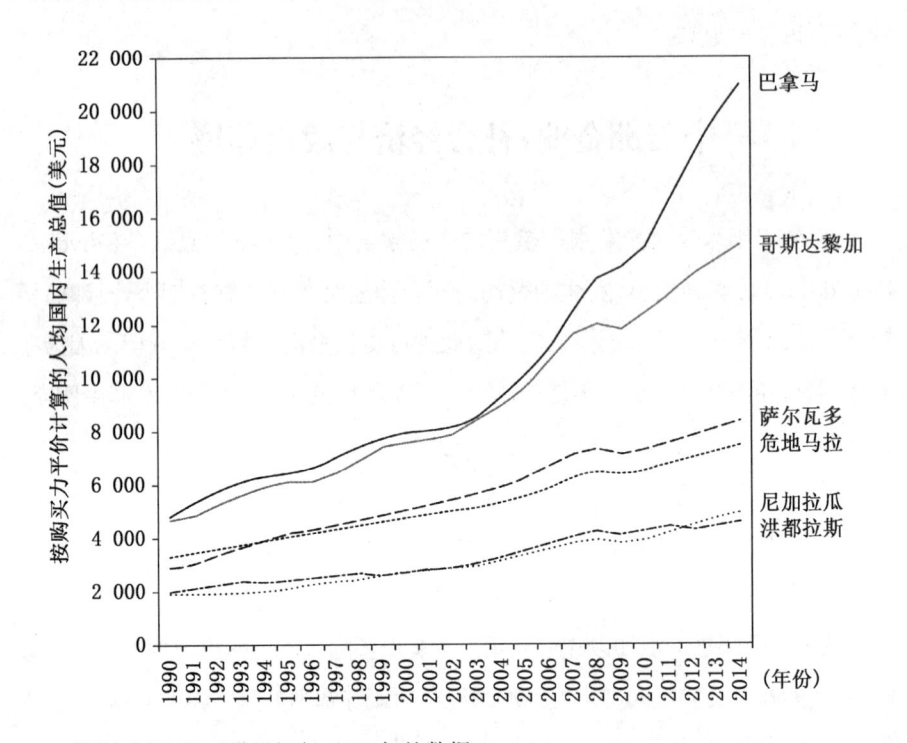

资料来源:基于世界银行2015年的数据。

图17.1 各国按购买力平价计算的人均国内生产总值

洪都拉斯、萨尔瓦多和危地马拉三个国家通常被称为"中美洲北三角"。其中,危地马拉的总统与副总统因腐败丑闻辞职,正深陷政局动荡的泥淖。而洪都拉斯自2009年发生政变以来,不但政局长期不稳,而且还是世界上暴力危害最为严重的国家之一,其犯罪团伙规模庞大、狂妄猖獗,毒品走私也是泛滥成灾。社会进步指数是用以衡量一个国家社会及环境绩效的评估框架(Porter & Stern, 2015)。[1] 由图17.2可知,洪都拉斯、危地马拉和尼加拉瓜在此框架下均排名靠后,相较之下,哥斯达黎加和巴拿马的排名则明显更高。最后一个国家是萨尔瓦多。较之尼加拉瓜,该国在地理概念上的领土面积要小得多,但两国人口数量却不相上下。与危地马拉及洪都拉斯同病相怜,萨尔瓦多也在与政府腐

---

[1] "社会进步意味着一个社会必须具备满足其公民基本人类需求的能力,能够夯牢基石以供公民及社区提升并维持生活质量,并且愿意为所有人创造可以充分发挥自身潜力的环境条件"(Porter, 2015)。

败作斗争,并饱受帮派暴力泛滥之苦。尽管如此,如图17.1所示,该国在中美洲各国人均国内生产总值排行榜上仍然能够保持位列第三的好名次。

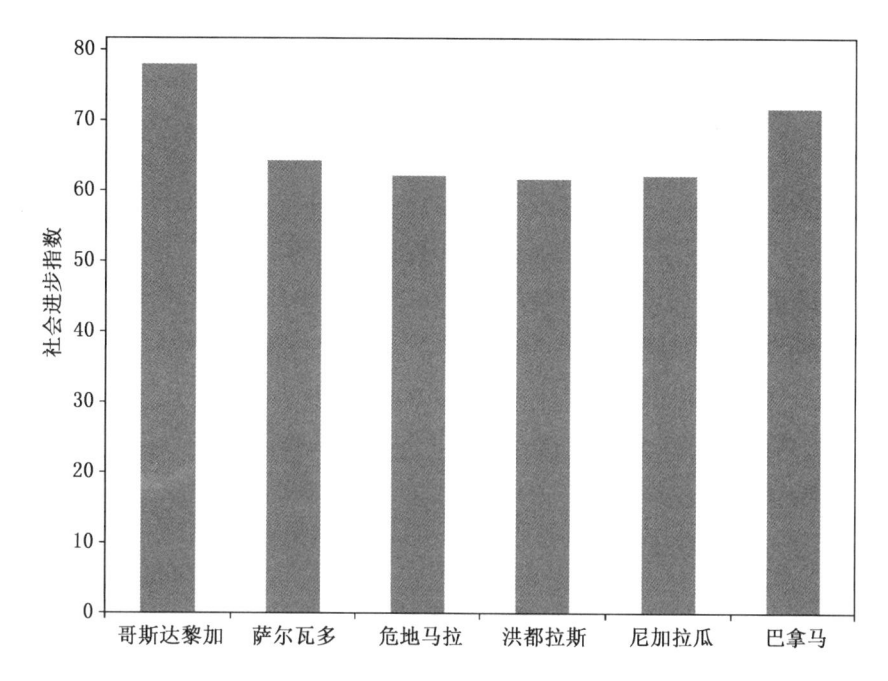

资料来源:基于波特和斯特恩(Porter & Stern)2015年的数据。

图17.2 各国社会进步指数

中美洲影响力投资环境

一些根深蒂固的文化要素能够对中美洲地区投资环境产生极大影响。沙阿等学者(Shah et al.,2007)对此解释道,该地区存在的根本问题包括"个体经济规模偏小、小型企业居多、家族所有制文化盛行、对少数股东反感厌恶以及投资者缺少股权文化等",且这些问题均相当棘手,短时间内难以解决。此类存在于文化观念上的障碍及其对当地金融市场的影响将对影响力投资者施加种种限制,以致投资者尽管有能力在更为发达的金融市场开展投资活动,但若以同样方式在中美洲地区进行投资,却极有可能收效甚微。

中美洲的股权与私人债务市场极不发达,在一些地区甚至根本不存在。只有萨尔瓦多、巴拿马和哥斯达黎加三个国家拥有股权市场(Shah et al.,2007)。

整个地区的二级市场,即证券交易市场也并不发达。综上所述,股权市场缺失外加二级市场交易不足,导致退出风险投资项目的选项大大减少,从而使得首次公开募股往往难以实现。

中美洲地区除了需要应对文化、政治以及社会经济挑战之外,其影响力投资领域还面临其他一些特有障碍。其中有许多障碍与全球范围内的影响力投资相关,而非仅仅关乎该领域在中美洲的现状。

缺乏成功投资的业绩记录

许多投资对象企业以及投资其中的基金是刚成立不久,尚属起步阶段。事实上,"影响力投资"这一术语在2007年才被首次提出(Rockefeller Foundation, 2015)。该领域成立年限是如此之短,以致极少有私人投资能够成功退出。另外,中美洲地区存在的基金结构、商业模式等种类繁多、各式各样,部分原因在于该地区多元化程度较高,并且致力于探索效果最佳的组织结构。[1]

欠缺优质投资机会

由于这一领域刚刚起步不久,因此,投资机会数量相对较少。许多公司企业不知道该如何评估特定的社会/环境影响力、该如何在评估影响力之后向投资者宣传推销自己,以及/或是该如何在发达金融基础设施极为欠缺的环境中找到合适的投资者。同时,投资者也必须制定相应战略,以便找到合适的投资对象。寻求及创造此类投资机会需要不断精进这一领域的专业知识。

影响力评估实践不足

影响力评估指标至今仍未达成统一标准,很大程度上是因为关于影响力的定义多种多样,尚无定论,而且公司类型不同,其目标、产品、客户群体等也有所不同。《影响力报告和投资标准》是由全球影响力投资网络出版发布的一套影响力绩效评估指标,旨在通过列举记载与各类投资对象密切相关且用处最大的影响力评估指标,为克服上述困难提供帮助支持。

---

[1] 事实证明,为影响力投资活动贴上追溯标签对于识别成功案例和建立业绩记录而言极其重要。

影响力投资领域语言复杂程度较高,缺少通用术语

随着越来越多的参与者持续不断涌入市场,新术语频频出现并被给予相应定义,导致经常与已有术语互相重叠,令人如堕云里雾里。如前所述,"影响力投资"这一术语在2007年被首次提出,但其内涵需要对"影响力"和"投资"分别进行定义之后才能够被充分理解。此外,各类投资对象也已经习得了一系列术语,对此将在后文加以探讨。发展新的影响力导向型法人实体有助于解决这一问题。

不确定是否能够实现影响力或财务既定目标

随着组织机构不断成长,其可能会更加关注财务回报而非社会回报,反之亦然,这就意味着影响力或财务既定目标将难以实现。如果投资对象获得了财务上的成功却没有实现其影响力既定目标,那么,投资者作为影响力投资者的信誉将有可能受到损害。另外,如果投资对象未能提供必要的财务回报,那么,影响力投资者的资源将很快匮乏,以致难以进行后续投资。这就是为什么影响力投资领域的投资者必须努力找到那些将实现影响力目标作为其商业模式核心职能的投资对象。

用于开展影响力投资的金融工具

企业的生命周期可以分为三个主要阶段:种子阶段、成长阶段和规模拓展阶段。企业所处阶段不同,最适合支持其成功迈入下一阶段的金融工具也有所不同(例如赠款、贷款、股权)。另外,企业能够获得的资本类型也取决于资本提供方(例如基金会、风险投资基金)及其预期回报率(如果有的话)。[1]

---

[1] 与传统企业类似,企业种子阶段的融资通常由家人与朋友提供。基金会和非营利性组织也可以采用赠款和赠款类工具(例如可豁免贷款)的形式为企业提供种子资本。以社会导向型企业为例,其第二阶段,即成长阶段,可以通过软贷款、贸易信贷以及股权等社会资金来获得融资。规模拓展阶段的融资则主要以社会风险投资基金为主,其主要通过可转债和股权工具进行投资。一般而言,这些投资者不仅有能力注入更多资本,而且具备专业知识,能够在目标市场中带领企业实现规模扩大(Kohler et al.,2011)。

图17.3引自阿斯彭发展企业家网络,展现了各种金融工具的风险—回报概况[1],尤其是各类准股权之间的比较情况(Webster,2013)。

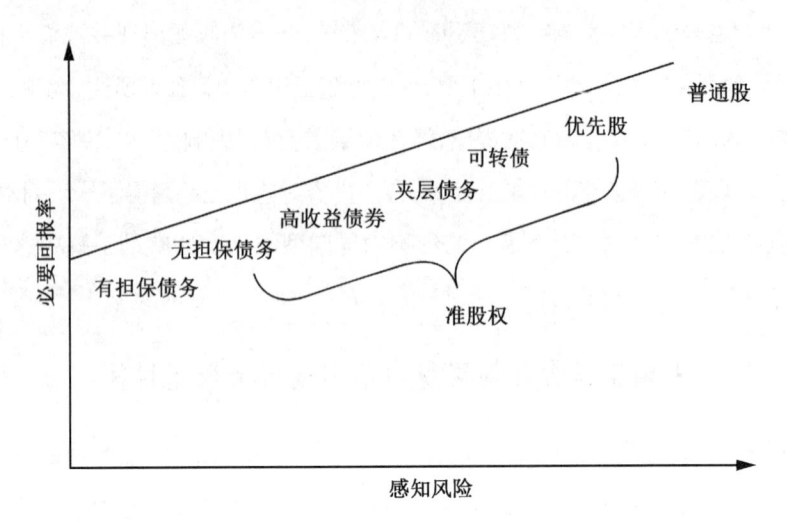

资料来源:Webster,2013。

图17.3 金融工具回报范围

如图17.3所示,准股权类别虽然在传统投资领域不具代表性,却在影响力投资领域受到了广泛关注。在该领域,一共有三种准股权标准类型(Kohler et al.,2011),具体包括:

● 次级债务:指无担保债务或者是比有担保债务级别更低的债务,在各类准股权中形式最为简单。

● 可转债:指可赎回债券或者是可转换为普通股或优先股的债券。

● 特许权使用费/利润分成:指收益债券或者是其他可赎回债券工具,能够产生与投资对象收入或利润绩效挂钩的回报(Kohler et al.,2011)。

如前所述,影响力投资领域面临着诸多挑战,而利用这些不同类型的金融工具也有助于解决其中部分难题。例如,由于中美洲许多小型企业对于出售其公司股权十分反感,因此可以将这些准股权工具当作债务,从而无须企业主牺牲任何股权。与此同时,含有利润分成的债务工具也帮助投资者享受到了企业成长发展所带来的诸多好处。此外,利用次级债务还有助于消除优先/有担保债务贷款人的疑虑,不仅减少了其所面临的风险,而且还增加了影响力导向型企业可以

---

[1] 本图所展现的所有金融工具均试图获得某种形式的财务回报。

获得的资金数额。[1]

投资回报率

影响力投资机会各不相同,其回报率也是千差万别,或与市场利率持平,或低于市场利率,或与保本率持平,或来自公益创投/赠款。回报率的高低在一定程度上取决于所运用的金融工具、所投资的公司类型以及投资者所使用的资本来源。其作为比较点,可以用来对比影响力投资回报率与中美洲非影响力导向型传统投资回报率两者之间的差异。

在中美洲,传统的私募股权公司会根据行业水平与风险等级将预期投资回报率定为20%—30%。对于能源项目等规模较大的基础设施建设计划则至少定为12%(Corrales Salas,2013)。而对于债务工具而言,投资回报率则要低得多。哥斯达黎加国家银行的平均利率从短期贷款(最长6个月,以美元计)的5%到长期贷款(3年以上,以美元计)的9%不等,与当地货币挂钩时,则利率会上升至8%和13%左右(Corrales Salas,2013),其实际值因行业而异。对于中小企业而言,最常见的融资渠道正是各类贷款,所使用的工具包括营运资金贷款、投资贷款以及保付代理等。

许多影响力投资基金致力于提高自身风险调整后的市场回报率。阿斯彭发展企业家网络在其2012年发布的影响力报告中对旗下基金进行了评审,报告指出,影响力导向型基金的目标内部回报率一般定为17%[2](ANDE,2013)。此类基金主要从市场上筹集资金,其投资者对于投资回报率设有期望值,但有时也愿意接受低于市场水平的回报率。图17.4根据卡尔弗特基金会提供的评估数据(Calvert Foundation,2013),将此类基金的内部回报率按照金融工具类型进行了分类。每一类工具的预期内部回报率基本在某一个区间之内。在图17.4中,

---

[1] 事实证明,这种资本分层战略在中美洲地区的效果尤其明显,因为其将那些更加传统的非影响力导向型投资者(例如当地银行)也纳入影响力投资领域并使其成为优先债,而次级债务则由影响力投资者负责提供。

[2] 关于回报,需要考虑的一个重要方面便是持有期。对于那些专注于扩大规模的影响力投资者而言,其投资期限一般较长。目前,约有75%的影响力投资者将持有期定为5—10年以上(Kohler et al.,2011)。在影响力投资领域,持有期延长这一难题一直悬而未决、备受关注。市场内部回报率敌不过时间,如果资本来源对于回报率的期望值只是处于或接近市场历史水平,那么一定无法达成预期。

深色方块代表该区间上限,浅色方块则代表该区间下限。虽然这些数据并非中美洲地区所特有,却明确显示出发展中经济体所能实现的内部回报率类型。

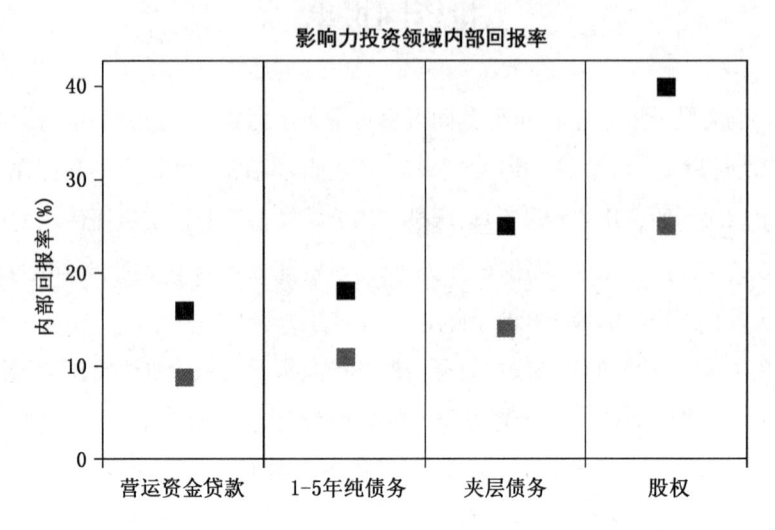

影响力投资领域内部回报率

资料来源:基于卡尔弗特基金会 2013 年的数据。

图 17.4　影响力投资领域的历史内部回报率

第二类基金被称为慈善基金,其目标内部回报率一般定为 5%。此类基金通常受到赠款及捐赠支持,可以归类为非营利性组织或公益创投。最后一类基金是指那些不指望收到任何返还资金的资助型基金会。

中美洲投资者示例

为了更加全面地了解中美洲地区影响力投资者的类型范围,下文将列举部分影响力投资者,每一位都代表着不同的影响力投资方法,包括基金结构、使用的金融工具以及重点关注的投资对象类型。

草根资本

这家总部位于美国的非营利性贷款机构一共为农村小型企业及成长型企业(通常是农业企业)提供了从 5 万至 200 万美元不等的贷款,尤其是那些商业贷款人目前尚未介入的企业(Root Capital, 2015)。草根资本的大部分贷款可归类为短期贸易信贷、收获前贷款或是长期固定资产贷款。自 1999 年以来,草根资本已经向非洲和拉丁美洲 530 多家企业发放了超过 7.4 亿美元的信贷(Root Capital,2015)。在中美洲地区,尤其是尼加拉瓜和危地马拉两个国家,草根资本与好几家农业公平贸易协会及农民合作社展开了密切合作,旨在提供必要融资渠道以解决农民收入受季节影响这一问题,同时也为环境的可持续发展做出贡献(Root Capital,2015)。

生态企业基金(EcoEnterprises Fund)

该基金最初由大自然保护协会(The Nature Conservancy,TNC)推出,但是自 2010 年以来,其一直作为独立投资管理公司运营。该基金为营利性投资基金,业务范围遍及中美洲、亚马孙河流域和安第斯山脉以北。由于生态企业所使用的投资工具范围相当广泛,具体包括准股权、特许权使用费、可转债、长期债务等,所有工具都扮演着企业成长资本这一重要角色,因此其作为投资者极具吸引力。顾名思义,生态企业所致力于扩大的领域都能够为那些位于经济金字塔底层的人们[1]带来环境益处。这些领域包括有机农业、生态旅游、林业可持续发展以及非木质林产品(EcoEnterprises,2013)。

Pomona Impact 影响力投资基金

Pomona Impact 影响力投资基金的业务范围遍及中美洲、墨西哥、哥伦比亚和厄瓜多尔,致力于为营利性影响力企业提供从 5 万至 25 万美元不等的企业成长资本投资,但同时也会考虑资助初创企业并帮助营运资金融资(Pomona Impact,2015)。其业务涉及多个领域,具体包括手工作品、医疗保健、教育培训、生态旅游、农业企业以及可再生能源。该基金倾向于同时采用次级债务和收入分享两种投资方法,但是在适当情况下,也会考虑股权投资(Pomona Impact, 2015)。

Agora Partnerships 国际组织

该组织作为非营利性加速器,通过提供咨询服务及高质量规划,帮助影响力导向型企业获取社会资本、金融资本以及人力资本。其使命宣言如下:"旨在帮

---

[1] 世界上有 20 多亿人每天生活费不超过 2 美元,位于经济金字塔底层的人们一般即指代这一群体。

助那些处于早期阶段的影响力创业者尽快获得成功,因其与所在社区共同承诺要通过企业建设来解决社会及环境问题"(Cortes & Sorenson,2013)。自成立以来,该组织已经为中南美洲 500 余家企业提供了相关服务,所创造的就业机会超过 1 000 个。迄今为止,Agora Partnerships 国际组织已经帮助那些完成加速器项目的公司获得了超过 1 560 万美元的融资(Agora Partnerships,2015)。

哥斯达黎加国家银行

哥斯达黎加国家银行推出了一项名为"绿色中小企业(PYME Verde)"的计划。此举旨在激励中小企业积极开展投资活动,以期能够预防、控制、缓释并补偿业务活动对环境造成的负面影响,从而促进形成更为环保的思维模式。该计划主要为环境友好型企业提供差异化利率与部分替代性信贷担保(Banco Nacional,2015)。哥斯达黎加国家银行致力于实现可持续发展这一愿景,并在人类社会赖以生存的经济、社会与环境三项因素之间达成平衡。为此,该银行推行实施了多项举措,上述计划只是其中之一(Banco Nacional,2015)。

在支持影响力导向型企业这一方面,前文述及的每个实体均有其独特战略。这些实体所提供的大部分支持与资本是根据合作企业类型和当地运营环境量身定制而成。

中美洲投资渠道

为了更加全面地了解中美洲影响力投资领域概况,有必要列举出上述投资者正在合作的投资渠道及其发展潜力。首先需要说明并再三强调中美洲地区的商业环境范围。为此,图 17.5 根据世界银行数据,将各个国家 2014 年和 2015 年的经商容易度指数(Ease of Doing Business)进行了排序。如图所示,数值越大就说明在该国经商越困难。数据显示,截至 2015 年,在巴拿马经商容易度最高,而在尼加拉瓜经商则是困难度最高(Doing Business,2015)。这些因素将大大影响在某一国家正式成立公司或投资企业的可能性。

为了进一步详细说明中美洲创业生态系统,图 17.6 汇总了 2004—2012 年间每年新注册公司的数量(Doing Business,2013)。排名靠前的两个国家(哥斯达黎加和巴拿马)与排名靠后的两个国家(萨尔瓦多和危地马拉)之间差距明显。

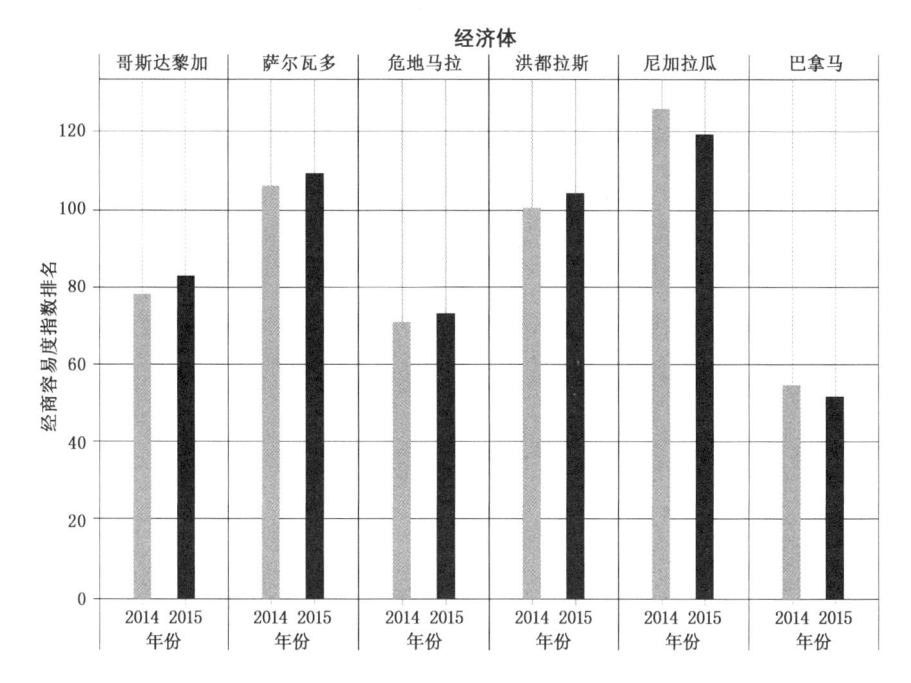

资料来源：Doing Business，2015。

图 17.5　中美洲各国经商容易度指数排名

同样值得注意的是，图中并未包含洪都拉斯和尼加拉瓜的数据。这表明获得所需数据信息较为困难，而且很有可能意味着其数据更加接近萨尔瓦多和危地马拉，而不是哥斯达黎加和巴拿马。

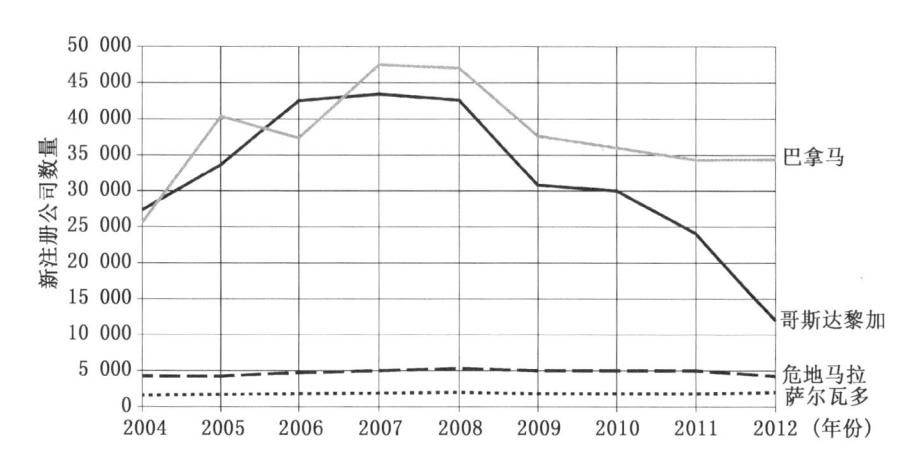

资料来源：Doing Business，2013。

图 17.6　新注册公司数量分布

图 17.5 和图 17.6 均有力地证实了需要提升经商容易度,并借此调整中美洲地区创业者的思维模式。通过完善商业文化相关方面,影响力投资者的投资渠道无疑会有所改进,从而能够为更多社会导向型企业的成立大开方便之门。

中美洲投资对象的类型

潜在投资对象主要包括公司企业、中小企业、社会企业、小额信贷机构、合作社以及社区发展金融机构(Jackson,2012)。这些组织亟须获取社会资本、金融资本以及人力资本,以增加其所获得的财务和/或社会回报。在许多情况下,其往往会面临难以逾越的"先驱者鸿沟(pioneer gap)",该困境指的是尽管企业正处于亟待资本注入的早期阶段,却被影响力投资者以风险过高为由认定不值得投资。实际上,几乎没有一家企业会将扩大规模作为融资目的。影响力投资领域内的企业对于小额信贷机构而言可能规模过大,然而对于传统的私募股权公司来说却又规模太小。为了厘清并区分中小企业与社会企业之间的不同,下文将作简要说明。

中小企业类型

中小企业通常被定义为那些具有商业可行性,且员工规模在 5—250 人的企业。其增长潜力极为显著,并一直试图筹集 2 万—200 万美元资金作为企业成长资本(Baird et al.,2013)。这些企业所面临的一大挑战便是自己对于小额信贷机构来说规模太大,然而对于来自私人部门组织的传统私募股权公司而言却又规模过小。此外,由于国家风险较大,因此,这些企业有时候会面临极高的商业贷款人利率,以致有碍于自身发展成长。投资中小企业主要能够产生的是经济影响力,实现渠道包括提高工资待遇、向消费者提供更加优质的低成本产品、增进供应商对商品的需求与销售,甚至为公共部门创造税收收入——以上种种均有助于减少贫困。

投资中美洲中小企业的一个典型示例是一家位于洪都拉斯的墨西哥玉米饼工厂,该工厂自小额信贷机构西班牙大众银行(Banco Popular)处获得了融资(Bamboo Finance,2015)。多亏这笔融资,玉米饼工厂的企业主加西亚女士现在能够雇用 10 名全职员工,每天制作并销售 55 000 个墨西哥玉米饼(Bamboo Finance,2015)。2010 年,加西亚女士获得了第一笔贷款,数额为 101 000 洪都拉斯伦皮拉(约合 5 000 美元),现在其已经获得了第五笔贷款,金额为 300 000 洪都拉斯伦皮拉(Bamboo Finance, 2015)。西班牙大众银行提供的融资使加西亚女士得以扩大业务规模,并且在传统银行不太可能为其提供贷款的情况下雇用更多员工。值得注意的是,该企业并未将具体的社会和/或环境影响力评估作为其业务的一部分。

另一个投资中小企业的典型示例是Setesik公司,该企业为危地马拉农村地区且通常是贫困地区的松叶编织工匠开创了大量市场(Setesik, 2014)。Setesik公司将某一个地区的产品进行汇集,并在世界各地进行销售,从而在保留传统工艺的同时也开辟了通往外部市场的渠道。据估计,受雇于Setesik公司的松叶编织工匠较之在其他地方就职的工匠,前者收入要高出后者四倍之多(Setesik, 2014)。

社会企业类型

社会企业联盟(Social Enterprise Alliance, SEA)将社会企业定义为"以增进公共利益为主要目标的企业,通常利用企业投资方法、规章制度以及市场力量来推进自身社会、环境和人类正义等各项议程"(SEA, 2015)。可见,"社会企业"这一术语指的是企业使命,而"中小企业"则指的是企业规模。因此,一家公司既可以是"社会企业",也可以是"中小企业",两者并非互相排斥。实际上,重中之重是要区分出隶属于社会企业类型的两类组织,即影响力企业与社会企业。

▶ 影响力企业

洛克菲勒基金会将影响力企业定义为"有意寻求增长以维持财务可行性,社会影响力日益增长,且能够对其运营体系产生广泛影响的组织"。影响力企业试图同时获得财务回报与社会回报,并自行决定是否将所获回报进行再投资。此类企业能够运用各种类型的金融工具以实现增长,并且向投资者支付股息。

中美洲影响力企业的典型示例包括以下三家公司:第一家为Trash公司,该企业位于哥斯达黎加,主要利用塑料袋和帆布制作设计师品牌手袋、钱包、手提包等,否则这些原材料就会被扔进垃圾填埋场。自2011年成立以来,Trash公司现已达到了一定规模,每年加以重新利用的塑料袋多达15 000余个,帆布超过500公斤(Trash, 2015)。

第二家为Cosecha Partners公司,该企业位于尼加拉瓜,致力于生产、加工并分销公平贸易与直接贸易产品,主要为非转基因有机食品。Cosecha Partners公司为这些具有可持续性的食品开辟了进入区域市场与国际市场的渠道,并借助市场机制建立起能够可持续发展的食品体系(Cosecha Partners, 2015)。此外,该公司还向与其合作的农民提供资源管理及农业培训服务。

第三家影响力企业为 Solubrite 公司,主要为巴拿马和尼加拉瓜农村地区提供安全、清洁、经济实惠的照明服务(Solubrite, 2015)。该公司成立宗旨为通过生产太阳能灯具电池来大大减少家庭照明所需购买的传统电池数量,从而改善这些未通电农村贫困地区的环境、社会及经济状况。一个家庭平均每年要用掉 72 块传统电池,且经常在使用之后将其丢弃在河流、湖泊等地,相较之下,单块太阳能灯具电池的寿命就长达 5 年之久(Solubrite, 2015)。

▶ 社会企业

著名经济学家穆罕默德·尤努斯(Muhammad Yunus)创造出了"社会企业"这一术语,并将其定义为"旨在解决社会问题的公司,既无亏损也无股息,其利润均用来扩大公司规模以及提升产品和/或服务质量"(Jager & Sathe, 2014, chapter by Martin Loffler)。社会企业所聚焦的重点仅有一项内容,即解决社会问题,这就意味着其无法向投资者提供任何回报。相反,企业产生的任何利润都要进行再投资,以推动增长,降低成本并提高质量。影响力投资者唯一能够指望从社会企业处获得的财务回报便是其初始投资,并且还没有利息或股息。

2013 年 11 月成立的 Nutrivida 公司是中美洲第一家"社会企业",创始人为吉塞拉·桑切斯(Gisela Sanchez)。[1] 该公司旨在通过提供相关产品来打破贫困循环,帮助儿童在早期认知发展阶段解决营养不良这一难题。作为哥斯达黎加以及整个中美洲地区第一家社会企业,尚未有对应的法律体制为 Nutrivida 公司的宗旨[2]及结构提供支持,因此其不得不被归类为传统的营利性企业(Sanchez, 2015)。

潜在投资对象的其他特征

前文列举出了投资对象的各种类型,在此基础上,中美洲投资者还需要对潜在影响力投资对象的其余特征加以了解。如前所述,该地区各国之间的社会经济环境可能存在显著差异。由于所处环境千差万别,因此创立企业的动机也有

---

[1] Nutrivida 公司是由佛罗里达冰与农场公司(Florida Ice and Farm Co.)与尤努斯社会企业基金会(Yunus Social Business)合作成立的一家社会企业(Sanchez, 2015)。

[2] Nutrivida 公司宗旨为在未来发展确立企业法律地位以提高社会企业家能力,助其推行实施影响力导向型战略,尽管这一战略会导致其盈利能力在初始阶段尚不及传统企业。

可能各不相同。其中,最重要的区别就在于创立企业的目的是否只是维持生计?具体而言,创造收入是不是企业主创业的主要动机,甚至有可能是唯一动机?而在另一方面,影响力导向型企业的创立动机则非常明确,就是要产生积极的社会影响力,因此其企业主并不过于依赖企业运营所产生的收入。例如,洪都拉斯的墨西哥玉米饼工厂可能是为了维持生计而创建,但哥斯达黎加的 Trash 公司则有可能是为了特定的社会/环境目的而成立。尽管位于洪都拉斯的企业并未将社会要素包含在内,然而,由贫困人口所开展的经济活动在减贫创收的同时,本身即有助于改善社会状况。[1]因此,洪都拉斯影响力投资者可能需要采用不同于哥斯达黎加影响力投资者的影响力评估指标,这不仅是由于所涉业务各不相同,还因为创业者的创业原因也是千差万别。

为维持生计而创建的企业与为社会/环境使命而成立的企业之间存在显著差异,与此密切相关的正是影响力主题这一概念。影响力主题指的是企业及投资者希望产生的影响力类型,其常常通过投资领域得以实现(Mudaliar & Barra, 2015)。例如,许多影响力投资者通过对小额信贷机构进行投资和/或为合作社提供贷款,将聚焦重点放在"金融服务"这一影响力主题上。这两种方法相当常用,均用来向那些缺少可及性或可及性极为有限的地区提供融资渠道。事实上,在中美洲及世界各地,提供金融服务可谓迄今为止最常见的影响力投资形式,究其原因,也许是因为其影响力评估指标相对来说易于跟踪且便于理解,加之其商业模式也较为成熟并久经考验(Murphy & Schiff, 2015)。可持续性消费产品、基本服务获取、可持续性实物资产等其他影响力主题的评估指标虽然也可跟踪,却更难管理,主要是因为人们对此类商业模式的了解尚不充分,以致金融服务领域当前的吸引力也大大减弱。

因此,获得金融服务即意味着得到了一个管理评估内容的机会。这一机会通常会帮助那些收入最低的地区实现经济发展。大多数情况下,小额信贷机构会向创业者和企业主提供小额贷款,因为这些人的创业目的多是维持生计,却缺乏必要资金来支付成立微型企业所需的前期成本,而这些成本往往与设备、空间、人员等密切相关。

---

[1] 接下来的问题是,位于洪都拉斯的企业需要在成长过程中有意识地纳入特定的社会/环境要素,那么,究竟应该在哪一阶段加以融入,才会仍然被视作影响力投资活动?

扩大中美洲影响力投资范围

种种迹象表明,中美洲是未来开展影响力投资活动的潜在市场,但显而易见的是,为了能够参与整个地区的影响力投资,投资者必须具备评估各种机会的能力。投资者必须根据投资对象所处社会经济、政治、法律及金融环境来扩大拓宽和/或重新定位其影响力投资范围。考虑到中美洲地区将有大量人口受益于影响力导向型企业,并且有能力扩张至墨西哥和哥伦比亚等大型邻国市场,因此,无论是提升基本金融服务的可及性,还是推出最新的清洁技术,均表明该地区企业极具潜力,能够采用适当商业模式来实现规模扩大,这一点毋庸置疑。

另一个选择是专注于某一特定的影响力主题。为保持政治环境及宏观经济状况恒定不变,投资地区可局限于某一国家。在这种情况下,各类市场竞争者均有机会脱颖而出,因为每一位都具备专业技能与丰富的知识库,且内容涵盖影响力主题、当地商业环境、适用于投资对象所在领域及商业模式的成长战略等多个方面。如果能够涌现出几位更加专业的市场竞争者,那么便可以利用正式或非正式的合作伙伴关系,来证明发展投资渠道和降低风险这两种做法极具价值,重要性不可小觑。[1]

影响力投资领域成长至今已然取得了一定成果,若想在未来得到进一步发展,则必须针对给定的影响力主题专门制定并实施合适的影响力评估指标,这一点至关重要。评估社会及环境影响力是这一投资战略的核心要素,而能够成功制定评估标准则正是该战略有别于传统投资的地方。一旦人们能够更加充分地了解影响力,包括其与社会其他方面之间的相互作用,那么影响力投资就再也不是盈利能力欠佳的投资形式,而是会成为极具竞争力的投资战略。

另外,由于中美洲地区多元化程度较高且规模适中,因此其得以成为各类新兴及创新型影响力投资战略的理想试验场地。将工作场所设置在规模较小且相对孤立的经济体中(例如尼加拉瓜国内某一地区),便可以在小范围内对投资战

---

[1] 许多投资基金会与其他具有互补性技能组合的市场竞争者建立合作伙伴关系,例如社会企业加速器等。此举使双方合作水平得以显著提高,并且令每一位参与者都能够更加专业地提供服务,从而大幅提升影响力投资活动的效率与效果。合作伙伴关系也可以以分层资本的形式出现,例如,慈善机构可以与营利性基金展开合作,并由慈善机构以公益创投这一方式提供资助,以便在实现某些目标之后,投资对象能够有资格获得数额更大的债务以及数量更多的股权型投资。

略进行测试。倘若该战略测试迅速以失败告终(即效率极高),则意味着可以快速完成知识创造,并将其应用到未来的投资战略中。整个地区经过数次迭代之后,投资者毫无疑问将对投资形式、企业类型、所处环境以及三者与成功投资之间的因果关系等内容拥有更加深刻的理解,并因此积累更多可以应用于其他领域的专业知识。[1]

结 论

影响力投资所代表的投资形式不仅承认纯利润驱动型经济体制尚存诸多不完备之处,而且还意识到"看不见的手"在向纯粹以传统经济决策为基础的社会分配利益时,所发挥的作用极其有限。[2] 然而,影响力投资仍然坚持认为,制订解决方案要靠市场力量,这一点也许才是最重要的。[3] 随着我们对社会及环境影响力的理解不断加深,影响力投资领域也将继续发展壮大。通过成功建立适用于各类社会经济环境的影响力投资框架,该领域发展速度将得到进一步提升。中美洲地区恰恰具备合适的环境条件,并且其影响力投资领域也已取得了重大进展。由于该地区多元化程度较高,因此需要广大利益相关者给予充分理解并转变思维模式,以便高效全面地挖掘潜在的影响力投资活动。

参考文献

Agora Partnerships (2015). *Measuring Impact*. Retrieved from http://agorapartnerships.org/measuring-impact

ANDE (Aspen Network of Development Entrepreneurs) (2013). *Engines of Prosperity: Impact Report 2012*. Washington, DC: Aspen Network of Development Entrepreneurs.

Baird, R., Bowles L., & Lall, S. (2013). *Bridging the "Pioneer Gap": The Role of Accelerators in Launching High-Impact Companies*. Washington, DC: ASPEN Network of Development

---

[1] 在此类经济体中,还可以开展深入的对照研究,例如某一地区实施的影响力投资活动究竟效果如何,以及所产生的影响力又是如何渗透至社会的各个部分?然而,倘若经济体规模更大且更有活力,那么在其中开展此类研究则要困难得多。

[2] 经济体的各个方面与构成经济体的人员之间相互关联,其重要性不可小觑,我们绝不能忘记。"看不见的手"这一概念源于自由市场,只有在上述相互关联性存在的情形下,才能够被证明具有一定相关性且富于重要意义。这一隐喻的讽刺之处在于,只有当人们变得自私自利、一心追求看得见的经济机会时(也就是那些易于识别且能够加以利用的机会),"看不见的手"才会出现。尽管还存在诸多人们尚未看到的机会,却没有"看不见的手"来分配这些非预期社会收益。因此,只有在我们对当前资源及其稀缺性有所了解的情况下,"看不见的手"才能够对自由市场加以引导。

[3] 阿尔伯特·爱因斯坦(Albert Einstein)曾坦言:"在我看来,完美的手段与混乱的目标似乎正是我们所处时代的特征。"

Entrepreneurs & Village Capital.
Bamboo Finance (2015). *Client Case Studies*. Retrieved from http://www.bamboofinance.com/client-case-studies, accessed 4 October 2015
Banco Nacional de Costa Rica (2015). *PYME Verde*. Retrieved from http://www.bncr.fi.cr/BNCR.Documentos/PDF/BNCR—BN PYME VERDE.pdf
Calvert Foundation (2013, November 26). *Impact Investing IRRs*. Telephone interview with portfolio manager.
Corrales Salas, J.C. (2013, November 18). Telephone interview with deputy general manager, Banco Nacional de Costa Rica—ROI in Costa Rica.
Cortes, R.S., & Sorenson, O. (2013). *Agora Partnerships: Investing with Impact*. New Haven. CT: Yale School of Management. Retrieved from http://www.olavsorenson.net/wp-content/uploads/2013/06/Agora_A.pdf
Cosecha Partners (2015). *Cultivating Healthy Communities*. Retrieved from http://www.cosechapartners.com/sustainability
Doing Business (2013, June). *Entrepreneurship*. Retrieved from http://www.doingbusiness.org/data/exploretopics/entrepreneurship
Doing Business (2015). *Economy Rankings*. Retrieved from http://www.doingbusiness.org/rankings
EcoEnterprises Fund (2013, December 21). *EcoEnterprises Partners II*. Retrieved from http://www.ecoenterprisesfund.com/index.php/investments/ecoenterprises-partners-ii
Jackson, E.T. (2012). *Accelerating Impact: Achievements, Challenges, and What's Next in Building the Impact Investing Industry*. New York, NY: Rockefeller Foundation.
Jager, U. & Sathe, V. (2014). *Strategy and Competitiveness in Latin American Markets: The Sustainability Frontier*. Cheltenham: Edward Elgar.
Kohler, J., Kreiner, T. & Sawhney, J. (2011). *Coordinating Impact Capital*. [?place of publication]: Santa Clara University and Aspen Network of Development Entrepreneurs. Center for Science, Technology and Society.
Mesoamerica (2015). *Historial de Inversiones*. Retrieved from http://www.mesoamerica.com/Historial_de_inversiones.html
Mudaliar, A., & Barra, L. (2015, April). *ImpactBase Snapshot: An Analysis of 300+ Impact Investing Funds*. Retrieved from http://www.thegiin.org/assets/documents/pub/ImpactBaseSnapshot.pdf
Murphy, P., & Schiff, H. (2015, September). *IRIS Data Brief: Focus on Impact Objectives*. Retrieved from https://iris.thegiin.org/research/iris-data-brief-focus-on-impact-objectives/summary
Pomona Impact (2015). *Investment Strategy & Terms*. Retrieved from http://pomonaimpact.com/investment-strategy-terms
Porter, M., & Stern, S. (2015). *Social Progress Index*. Retrieved from http://www.socialprogressimperative.org/system/resources/W1siZiIsIjIwMTUvMDUvMDcvMTcvMjkvMzEvMzI4LzIwMTVfU09DSUFMX1BST0dSRVNTX0lOREVYX0ZJTkFMLnBkZiJdXQ/2015%20SOCIAL%20PROGRESS%20INDEX_FINAL.pdf.
Rockefeller Foundation (2015). Impact Investing and Innovative Finance. Retrieved from https://www.rockefellerfoundation.org/our-work/topics/impact-investing-and-innovative-finance
Root Capital (2015). *About Us*. Retrieved from http://www.rootcapital.org/about-us
Sanchez, G. (2015, April 10). Telephone interview with founder of Nutrivida.
Schumacher, E.F. (1978) *Lo Pequeño es Hermoso*. Madrid: Harmenn Blume Ediciones.
SEA (Social Enterprise Alliance) (2015). *What Is Social Enterprise?* Retrieved from https://socialenterprise.us/about/social-enterprise
Setesik (2014). *About Us*. Retrieved from http://www.setesik.com/i/?page_id=16#sthash.Nu0BdD52.dpuf
Shah, H., Carvajal, A., Bannister, G., Chan-Lau, J. & Guerra, I. (2007). *Equity and Private Debt Markets in Central America, Panama, and the Dominican Republic*. [?place of publication]: International Monetary Fund. Retrieved from https://www.imf.org/external/pubs/ft/wp/2007/wp07288.pdf
Solubrite (2015). *Mission—Three Reasons*. Retrieved from http://solubrite.com/mission/three-reasons

Trash (2015). *Nuestra Empresa.* Retrieved from http://trashcr.com/nuestra-empresa

Vives, A., & Peinado-Vara, E. (2011). *La Responsabilidad Social de la Empresa en América Latina,* Washington, DC: FOMIN-BID

Webster, B. (2013, June 3). Doing deals. *ANDE 2013 Orientation Training.* New York, NY: Aspen Network of Development Entrepreneurs

World Bank (2015, September 24). *World Development Indicators* Retrieved from http://data.worldbank.org/data-catalog/world-development-indicators

WEF (World Economic Forum) (2013). *From the Margins to the Mainstream: Assessment of the Impact Investment Sector and Opportunities to Engage Mainstream Investors.* Retrieved from http://www3.weforum.org/docs/WEF_II_FromMarginsMainstream_Report_2013.pdf

十八、影响力投资在非洲

埃马努埃莱·桑蒂(Emanuele Santi)
劳拉·森尼特(Laura Sennett)

引言[1]

近10年来,世界范围内增长最快的十大经济体中,有6个位于非洲地区(AfDB,2013a)。这一强劲增长在很大程度上要归功于外商对非洲大陆直接投资的增加,在过去10年间,这一数字共提高了6倍(AfDB,2013b)。未来5年,非洲经济预计将继续以50%的速度增长。然而,尽管取得了一定进展,但人们对于这一增长的包容性却忧心忡忡,因为非洲大陆贫困人口所占总体比例仍然位居全球第一。许多非洲人仍然无法享有由学校、银行、医院提供的基本服务。创业也依然面临重重困难,据估计,非洲84%的中小企业得不到任何服务或是得不到高水平服务,其信贷融资缺口高达1 400亿—1 700亿美元(Omidyar

---

【作者简介】 埃马努埃莱·桑蒂,非洲开发银行战略总顾问。劳拉·森尼特,非洲开发银行战略顾问。
[1]本文内容只代表两位作者的个人看法与意见,并不代表非洲开发银行及其管理层、董事会或成员国的观点及主张。

Network,2013)。非洲每年的投资需求预计将超过 2 000 亿美元,这一规模庞大的融资缺口需要通过提升金融行业调动并实施创新型融资形式的能力来进行填补(AfDB,2014)。

来自政府机关与慈善团体的发展援助不足以满足应对气候变化、医疗保健以及清洁用水等发展挑战的巨大融资需求。因此,私人部门在其中发挥了无可比拟的关键作用,其不仅致力于解决上述发展问题,而且还倾力帮助那些在非洲大陆经济快速扩张时期被远远抛在后面的公司企业。近年来,流入非洲的外部资金规模从 2000 年的约 400 亿美元增加到 2015 年的约 2 000 亿美元(Ernst & Young,2015)。外商直接投资和外商投资组合已经超过政府开发援助(Official Development Assistance,ODA),成为非洲外部资本的主要来源。2014 年,资本投资额比上一年增长了 65%,预计将创下 870 亿美元的投资纪录(Fingar, 2015)。

私人部门已经提供了非洲 9/10 的正规就业和非正规就业岗位(AfDB, 2013b),承担了该地区 2/3 的投资,并贡献了高达 3/4 的经济产出。私人部门将成为推动包容性增长的重要引擎,主要负责提供额外资本,这对非洲大陆的经济持续增长至关重要,能够为所有人创造更加繁荣的未来。

非洲需要更多投资,这一点毋庸置疑,但该地区也需要更加明智、更有影响力的投资。较之传统的公共部门与援助投资,影响力投资为人们提供了新的投资机会,即利用私人部门的推动力在非洲大陆实现范围更广且可持续发展程度更高的影响力。根据全球影响力投资网络所下定义,影响力投资是"对公司、组织和基金进行投资,目的是产生可以评估的社会及环境影响力,同时获得财务回报"(GIIN,2015a)。承诺对社会和环境绩效进行评估也被认为是影响力投资的特征之一。虽然在非洲个别地区,影响力投资领域的基础设施建设已经取得了长足进步,但是该领域所涉大部分地区却仍然非常落后。几十年来,开发性金融机构及其他私人机构一直以实现影响力为目标提供各类融资,但投资重点却主要集中于大型项目。另外,有越来越多的国际捐赠者和慈善行动者逐渐从传统的援助方式转变为更具创新性的投资方法,其中就包括影响力投资。

当前形势

显而易见的是,在非洲地区开展的影响力投资活动数量正在不断增加。

2015年，由摩根大通和全球影响力投资网络发布的影响力投资者调查报告显示，全球影响力投资者在撒哈拉以南非洲地区所分配的投资组合比例要远远高于其他任何地区，甚至是其计划对撒哈拉以南非洲地区提高资金分配的数额也要高于其他任何地区（GIIN & J. P. Morgan, 2014）。国际发展部（Department for International Development, DfID）公布的数据显示，仅2014年一年，撒哈拉以南非洲地区的影响力投资规模就超过了116亿美元（DfID, 2015），占到全球影响力投资总额的22%。其中，南非、尼日利亚、肯尼亚、埃及和摩洛哥等国均是该领域的佼佼者。在赞比亚、加纳、坦桑尼亚和莫桑比克等高速增长的经济体中，影响力投资的数额也在不断增加。从2005年至2015年年中，东非地区获得了总计93亿美元的影响力投资。肯尼亚是该地区体量最大的参与者，几乎获得了一半注入该地区的影响力资本（GIIN, 2015a）。西非地区对于影响力投资而言也极具吸引力，据报道，该地区在过去十年共计获得了68亿美元的影响力投资，尽管这一数字较之东非地区来说相当之小，因为毕竟东非的国内生产总值尚且不及西非一半（GIIN, 2015b）。西非地区体量较大的参与者包括尼日利亚和加纳，总共获得了一半以上注入该地区的影响力资本。

非洲影响力投资领域四个主要的资本提供者包括开发性金融机构、私人基金会、机构投资者以及私募股权基金和风险投资基金。

开发性金融机构

开发性金融机构旨在为促进发展的各项倡议举措提供金融产品。由于总是能够在社会及环境影响力与财务回报之间实现平衡，因此，该机构往往被视作影响力投资领域的先驱者。尽管非洲影响力投资领域的投资渠道在不断增加，却仍以传统资金来源为主。据估计，非洲大陆约85%的影响力投资资金来自开发性金融机构（GIIN, 2015a）。

在传统上，开发性金融机构会启动深入细致的尽职调查、制定严格的风险标准并设置远大的投资目标，这使得其倾向于投资基础设施、能源获取及金融服务等领域，因为在这些领域进行的交易规模较大，不仅可以吸收大量资本，而且还能够提供真实可靠的发展成果（GIIN, 2015a）。因此，开发性金融机构历来甚少与中小企业进行直接接触。为了解决这一问题，越来越多的开发性金融机构通过支持影响力基金来将投资目标对准中小企业。另外，开发性金融机构还经常将商业银行作为中介机构,按照专门的信贷额度向中小企业提供转贷服务。

开发性金融机构在影响力投资领域还发挥着其他重要作用,例如,向其余影响力投资者提供资本、促进私人资本流入新兴市场,以及与各国政府展开合作以推动投资政策改革。通过为这些参与者提供资金支持并借助其对政府机关的影响力,开发性金融机构正在试图加强生态系统建设,同时对当地参与者关系网络加以充分利用(GIIN,2015b)。除此之外,开发性金融机构也勇于承担责任,表明自身核心私人部门的发展干预措施极具包容性,且性价比较高,能够产生与潜在项目风险相称的回报。因此,除了进行常规的信用风险评估之外,开发性金融机构还会根据发展成果和额外性基准来着手对自身私人部门的运营提案进行测试,以便在付诸实践之前确保其质量。

以非洲开发银行为例,能够很好地说明这一点。该银行所采用的额外性与发展成果评估(Additionality and Development Outcomes Assessment,ADOA)框架工具主要用于对自身各项运营方案的附加价值及发展成果进行评估(Arvanitis et al.,2013)。非洲开发银行旨在将发展成果作为选择新型运营方案的重要标准,并促进其主流化进程,同时在包容性增长与显著发展成果的基础上,为未来的投资组合战略决策提供信息。额外性与发展成果评估将发展成果分为七类,分别是家庭利益、基础设施建设、政府利益、对宏观经济复原力的影响、性别与社会影响、私人部门发展和环境影响。额外性与发展成果评估所衡量的是未进行干预措施时参与者的福利变化,同时还为实施干预措施之后的社会利益设立了合理目标。通过对指标进行监测以及验证目标是否已经实现,从而确保项目方案在付诸实践之前符合质量标准,以期产生积极的社会利益并缓释其消极影响。

开发性金融机构关于其投资组合的想法思路正在发生变化。一些机构仍然认为其所做的一切都属于影响力投资范畴(GIIN,2015b),而其他机构则已经开始着手将其投资活动按照专门的影响力投资渠道进行细分。

另一个有趣的例子来自英国开发性金融机构 CDC 集团。由 CDC 集团负责管理的国际发展部影响力基金隶属于国际发展部影响力计划的一部分。该计划通过提供与"开展实施影响力投资和金融性投资能够产生一定社会影响力"这一事实有关的市场信息,致力于支持资助影响力投资领域的成长发展(The Impact Programme,2015)。此外,这一计划还促进推动了运用《影响力报告和投资标准》中所列指标来进行影响力评估,以确保一致性及可比性,并提供清晰易懂的公开数据供投资界同侪共享,同时还为未来将要制定的决策与计划提供信息。国际发展部影响力基金属于基金的基金,旨在推动私人部门资本进入影响力投资市场。该基金在 13 年间的投资总额高达 7 500 万英镑,目标在于通过影响力投资中介机构为撒哈拉以南非洲地区及南亚地区超过 100 家企业提供融资渠道。

来自欧洲投资银行(European Investment Bank,EIB)的例子也相当有趣。作为非洲、加勒比与太平洋地区投资基金(Africa Caribbean Pacific Investment Facility)的专用投资渠道,由欧洲投资银行创办的影响力融资信封项目(Impact Financing Envelope,IFE)专门为那些能够产生巨大发展影响力的私人部门计划提供资金支持。倘若缺少项目支援,此类计划往往会由于风险过高而无法实施(EIB,2015)。在 2014—2020 年间,影响力融资信封项目预计投入 5 亿欧元并使用 4 种融资工具,分别为社会影响力股权基金、风险分担辅助工具、贷款给金融中介机构以及直接融资。该项目致力于解决社会问题与人口困境,具体包括失业赋闲、社会排斥、金融排斥、移民难题等,尤其关注妇女和青年这一群体,外加所面临的环境挑战,例如气候变化、废物管理、供水系统等。根据投资对象公司、受益人或项目计划在采取措施之前所设置的目标,定期对影响力绩效加以评估与核对,并进行整合以证明该项投资活动能够产生卓越的影响力。欧洲投资银行对这些投资活动主要采用结果评估(results measurement,ReM)框架和增强型结果评估(enhanced results measurement,ReM+)框架,其中包括若干额外的具体指标和特定计划的相关指标,以确保能够充分反映出在影响力融资信封项目的资金支持下,各项计划对自身发展影响力增长幅度的期望值。

法国经济合作促进公司是法国开发署(Agence Française de Développement,AFD)下属的子公司,专门为私人部门提供融资渠道。该公司致力于在发展中国家及新兴国家推动建立充满活力、锐意创新且勇于担责的私人部门,因为此举有助于"实现经济可持续增长、创造就业机会以及提供必需品和服务,除此之外,简而言之,还能推进减贫创收并应对气候变化"(Proparco,2015)。通过投资各类结构性基金,法国经济合作促进公司开展了多项影响力投资活动,涉及对象包括小额信贷机构、公平贸易或有机生产者组织、清洁能源基础设施建设项目、农业中小企业以及涉农工业中小企业。自 2012 年以来,撒哈拉以南非洲地区所开展的投资活动规模几乎占到法国经济合作促进公司年度投资总额的50%(投资组合价值15亿欧元)。2014—2019年间,该公司将在撒哈拉以南非洲地区至少筹集37亿欧元的投资。这符合法国开发署做出的承诺,其保证在五年之内向非洲地区提供200亿欧元。

开发性金融机构正着手利用其他融资结构及融资工具来撬动私人部门融资,并为发展融资提供所需资本,以期产生影响力。举例来说,非洲开发银行、欧洲投资银行和欧盟委员会正在联手开发创新型投资工具以期在私人部门投资和混合型融资方式中加以运用(例如种子基金、加速器所供后续资金、企业所获天使基金、股权平台、社会影响力基金和风险投资基金),这些投资工具主要用于投资那些在创业价值链中所处阶段最早、面临风险最高的中小企业。

此外,开发性金融机构还进一步利用混合型金融交易来促成影响力投资,主要通过提供低于市场利率和/或价格的股权融资或债权融资以起到补贴作用,从而提升投资活动对于私人部门合伙人的吸引力。例如,非洲健康基金(Africa Health Fund)主要投资那些专为贫困人口提供服务的医疗保健企业,其最初由公众投资者出资5 700万美元成立,包括比尔及梅琳达·盖茨基金会、非洲开发银行以及国际金融公司,如今在其他公众投资者与私人投资者的支持下,该基金规模已然超过1亿美元(Krishnan,2015)。

开发性金融机构还通过提供有助于管理特定类型投资风险的产品来激励私人投资者参与影响力投资,具体包括部分信用担保和全额信用担保、政治风险保险以及货币互换。多边投资担保机构(Multilateral Investment Guarantee Agency,MIGA)作为世界银行成员之一,于2013年启动了"受冲突影响和脆弱的经济体计划(Conflict-Affected and Fragile Economies Facility,CAFEF)",目的是通过提供政治风险保险,鼓励在那些受到冲突影响且经济较为脆弱的国家开展私人投资(World Bank,2013)。

私人基金会

私人基金会在非洲影响力投资领域的发展过程中发挥着越来越重要的作用。鉴于自身结构与财务责任,通常情况下,私人基金会均具有极高柔性,尽管存在一定风险,也会在其认为拥有潜在利益的地区进行放贷。另外,在最佳实践方法被证明行之有效并且可以复制之前,私人基金会还能够填补私人部门长期以来都不愿意弥补的空白。

约翰·D.和凯瑟琳·T.麦克阿瑟基金会专门拨出3亿美元资产开展影响力投资活动,以满足各类专项基金、营利性企业以及非营利性组织的资本需求,助其应对世界各地的环境与社会挑战(MacArthur Foundation,2015)。此外,麦克阿瑟基金会还尝试打造新型投资产品和平台,以便让各种类型的投资者都能够更加方便、更加快捷地向那些有能力产生重大影响力的企业及中介机构提供兼具较高柔性与风险容忍度的耐心资本。

托尼·伊卢梅鲁基金会创业方案(Tony Elumelu Foundation Entrepreneurship Programme, TEEP)启动了一项1亿美元的计划,旨在帮助非洲下一代企业家变得更加强大(The Tony Elumelu Foundation,2015)。未来10年内,该计划将识别并帮助非洲各地1万家初创企业以及处于起步阶段的公司发展成长,最终目的是创造出100万个新增就业岗位并确保年度收入可达100亿美元。这一计划预计持续数年之久,其间负责提供培训、筹资、启导等各项服务。

由洛克菲勒基金会负责管理的创新型金融投资组合名为"零缺口(Zero Gap)",旨在以新的方式调动私人部门资本。零缺口投资组合目前正在利用公益创投模式来探索创新型融资机制,涵盖范围从"为保护环境而筹集商业机构资本的新型债务工具到为解决儿童营养不良这一难题而筹集资金的小额征税措施"(Rockefeller Foundation,2015)。该投资组合的主要亮点包括:极端气候基金,该基金由非洲当地投资者主导,旨在提升国际私人资本的多元化程度及筹资金额,以应对非洲的气候适应问题;UNITLIFE信托基金,该基金旨在建立稳定的资金来源以期防治长期营养不良;社会影响力债券,该债券主要用于资助社会项目,且只有在成功交付服务之后才能够被偿还。

机构投资者

大型主流银行也开始着手提供创新型投资产品与解决方案,旨在为那些能够产生社会或环境积极影响力的企业提供支持。作为一种新兴资产类别,影响力投资将在未来几年成为一项重要的投资工具。

摩根大通社会筹资组织已承诺投资9只基金共计6 000万美元,以供在多个领域开展影响力投资活动(Social Finance & J. P. Morgan Chase,2015)。此外,该组织还推动其客户及合伙人为社会筹资注入数百万美元的资金。其产品与解决方案包括:为影响力组织提供财务咨询、传统银行产品和服务;为影响力投资基金或证券设计结构;为各类客户配置影响力投资基金,具体包括个体人员、基金会和机构投资者。迄今为止,该组织开展的投资活动已经惠及来自低收入社区和服务滞后社区的 2 700 多万人口,并在全球 37 个国家为 49 家企业提供了支持。

2007 年,法国巴黎银行(BNP Paribas)私人银行部门推出了社会责任投资产品系列(BNP Paribas,2015)。多年来,该银行在财富管理方面已经建成了范围广泛且多元化程度极高的社会责任投资及影响力投资组合,并专门配备了企业发展战略以及引入投资产品与服务的特定方法,以满足当今客户的新需求及期望值。负责财富管理方面的投资已然超过 30 亿欧元,并且自 2010 年以来每年增长幅度可达 50%(BNP Paribas,2014)。法国巴黎银行主要为小额信贷机构和社会企业提供融资渠道。在非洲,该银行一般认为那些致力于社会项目的机构应该得到帮助,因此通常会与非政府组织展开合作,专门选择此类机构并为其提供贷款。

巴克莱社会创新基金于 2012 年启动,承诺投资 2 500 万英镑用于加速研发能够直接解决社会问题的商业解决方案(Barclays,2015)。那些最具潜力创造商业及社会影响力的方案,将获得一系列财务支持与非财务支持。截至 2013 年底,社会创新基金所兑现的承诺已经超过 900 万英镑,为 7 个国家所有商业领域内的新项目研发提供支持。当前的投资组合共由 30 多个项目构成,正在加紧对这些以市场为基础的解决方案进行研发与测试,以期应对一系列社会挑战。

瑞信银行(Credit Suisse)总共参与了三个运营领域内的影响力投资活动,具体包括:专门为散户、高净值人士和机构客户建构、管理并提供影响力投资产品的业务条线;负责发布行业发展报告与影响力领域趋势报告的内部研究;由瑞士信贷基金会所提供,主要用于优化影响力投资领域、相关机构及其管理的能力建设赠款(Credit Suisse,2015)。在其影响力投资业务条线内,瑞士信贷管理着 18 亿美元的影响力投资,主要集中在小额信贷和可持续农业,代表着大约 4 000 名客户,包括个体人员、机构投资者和开发性金融机构。2012 年 1 月,瑞信银行与瑞士基金管理公司 responsAbility 合作,携手对公平贸易基金加以建构及分配,该基金专门为那些支持发展中国家小户农民的农业合作社提供营运资金。随着瑞信银行不断扩大自身影响力投资业务范围,其也在持续探索包括医疗保健与教育培训在内的新兴影响力投资领域。

私募股权基金和风险投资基金(包括其他社会投资工具)

在非洲,私募股权基金、风险投资基金以及其他投资基金的数量正在不断增加。此类基金在投资领域内所提供的融资渠道较为全面,不仅为处于早期阶段的企业提供种子资本,还向那些具有区域扩张潜力的大型企业进行股权投资。非洲企业在成长过程中所经历的扩张阶段和成长阶段往往需要花费更长时间,而私募股权基金和其他投资基金则恰好极为符合其发展时间线。

不管是私募股权基金的设计,还是其高于市场回报率的信誉,都使得此类基金更加适合投资大型基础设施建设项目,而该投资领域正是非洲发展的关键所在。非洲私募股权投资也主要针对中小企业的成长阶段,投资数额基本在500万－2亿美元。此类投资在非洲一直稳步增长,2009－2014年间筹集资金超过70亿美元。据估计,其中约有180万美元被投资于影响力企业(UNDP, 2014)。如果引导得当,此类私人资本的大量注入可以通过资助支持那些能够产生社会、经济及环境影响力的投资活动,从而成为促进非洲发展的强大推手。非洲大陆影响力投资基金的多元化程度恰好与其各式各样的影响力投资方法相匹配。下文将介绍部分基金示例以作说明。

阿布拉吉集团(Abraaj Group)成立于2002年,是一家居于领先地位的私募股权投资公司(The Abraaj Group, n. d.)。其目前共管理着75亿美元的资产,迄今为止已将其中30亿美元部署至非洲各地。2015年,阿布拉吉集团帮助两只投资非洲的基金筹集资金,数额超过13亿美元。该集团还签署加入了由联合国主办的联合国责任投资原则组织和联合国全球契约组织(United Nations Global Compact)。通过其社会投资计划,阿布拉吉集团为那些同类最佳组织机构提供了大力支持,重点关注自主创业、增加就业、医疗保健、教育培训及社区参与等领域,从而对其所运营市场的经济格局产生了根深蒂固且极具可持续性的影响。于2008年研发的阿布拉吉可持续发展指数(Abraaj Sustainability Index)专为评估阿布拉吉集团全球投资活动所产生的发展影响力而量身定制,是首个适用于全球成长型市场私募股权投资的可持续发展指数。该指数主要评估经济联系、社会经济影响、管理与治理、健康和安全、环境及社会影响力等因素。

Injaro投资有限公司(Injaro Investments Limited, IIL)成立于2009年,是一

家影响力导向型基金管理公司,主要关注西非地区的投资机会(Injaro Agricultural Capital Holdings, n. d.)。除了金融服务之外,Injaro投资有限公司还积极提供高质量的商业咨询与技术援助服务,以帮助投资对象公司加强企业管理能力及财务能力建设。Injaro农业资本控股有限公司(Injaro Agricultural Capital Holdings Limited)在最终截止日期之前共计筹集资金4 900万美元,用以投资那些致力于实现减贫创收、振兴西非贫困地区等社会目标的活动。其旗下基金主要对西非指定国家农业价值链上所涉中小企业进行债务、准股权以及股权投资。

Novastar风险投资公司主要支持那些处于早期阶段的企业,这些企业多由能力与雄心兼备的创业者领导,致力于改善经济金字塔底层市场的现状(Novastar Ventures, n. d.)。这些企业通过采用创新型商业模式,提升大众市场可及性、提高质量并降低成本,从而满足经济金字塔底层市场对于基本商品与服务的迫切需求。其重点关注医疗保健、农业服务、能源获取、住房建设、教育培训以及安全用水等领域的可及性。Novastar风险投资公司旗下的东非基金于2015年兑现了8 000万美元的承诺资本。

Goodwell投资公司(Goodwell Investments)事必躬亲,致力于向印度和撒哈拉以南非洲地区的基本商品与服务供应商提供处于早期阶段的成长型资本以及实际支持(Goodwell Investments, n. d.)。Goodwell公司所投资的企业不仅具有财务可持续性及规模可扩大性,还能够为投资者带来可观的财务回报。目前,该公司正在帮助其第三只基金Goodwell Ⅲ筹集资金。在尼日利亚,其合资伙伴Alitheia Capital私募股权基金管理公司致力于为企业提供融资援助与创业支持,从而满足低收入家庭和日益增长的消费者群体对于企业、社会或环境的真实需求。

无论是投资活动的优惠力度还是投资回报率,许多非营利性社会投资基金与营利性目的基金所提供的数据均远远高于商业机构。单只基金规模从400万美元至1.5亿美元不等,平均规模为2 900万美元(UNDP, 2014),其中包括许多一揽子投资方案。这些方案能够将资本与企业发展服务相结合,从而最大限度地降低投资风险。大部分基金至少拥有一家开发性金融机构作为有限合伙人,其额外的资本来源多来自个体人员、基金会、养老基金、保险公司、商业银行或是私营企业。

作为非营利性社会投资基金,草根资本专门为那些会将自身收成卖给星巴克等公平贸易采购员的农业合作社及其他农民组织提供贷款(Root Capital, 2015)。此类贷款受预先采购协议保障,这无疑大大降低了农民与投资者可能面临的价格变动风险。草根资本不仅增加了农民收入,而且促进了可持续农业在环境方面的发展,同时为其投资者提供了值得信赖的财务回报。

身为非营利性全球风险投资基金,聪明人基金致力于将耐心资本投资各类商业模式,以便向世界范围内的贫困人口提供其负担得起的重要商品与服务,从而改善数百万人的生活水平。自2001年以来,聪明人基金已经向位于南亚和撒哈拉以南非洲地区的企业投资了8 500余万美元,这些企业旨在为低收入客户群体提供获得用水、医疗、能源、住房、农业服务以及教育培训的机会(Acumen Investments, 2015)。

Accion非营利性组织通过旗下4只基金为处于早期阶段的企业提供股权融资、准股权融资和贷款担保(Accion, 2014)。影响力投资基金Frontier投资集团(Frontier Investments Group)主要资助那些处于早期阶段及成长阶段的企业,其专注于投资新技术与颠覆性创新方法,以期更好地向缺乏银行服务或银行服务滞后的群体提供金融服务。Venture Lab基金规模高达1 000万美元,旨在为金融包容性领域内的创新型初创企业提供耐心种子资本和管理支持。私募股权基金Gateway Fund倾向于直接投资小额信贷机构以产生社会回报及财务回报。最后,贷款担保基金Global Bridge Fund致力于在该领域社会责任投资者与微型创业者之间创造沟通渠道。

投资机会

整个非洲大陆的创业者们都渴望自己创立的企业能够获得成功,以应对社会挑战并创造经济增长。这一背景为投资者提供了难得的投资机会,供其充分利用影响力投资潜力并将之作为解决非洲社会、经济以及环境问题的有力工具。许多因素有助于影响力投资持续发展并实现潜在利益。

第一,来自国际投资者、当地公共机构和商业投资者的新增资本正在不断涌入。自2005年以来,非洲地区获得的私人投资数额要多于其收到的援助金额,从而大大增加了当地金融机构的可用资本。影响力投资在促进企业发展成长方面极具潜力。随着这一潜力的认可度日益提升,以及中小企业发展的支持系统逐渐成熟,向影响力企业注入资本的力度将会更大。

第二,金融服务、基础设施以及技术设备的优化改善能够大幅降低投资风险,并增加实现财务回报与社会影响力的机会。这些改进措施使影响力企业家得以更加高效地发展企业,并减少自身资本成本。

第三,近年来,天使投资网络、企业孵化器、风险投资公司和其他中介机构在非洲大陆蓬勃发展,共同打造出一整套影响力投资生态系统。这些组织机构不仅是资金来源,还能够提供业务支持、培训以及启导等各类服务。其数量的不断增加意味着所供服务及融资渠道的数目也将日益增多,从而使得大量早期阶段投资者从中获益。

第四,由于解决非洲发展问题所需投资的数量极其巨大,因此产生了大量亟待实现的投资机会。以医疗保健领域为例,在非洲地区,每 10 000 人只有 9 张医院病床床位,要比全球平均水平低 2/3(WHO,2011)。在教育培训领域也存在类似问题:在一些中非国家,班级学生的平均人数比经合组织国家平均人数的两倍还要多(UNESCO,2012)。尽管非洲的影响力投资故事极富吸引力且令人信服,但迄今为止该地区对于教育培训及医疗保健等领域基本服务的影响力投资数额仍然相对有限。

第五,不断壮大的中产阶级代表着新兴投资类别的出现。对农业、能源、金融服务、旅游以及快速消费品等领域的投资均得益于肯尼亚、尼日利亚、南非等国中产阶级的消费购买习惯。

重重挑战

难以发现具备投资条件的创业者

许多处于早期阶段的企业及中小企业为非正规机构,且缺乏那些令其具备投资条件的投资战略、企业结构以及业绩记录。非洲大陆的中小企业往往缺乏治理技能、管理能力以及健全的业务系统,从而导致其在经营管理、财务计划或财务会计方面与其他企业之间存在较大差距(UNDP,2014)。此外,中小企业还面临人力资本短缺的问题:尽管企业急需可靠的管理人员为实现规模扩大进行规划并付诸实践,却难以招聘到能够胜任该工作岗位的人员(GIIN,2015a)。倘若企业存在运营状况未经证实、财务记录与公司档案毫不正规、尚未制订具有前瞻性且切实可行的计划等种种问题,那么,投资者将很难对这些企业进行价值评估并向其注入资本。如此一来,投资者有时候会发现自己无法将所筹集到的资金用于投资。

投资充满不确定性

投资者需要学会接受模糊不明的市场规范,包括风险容忍度以及无法预测的预期财务回报。汇率波动会导致投资者与当地企业之间出现问题,前者往往以美元或欧元进行放贷,而后者却更渴望改用当地货币贷款(GIIN,2015b)。非洲大陆的许多国家面临着额外的政治风险及安全隐患,包括安全性问题和冲突后问题等,这些不稳定因素可能会影响投资活动的盈利能力。另外,近期正处于全球经济逆风时期,许多国家的主要出口产品价格大幅下跌,包括大宗商品和石油,由此可见,宏观经济形势不稳定极易导致一些国家受到影响。

各国针对外商投资所制定的规章制度并不统一

相关规章制度在国与国之间存在巨大差异。一些国家能够积极采取各项举措以鼓励外商投资,而另一些国家则恰恰相反,专门设置严苛烦琐的法规以对其实施监管。还有一些国家虽然对外商投资的监管并不严格,却在政策导向方面存在立法不明、信息不清等问题(GIIN,2015a)。另有部分国家尽管拥有众多律师可以提供法律咨询,但咨询质量以及关于外商监管的知识储备却极有可能各不相同。综上所述,关于外商投资、资本利得税、外国投资者对当地公司的所有权等问题,每个国家都为此专门制定了独有的监管规则与限制条件,因此,对于那些想要在多个国家投资的投资者而言,其不得不熟悉各国间差异巨大的规章制度,这无疑是一项复杂而又烦琐的大工程。

难以获得银行融资

通常情况下,处于早期阶段的创业者会先用自己的钱以及朋友、家人或其他社区融资机构的钱来投资自己创立的公司。然而,因为获得商业银行贷款有可能相当困难,所以企业家有时很难获得下一轮融资(GIIN,2015a)。由于市场失灵外加感知风险,银行业往往不愿意投资那些处于早期阶段的企业。对尚处于早期阶段与成长阶段的中小企业而言,就算银行愿意贷款,其所需要的抵押物和其他贷款条件也常常难以满足,因此,企业获得银行贷款的可能性仍然微乎其微。

缺少成功退出的案例

在致力于筹集资金的影响力投资基金中,极少出现可以胜任行业成功典范的退出案例。当然,随着越来越多的投资组合在未来几年陆续到期结项,将会出现更多关于基金如何成功退出公司项目的案例(GIIN,2015b)。如果没有确切案例能够说明基金如何退出在非洲的投资活动,那么为第二只投资基金筹集资金将变得极其困难,因为基金管理公司需要在筹资之前展示其业绩成果。

难以评估投资成功与否

当一些投资者追求财务利润而另一些投资者追求社会效益时,其成功与否将变得难以评估。实践证明,除了承担这一双重使命之外,研发精确的影响力评估工具也极为困难。此外,不同投资者对于影响力投资成功的定义方式可谓各不相同,所强调的要素也有所不同,这无疑会导致影响力跟踪标准的制定变得愈加复杂(GIIN,2015a)。

认知偏差

人们对影响力投资领域的认知常常会出现偏差。对该领域持怀疑态度的人士声称,优先考虑社会目标会为实现财务目标带来负面影响,从而削弱其作为一大投资领域的信誉(GIIN,2015b)。此外,许多企业并未将自己定义为影响力企业,一些企业家甚至刻意避开影响力投资,因为其不愿意被视作非营利性实体。

缺少数据支持

有关非洲影响力投资市场的公开数据较为缺乏。尽管影响力投资的全球趋势拥有扎实的证据基础,但目前关于非洲大陆趋势的数据却相对较少。

加强非洲影响力投资领域的整体建设

在非洲,每个国家都是独一无二的。适用于某一个国家的投资战略与解决方案也许并不适用于另一个国家,因此,影响力投资者必须对每一个国家都进行单独了解。尽管如此,一些高水平建议仍然能够适用于整个非洲大陆。

对非洲影响力投资领域进行界定并提升其认知度

无论是发展伙伴、政府机关还是投资界,都能够在非洲大陆找到适合自己的独特投资机会,以期在该地区打造出负有责任、具有可持续性且充满活力的影响力投资领域。从非洲大陆特有角度对影响力投资领域所独有的特征加以解读,可以作为推动该领域蓬勃发展的起点。身处非洲影响力投资生态系统的行动者应该集合开会,以期对非洲影响力投资领域内的不同要素进行审查与界定。这些行动者能够积极主动地开发并建构这一投资领域,从而使其满足非洲的发展需要。此外,投资者还应该广泛开展关于该领域的教育培训项目,从而提升其认知度,因为认知度一旦得到提升,就可以帮助其他投资者向该领域投入资金。同时,投资者也需要为非洲企业提供教育培训机会并与之建立友好关系,以向其传递股权影响力投资极具价值这一观念。

发展中介机构生态系统,为非洲影响力投资领域提供支持

投资者应该充分利用技术援助及其他为生态系统提供支持的组织机构,以期助力那些具备投资条件的企业蓬勃发展。生态系统包括孵化器、加速器和其他能够为企业提供支持的组织机构,对其进行优化改进将有助于向影响力投资领域输送大量具备投资条件的企业(GIIN,2015a)。企业将得益于所获得的技术援助,而投资者则能够了解到潜在投资对象企业在投资之前的真实情况。投资者不仅可以通过投资孵化器来帮助投资对象进行能力建设,还可以与孵化器展开合作,以期在投资者与投资对象之间建立联系。

致力于研发创新型产品

为解决融资缺口这一难题,亟须研发新型金融产品以适应小型企业的资金

需求,且不会产生过高的交易成本。开发性金融机构可以通过继续与私人投资者共同实施创新型交易结构以及混合型融资方式(例如风险分担、信用担保或投资活动),从而降低整体风险等级,最终为影响力投资者提供支持。分阶段转换、利润分享债务等富于创造性的投资结构可以帮助填补那些传统股权投资所无法填补的空白(GIIN,2015a)。诸如此类的创新型投资产品将帮助企业家获得自身所需的现金流量,同时仍然能够向投资者交付预期回报。

积极展示所产生的影响力

为了展示影响力投资在应对发展挑战和创造经济增长方面所具有的巨大潜力,同时进一步提升注入影响力投资的资本规模,投资者需要详细展示其所产生的社会、经济或环境影响力。制定统一的评估标准将有助于识别决定投资成败的重要因素。另外,建立成功案例的业绩记录也将继续吸引更多资本注入影响力投资领域中。

结 论

正如本篇文章所示,作为一种新兴资产类别,影响力投资愈加富有吸引力,且在非洲大陆势头渐劲。解决方案旨在为非洲经济金字塔底层市场提供其所急需的产品与服务,同时应对发展挑战,而影响力投资恰恰能够给予其有力支持。此类投资可以为那些处于早期阶段且极具潜力实现高增长并创造就业机会的公司提供更多资源以示支持,尤其关注青年、妇女以及贫困劳动者这一弱势群体。

影响力投资极具潜力在非洲为自己开辟一个利基市场,同时与其他传统投资类别展开合作。影响力投资可以充分发挥其杠杆作用,支持中小企业发展壮大,并助力其做好准备,以期获得规模更大的私募股权投资及传统商业银行投资。

要使影响力投资充分发挥其潜力,就必须加速设立投资基金并实施一系列市场建设举措,以便将资本引向影响力驱动型企业与企业家。如前所述,开发性金融机构在为该领域的创新创造条件方面发挥着关键作用,捐赠者也将通过混合型金融工具为此提供重要支持,但最终,市场不得不针对各方利益相关者的需求及关切做出回应,其中就包括对社会回报及财务回报要求各不相同、风险偏好千差万别的各类投资者。

参考文献

Accion (2014, June 25). *Investments*. Retrieved from https://www.accion.org/investments
Acumen Investments (2015). *Acumen Started as an Idea: Now Our Investments Have Impacted over 100 Million People*. Retrieved from http://acumen.org/investments
AfDB (2013a). *At the Center of Africa's Transformation: African Development Bank Strategy for 2013–2022*. African Development Bank Group. Retrieved from http://www.afdb.org/en/about-us/mission-strategy/afdbs-strategy
AfDB (2013b). *Supporting the Transformation of the Private Sector in Africa: Private Sector Development Strategy, 2013–2017*. African Development Bank Group. Retrieved from http://www.afdb.org/fileadmin/uploads/afdb/Documents/Policy-Documents/2013-2017_-_Private_Sector_Development_Strategy.pdf
AfDB (2014). *Financial Sector Development Policy and Strategy 2014–2019*. African Development Bank Group. Retrieved from http://www.afdb.org/en/consultations/financial-sector-development-policy-and-strategy-2014-2019
Arvanitis, Y., Stampini, M., & Vencatachellum, D. (2013), *Balancing Development Returns and Credit Risks: Evidence from the African Development Bank's Experience*, Working Paper Series 186. Tunis: African Development Bank.
Barclays (2015). *Social Innovation: Contributing to Growth*. Retrieved from https://www.home.barclays/citizenship/contributing-to-growth/social-innovation.html, accessed 28 September 2015.
BNP Paribas (2014, September 14). *Sustainable and Responsible Investment: €3 Billion Managed by BNP Paribas Wealth Management, up 50% per Year since 2010*. Retrieved from http://www.bnpparibas.com/en/news/press-release/sustainable-and-responsible-investment-3-billion-managed-bnp-paribas-wealth-manag
BNP Paribas (2015). *Socially Responsible Investments & Impact Investing*. Retrieved from https://www.wealthmanagement.bnpparibas.mc/public/en/our-solutions-socially-responsible-investment
Credit Suisse (2015). *Responsible Investments*. Retrieved from https://perspectives.credit-suisse.com/ch/private-clients/invest/en/alternative-investments/responsible-investments/product-range.jsp
DfID (Department for International Development) (2015). *Survey of the Impact Investment Markets 2014: Challenges and Opportunities in Sub-Saharan Africa and South Asia*. Retrieved from http://www.theimpactprogramme.org.uk/wp-content/uploads/2015/08/DFID-Impact-Programme-Market-Survey-Web-20151.pdf
EIB (European Investment Bank) (2016). EIB in the ACP: The "Impact Financing Envelope (IFE)." Presentation given at the African Development Bank, Abidjan, Côte d'Ivoire, 20 February 2016.
Ernst & Young (2015). *EY's Attractiveness Survey, Africa 2015: Making Choices*. Retrieved from http://www.ey.com/Publication/vwLUAssets/EY-africa-attractiveness-survey-2015-making-choices/$FILE/EY-africa-attractiveness-survey-2015-making-choices.pdf
Fingar, C. (2015, May 19). Foreign direct investment in Africa surges. *Financial Times*. Retrieved from http://www.ft.com/cms/s/0/79ee41b6-fd84-11e4-b824-00144feabdc0.html#axzz47nua97uM
GIIN (Global Impact Investing Network) (2015a). *The Landscape for Impact Investing in East Africa*. Retrieved from https://thegiin.org/knowledge/publication/the-landscape-for-impact-investing-in-east-africa
GIIN (2015b). *The Landscape for Impact Investing in West Africa*. Retrieved from https://thegiin.org/knowledge/publication/westafricareport
GIIN & J.P. Morgan (2014). *Spotlight on the Market: The Impact Investor Survey*. Retrieved from http://www.thegiin.org/binary-data/2014MarketSpotlight.PDF
Goodwell Investments (n.d.). *What We Do*. Retrieved from http://goodwell.nl/about-goodwell/what-we-do

Injaro Agricultural Capital Holdings (n.d.). *Injaro Overview*. Retrieved from http://www.iachl.com

Krishnan, S. (2015, May 1). *Blended Finance: Catalyzing Private Capital for Development Impact*. Dalberg Blog. Retrieved from http://dalberg.com/blog/?p=3565

MacArthur Foundation (2015). *Impact Investments*. Retrieved from https://www.macfound.org/programs/program-related-investments

Novastar Ventures (n.d.). *Welcome to Novastar Ventures*. Retrieved from http://www.novastarventures.com

Omidyar Network (2013, April 25). *Accelerating Entrepreneurship in Africa*. Retrieved from https://www.omidyar.com/insights/accelerating-entrepreneurship-africa-report

Proparco (2015). *A Financial Institution Working for the Private Sector and Sustainable Development*. Retrieved from http://www.proparco.fr/lang/en/Accueil_PROPARCO/PROPARCO

Root Capital (2015). *Root Capital: Our Approach*. Retrieved from http://www.rootcapital.org/our-approach

Social Finance & J.P. Morgan Chase (2015, September 28). *Generating Positive Impact Alongside Financial Return*. Retrieved from http://www.jpmorganchase.com/corporate/Corporate-Responsibility/social-finance.htm

The Abraaj Group (n.d.). *Home Page*. Retrieved from http://www.abraaj.com

The Impact Programme (2015). *The Impact Programme—Transforming the Market for Impact Investment*. Retrieved from http://www.theimpactprogramme.org.uk

The Rockefeller Foundation (2015). *Innovative Finance*. Retrieved from https://www.rockefellerfoundation.org/our-work/initiatives/innovative-finance

The Tony Elumelu Foundation (2015). *The Tony Elumelu Foundation Entrepreneurship Programme*. Retrieved from http://tonyelumelufoundation.org/teep

UNESCO (2012, May 31). *Inadequate School and Teaching Resources Challenge Education in Sub-Saharan Africa*. {?place of publication]: United Nations Educational, Scientific and Cultural Organization. Retrieved from http://www.unesco.org/new/en/media-services/single-view/news/inadequate_school_and_teaching_resources_challenge_education_in_sub_saharan_africa/#.Vh-fJ7Ttmko

UNDP (United Nations Development Programme) (2014, November). *Impact Investing in Africa: Trends, Constraints and Opportunities*. Retrieved from http://www.undp.org/content/dam/undp/library/corporate/Partnerships/Private%20Sector/Impact%20Investment%20Final%20Report.pdf

WHO (2011). *Health Situation Analysis in the African Region: Atlas of Health Statistics, 2011*. Brassaville: World Health Organization, Regional Office for Africa. Retrieved from http://apps.who.int/medicinedocs/documents/s18863en/s18863en.pdf

World Bank (2013, April 10). *MIGA Approves New Facility for Conflict-Affected and Fragile Economies*. Retrieved from http://www.worldbank.org/en/news/press-release/2013/04/10/miga-approves-new-facility-for-conflict-affected-and-fragile-economies

作者简介

编 者[1]

卢西亚诺·巴尔博自 1983 年以来一直是一名私募股权企业家,同时也是 B&S 私募股权集团的联合创始人,该私募股权集团自 1988 年以来一直在意大利杠杆收购市场上居于领先地位。巴尔博在创立 B&S 私募股权集团之前,曾在 Finnova 股份公司担任总经理一职,该公司为意大利首家风险投资公司,隶属于 SO. PA. F. 股份投资公司。在此之前,他还在意大利不锈钢分销、化工产品及工程领域内居于领先地位的公司工作过,拥有长达 9 年的工业管理经验。巴尔博在意大利博科尼大学获得了物理学学位和工商管理硕士(Master of Business Administration, MBA)学位,还是意大利首家公益创投基金会 Oltre 基金会的创始人兼主席。自 2003 年以来,Oltre 基金会一直致力于深耕社会领域,而巴尔博也成为欧洲公益风险投资协会的创始人之一。2006 年,他推出了首批社会投资基金之一:Oltre Venture 风险投资基金。2015 年,巴尔博又获得了欧洲投资基金的财务承诺,创立了一只纯粹的影响力投资基金。

---

[1] 特别感谢审查小组的出色工作。如果没有他们尽心竭力做出贡献,本书将无法付梓出版。

曼努埃拉·布鲁索尼，金融市场学博士，担任意大利博科尼大学副校长一职，主要负责国际事务，同时还是该校下辖金融系银行学与金融学正教授。他是意大利博科尼管理学院的董事会成员，自2006年至2012年，还兼任银行与金融机构高层管理教育定点培训项目的项目主管。同时，曼努埃拉也担任意大利博科尼大学印度校区孟买国际商学院（Mumbai International School of Business，MISB）主任一职，并于2012年在该院启动了商学院研究生创业项目。在意大利博科尼大学，曼努埃拉担任过多种职位：2010—2012年担任学术主任，负责该校金融系管理学硕士工作；2005—2012年担任学术主任，负责该校全球管理教育联盟国际管理学硕士（Master in International Management of Community of European Management School，CEMS-MIM）工作；2005—2010年担任主任一职，负责该校管理学院高级管理人员公司金融学与银行学硕士（Executive Master in Corporate Finance & Banking，EMCFB）工作。曼努埃拉曾于2005—2013年间连续获得"博科尼大学教学奖"，并分别于1997年、2004年和2011年三次获得"博科尼大学研究奖"。曼努埃拉也是多本国际出版物的作者，其研究领域涉及私募股权、中小企业融资、家族企业融资、公司金融、企业银行以及银行战略。他还是多家科学委员会的成员，包括位于罗马的欧洲研究中心（Centro Europa Ricerche，CER）、位于布鲁塞尔的欧洲资本市场研究院（European Capital Market Institute，ECMI）和位于布鲁塞尔的欧洲私募股权及风险投资协会。曼努埃拉还担任多家公司及金融机构董事会的独立董事，包括意大利忠利集团房地产股份有限公司（Generali Real Esate SGR）、桑坦德消费银行（Santander Consumer Bank）和意大利SIAS股份公司。此外，曼努埃拉还曾为多家跨国公司和国际机构提供战略顾问及咨询服务，其中包括意大利裕信银行（Unicredit Group）、国际金融公司世界银行、经济合作与发展组织、Cariparma法国农业信贷银行（Credit Agricole Group）、意大利证券交易所（Borsa Italiana）精英计划、意大利银行业协会（Associazione Bancaria Italiana，ABI），以及致力于促进证券交易的意大利证券市场监管机构（Consob）工作小组。

斯特凡诺·卡塞利，意大利博科尼大学副校长，主要负责国际事务，同时担任银行学与金融学正教授。他是多本国际科学出版物的作者，尤其致力于风险投资和私募股权领域的研究。斯特凡诺还担任多家公司与金融机构董事会的独立董事。

维罗妮卡·韦基，公共管理学博士，意大利博科尼管理学院公共管理学和企业与政府关系学教授，同时担任意大利博科尼大学印度校区孟买国际商学院高层管理教育项目的项目主管。韦基主要负责协调意大利博科尼大学政府与社会资本合作监测项目(Monitor on Public-Private Partnership, MP3)，该项目致力于通过研究并推广政府与社会资本合作模式来促进经济发展。另外，她还负责博科尼管理学院影响力投资实验室以及博科尼管理学院公私合作医疗保健投资工厂的相关协调工作。韦基还担任康奈尔大学基础设施建设政策项目的外聘委任教授，其专业领域包括公共管理、通过政府与社会资本合作促进基础设施建设及企业发展、企业与政府关系、影响力投资和社会创新、促进企业发展并提升其竞争力的公共政策及公共管理、公共投资与基础设施建设的财务战略和财务评估、国际项目的项目管理等。韦基曾在欧洲各地的组织机构与私营企业开展过许多高层管理教育项目和研究工作，并提供过大量咨询顾问服务。她著作等身，所撰写的文章篇数与书籍部数共计超过90，其中包括在顶级科学期刊上发表的多篇论文以及在知名出版社付梓的4本国际专著。

作 者

费德丽卡·班迪尼担任博洛尼亚大学社会经济管理第二阶段学位课程主任一职。她曾担任意大利博科尼管理学院主任，负责社会创业组织和非营利性组织的硕士工作，还曾担任博科尼大学公共管理与政策研究中心非营利性部门的院长职位。费德丽卡曾发表多篇著作，其研究重点为社会企业、公共部门以及非营利性组织。

普丽西拉·博亚尔迪担任欧洲公益风险投资协会知识中心主任一职，该协会是一家非营利性会员制协会，其组织成员在赠款资助与社会影响力投资方面的参与程度极高。她在商业机构与公共机构的定性研究及定量研究方面拥有超过8年的科研经验以及丰富的专业知识。普丽西拉拥有意大利博科尼大学公共管理部门及国际机构的经济学与管理学荣誉硕士学位。

作者简介

弗朗西丝卡·卡萨利尼是意大利博科尼管理学院的助理教授,同时负责博科尼管理学院影响力投资实验室的协调工作,并担任意大利博科尼大学政府与社会资本合作监测项目的研究员。其研究领域包括影响力投资、政府机关对风险投资的支持以及政府与社会资本合作。

路易斯·哈维尔·卡斯特罗是中美洲投资有限公司的创始合伙人兼现任总裁,该企业是一家业务遍及中美洲和南美洲安第斯地区的咨询与私募股权投资公司。他还创立了中美洲基金会(Mesoamerica Foundation),以期为该地区教育及青年发展提供支持,同时推进创业并倡导企业社会责任。路易斯·哈维尔还同时担任企业家促进发展协会(Asociacion de Empresarios para el Desarrollo,AED)总裁一职,该协会致力于提升哥斯达黎加企业的可持续性和竞争力。他在乔治敦大学(Georgetown University)获得了工商管理硕士学位,在得克萨斯农工大学(Texas A&M University)主修科学与农业经济学专业。

克里斯托夫·库尔茨作为瑞士联合银行集团慈善咨询部门的主管,凭借自身在营利性组织与非营利性组织任职超过10年的工作经验,专为瑞银集团最富有的客户提供建议,助其在慈善领域施展拳脚,实现抱负。此前,他曾在联合国儿童基金会(United Nations International Children's Emergency Fund,UNICEF)、王子慈善机构(The Prince's Charities)以及全球最大的签证外包与技术服务公司VFS Global等多家组织机构工作过。

尼科洛·库苏马诺,意大利博科尼管理学院博士生兼意大利博科尼大学环境经济与政策研究中心研究员。自2012年以来,他一直在比萨圣安娜高等学校(Scuola Superiore Sant'Anna of Pisa)攻读医疗保健创新与可持续性管理方向的博士学位,除了教授并研究能够促进可再生能源发展的公共采购政策议题之外,还曾参与了多项欧洲政策与国家政策的评估项目。从2013年6月开始,尼科洛便一直从事博科尼管理学院影响力投资实验室的相关工作。

阿方索·库耶肯在尚德商学院获得了工商管理硕士学位,并作为研究生参与了本书第二篇文章的撰写工作。

乌莎·加内什担任 Intellecap 咨询服务私人有限公司商业咨询与研究部门的首席顾问一职,其拥有超过 15 年的商业研究经验。她所领导的研究项目涉及金融包容性、性别、城市发展以及社会企业等多个领域。此外,乌莎·加内什还作为第一作者,撰写了多份关于印度社会企业及影响力投资的研究报告。

阿莱西娅·贾诺切利是欧洲公益风险投资协会的研究分析员,该协会是一家非营利性会员制协会,其组织成员在赠款资助与社会影响力投资方面的参与程度极高。她在非政府组织领域拥有长达 10 年的志愿服务经验,并且对社会影响力管理抱有浓厚兴趣。阿莱西娅同时拥有都灵大学(University of Turin)经济学专业的管理学硕士学位以及巴黎第十二大学(Université Paris-Est Créteil, UPEC)的属地管理学硕士学位。

埃米莉·古道尔作为 Impact＋咨询公司的主管,将布里奇斯风险投资的影响力战略应用至其旗下所有基金中。基于这一经验,她得以与那些居于领先地位的组织机构进行接洽,以期通过 Impact＋咨询公司提供研究项目及顾问服务。该公司隶属于布里奇斯风险投资,由实践者主导,负责履行咨询顾问职能,以期促进可持续投资和影响力投资领域扩大规模、发展成长。

乌利·格拉本瓦特尔是欧洲投资基金的副总监,同时兼任影响力投资、技术转让以及风险投资部门的负责人一职。他一手领导建立了欧洲投资基金的社会影响力投资活动。从 2010 年到 2012 年,乌利·格拉本瓦特尔与位于巴塞罗那的西班牙纳瓦拉大学(University of Navarra)IESE 商学院和位于瑞士的家族办公室 Circle 基金会开展合作,共同推出了一个影响力投资研究项目。此外,他还在 IESE 商学院担任讲师,负责讲授风险投资、私募股权和影响力投资等内容。

安娜—玛丽·哈林担任瑞士联合银行集团慈善咨询部门的主管一职,主要为来自亚洲、拉丁美洲和西班牙等地区市场的客户提供咨询服务。此前,她曾在欧洲公益风险投资协会、全球社会创业组织阿苏迦基金会、墨西哥某家私人基金会及瑞信银行等多家机构工作过。安娜—玛丽·哈林同时拥有西班牙纳瓦拉大学 IESE 商学院的工商管理硕士学位以及牛津大学的文学硕士学位。

莉萨·赫亨伯格是欧洲公益风险投资协会研究与政策部门的前任主任,该协会是一家非营利性会员制协会,其组织成员在赠款资助与社会影响力投资方面的参与程度极高。她的研究兴趣主要集中在新型制度场域的演变,尤其关注公益创投和社会影响力投资两个领域。莉萨·赫亨伯格在西班牙纳瓦拉大学IESE商学院获得了博士学位,目前担任战略与综合管理系讲师,并兼任西班牙Esade商学院签约教授。

哈里·胡梅尔斯担任马斯特里赫特大学伦理、组织和社会学教授,兼任乌得勒支大学社会创业学教授。此外,他还是联合国项目事务署(United Nations Office for Project Services, UNOPS)影响力投资问题的特别顾问,以及Society Impact网络组织的董事会成员。哈里喜欢烹饪、旅行、阅读和锻炼,但他并不会让自己过于疲劳。

亚历山德罗·兰泰里在荷兰鹿特丹伊拉斯姆斯大学获得了博士学位,现任伦敦霍特国际商学院副教授。他对创业活动与企业伦理的研究业已在多本国际学术期刊以及多家知名出版社获得发表,前者包括《商业伦理期刊》(*Journal of Business Ethics*)、《社会创业期刊》(*Journal of Social Entrepreneurship*)、《哲学研究》(*Philosophical Studies*)、《哲学季刊》(*Philosophical Quarterly*)等,后者包括剑桥大学出版社(Cambridge University Press)和帕尔格雷夫·麦克米伦国际学术出版社(Palgrave Macmillan)。

凯莉·C. 里克特侧重研究影响力评估所产生的证据在组织机构制定战略决策时究竟能够发挥多大作用。这些组织机构渴望为社会或环境带来积极影响,而里克特恰恰致力于研究其中所蕴含的"影响力思维模式",具体包括非营利性组织、高净值人士、家族基金会、企业基金会以及投资者等。

乔·勒德洛(Joe Ludlow)负责管理Nesta影响力投资基金,该基金规模高达1 760万英镑,旨在为那些助力老年人、年轻人以及可持续发展的创新型社会企业提供支持。此前,他曾在影响力投资政策合作组织咨询委员会(Advisory Council of the Impact Investing Policy Collaborative)担任常务理事一职,主要负责 Bethnal 绿色风险投资项目,该加速器项目在业内属于佼佼者,致力于为技术型社会企业提供大力支持。

凯伦·E. H. 马斯是荷兰鹿特丹伊拉斯姆斯大学经济学院企业经济系的助理教授,其研究重点包括影响力评估、企业社会责任以及战略性慈善行为。此外,凯伦还担任伊拉斯姆斯大学会计与鉴证学院高层管理教育项目企业社会责任课程的科学主任。

保罗·麦克米伦曾就读于卡尔顿大学(Carleton University)学习公共管理,并且在渥太华大学(University of Ottawa)获得了工商管理硕士学位。他目前担任德勤加拿大分公司战略及运营咨询部门的负责人。此外,保罗还是《解决方案变革:公司、政府与社会企业携手合作,共同解决棘手社会问题》一书的合著者。

道格·米勒担任全球公众意见与利益相关者研究咨询机构 GlobeScan 股份有限公司的总裁,同时兼任 GlobeScan 基金会的主席,致力于"让每个人都能够发声"。

威廉·尼尔森毕业于康奈尔大学公共事务研究院(Cornell Institute for Public Affairs),获得了公共管理硕士(Master of Public Administration, MPA)学位。他不仅担任环境金融与影响力投资部门的研究员一职,同时还是 PAA 荣誉学会(Pi Alpha Alpha Honor Society)的成员之一。威廉·尼尔森在明尼苏达大学双城分校(University of Minnesota, Twin Cities)获得了应用经济学理学学士学位。另外,他还是民主实验室的助理研究员。

洛伦佐·皮奥瓦内洛作为瑞士联合银行集团慈善咨询部门的主管,主要负责为整个意大利市场的客户提供咨询服务。此前,他曾在多家意大利及国际知名慈善机构的资金筹集部门担任领导职务。

阿尔瓦罗·A. 萨拉斯是雪城大学马克斯维尔公民与公共事务学院的博士生。他在 INCAE 商学院获得了工商管理硕士学位,并荣获了变革领袖奖学金

(Leaders for Change scholarship)。此外,他还在康奈尔大学获得了公共管理硕士学位,并荣获了亚当斯领导力奖学金(Adams Leadership Award)。阿尔瓦罗是民主实验室的联合创始人兼现任常务董事,该实验室作为一家研究机构实体,主要在中美洲地区展开应用研究。

埃马努埃莱·桑蒂曾在非洲开发银行和世界银行担任过多项领导职务,目前任非洲开发银行的战略总顾问一职。他一手领导推进了多项有关创业及影响力投资的创新举措。埃马努埃莱同时拥有意大利的里雅斯特大学(University of Trieste)与法国巴黎大学(University of Paris)发展政策专业的博士学位,以及欧洲学院(College of Europe)的经济学硕士学位。

劳拉·森尼特担任非洲开发银行的战略顾问一职。此前,她曾为非洲多国政府、社会企业以及非政府组织工作,专注于青年失业、创业和经济发展问题。劳拉毕业于约翰斯·霍普金斯大学高级国际研究学院(Johns Hopkins School of Advanced International Studies)的国际发展专业,并获得了硕士学位。

阿底提·什里瓦斯塔瓦建立了 Intellecap 影响力投资网络,该网络是全球规模最大的天使网络,致力于推动高净值人士和家族办公室对社会企业进行投资。她曾在多家非营利性组织与慈善机构的董事会任职,例如美国印度基金会、专注于为当地创业者提供创业方案的 Jibu 公司、致力于培养社会企业或影响力投资领导者的影响力企业领袖公司(Impact Business Leaders)等。阿底提毕业于普林斯顿大学(Princeton University),并通过了特许金融分析师的资格认证,还获得了由世界经济论坛认证的全球杰出青年称号。

艾莉森·斯普罗特曾在女王大学(Queen's University)攻读政治学,并获得了达尔豪斯大学(Dalhousie University)的公共管理硕士学位。目前,她在德勤加拿大分公司公共部门担任顾问一职。

亚娜·斯韦多娃在加拿大不列颠哥伦比亚大学尚德商学院社会创新和影响力投资中心担任影响力投资主任一职。她拥有银行业从业背景,在获得工商管理硕士学位并在东南亚影响力投资领域积累了一定经验之后，转而加入尚德商学院社会创新和影响力投资中心，目前主要负责该中心旗下某只影响力投资种子基金的开发工作。

詹姆斯·坦西是加拿大不列颠哥伦比亚大学尚德商学院社会创新和影响力投资中心的常务董事，同时也在尚德商学院担任副教授。此外，他还是可持续农林投资企业 NatureBank 资产管理公司的创始人兼首席执行官。

海伦·S. 陶克斯欧波伊斯主要研究了在提升金融行业可持续性的过程中，创新举措所能够发挥的重要作用。此前，她曾在荷兰银行（ABN AMRO Bank）担任战略分析师及创新项目经理。目前，海伦正在荷兰鹿特丹伊拉斯姆斯大学攻读博士学位。若想获知更多信息，可以参见网址：www.neweconomics.nl。

西尔维娅·巴斯坦特·德翁弗豪在瑞士联合银行集团慈善咨询部门担任负责人一职。此前，她曾在摩立特集团（Monitor Group）、美洲国家组织（Organization of American States）和秘鲁总统办公室等单位工作过。